Mosaik
bei GOLDMANN

Sybil Gräfin Schönfeldt

Gutes Benehmen wieder gefragt

Mosaik
bei GOLDMANN

Umwelthinweis:
Dieses Buch und der Schutzumschlag wurden auf chlorfrei gebleichtem Papier gedruckt.
Die Einschrumpffolie (zum Schutz vor Verschmutzung) ist aus umweltfreundlicher und recyclingfähiger PE-Folie.

1. überarbeitete und aktualisierte Auflage

Zuvor bereits erschienen im
Mosaik Verlag, einem Unternehmen
der Verlagsgruppe Bertelsmann GmbH, München
Umschlaggestaltung: Martina Eisele, München
Satz: Filmsatz Schröter, München
Druck und Bindung: GGP Media, Pößneck
Printed in Germany
ISBN 3-442-39067-2
www.goldmann-verlag.de

Vorwort

»Benimm dich!«, hört der Mensch von Anfang seines Lebens an. Mal tut er es gern, ein anderes Mal nicht. Die Folgen der Kindheit sind klar: Lob oder Schelte. So lernt der Mensch durch Küsse, Vorbilder und »Ohne Nachtisch ins Bett!«, was für seine Familie Manieren sind. Der schlimmste Tadel, der diesbezüglich ihn – und noch viel mehr seine Eltern – treffen kann, ist der verächtliche Vorwurf: »Der Kerl hat keine Kinderstube!«

Kaum hat man jedoch diese verlassen, so merkt man, dass die familieneigenen Manieren in Konkurrenz mit denen der anderen stehen, und man beginnt ganz unbewusst zu vergleichen und zu werten.

Was aber ist nun besser? Kann man überhaupt von »gut« und »besser« sprechen? Muss man nicht »korrekt« und »richtig« sagen? Wonach muss man sich richten? Und wer besitzt die Autorität und die Macht, darüber zu entscheiden?

Ins Deutschland der Nachkriegszeit sind Millionen von Menschen gezogen und geflüchtet, Deutsche und Nichtdeutsche, und alle haben eigene Sitten mitgebracht. Die Sesshaften und Verschonten dagegen haben ihre alten eingemottet, weil ein Mensch wie Hitler erst recht die guten Sitten zum schlimmsten Zweck missbraucht hat. Denn Fisch korrekt mit Fischmesser zu essen, ist nichts als eine Farce, wenn man vorher seinen Nächsten ermordet hat.

Das ist das nächste Thema: Was haben Manieren mit Moral zu tun? Sicher: Noch nie haben Manieren die Moral ersetzen können, aber jedem allein fehlt etwas vom anderen. Und auf beides verzichten? Wie gut das geht, zeigt der tägliche Blick in die Zeitung.

Aber der Mensch braucht Maßstäbe. Er braucht seine Ordnung, so wie er eine für den Straßenverkehr braucht, erstens, um selber heil über die Runden zu kommen, und zweitens, um die Mitmenschen so wenig wie möglich zu verletzen.

Wer aber sagt, wie diese Ordnung aussieht? Wir leben in einer Demokratie, also sind wir es selber, die entscheiden müssen, was wir warum für gut und richtig oder für falsch und überholt halten. In diesem Buch ist wie in einem Lexikon der Ist-Zustand festgehalten. Er reicht vom Konventionellen bis zum Wunsch der Manager, durch geschliffene Manieren zu noch besseren Verkaufs- und Verhandlungsergebnissen zu kommen. Dieser Ist-Zustand reicht aber auch von der leisen Klage der Alten über die Rücksichtslosigkeit der Wohlstandsgesellschaft bis zum Locker-vom-Hocker-Stil der Jungen, die mit Urgroßvaters Klappzylinder auf dem Kopf gegen den Strich durch die Einbahnstraße radeln.

Wo liegt die goldene Mitte? Das muss jeder entscheiden, aber das kann nur jeder für sich entscheiden, wenn er weiß, welche Möglichkeiten zur Wahl stehen. Und die rechte Wahl kann nur treffen, wer über Sachkenntnis verfügt. Das gilt auch (und erst recht) für eine so schillernde Sache wie das Benehmen.

Deshalb lädt dieses Buch nicht nur zum Nachschlagen ein, sondern auch zum Blättern, Vergleichen, zu Schmunzeln und Empörung, zum Nachdenken über unseren Umgang miteinander.

Sicher ist nur zweierlei: erstens – Drill ist out. Und zweitens – Benehmen ist kein Zustand, sondern wandelt sich mit uns und unseren Bedürfnissen. Das muss man akzeptieren, muss man nehmen und lassen.

Tadelloses Benehmen kann unsere Welt nicht retten, vor gar nichts. Aber es kann uns derweil das Leben erträglicher machen, in Sternstunden sogar schön.

Abendanzug siehe: *Abendkleid, Frack, Smoking.*

Abendessen Die Einladung zum Abendessen stellt die demokratische Form des Diners dar. Früher sagte man »zwangloses Abendessen« dazu. Heute ist es die allgemein übliche, die Grundform der Abendeinladung geworden.

Zwanglos bedeutet im Gegensatz zum Diner: keine Gesellschaftskleidung (wobei es aber natürlich jedem freisteht, ein Fest mit Smoking und Abendkleid daraus zu machen); kein Personal (aber man kann sich natürlich von einem Freund, einer Tochter, einer Servierhilfe zur Hand gehen lassen); kein offiziell in Weiß gedeckter Tisch mit Damast (aber man kann selbstverständlich mit so viel Staatsgeschirr, Silberleuchtern und Rosen prunken, wie man mag); keine Tischordnung (aber man kann sehr wohl die Großmutter auf den Ehrenplatz zwischen Gastgeber und besten Freund und den Chef auf den würdigen Platz neben der Hausfrau setzen).

Das bedeutet alles in allem: Unser heutiges Abendessen spielt mit den alten Regeln, variiert sie immer wieder, lehnt sich an, leiht sich aus, ergänzt und kontrastiert. Diese freie Form ist gut, solange sie der Gefahr entgeht, das alte Reglement auf kleinkarierte Art und Weise ernst zu nehmen. Denn: Der äußere Ablauf ist natürlich geblieben.

Ob nun für 18 oder 21 Uhr eingeladen wird – man muss genauso wie beim Diner pünktlich erscheinen, weil sonst das Essen verschmurgelt, und man sollte nicht länger bleiben als in dem betreffenden Freundeskreis üblich ist.

Eingeladen wird zwei bis drei Wochen vorher schriftlich oder mündlich. Die Antwort muss sofort erfolgen und bindend sein, denn auch der Gastgeber von heute muss wissen, wer von den Geladenen wirklich kommt und für wie viele zu planen und zu kochen ist.

Vier bis sechs Personen sind die ideale Gästezahl. Für sie kann ein Gastgeber selber kochen, und ihnen kann man nach englischem Service das Essen auf den Tisch stellen, ohne reihum gehen und es anbieten zu müssen.

Was man trägt, richtet sich nach der getroffenen Vereinbarung und lokaler Sitte.

Was die Dauer angeht, so sollten die Gäste daran denken, dass die Gastgeber noch die Arbeit des früheren Personals zu verrichten haben und vermutlich am folgenden Tag wieder ins Büro und an die Arbeit in der Familie müssen. Es ist also höflich, vor 24 Uhr aufzubrechen.

Auf Seite 118 lesen Sie, dass man bei allen nicht offiziellen Gastlichkeiten statt Blumen auch ein Gastgeschenk mitbringen kann.

Man bedankt sich wie nach einem Diner, aber auf jeden Fall, weil in diesem Fall der Gastgeber ganz besonders viel Arbeit gehabt hat, siehe auch: *Diner* und *Pünktlichkeit*.

Abendkleid, großes Korrekt genommen eine festliche, dekolletierte lange Robe, zu der die Dame Schmuck trägt, den schönsten oder echtesten, den sie besitzt, und in dessen Glanz sie zu einem Herrn gehört, der in den Frack gestiegen ist. Denn nach der patriarchalischen Gesellschaftsordnung, die noch den meisten unserer Benehmensregeln zugrunde liegt, gibt der Herr mit seinem Gewand den Ton an. Trägt er Frack, so bedeutet das für die Dame: Abendkleid. Wann die Herren Fräcke tragen? Schlagen Sie bitte unter *Frack* nach.

Nun tragen die Herren den Frack so ungern, dass sie lieber auf den Smoking ausweichen oder auf den dunklen Anzug (siehe dort). Parallel dazu hat das so genannte große Abendkleid etwas lässigere Formen angenommen. Understatement ist in dem Maße beliebt geworden, in dem Frauen berufstätig sind und weder Zeit noch Lust zu übertriebener Festverkleidung haben.

Das heißt: Das große Abendkleid bedeutet nicht mehr Strass, Tüll und Korsagen, es besteht oft aus langem Rock, Bluse und Abendblazer oder aus einem Hosenanzug und in Zeiten von Minimoden aus etwas Badeanzugähnlichem. Es muss auf jeden Fall im Fluggepäck mitreisen können, ohne dass Bügelprobleme entstehen; man muss darin selbst Auto fahren oder in die Straßenbahn steigen können.

Doch wenn es auch üblich geworden ist, ein langes Kleid zu tragen, wenn der Partner – im streng formellen Sinn – nur einen dunklen Anzug trägt, so gibt es für die Dame ein paar Regeln für den Umgang mit Abendkleidern, die man berücksichtigen sollte:

Zum langen Kleid gehört kein normaler halblanger Mantel, auch nicht, wenn er aus Nerz besteht. Man hat die Wahl zwischen einer Jacke oder einem bodenlangen Mantel. Oder einem wie auch immer gearteten Tuch. Ältere Damen mögen immer noch gern eine Pelzstola.

Dekoleté trägt man, wenn man in einer konservativen Gesellschaft lebt, nie am helllichten Tag und nicht in der Kirche. Wenn man also zu einer Hochzeit, die ja nie abends stattfindet, eingeladen ist, so braucht man eine Abendjacke oder eine Jacke aus dem gleichen Stoff wie das Abendkleid, die man später ausziehen kann. Im Übrigen gibt der Spiegel Antwort darauf, ob und wie tief das Dekoleté getragen werden kann.

Abendjacken, Stolen oder Capes gehören zum Kleid, werden also nicht in der Garderobe abgelegt, sondern nur lässig über die Stuhllehne drapiert.

Abendkleid, kleines Man kann auch Gesellschaftskleid oder Cocktailkleid dazu sagen. Die Grenzen sind ohnehin fließend geworden, sodass man nur bestätigen kann: Wer zu einer Gesellschaft oder zu einem Abendessen oder zu einem Empfang oder Cocktail – alles nach 18 Uhr – eingeladen ist, der kann als weibliches Wesen kommen, wie es gefällt. Die Männer tun es auch.

Da trotz dieser Freiheit, die für Frauen je nach Mode erheblicher als für Männer ist, gerade Frauen darunter leiden, bei einer Gesellschaft falsch angezogen zu sein – in diesem Fall: vollkommen anders als der Durchschnitt der anderen weiblichen Gäste –, empfiehlt es sich, bei den Gastgebern vorher zu fragen, wie man erscheinen kann.

Das ist besonders dann ratsam, wenn man als Gast fremd in einen Freundeskreis kommt oder wenn man in eine andere Stadt eingeladen wird. Ist man es zum Beispiel gewohnt, zu allen Einladungen nach 18 Uhr in Lang zu erscheinen, kann man sich in einer Jeans-Gesellschaft deplatziert vorkommen, während man in einer Stadt, in der nach wie vor das kleine Schwarze mit Schmuck, Hut und allem Drum und Dran angesagt ist, in einem lässigen Hemdblusenkleid genauso falsch am Platze wirkt.

Im Übrigen: Dies alles gilt für Normalverbraucherinnen mit durchschnittlich ausgeprägtem Selbstgefühl. Wer sich mit seiner Abendhülle nicht schmücken oder bekleiden, sondern den Rest der Gäste schocken und Aufmerksamkeit erringen will, hat stets dazu Gelegenheit und braucht keine Regeln, sondern nur eine lebhafte Fantasie.

Abend-Make-up Wer groß ausgeht, möchte schön aussehen. Wer momentan schon ist, bestimmt in hohem Maße die Kosmetikindustrie. Wer also schön aussehen will, greift zu Make-up und Maskara, Lidschatten und Aufhellern, Goldpuder und was grade sonst noch in ist.

Die Hauptsache beim Abend-Make-up: Es muss »hitzefest« sein. In allen Sälen, Bars und Restaurants heizen die Menschen, Lampen und Klimaanlagen wie nicht gescheit, und wenn auch die Luft trocken ist, so macht sie doch der Dunst erhitzter Leute schnell zur Sauna.

Wer sich Fotos von Bällen und Empfängen in Illustrierten und im Fernsehen anschaut, kann verfolgen, wie diese Hitze die Wangen erglänzen lässt – vom »abgegessenen« Lippenstift und der verschwitzten Augenfarbe ganz zu schweigen.

Was tun? Auf jeden Fall weniger, und so viel man auch aufs Gesicht bringt:

Erstens: sich immer bei gnadenlos grellem Licht vor einem großen Spiegel schminken, der zumindest den Oberkörper wiedergibt, sodass man sieht, ob das Gemälde aus dem Gesamtbild der Erscheinung herausknallt oder Harmonie herrscht zwischen geschminkten und ungeschminkten Partien.

Zweitens: Hals, Dekoleté und Handrücken nicht vergessen.

Drittens: Alles vorher unter den verschärften klimatischen Bedingungen einer Galanacht ausprobieren und verbessern.

Viertens: Daran denken, je älter ein Gesicht, desto mehr betonen zerlaufende Farben Falten und Runzeln.

Fünftens: Lieber vor der großen Nacht geruhsam vorschlafen, nur die Nase pudern und ein bisschen Lippenstift auftragen. In den meisten Fällen reicht das aus.

Absage Sollte bei allen Einladungen (siehe dort) sofort erfolgen. Besonders dann, wenn man sich ausrechnen kann, dass die Gastgeber die Zahl der Gäste für die Vorbereitungen und Besorgungen wissen müssen. Ist bei gedruckten Einladungen eine Telefonnummer angegeben, kann man telefonisch absagen. Findet sich keine, so wird erwartet, dass man schriftlich zu- oder absagt.

Korrekterweise sollte eine Absage im letzten Moment zumindest am Tag vor dem Fest stattfinden, außer es wird jemand plötzlich krank oder der Gast hat einen Beruf, der ihn oder sie ohne Vorwarnung zeitlich beansprucht. Das weiß dann aber auch der Gastgeber und hat dieses Risiko mit einkalkuliert.

Ohne Absage nicht zu erscheinen oder trotz der Absage doch zu erscheinen, ohne einen Ton zu sagen, ist grob unhöflich.

Abschied Da man weiß, wann Feste und Einladungen üblicherweise enden, soll man sich in etwa an diese Stunde halten, es sei denn, der Gastgeber fordert die Gäste ausdrücklich und ehrlich dazu auf, noch länger zu bleiben.

Allgemein verabschiedet man sich nicht, bevor der oder die Ehrengäste gegangen sind.

Jeder Gast verabschiedet sich von seinem Gastgeber. Ausnahme: berufliche Termine, die den Gast zu einem ungewöhnlich frühen Aufbruch zwingen. Davon unterrichtet er vorher den Gastgeber und kann dann unauffällig verschwinden.

Ist die Gesellschaft sehr groß, braucht sich der Gast nicht von allen übrigen Gästen einzeln zu verabschieden. Bei einer Gruppe von vier oder sechs Eingeladenen, die um einen Tisch zusammen sitzen, sähe es freilich sonderbar aus, wenn sich jemand stumm entfernte.

Zum Abschied gibt es ein Händeschütteln zwischen Gastgeber und Gast. Zwischen Gast und Gästen genügen Lächeln und Verneigung, es sei denn, es ist eine Gesellschaft von gewohnheitsmäßigen Händeschüttlern zusammen.

Ist der Gastgeber mit mehreren Gästen in die Garderobe gegangen, so verabschiedet sich jeder Gast zuerst beim Gastgeber oder den Gastgebern und dann erst bei den übrigen Gästen.

Wer bringt die Gäste an die Tür und öffnet die Haus- oder Wohnungstür? Das wird in den meisten Gegenden vom Gastgeber erwartet. Wenn es sich bei den Gastgebern um ein Ehepaar handelt, so verrichtet der Hausherr den Türdienst, empfängt und verabschiedet die Gäste und öffnet die Haustür. Die Hausfrau bleibt im Zimmer und unterhält sich mit den übrigen Gästen. Das ist die allgemeine Regel. Es spricht jedoch nichts dagegen, dass die Hausfrau mit zur Tür geht oder die Gäste allein zur Tür führt, weil der Mann gerade in ein Gespräch vertieft ist oder eine Flasche aufmacht oder weil es sich um ihre eigenen besten Freunde handelt.

Ist der Gastgeber eine allein stehende Frau, so fällt ihr ohnehin automatisch die Aufgabe des Hausherrn zu.

Einzige Ausnahme: Sie hilft männlichen Gästen nicht aus dem Mantel und in den Mantel hinein – es sei denn, es handelt sich um einen alten, ehrwürdigen Herrn oder jemanden, der sich hemmungslos in seinen Ärmeln verheddert hat. Siehe auch: *Ende des Festes*.

Adel Die Adelsanreden sind durch das deutsche Namensrecht etwas missverständlich geworden, im Prinzip gehört das Adelsprädikat zum Namen. Wenn man jedoch den Grafen Dracula mit Otto Normalverbraucher gleichsetzt, werden logischerweise Herr Normalverbraucher und Herr Graf Dracula draus. »Herr Graf« ist aber die traditionelle Anrede des Volkes und der Dienerschaft gewesen. »Will der Herr Graf ein Tänzchen wagen …«, singt Mozarts Figaro. So hat merkwürdigerweise der Bürokratismus der Demokratie Grafen samt alle anderen Adeligen verbal so aufgewertet, dass sie wieder wie vor der Französischen Revolution dastehen.

Manche sagen milde, wenn es ihnen zu viel Herr Graf hin und Herr Graf her ist: »Mein Lieber, Sie sind doch nicht mein Kutscher!« Aber viele Mitbürger lassen sich den Herrn Grafen und die Frau Gräfin nicht nehmen.

Oder sie sagen, weil sie nicht genau wissen, was sie sagen sollen, oder weil ihnen als guten Republikanern der Graf nicht über die Lippen geht: »Herr von Dracula.«

Beides ist falsch. Ein Graf ist ein Graf. Ein Prinz ist ein Prinz, und wenn man von ihnen spricht oder sie anredet, so sagt man: »Guten Tag, Graf Dracula!« oder »Prinz Hohenlohe« und so weiter.

Das Prädikat »von« steht dagegen den Baronen und Freiherrn zu. Und da hat man die Wahl. Man kann einen Baron mit »Guten Abend, Baron!« anreden oder »Guten Abend, Herr von Sowieso!«

Nur die Freiherrn müssen damit zufrieden sein, dass sie es sind. Ihr Titel taucht wohl in der Briefanrede und bei allem Gedruckten auf, niemals aber in der Anrede. Da ist der Freiherr von Heereman ein »Herr von Heereman«.

Des Freiherrn Frau ist die Freifrau. Ihre Tochter die Freiin.

Freiherrn und Barone sind eigentlich dasselbe, nur hat es sich bei manchen Familien schon seit Jahrhunderten eingebürgert, den französischen Titel zu benutzen. Diese Gewohnheit hat den scheinbaren Unterschied entstehen lassen. Also: Wenn man einen Freiherrn mit »Baron« und einen Baron mit »Herr von Normalverbraucher« anredet, ist es nicht gerade falsch.

Die Frau des Barons ist die Baronin, die Tochter Baronesse, aber das ist ein ebenso altmodisch gewordenes Wort wie die Comtesse.

Den Edlen von Sowieso spricht man ebenso »Herr von Sowieso« an, wie man zum Freiherrn vom Stein »Herr von Stein« sagt.

Die Frau des Grafen ist die Gräfin. Die unverheiratete Grafentochter wurde früher Comtesse genannt und so angeredet. Das ist aus der Mode gekommen, aber wenn einem das Wort gefällt, kann man ein siebenjähriges Grafenkind gern als Comtesse anreden und bei der Siebzehnjährigen das »Comtesschen« wie ein liebevoll-spöttisches Zitat verwenden.

Für alle Stufen des Adels gilt: Die devote Form »Herr Baron«, »Frau Baronin«, »Herr Graf« und so weiter wird nur benutzt, wenn die betreffenden Herrschaften sehr alt und man selber sehr jung ist oder sich beruflich erst am Anfang der Stufenleiter befindet, auf deren Spitze die Adelsleute schweben.

Die Anrede »Baron«, »Baronin«, »Graf« und »Gräfin«, also Titel allein, benutzen Gleichrangige, Gleichaltrige, gute Bekannte und Berufskollegen.

»Graf Dracula« und so weiter, also Titel und Nachnamen – das ist die neutralste und üblichste Form im täglichen Umgang.

»Graf Karl« oder »Comtess Mizzi«, also Titel und Vorname, ist unter Freunden und Verwandten üblich.

Handelt es sich um Reichsgrafen, Burggrafen oder Ähnliches, so tauchen auch diese Titel nicht in der Anrede auf. Der Betreffende ist ein schlichter Graf Sowieso.

Adel, abgelegter Der Verzicht auf das Adelsprädikat ist eine private Entscheidung, denn da das Prädikat Bestandteil des

Namens ist, wurde ein diesbezüglicher Antrag von einem bundesdeutschen Gericht abgelehnt.

Wenn ein Nachkomme aus einem Fürstenhaus jedoch Autoschlosser lernt, so ist es selbstverständlich, dass er weder mit Durchlaucht noch mit Prinz angeredet werden möchte. »Prinz von Sowieso, können Sie mir mal den Schraubenschlüssel reichen?« klingt kurios. Vor einer Generation wurde vorgeschlagen, in solchen Fällen auf Titel plus Vornamen auszuweichen, aber der Schraubenschlüssel passt auch zum Prinzen Paul nicht so recht, sodass man es akzeptieren sollte, wenn von den Betreffenden die offizielle österreichische Form gewählt wird. Was in den Papieren steht, ist dabei gleichgültig. Wenn ein Prinz von Sowieso oder eine Gräfin Sowieso lieber Herr und Frau Sowieso genannt werden möchte, sollte man ihnen höflicherweise den Gefallen tun und auch nicht als Erstes darauf anspielen oder nach den Gründen fragen. Siehe auch: *Privatleben.*

Akademische Anrede Der Doktor wird hierzulande wie ein Bestandteil des Namens benutzt. Sind zum Beispiel Herr und Frau Jankowsky nach fleißigem Studium zum Dr. phil. promoviert worden, so redet man sie mit »Herr Dr. Jankoswky« oder »Frau Dr. Jankowsky« an. Außer sie sagen: »Ach, lassen Sie doch bitte den förmlichen Dr. weg. Für Sie bin ich immer Frau Jankowsky.«

Haben die beiden ihre akademische Laufbahn weiterverfolgt und sind habilitiert, so ist er/sie zwar Professor und Doktor, man benutzt aber nur den höheren Grad als Anrede, sagt also »Herr/Frau Professor«.

Damit endet die Stufenleiter eigentlich schon, denn kein Student sagt mehr Magnifizenz oder Spektabilität zu Rektor oder Dekan – das ist verschwunden mit der alten Hierarchie. Siehe auch: *Doktor; Professor.*

Alkohol Ohne Hefepilze gäbe es keinen Alkohol. Sie verwandeln den Obstsaft, das Getreideschrot in Alkohol und Kohlendioxyd. Dieser Alkohol, je nach Sorte und Herkunft sorgfältig überarbeitet und für den Menschen genießbar gemacht, geht demselben direkt ins Blut, nachdem er schon in Mund und Magen die Säfte hervorgelockt hat. Alkohol macht also auch Appetit. Im Blut sorgt er jedoch vor allem dafür, dass sich die Adern weiten und den ganzen Menschen das bekannte, wohlig entspannte Gefühl durchdringt. Des Trinkers Wangen röten sich (auch die der Dame, die unter Couperose leidet, einer Neigung zu sich jählings erweiternden Äderchen im

Gesicht), der Mensch sieht alles angenehmer, und die ernste, steife Minute inmitten fremder Gäste ist vorüber.

Wer gern möchte, dass die Wirkung des Alkohols auf seine Gäste segensreich bleibt, der beschränkt das Angebot beim Aperitif oder Cocktail und teilt ihn während der ganzen Party sorgfältig ein.

Er lässt seine Gäste nie auf nüchternen Magen trinken. Lässt sie nie schnell Getränke hinunterstürzen. Prostet ihnen also nie unaufhörlich zu. Bietet keine gezuckerten Mixturen an und sorgt auch durch sein Angebot dafür, dass möglichst nichts durcheinander getrunken wird. Siehe auch: *Auto und Alkohol.*

Alles essen und Anstandshappen Muss man essen, was auf den Tisch kommt? Nein. Weder das Kind noch der Erwachsene. Aber: Man muss schon dem Kind klar machen, dass andere Leute anders kochen als Mama, dass es in anderen Familien und Ländern andere Sachen zu essen gibt und dass es dem Gastgeber – Mama oder fremden Köchinnen – gegenüber unhöflich ist, ein Gezeter anzustimmen: »Das ess ich nicht!«

Wat de Bur nicht kennt, dat fret hei nicht, heißt das Sprichwort, und es sagt die Wahrheit. Wer wie früher die Bauern immer nur Knödel und Kraut gegessen hat, essen musste, weil es nichts anderes gab, der kriegt leicht einen beschränkten Horizont in Bezug aufs Essen und Trinken. Aufgeschlossenheit ist besser. Vielleicht schmeckt das Fremde fabelhaft! Also: Nicht abwehren, sondern sich ein klein wenig auf den Teller geben lassen oder selber nehmen und probieren. Das Wenige darf nicht so wenig sein, dass es nach wenig aussieht, und sein Servieren darf nicht von hysterischen Aufschreien begleitet sein: »Nicht so viel! Nur die Hälfte!« oder so. Das wäre ein Musterbeispiel von Unhöflichkeit.

Stattdessen: eine kleine Portion, freundlich und erwartungsvoll entgegengenommen. Schmeckt es aber wirklich scheußlich? Nun, das ist Ihr Pech, aber Sie sollten es wie ein erwachsener Mensch ertragen. Keine Grimassen ziehen, kein lautes Gezeter, sondern unauffällig und sittsam das essen, was Ihrer Ansicht nach essbar ist, und den Rest unter dem parallel gelegten Essbesteck liegen lassen.

Wirklich gute Gastgeber bieten eben aus diesem Grund bei größeren Festen zweierlei Gemüse an, manchmal auch zweierlei Fleisch, eine leichte und eine üppige Nachspeise und so weiter. Und auf jeden Fall Mineralwasser für diejenigen, die keinen Wein mögen.

Beim inoffiziellen Essen mit Freunden weiß man, was dieser mag und jener nicht verträgt, oder schmiert jemandem zur Not ein Käsebrot.

Bei offiziellen Essen gibt es ohnehin nur Dinge, die fast allen Leuten schmecken und die von allen Leuten vertragen werden können.

Bei offiziellen Geschäftseinladungen im Restaurant kann man, nach einem Blick auf die Menükarte, den Kellner vor dem Essen oder – falls man ihn nicht erwischt – beim Servieren der Vorspeise bitten, dies oder jenes zu berücksichtigen. Aber bitte unauffällig! Wenn das nicht klappen sollte, kein wie auch immer geartetes Theater anstellen.

Und wenn ein Gericht versalzen ist? Das Fleisch zäh? Der Apfelkuchen mit Salz statt mit Zucker bestreut? Eigentlich sollten solche Katastrophen nach Art des Hauses schon in der Küche entdeckt und repariert worden sein. Pech kann aber natürlich jeder Gastgeber haben, und da er ja auch schmeckt, was passiert ist, liegt es bei ihm, sofort zu sagen: »Bitte essen Sie nicht weiter!«, und wieder abservieren lassen.

Mit Freunden kann man darüber lachen und hat eine Anekdote. Beim offiziellen Essen braucht man in diesem Fall Geistesgegenwart, Selbstsicherheit und einen ausreichenden nächsten Gang.

Der Anstandsrest auf dem Teller und in den Schüsseln muss nicht als Denkmal des guten Benehmens betrachtet werden. Man kann sich sehr wohl das letzte Schnitzel, die letzte Marille von der Platte nehmen.

Alte Gäste In vielen Fällen brauchen alte Gäste etwas Rücksicht, die sich meist von selbst ergibt, wenn man sich in ihre Situation versetzt.

Können sie allein kommen, oder sollte man sie abholen? Schaffen sie es nicht mehr, mit der Straßenbahn zu fahren oder zweimal mit Bus und U-Bahn umzusteigen, und ist ihnen ein Taxi zu teuer? Dann bestellt man ihnen telefonisch eine Taxe, die man ihnen bei der Ankunft bezahlt und deren Fahrer man bittet, dem alten Gast vom Haus ins Auto und dann zu den Gastgebern hereinzuhelfen.

Sind die alten Gäste zum Cocktail oder zum Empfang geladen? Dann brauchen sie auch bei diesen klassischen Stehpartys eine Sitzgelegenheit. Dadurch sollen sie aber nicht isoliert werden! Der Gastgeber stellt ihnen nach und nach die anderen Gäste vor, sodass die Alten auch tatsächlich etwas von der Gesellschaft haben. Insgesamt achten Gastgeber darauf, dass es die alten Gäste gemütlich haben, beim Gespräch, beim Essen und danach.

Vielleicht gibt es einen kleinen Raum neben dem allgemeinen Festzimmer, in dem die Alten etwas weniger Trubel haben und sich besser auf ihre Gesprächspartner konzentrieren können. Das ist besonders wichtig, wenn jemand schwerhörig ist und sich noch zu keiner Hörhilfe durchgerungen hat. Partylärm lässt ihn gar nichts mehr verstehen.

Es ist nett, wenn man noch jemanden für die alten Gäste einlädt, mit dem sie sich über früher, über gemeinsame Bekannte oder gemeinsam erlebte Zeiten unterhalten können.

Bei großen Empfängen sollte es einen abgeschlossenen Raum geben, in dem sich der oder die Alten zwischendurch, auf jeden Fall vor dem Essen etwas verschnaufen oder sogar hinlegen können.

Sind die Alten zum Essen eingeladen, sollte bei der Zusammenstellung des Menüs auf ihre besondere Ernährungssituation Rücksicht genommen werden. Man kocht leicht, eiweißreich, auch leicht verdaulich.

Für den sicheren und bequemen Heimtransport sollte genauso wie für den Herweg gesorgt werden. Sicher kann ein Gast Chauffeur spielen. Er sollte die Alten aber nicht nur auf der Straße absetzen, sondern ihnen über den Fahrweg und bis zur Wohnungs- oder Haustür helfen.

Auf jeden Fall: alte Menschen bei Einladungen nicht vergessen. Die meisten von ihnen genießen es, mit den Jungen zusammen leben und feiern zu können. Und wenn man sich auf sie einstellt, sind sie für jedes Fest ein Gewinn, und sei es nur durch ihre Geschichten.

Anfang Aller Anfang ist schwer, und das trifft manchmal auch auf Feste zu. Die Gäste stehen herum, und nicht alle kennen einander, und selbst wenn man sie miteinander bekannt gemacht hat, wissen sie nicht, worüber sie sich unterhalten sollen. Der Gastgeber denkt dann: »O Gott, o Gott, wie soll das nur weitergehen?«

Klassische Abhilfe: Alkohol. Er geht ins Blut, Champagner und Sekt am schnellsten, und macht die Menschen munter. Siehe auch: *Aperitif* und *Alkohol*.

Trotzdem sollte man die klassische Vorsicht nicht außer Acht lassen: Der Begrüßungsschluck soll nur munter machen, aber nicht anheitern.

Gastgeber sorgen vor, indem sie zum Aperitif, dem Schlückchen vorm Essen, ein Canapé oder etwas Salzgebäck servieren, damit der Alkohol nicht in den leeren Magen rauscht.

Gäste sorgen vor, indem sie am Tag eines Festes oder einer Cocktailparty so normal wie immer essen, damit sie beim Gastgeber nicht mit knurrendem Magen erscheinen. Lesen Sie auch: *Gespräche/ Konversation*.

Anfassen Nein, man fasst keinen Fremden am Arm an, legt ihm keine Hand auf die seine und tippt ihm nicht von hinten auf die Schulter.

Diese Berührungen sind unerwünscht, weil sie wie eine Verletzung wirken, eine Zerstörung der unsichtbaren Schutzhülle, in der sich jeder bewegt und deren Bedrohung stark irritiert. Wenn der Antipper Pech hat, wird seine Geste wie ein feindlicher Angriff abgewehrt, oder – schlimmer noch – er wird niemals vergeben und vergessen.

Wer aus seiner Intimhülle herauswill, gibt ein Zeichen, streckt dem anderen zum Beispiel die Hand hin, und auch das ist kein Freibrief für Weiteres. Nicht umsonst sagt das Sprichwort verächtlich vom Zudringlichen: »Wenn man ihm den kleinen Finger reicht, nimmt er die ganze Hand.«

Angabe Angabe ist das halbe Leben, heißt die Redensart, und wenn man sich umschaut, so merkt man an allen Ecken und Enden, dass dieser Satz stimmt.

Und da vielen Menschen tatsächlich nichts anderes übrig bleibt, als sich durch Angabe die Defizite und unerfüllten Träume, seien sie noch so töricht und eitel, zu erfüllen, gilt nur die Regel: Auch Angeber sollten manchmal innehalten und versuchen, sich so zu sehen, wie sie im Auge der Mitmenschen wirken. Pomp darf sein. Herz- und Rücksichtslosigkeit den anderen, Ärmeren, Erfolgloseren gegenüber dagegen nie und nimmer mehr.

Die Umwelt der Angeber sollte im Prinzip milde reagieren, denn wie der Volksmund ebenfalls sagt: Wer angibt, hat's nötig. Treiben es die Angeber jedoch zu toll, so können sie von guten Freunden gelegentlich eine kalte Dusche besser vertragen als von Fremden, aber auch im Kollegenkreis sollte man nicht nur durch die Blume sagen, was man von der Angabe hält: Sie kann das ganze Betriebsklima mit Feindseligkeit, Neid und Spott vergiften.

Angenehm Mit »angenehm« zu antworten, wenn einem jemand vorgestellt wird, gilt als spießig. Man kann »sich freuen, dass ich Sie kennen lerne«, man kann freundlich nicken, man kann, wenn's passt, die Tageszeit anbieten. Aber »angenehm« sollte man verschlucken.

Angewohnheiten Jeder Mensch hat seine ganz gewissen automatischen Marotten. Der eine dreht Däumchen, der andere pult. Einer zwirbelt die Haare vom Haupt- oder Barthaar. Einer schabt sich mit der Gabel das Messer blank, als ob es nicht ohnehin gleich gespült würde. Einer lässt auch als Erwachsener noch die Klotür so unverschlossen, wie es ihm aus Kinderzeiten vertraut geblieben ist – und so weiter und so weiter.

Gewohnheiten, die dem Benehmen, das von ihm / ihr erwartet werden, widersprechen.

Was tun? Falls der Verstand noch korrigieren kann und Selbstbeherrschung und Selbstkontrolle noch nützen: gut.

Viele Gewohnheiten sind jedoch so tief verwurzelt, dass sie nichts mehr ausrotten kann. Dann nützt auch kein Ärger und Geschrei, und Partner können nur immer wieder zumindest innerhalb der eigenen vier Wände friedlich wie zu einem Kind sagen: »Denk dran! Klotür schließen!«, außer Sie sind in England, siehe unten.

Anklopfen An die Tür klopfen? Das tut man nur in fremden Wohnungen und Häusern. Zu Hause oder bei Freunden klopft man nicht. Wenn man unsicher ist, ob man ein Zimmer betreten kann oder nicht, so fragt man: »Frau Norden, darf ich hereinkommen?«

Eine angelehnte Tür gilt als offen. Ob zu Hause, bei Freunden, in öffentlichen Gebäuden, im Büro, im Restaurant: An eine offene oder angelehnte Tür wird nicht geklopft. Sie wird geöffnet, wobei man sich auch nicht wortreich entschuldigen muss.

In manchen Familien in England und auch in Deutschland ist es sogar üblich, die Klotür leicht angelehnt zu lassen, um dem Gast zu bedeuten: »Nicht besetzt!« Das erspart ihm und demjenigen, der an diesem Ort weilt, die Türrüttelei.

Angelehnte Schlafzimmer- oder Badezimmertüren kann man freilich taktvollerweise als geschlossen betrachten und sich mit einer Frage vergewissern, ob man niemanden stört.

So wenig man bei anderen Leuten ins Schlafzimmer platzt, so wenig stöbert man in fremden Sachen. Siehe auch: *Privatleben*.

Anrede mit Vor- oder Nachnamen Mit der Tatsache der Gleichstellung wächst also auch der Anspruch, gleich behandelt zu werden. So klagte in Süddeutschland ein Arbeitnehmer gegen seinen Vorgesetzten, weil dieser ihn nur mit dem Nachnamen anredete und nicht mit Sie. Der Arbeitnehmer bekam Recht zugesprochen. Die Anrede mit Nachnamen und Sie ist unterdessen zu einer Form geworden, die unter Gleichgestellten üblich ist, ihre unkonventionelle berufliche oder freundschaftliche Verbundenheit ausdrückt und Männer und Frauen eint.

Wer neu in eine solche Anredegemeinschaft gerät, sollte sich jedoch zuerst einmal zurückhalten und beim Herrn Normalverbraucher und Frau Normalverbraucher bleiben, bis ihm jemand sagt: »Also Meier, nun seien Sie doch nicht so förmlich!«

Diese Form ist übrigens eine Parallele zur eher aufs Norddeutsche beschränkten Anrede mit Vornamen und Sie.

Anrede, Senioren und Unbekannte Es ist ungehörig, taktlos bis unverschämt, alte Männer mit Opa und alte Frauen mit Muttchen oder Oma anzureden, gar noch mit du.

Oma Normalverbraucher ist für alle, außer ihren Enkelkindern, Frau Normalverbraucher und Sie. So haben Sie Krankenschwestern, Ärzte, Vorzimmerdamen, Heimleiter, Zivis und Finanzbeamte oder Rentensachbearbeiter anzureden.

Aber wenn Sie ihren Namen nicht wissen? Tja, da sieht man mal wieder, was die »Gnädige Frau« für ein praktisches Wort ist! Wem das nicht über die Lippen geht, der muss die alte Frau ebenso höflich nach ihrem Namen fragen, wie er selber gefragt werden möchte.

Männer haben es in diesem Fall etwas besser. »Mein Herr« klingt nicht so geschraubt wie »Meine Dame«, und plötzlich sieht man die in Deutschland so gern verspottete Form der Österreicher in neuem Licht.

Dort sagt man ungerührt »Gnädige Frau« selbst zur Trafikantin, und mit dem »Herrn Doktor« oder »Herrn Ingenieur« oder dem guten alten »Herrn Baron« greift man bewusst zu hoch. Aber das weiß ja jeder und nimmt es nicht wörtlich. Auf jeden Fall rettet es die alten Mitbürger vor dem gedankenlosen und entwürdigenden Oma und Opa.

Anrufbeantworter Der Anrufer weiß nie, wie lange er sprechen kann. Bei manchen Teilnehmern reicht es gerade zu Namen und Telefonnummer. Andere geben grenzenlose Sprechzeit. Daher: immer zuerst die wichtigsten Punkte nennen, Name, Datum, eigene Telefon- oder Mobiltelefonnummer, dann erst Anlass, auf jeden Fall so kurz wie möglich.

Der Angerufene sollte seinen Text so formulieren, dass der Anrufer weiß, mit wem er verbunden ist. Er sollte zudem seinen eigenen Text kurz fassen. Bei Fern- und Auslandsgesprächen muss der Anrufer sonst die ganze lange Rede mit allen verschiedenen Telefon-, Fax- und Handy-Nummern, womöglich noch in Deutsch und einer anderen Sprache, mitbezahlen. Trotzdem sollte er die Telefonnummer, unter der der Angerufene gerade zu erreichen ist, langsam sprechen und vielleicht sogar wiederholen. Selbst wenn man einen Bleistift bei der Hand hat, sind manche Nummern so lang, dass man sie beim hastigen Sprechen nicht mitbekommt.

Unhöflich, weil beunruhigend ist es, wenn ein Anrufer stumm wieder auflegt. Es ist also in jedem Fall besser, eine kurze Nachricht zu hinterlassen, auch wenn man lieber persönlich mit dem Angerufenen gesprochen hätte.

Anrufe Wenn das Telefon klingelt, melden sich Erwachsene mit ihrem Familiennamen ohne Titel und akademischen Grad, also »Müller!«

Hat die Tochter abgehoben, so meldet sie sich: »Anna Müller« und der Sohn »Otto Müller« oder »Müller junior«. So weiß der Anrufer, ob er Vater oder Sohn, Mutter oder Tochter an der Strippe hat.

Nimmt ein anderer den Hörer ab, so sagt er »bei Müller« oder »Meier bei Müller«.

Sitzt er im Büro und nimmt das Telefon eines Kollegen ab, so sagt er ebenfalls: »Meier, Apparat Müller«.

Sitzt er an seinem eigenen Schreibtisch in der Firma, so sagt er seinen Namen und den der Firma. Ich wünschte, das täte jeder in jeder Behörde, denn wenn man von einer Zentrale durchgeschaltet wird und von dort weiter und immer weiter, so sagen einem die Meiers und Müllers und Schulzes gar nichts. »Meier, Abteilung Mehrwertsteuer« oder »Müller, Vorzimmer Baurat Schulze« wäre viel exakter und deshalb hilfreicher und höflicher, denn ich müsste mein Sprüchlein nicht zum x-ten Male aufsagen, sondern wüsste gleich, der/die ist noch nicht der Richtige: »Darf ich Sie also bitten, mich weiter zu verbinden?«

»Hallo?« ist eine ziemlich unzureichende Antwort, denn der Anrufer hat keine Ahnung, wer da Hallo sagt, und muss eh noch einmal nach dem Namen fragen. Richtig ist allerdings, dass auf diese Weise der Angerufene als Erster erfährt, wer was von ihm will.

In England meldet man sich mit der Nummer. Das tun auch hiesige Telefonbesitzer, wegen des so genannten Telefonterrors, also wegen unbekannter Leute, die zu allen Tages- und Nachtzeiten anrufen und entweder schweigen, stöhnen oder Obszönes von sich geben.

Solche Leute zu erwischen, ist ziemlich schwer und gelingt auch mit Fangschaltung nicht immer. Es wird jedoch geraten, nicht in Panik zu fallen, weil es gerade die Zeichen der Angst sind, auf die der Anrufer lauert. Ebenso stumm einfach aufzulegen, ist das vernünftigste Verhalten. Auf jeden Fall schreckt es einen solchen Anrufer auch leicht ab, wenn Anna Müller 4711 statt ihren Namen sagt.

Ansprechen Je älter unsere Zivilisation wird, je größer die Städte, in denen wir leben, desto höher sind die Mauern um die Einzelnen gewachsen, um Personen oder Gruppen. »Eine Dame lässt sich nicht ansprechen!« »Sprich keinen Fremden an!« »Ein Herr spricht nur mit jemandem, dem er vorgestellt worden ist!« – Das sind Sätze, in denen vor der Gefahr gewarnt wird, die für Ahnungslose und Vertrauensselige von einem Fremden ausgehen können, aber auch Sätze, die auf eiserne Standesschranken hinweisen.

Dies gibt es eigentlich nicht mehr. Trotzdem reagieren Männer und Frauen in Norddeutschland fast pikiert, wenn sie von einem oder einer Fremden etwas gefragt werden. In Süddeutschland reagieren Menschen dagegen eher verwundert, wenn man sie, mit ihnen zusammen in einer Tram, in einer Umkleidekabine, nicht anspricht.

Muss man sich also beim allgemeinen Ansprechen nach der Umgebung richten? So sollten weibliche Menschen jeden Alters so aufgeklärt sein, dass sie die goldene Mitte zwischen Vorsicht und Selbstbewusstsein treffen. Jeder kann in einer demokratischen Gesellschaft mit jedem reden, so er oder sie es höflich tun und eine Absage nicht krumm nehmen.

Selbstverständlich kann jeder Mann jede Frau ansprechen, höflich, witzig, wie auch immer. Aber gerade er mit der ganzen Tradition seines Geschlechts muss schlucken, wenn sie das Ansprechen als Anmache empfindet und nicht antwortet. »Schweigen heißt vielleicht«, ist ein Satz aus der Mottenkiste. Schweigen heißt heute Nein, und das müssen Männer akzeptieren.

Selbstverständlich kann jede Frau jeden Mann ansprechen, wenn er ihr so vorkommt, als ob man ihn ansprechen könnte. Männer müssen noch mehr lernen, Sachliches sachlich zu verstehen. Wenn ich meinen Nachbarn auf dem Bahnsteig frage, ob er das Geschnatter des Lautsprechers verstanden hätte, will ich wirklich nur wissen, was mit meinem Zug los ist, und keinen Flirt beginnen. Das mag die Eitelkeit mancher Männer kränken, aber Frauen sind wirklich zuerst einmal Menschen.

Anstarren Man starrt keinen anderen Menschen unverhohlen an, ob jung oder alt, verrückt oder fremdartig.

Nun ist die Mode natürlich gerade ein Lockmittel. Wer sich vormodisch oder übermodern kleidet, will wahrgenommen, bewundert, angestarrt werden.

Was also macht der Höfliche in der Klemme? Spanierinnen in früheren Zeiten lugten durch den Fächer. Damen unserer Urgroßelterngeneration hatten Hute mit Krempen, Schleiern und ahnlichem Sichtschutz.

Leute von heute drehen sich jedenfalls nicht ostentativ um und glotzen. Sie müssen, wenn ihnen was zum Anstarren über den Weg läuft, üben, mit einem einzigen schnellen Blick das Wichtigste einzufangen.

Niemals wird jemand angestarrt, der behindert ist, in welcher Weise auch immer. In diesem Fall wäre Starren taktlos, weil es jemanden auf etwas hinweist, was ihm ohnehin in jedem Augenblick seines Lebens bewusst ist, manchmal schmerzlich genug.

Anstoßen Wenn eine Rede gehalten worden ist, stößt man an – wobei noch ein Schlückchen im Glas sein sollte. Silvester stößt man auf das neue Jahr an, zum Geburtstag auch.

Das Getränk muss Wein oder Champagner sein, und es darf sich nicht in Bechergläsern befinden, sondern in einem Glas mit Stiel. Nur dann klingt das Glas beim Anstoßen so schön, wie es klingen soll.

Für die Reihenfolge beim Anstoßen gibt es keine Regel, aber es wird als selbstverständlich angenommen, dass man zuerst mit dem Geburtstagskind anstößt, mit Braut und Bräutigam oder mit dem Ehren- oder Festgast und zum neuen Jahr mit denen, die man am meisten liebt.

Die einzige Regel beim Anstoßen: Das Glas am Stiel oder am Fuß anfassen, sonst klingt es nicht.

Antrag siehe *Verlobung.*

Antrittsbesuch Einen Antrittsbesuch machte früher jeder, der neu in einer Stadt war. Er stellte sich der Rangfolge nach bei allen Familien vor.

Antrittsbesuche fanden zur Besuchszeit statt, dauerten höchstens eine halbe Stunde, und danach war der Besucher gesellschaftlich vorhanden und wurde bei den entsprechenden Geselligkeiten berücksichtigt, das heißt: eingeladen.

Diese Besuchsrunde verkam in Großstädten ohnehin zur Visitenkartenrunde. Der Neue fuhr seine Adressenliste ab und überreichte dem Diener seine *Visitenkarte*, siehe dort.

Heute sind Diener verschwunden, Berufstätige so mobil und unsere Gesellschaft ist so offen, dass diese förmlichen Antrittsbesuche nur noch selten stattfinden. Und falls sie gemacht werden, beim Besuchten Hilflosigkeit bis Befremden auslösen.

Ihr Sinn jedoch ist heute wichtiger denn je: Neuankömmlinge, vor allem junge Leute, haben es schwerer denn je, in einer fremden Stadt Fuß zu fassen und der abendlichen Einsamkeit zu entgehen. Es wird zudem viel von der Haltlosigkeit der Jugend gesprochen. Vielleicht kann man in der eigenen Umgebung dieser alten Sitte eine neue, moderne Form geben – auch ohne Nachhilfe eines Betriebspsychologen.

Antrittsbesuch im Mietshaus Wer neu in ein Wohnhaus zieht, sollte bei den Mitmietern so etwas Ähnliches wie einen Antrittsbesuch machen: an einem Samstag- oder Sonntagnachmittag oder nach Feierabend klingeln und sich vorstellen.

Keiner braucht zu befürchten, dass man den anderen nun »an der Backe« habe, aber jeder weiß nach diesem Antrittsbesuch, wie der andere aussieht, kann ihn grüßen und hat die Schwelle der Fremdheit überschritten, falls man es doch einmal miteinander zu tun bekommt, ob das nun ein Wasserrohrbruch, eine neue Kellertreppe oder ein Gartenfest ist. Siehe auch: *Nachbarn*.

Anzug Wer zu einem offiziellen oder privaten Fest schriftlich eingeladen wird, findet auf der Einladungskarte unten links angegeben, welche Kleidung man von den Herren erwartet – siehe: *Kleidervorschrift*. Danach richten sich üblicherweise die Damen – siehe: *Abendkleid, Frack, Smoking* und *Falsch angezogen*.

Sie sehen daraus, dass es für offizielle Feste Vorschläge gibt, die allgemein gelten. Nun weichen die Gastgeber aber bei privaten Festlichkeiten gern von diesen strengen Vorschriften ab. Der Eingeladene liest also beim Kleiderwunsch nicht »Smoking« oder »dunkler Anzug«, sondern: »sommerlich festlich« oder »flotter Anzug«.

Das klingt auch flott und locker, aber was soll es bedeuten? Jeans? Jumpsuit? Der Gastgeber hat sich bei seiner Formulierung sicher etwas gedacht, also muss man ihn anrufen und fragen, wie er es meint.

Dadurch schafft man sozusagen neue Konventionen.

Aperitif Der Aperitif ist ein Getränk vor dem Essen. Er ist Moden unterworfen und selber relativ modern. Erst vor zwei oder drei Generationen ist er in Mode gekommen. Außerdem hängt er von den Verkehrsgesetzen so gut wie von der Landschaft ab. Man kann fast von einer süddeutsch/österreichischen, einer angloamerikanischen und einer französischen Schule sprechen.

Der Gastgeber schätzt den Aperitif, weil seine Gäste nicht verlegen und mit leeren Händen herumstehen, bis der letzte Gast eingetroffen ist. Der Feinschmecker schätzt ihn, weil der Aperitif den Appetit lockt und das ganze Ich auf eine gute Mahlzeit vorbereitet. Der Arzt stellt fest, dass Alkohol die Gefäße weitet, sodass man den Körper tatsächlich auf die Arbeit der Verdauung vorbereitet, wobei die Kräuteraperitifs ganz allgemein am besten anregen. Die Engländer schätzen am Aperitif, dass er munter und etwas gesprächig macht.

Manche Köche lehnen den Aperitif nach angloamerikanischer Art strikt ab und lassen nur Wein als Aperitif gelten. Gegen den Aperitif ganz allgemein kann natürlich die Tatsache sprechen, dass viele Gäste mit dem Auto kommen.

Die Aperitifs kann man in drei Gruppen einteilen:

Gruppe 1: die kurzen Aperitifs, die unvermischt getrunken werden. In Frankreich kennt man die meisten Sorten, fertige Würz- oder Kräuterweine, die ungekühlt direkt aus der Flasche serviert und höchstens mit einem Kringel Zitronenschale versehen werden.

In England trinkt man trockenen Sherry oder weißen, herben Portwein.

In Italien und Österreich liebt man Campari – auch unverdünnt – und trockenen Wermut.

Gruppe 2: die langen Aperitifs, sie werden mit Sodawasser, Tonic-Wasser, Ginger Ale verlängert, und man kann einen Eiswürfel dazugeben. Lange Drinks werden auf der Basis von Campari, Wermut oder Dubonnet gemischt.

Gruppe 3: die Weine, zu denen auch der Sherry und der Portwein gehören. In Frankreich trinkt man gern einen Schluck einfachen Weißwein schon vor dem Essen. Man verwendet keine großen Gewächse oder edle Sorten, sondern Landwein oder jungen Wein. Er wird kühl serviert, man kann jeden Heurigen dazu verwenden und im Herbst Beaujolais primeur, den jungen frischen, französischen Rotwein, der an einem bestimmten Tag öffentlich als trinkbar ausgerufen wird.

Äpfel und Birnen essen Am festlichen Tisch sollte man Äpfel und Birnen eigentlich nicht mit den Fingern anfassen, sondern nur mit Messer und Gabel. Bei sehr reifen Birnen geht es einigermaßen. Man stellt sie senkrecht auf den Teller, hält sie mit der Gabel am Stielende fest und schält sie nun kunstvoll von oben nach unten. Das Fleisch wird schließlich von allen Seiten in netten Stücken abgeschnitten.

Äpfel schneidet man am besten mithilfe von Messer und Gabel in vier Stücke, spießt ein Viertel nach dem anderen auf die Gabel und schneidet die Schale ab und das Kernhaus raus. Das befreite Viertel in zwei, drei Stücke schneiden und per Gabel in den Mund befördern. Siehe auch: *Früchte essen*.

Artischocken essen Ganz gekochte Artischocken isst man mit der Hand und Messer und Gabel. Zuerst zupft man das Grün Blatt für Blatt ab, stippt jedes Blättchen mit dem fleischigen Blattansatz in Sauce und zieht sie so durch die fast geschlossenen Zähne, dass man das Blattfleisch im Munde hat. Während des Blattessens legt man allmählich das Herz der Artischocke frei. Es besteht aus dem Boden und dem Heu. Dieses hebt man mit der Gabel ab und wirft es in die Abfallschüssel. Dann schneidet man den fleischigen Boden mit Messer und Gabel in Stücke und isst ihn.

Aufs Recht pochen Recht haben: Eine Journalistin, die nach ein paar Jahren Auslandsaufenthalt mit ihrem Kind wieder nach Deutschland kam, sah ihr altes Zuhause als »eine Nation von Oberlehrern«. Sie schrieb in der *Süddeutschen Zeitung*: »Hier scheint es ein Volkssport zu sein, sich ungefragt einzumischen – wertend und bewertend, dazu stets finster und unfreundlich.« Und sie berichtete, wie sie ihren Platz in einer Schlange an der Supermarktkasse für Sekunden verließ, um sich noch einen Karton Eier zu holen: »Als ich zurückkomme, ist mein Wagen aus der Reihe geschoben. ›Warum?‹, frage ich. Kommt die klassische Antwort: ›Na ja, wenn das jeder machen würde!‹ Was würde dann passieren?«

Recht ist eine juristische Kategorie. Wer auf seinem Recht besteht, kann in der Sache Recht haben und dennoch Unrecht tun: wenn er nämlich nicht vor Gericht steht, sondern im Alltag. Zu den guten Manieren gehört keineswegs die Selbstgerechtigkeit. Wer höflich ist, verzichtet im Gegenteil – nicht immer, aber im rechten Moment – aus Rücksicht auf einen anderen auf sein so genanntes Recht. Denn was bedeutet Recht haben im gesellschaftlichen Sinn? Da kommt sich jemand übergangen vor – nicht übervorteilt –, denn Manieren sind keine Kategorien von Kommerz und Handel. Es geht also darum, dass sich jemand falsch bewertet und beachtet vorkommt. Übersehen. Das Ichgefühl leidet.

Statt jedoch »auf sein Recht zu pochen«, sollte der höfliche Mensch demjenigen, über den er sich beklagen zu müssen meint, klipp und klar, aber höflich und sachlich sagen, was ihn gestört hat. In neun von zehn Fällen wird sich herausstellen: Alles hat auf einem Missverständnis beruht, auf Unkenntnis und so weiter, und wieder hat die Höflichkeit geholfen, den Frieden zu wahren.

Der einzige Haken dabei ist: Das so genannte offene Gespräch erfordert von demjenigen, der sich im Unrecht glaubt, eine ziemliche Haltung, ein ruhiges, humorvolles Selbstbewusstsein, aber die Einsicht, dass sich die Welt nicht nur um seine Person dreht. Erst dann kann er seine Worte so setzen, dass sie nun selber nicht beleidigen und das Ganze in Gekeife endet.

Doch gerade das lässt sich üben. Manche schreiben sich auf, was sie am anderen stört, lesen die Notizen am anderen Tag laut und stellen sich dabei vor, sie müssten sich selber so etwas anhören. Das lehrt am besten, die Aggressivität zwischen den Zeilen zu löschen, siehe auch: *Haltung* und *Rücksicht*.

Aufstehen im Bus etc. Das Recht des Kindes wurde in den sechziger Jahren auch mit dem Recht auf einen Sitzplatz im Bus erkämpft. Die Begründung lautete: Erstens kriegen auch Kinder müde Beine, und zweitens müssen sie ja auch bezahlen. Dieses Recht ist jedoch von vielen Erwachsenen so über die Maßen strapaziert worden, oft nicht fürs müde Kind, sondern gegen vermutete Kinder- und Fortschrittsfeinde, dass es den Kindern nur geschadet hat. Ihnen ist ein ganz und gar unsoziales Anspruchsdenken eingeschärft worden, was nun wiederum viele Erwachsene so bockig gemacht hat, dass sie schon scheel gucken, wenn ihnen nur ein Kind in die Nähe kommt. Der Schuss ist also nach hinten losgegangen.

Die Moral von der Geschicht: Wer noch so Recht hat, muss trotzdem auch auf das der anderen achten. Außerdem sollten Kinder lernen, dass es höflich ist, einem Schwächeren zu helfen. Also einem älteren Menschen, der wackeliger auf den Beinen ist als es selber, den Platz anzubieten. So etwas lernen Kinder am ehesten, wenn sie miterleben, wie ihre eigenen Erwachsenen anderen in Bus und Bahn helfen: beim Ein- und Aussteigen, in Kurven, beim plötzlichen Stopp, beim Gepäcktragen.

Es scheint sich jedoch alles im Leben immer wieder auszugleichen. Haben also rabiate Mütter vor einer Generation dafür gesorgt, dass ihre Kinder saßen, und befriedigt mit angeschaut, wie alte Menschen stehen mussten, so bekommen sie heute von den unterdessen erwachsen gewordenen Kindern die Quittung. »Nein«, sagen die jungen Leute laut Allensbacher Umfrage, »ganz falsch, wie ihr das gemacht habt!«

Laut dieser Statistik können sie sich überhaupt nichts Unhöflicheres auf der Welt vorstellen, als »wenn junge Leute im Bus nicht aufstehen, wenn ein älterer Fahrgast keinen Platz findet«. Für neunundsechzig Prozent der Befragten ist dies ein Zeichen von miserablen Manieren, was die Meinungsforscher verblüfft hat. Dieser Punkt ist nämlich bisher in keiner früheren Befragung auch nur erwähnt worden.

So kann man nicht nur miterleben, wie eine Generation die ältere korrigiert, man könnte, wenn man Optimist ist, auch auf die uns vielleicht angeborene Freundlichkeit schließen.

Aufstehen – sitzen bleiben Für oder vor jemandem aufstehen ist ein altes Zeichen der Achtung: Herren stehen also immer auf, wenn sie eine Dame begrüßen, und sie setzen sich nicht, ehe die Dame oder die Damen Platz genommen haben.

Damen stehen nur vor Damen auf, wenn diese ihre Großmutter sein könnten oder der Ehrengast oder besonders verehrungswürdig sind.

Die Herren stehen auch vor einem Ehrengast auf: als Bundespräsident v. Weizsäcker 1985 Funktionäre von Jugendverbänden begrüßte, »blieb der Nachwuchs der IG Chemie sitzen«, wie eine Tageszeitung berichtete, »andere Jugendliche runzelten die Stirn: jaja, so benehmen sich die Genossen unter sich!« Das hielten Journalisten für bemerkenswert.

Eine altmodische, aber immer noch lebendige Sitte, besonders in der internationalen Gesellschaft: Die anwesenden Herren stehen auf, wenn eine Dame den Raum verlässt oder ihn wieder betritt. Diese Sitte muss man zumindest kennen, denn Herren könnten sich sehr albern vorkommen, wenn sie in so einer Situation als Einzige sitzen geblieben sind.

Wie verhält sich nun eine Frau am Arbeitsplatz? Kein Chef steht auf, wenn seine Sekretärin in sein Zimmer kommt.

Keine Sekretärin steht auf, wenn der Chef oder einer seiner Besucher durch ihr Sekretariat in das Chefzimmer geht oder sie in ihrem Sekretariat besucht.

Sitzen ein paar Gleichgestellte um den Konferenztisch herum und warten auf den Chef, so ist es üblich, dass sie sich erheben, wenn er eintritt. Befindet sich unter ihnen eine Frau, so bleibt sie natürlich sitzen – es sei denn, sie ist sehr jung und der Chef ein sehr würdiger Greis. Oder es sei, dass sie ihn mit dieser Geste besonders ehren möchte.

Aufstehen, zur Ehrung Wenn zum Beispiel der Friedenspreis des Deutschen Buchhandels in der Frankfurter Paulskirche verliehen wird, stehen alle Anwesenden schweigend auf, sowie der Geehrte den Raum betritt und bleiben stehen, bis er oder sie den Platz erreicht hat.

Dieses leise Rauschen, das entsteht, wenn sich vierhundert oder fünfhundert Menschen ohne ein Wort erheben, ist eins der feierlichsten Geräusche, das man sich vorstellen kann.

Den gleichen Vorgang nennt man in Englisch sprechenden Ländern *standing ovation*. Diese »Huldigung im Stehen« ist allerdings meist mit Geräusch verbunden, mit Händeklatschen.

Aufgestanden wird schließlich in den meisten Ländern beim Gebet und beim Abspielen der Nationalhymne.

Auch wenn man von Preisehrungen, vom Vaterunser oder von der Haydn'schen Kaiserhymne nichts hält, ist es in all diesen Fällen höflich, sich so wie die anderen um einen herum zu benehmen.

Ausreden Wenn das Benehmen die äußere Seite der Lebenshaltung oder der moralischen Basis des Lebens ist, so sind Ausreden oder Notlügen überflüssig. Dann verfügt der Mensch über den Mut, zu seinen Taten zu stehen, auch zu seinen Fehlern, und schweigt. Oder er sagt, was zu sagen ist. »Ich habe verschlafen!« oder »Ich habe die Tasse zerschmettert!« samt der dazugehörigen *Entschuldigung*, siehe dort.

Ausreden sind eigentlich nur erlaubt von Kindern, weil sie die Regeln der Erwachsenengesellschaft erst lernen müssen, weshalb man die ungelenken Versuche, sich vor der noch unbegreiflichen Verantwortung zu drücken, auch nicht mit Lügen verwechseln und sich darüber aufregen darf.

Außerdem von notorischen Ausredenerfindern, die mit ihren fantasievollen Geschichten gar nicht erwarten, ernst genommen zu werden. Die dagegen die Braven, Pünktlichen immer wieder heilsam daran erinnern, dass das Chaos zum Leben gehört. Oder: was für eine Zumutung der tägliche Trott doch ist.

Ausschnitt des Kleides Er richtet sich nach der Mode und nach dem, was Frauen im Fernsehen tragen.

Ausschnitte dürfen so tief sein, wie das, was sie dabei enthüllen, erfreulich ist. Eine magere Hühnerbrust oder ein furchenreiches Gelände wären vermutlich öfter bedeckt geblieben, wenn sich die betreffenden Damen nicht nur reglos, en face und bei schmeichelndem Licht im Spiegel betrachtet hätten. Man sollte zur Überprüfung der eigenen Person einen so großen Spiegel wählen, dass man sich vor ihm bewegen und sehen kann, wie die Rippen Schatten und der mollige Busen Falten wirft.

Kein Ausschnitt eines Kleides sollte den Blick auf einen Büstenhalter oder eine Schichttorte aus Büstenhalter, Unterhemd und Unterrock freigeben. Siehe auch: *BH-Träger*.

Austern essen Ist man zu einem Essen eingeladen, bei dem Schnecken, Austern, Krebse und Ähnliches den ersten Höhepunkt darstellen, so muss man selber arbeiten. Bei den Austern ist das noch verhältnismäßig leicht. Man muss die geöffneten Austern nur vorsichtig von der Servierplatte hochheben, denn das Austernfleisch ruht in der schüsselartigen tiefen Schalenhälfte in seinem eigenen

Meerwasser, und das darf keinesfalls herausschwappen, weil es mit der Auster zusammen geschlürft wird. Es ist mit seinem natürlichen Salz das Hauptgewürz der Austern.

Also: Austerngabel in die Rechte (Linkshänder natürlich in die Linke), Austernschale mit der anderen Hand festhalten und einmal sachte mit der Austerngabel um die Auster fahren, um sich zu vergewissern, dass sie lose und frei im Seewasser schwimmt. Hakt sie noch am Schließmuskel, so schneidet man ihn durch – dazu hat die stämmige, kurze und gewölbte Austerngabel eine Schneideseite. Ja, natürlich an der Seite, die den Rechtshändern das Schneiden leicht macht! Linkshänder müssen also so elegant wie möglich gegen den Strich schneiden. Oder diese Auster mit einem Rechtshänder gegen eine andere Auster tauschen, die man nicht erst lockern muss.

Alsdann: Austerngabel aus der Hand legen, Austernschale an den Mund setzen, Auster und Seewasser schlürfen (das darf man hören) und schlucken. Ob man das Geglibbere noch kaut, ist eine Frage des Geschmacks und nicht der Manieren.

Auto – aussteigen Jeder Autofahrer ist verpflichtet, darauf zu achten, dass seine sich öffnende Türe keine Falle für andere Fahrzeuge wird, und die Mitfahrer müssen zuerst auch auf andere achten und dann erst auf sich. Deshalb setzt man alte oder schwerfällige Mitfahrer am besten auf den rechten Vorder- oder Rücksitz, damit sie nicht auf die Fahrbahn geraten, sondern gleich auf den Fußweg. Achtung: Manchmal ist der Fuß- auch ein halber Radweg, und Radfahrer sind oft noch rücksichtsloser als Autofahrer.

Jeder, der sich in der Griffmechanik der betreffenden Autotür auskennt, kann praktisch allein aussteigen. Trotzdem ist es – wie beim Einsteigen, siehe dort – höflich, Älteren, Gebrechlichen, Unbeholfenen oder verehrten Personen dabei zu helfen. Das hat nun nicht so zu geschehen, dass sich der Fahrer nach rechts beugt, sich dem Mitfahrer schwer auf den Schoß legt und die rechte Vordertür aufstößt, sondern: Der Fahrer springt aus dem Auto, läuft außen herum, öffnet die Tür und hilft dem Gast heraus.

Ist einem Mitfahrer diese Prozedur zu aufwändig, so kann er ja sagen: »Ich bitte Sie, bleiben Sie sitzen!« Lässt es sich der Fahrer oder die Fahrerin trotzdem nicht nehmen, so macht man wie in allen anderen ähnlichen Fällen kein Theater, sondern akzeptiert die Höflichkeit – in Freundschaft, in Grazie, mit Rührung, wie einem halt zu Mute ist.

Es ist übrigens auch nicht unhöflich, wenn der Fahrer bittet: »Darf ich sitzen bleiben?«, weil neben ihm der Verkehr braust und es ewig dauern würde, ehe er aussteigen und ums Auto herumlaufen könnte. In diesem Fall nickt der Gast verständnisvoll, kann aber vom Autofahrer erwarten, dass dieser für ihn nach hinten blickt und ihm sagt, ob und wann er die Autotür gefahrlos öffnen kann.

Auto – der Ehrenplatz Der so genannte Ehrenplatz im Auto ist rechts neben dem Fahrer. Da sieht man gut. Da kann man sich auch beim Motorengeräusch ohne Gebrüll und Heiserkeit unterhalten. Da kann man, die Karte auf dem Schoß, dem Fahrer navigieren helfen. Das ist alles logisch und vernünftig, aber trotzdem gilt dieser Ehrenplatz im Falle eines Unfalls auch als Todesplatz. Deshalb widerstrebt es manchen Leuten, sich auf diesen Sitz zu setzen. Das ist eine Meinung und ein Gefühl, infolgedessen wäre es sinnlos, darüber zu diskutieren und mit Belehrung und Statistik aufzuwarten.

Höfliche Fahrer respektieren also diese Haltung und bringen ihre Mitfahrer nicht mit Bemerkungen wie: »Da komm ich mir ja wie ein Chauffeur vor!« in Verlegenheit. So kann der Rücksitz, der vorgeschriebene Platz für Kinder unter zwölf, zum Ehrenplatz aufsteigen. Auf diesen Rücksitz kommt gern der Gast eines Paares mit dem nicht fahrenden Partner. Der Grund: So können sich Gast und ein Gastgeber am bequemsten und ohne Halsverrenkungen und Geschrei unterhalten.

Der Rücksitz als Ehrenplatz ist besonders angebracht, wenn einer von beiden etwas schwerhörig ist.

Er ist nicht angebracht, wenn der Fahrer noch etwas mit dem Gast bereden oder ihm zum Beispiel Sehenswürdigkeiten der Stadt oder der Landschaft zeigen will. Da sieht man vorne einfach besser.

Auto – einsteigen Wie steigt man in ein Auto ein? Wer sitzt vorne, hinten? Rechts? Links? Alle diese Probleme kann man so regeln, wie es einem am bequemsten, vernünftigsten und angenehmsten erscheint. Im Prinzip geht man von der Annahme aus, dass der Autofahrer der Hausherr ist. Hat er eine Frau, so rückt er auf den gesellschaftlichen Platz des Fahrers, hat also nichts zu sagen, sondern nur die Maschine zu bedienen, und Madame übernimmt die Rolle der Gastgeberin.

Dreht es sich um ein Auto mit vier Türen, so kann sie alle Gäste und Mitfahrer ohne Rücksicht auf die Art und Weise des Gefährts so einteilen, wie sie es für richtig hält.

Besitzt das Auto vier Sitze, aber nur zwei Türen, so wird sie logisch denken und nicht gerade fünfundachtzigjährige Großmütter und Tanten auf den Rücksitz kriechen lassen.

Und wenn es sich ums Heimbringen handelt, wird sie die Gäste, die zuerst aussteigen müssen, nicht gerade auf den Rücksitz verfrachten, sondern der Reihenfolge des Aussteigens gemäß platzieren.

Was für ein weibliches Wesen Anmut beim Einsteigen bedeutet, kann man in einschlägigen Büchern lernen: »Die Dame nimmt Platz, als wäre der Sitz wie ein Sessel der Straße zugewandt, hält beim Einsteigen auf den Beifahrersitz den Rock mit der Rechten und macht eine Wendung um 90 Grad nach links, wobei sie die Beine mit geschlossenen Knien ins Wageninnere schwingt ...« Wenn man dies befolgt, muss man aufpassen, dass man die Glieder nicht durcheinander bringt. Wir sagen heute etwa das Gleiche in einfachen Worten: »Man steigt so ins Auto, dass einem ein Vorübergehender nicht unter den Rock schauen kann und dass man möglichst keine lächerliche Figur macht.«

Herren dürfen Damen selbstverständlich beim Einsteigen helfen. Der höfliche Fahrer verlässt also seinen Platz am Steuer, öffnet der Freundin, der Frau, dem älteren, verehrungswürdigen Mitfahrer und allen anderen verehrungswürdigen Mitfahrerinnen die Tür, sorgt dafür, dass der Betreffende gut sitzt und den Gurt anlegt und kehrt an seinen Platz zurück.

Autoradio Sehr praktisch in Bezug auf Verkehrsmeldungen ist ein Autoradio. In Städten ist es jedoch eine Pest geworden, weil meist zu laut gestellt. Das ist grob unhöflich. Deshalb: Radio leise stellen, vor allem bei geöffneten Fenstern und Schiebedach.

Lauter Autoradiolärm ist zudem gefährlich, denn wer sich die Ohren zudröhnen lässt, hört nicht, was um ihn herum geschieht.

Auto und Alkohol Wer getrunken hat, es braucht heutzutage ja nicht einmal viel zu sein, muss das Auto stehen lassen. In Großstädten hat sich diese Sitte herausgebildet: Zur Abendeinladung fährt man mit Bus oder U-Bahn, heim geht es mit dem Taxi, das man sogar noch vorbestellen kann.

Kommen Gäste mit dem Auto, so sollten Gastgeber mit dafür sorgen, dass es vor der Haustür stehen bleibt, falls die Gäste mehr als geplant getrunken haben und sich nicht ein Ehepartner den ganzen Abend an Wasser oder Apfelsaft gehalten hat, um seinen trinkenden Kumpan nach Hause chauffieren zu können.

Höflich ist es auch, wenn Gastgeber so planen, dass der das Essen begleitende Alkohol gering bleibt.

Gäste von außerhalb oder mit einem langen Weg kann man, wenn Platz genug ist, über Nacht einladen oder in einer benachbarten Pension unterbringen. Dann lädt man sie für den nächsten Tag zum späten Frühstück oder zum Brunch ein – nach dem sie dann friedlich heimfahren können – oder zum Schwimmen oder Wandern.

Auto und Benehmen Wenn manche Menschen die Autotür hinter sich zugeschlagen haben, platzt ihnen der Lack der Zivilisation vom Leib, und der Wilde sitzt am Steuer. Lässt seine Wut raus und benimmt sich so, wie er es niemals wagte, wenn er mit den Füßen auf der Erde stünde.

Fühlt sich der Mensch in seiner Blechdose anonym und frei von Verantwortung? Ist ihm alles zu viel, sodass er ein Ventil für seine Ohnmacht braucht?

Auf jeden Fall: Autofahrer parken auf Radlerwegen. Autofahrer fahren ohne Rücksicht auf Fußgänger auf Gehsteigen oder Wegen aus ihren Garagen. Autofahrer parken auf den Fußwegen. Autofahrer schreien Fußgänger und andere Autofahrer an, sodass man sich über den Reichtum an Flüchen wundern muss. Männliche Autofahrer nennen fremde Frauen, die ihren Ärger dadurch erregen, dass sie auf ihrem schwachen Recht beharren »Oma!«, »Schlampe!« oder »Sau!« – und das sind noch nette Variationen – und duzen sie. Weibliche Autofahrer drängen Fußgänger bei Regenwetter gern gegen Hauswände, Gartenmauern etc., um selber trocken aussteigen zu können. Autofahrer zeigen anderen den Vogel. Autofahrer überholen rechts. Fahren zu dicht auf. Fahren zu schnell. Drängeln sich vor und im letzten Augenblick in einspurig gewordene Bahnen. Die Liste der Unhöflichkeiten kann jeder aus eigenem Erleiden oder aus der Erinnerung an eigene Grobheiten und Rücksichtslosigkeiten schier endlos ergänzen.

Wenn mehr Autofahrer anfangen würden, Manieren zu zeigen, blieben nicht nur mehr Menschen und Fahrzeuge heil. Sie gäben den Kindern, die vor allem durch Worte (Flüche) und Handlungen ihrer Eltern lernen, was Manieren sind, ein besseres Beispiel – was allen nützte.

Gute Manieren am Lenkrad sind auf jeden Fall wichtiger als gute Manieren im Umgang mit Austerngabel oder Zylinder.

Auto und Raucher Unter Rauchern gibt es da keine Probleme. Trotzdem müssen sie wissen, dass sie falsch und unhöflich handeln, wenn sie im Auto kettenrauchen. Erstens macht es sie selbst verkehrsunsicherer. Und zweitens macht es aus ihrem Gefährt einen riesigen kalten Aschenbecher, in dessen Geruch sich andere nicht gern begeben.

Steigt trotzdem jemand in dieses Auto und ist der Mitfahrer Nichtraucher, sollte der Fahrer um Erlaubnis fragen, ob er rauchen darf.

Und das Rauchen auch wirklich und ohne beleidigt zu sein unterlassen, wenn den Gast Rauch im engen Gehäuse stört.

Ist der Mitfahrer Raucher, so muss auch er um Raucherlaubnis bitten und muss ein »Bitte nein!« ebenso gelassen wie im anderen Fall akzeptieren.

Auto und Unterhaltung Manche Fahrer stört das Reden von Mitfahrern. Und da das Autofahren immer mehr Konzentration erfordert, sollte jeder Mitfahrer darauf Rücksicht nehmen. Manche merken von selbst, dass sie besser den Mund halten sollten. Die anderen müssen klaglos die Bitte um Ruhe erfüllen, auch wenn sie – ihrer Dickfelligkeit wegen – vielleicht etwas nervös oder schroff geäußert wird.

Autowaschen Da decken sich Wohlverhalten und die Vorschriften des Umweltschutzes: Autos werden nicht in und an Bächen, Flüssen oder Teichen gewaschen, vom Meer schon ganz zu schweigen. Das dreckige Seifenwasser sollte auch nicht in die Siele fließen.

Zusätzlich gilt es zu bemerken: Es ist nicht nur Umweltverschmutzung, sondern echt unverschämt, wenn Autofahrer das Innere ihres Wagens putzen und die vollen Aschenbecher samt Filterkippen in die Gosse leeren – ob vor dem eigenen oder vor fremden Häusern.

Auto zum Heimbringen Wer ein Auto besitzt, nimmt meistens andere Leute, die an seinem Weg wohnen, nach Film, Theater, Abendessen und so weiter mit und setzt sie zu Hause ab.

Oder jemand fährt Freunde, Bekannte und Verwandte nach einer Abendeinladung nach Hause, wenn die Verkehrsverbindungen so schlecht sind, dass die Heimkehr bei Nacht Probleme aufwerfen würde.

In beiden Fällen bleibt der Fahrer oder die Fahrerin mindestens so lange im Wagen sitzen und wartet, bis der Heimgebrachte den Schlüssel herausgekramt, die Haustür geöffnet hat und ins Haus getreten ist. Einen älteren Verwandten oder Bekannten sollte man bis zur Haustür begleiten und – falls er nicht gern in eine dunkle, leere, nächtliche Wohnung tritt – bis in seine vier Wände.

Avocados essen Meist gibt es die Avocados halbiert und gefüllt als Vorspeise. Das Essen ist einfach: Mit der einen Hand hält man die Avocadohälfte fest, mit der anderen löffelt man das Avocadofleisch samt Füllung aus, sodass nur die kräftig grüne Lederhaut übrig bleibt.

Ball Ob Kellerparty oder Ball auf der Terrasse, so verläuft dieses Fest:

Früher fand der Ball im Ballsaal statt, einem Raum, in dem tatsächlich im Winter und bei Regen das aus Italien importierte Ballspiel gespielt wurde. Nachdem es unmodern geworden war, benutzten die Herrscher des Barock die großen, schönen Säle für ihre prachtvollen Feste. Ein Ballsaal genoss ergo keine Heizung, aber er wurde auch im tiefsten Winter durch das Licht der tausend Kerzen warm. Auch heute ist es ratsam, in den Räumen, in denen ein Tanzfest stattfindet, die Heizung auszudrehen.

Ein *thé dansant* beginnt bereits um 19 Uhr und wirklich mit Tee, einem Teepunsch oder einem Teebüfett. Eine *fête champêtre*, ein Gartenfest, beginnt zwischen 17 und 18 Uhr bei Eis und Kaffee. Zum Silvesterball wird man dagegen erst zwischen 22 und 23 Uhr eingeladen. Ein Ball mit Büfett beginnt um 20 Uhr und liegt besonders gern am Wochenende, damit man am nächsten Tag ausschlafen kann. Das heißt: Ein Ball kann dann beginnen, wann es einem nach Jahreszeit und Anlass am günstigsten erscheint.

Die Gäste sollten schriftlich oder mit gedruckter Einladungskarte zwei bis drei Wochen vorher geladen werden. Eventuellen Anlass und Kleidung angeben. Sofort antworten und bindend zu- oder absagen.

Die Gastgeber laden möglichst nicht unter zwölf Gäste ein, sonst wirkt der Ball etwas dürftig. Gastgeber bemühen sich außerdem, ein paar überzählige Herren einzuladen, da es stets mehr tanzfaule Herren als Damen gibt und Damen trotz allem immer noch darunter leiden, wenn sie Mauerblümchen sein müssen.

Was an Kleidung verlangt wird, steht in der Einladung. Meist heißt es »dunkler Anzug oder Smoking« oder »dunkler Anzug«; bei Festbällen aber auch »Gesellschaftskleidung«, also Frack oder Smoking.

Die Gäste werden mit einem Getränk begrüßt, nach Festtypus also Tee, Kaffee, Bowle, Sekt oder Longdrink.

Der erste Tanz gehört der Sitte nach der Dame, mit der man gekommen ist, oder der Tischdame, die dem Herrn beim Souper zugeteilt worden ist. Zum zweiten Tanz wird die Hausfrau gebeten, im Übrigen gilt bei uns die Regel, dass in einer geschlossenen Gesellschaft jeder jeden kennt und infolgedessen jeder Herr mit jeder Dame tanzen kann. Diese dürfen den Herren nur Körbe geben, wenn sie den betreffenden Tanz überhaupt nicht tanzen wollen oder schon vergeben haben. Nein sagen und dann mit einem anderen davonschweben, gilt zu Recht als unhöflich. Dagegen sind Tanzpartner keine Tischherren. Sie sollen nach einem Tanz zur nächsten Dame wandern und wandern können. Dauerpaare machen die ganze Veranstaltung etwas sinnlos, die ja als Gesellschaft für viele geplant ist.

Verlauf und Abschluss regeln sich nach dem besonderen Stil des Festes. Man bedankt sich wie nach dem Diner.

Ballfrisuren Eine Ballfrisur sollte zum Ballkleid passen, transportabel sein, zumindest die Ballnacht überdauern und der Trägerin stehen.

Das heißt: Eine Ballfrisur muss man möglichst vorher einmal ausprobieren, sonst leidet man darunter, dass sie nicht so ausgefallen ist, wie man es sich erträumt hat, oder man zittert die ganze Zeit, dass sich das Prachtgebäude bei der nächsten Bewegung in Wohlgefallen auflöst.

In vielen Fällen wesentlich besser: gar keine extra Ballfrisur, sondern nur frisch gewaschene Haare, die durch eine Blume, eine schöne Spange oder Schleife oder einen altmodischen Kamm geschmückt und gleichzeitig gehalten werden.

Ballhandschuhe Eine leider altmodische, aber segensreiche Einrichtung, besonders wenn Herren sie tragen.

Denn Ballhandschuhe, bei den Herren weiß und aus kochbarer Baumwolle, verhindern, dass Schwitzhand in Schwitzhand ruhen muss. Oder dass tanzlustige Damen in hellen Abendkleidern im Laufe einer rauschenden Ballnacht an der Taille immer sichtbarere Flecken bekommen, die vom festen, aber nicht mehr ganz reinen Griff ihrer Tanzpartner zeugen.

Vielleicht sollte man Ballhandschuhe wieder modern werden lassen.

Wenn Damen – nur zum großen Abendkleid – lange Ballhandschuhe tragen, behalten sie sie den ganzen Abend an (wenn sie es mögen oder aushalten).

Zum Essen knöpft man die Handschuhe am Gelenk auf, zieht den Handteil raus und rollt ihn dann so elegant wie möglich unter den Armteil.

Schmuck trägt man nie über langen Handschuhen, aber wenn ein Herr einen Handkuss platzieren möchte, so ist der Ballhandschuh kein Hinderungsgrund. Der Handkuss wird ohnehin nur eben über das Glacéleder hingehaucht. Siehe auch: *Handkuss*.

Ballkleid Das ist ein *Abendkleid* (siehe dort) mit speziellem Zweck. Man zieht es, wie der Name sagt, zum Ball, also zum Tanzen an. Es hat in seiner klassischen Form einen weiten Rock, der große Schritte gestattet und vor allem beim Tanzen schön schwingt.

Heute gelten silberne Glitzerhosen oder eine Korsage mit nichts als einer kunterbunten Strumpfhose dazu auch als Ballbekleidung. Wer auffallen will, hat es also relativ einfach. Und da sich die Mode eher nach den topmodischen Hosenträgerinnen richtet, ist es die Liebhaberin des traditionellen Ballkleides, die es damit schwer haben wird. Zur Not muss sie es sich selber nähen.

Ballsouper Die festliche klassische Bewirtung: Ein so genanntes gesetztes Essen, also ein Diner während des Balls, ist das Souper, das Ballsouper. Da es viel Arbeit macht, so viele Gäste an gedeckten Tischen unterzubringen, wird man höchstens zum Silvestersouper einladen, den Hochzeitsball mit einem Souper krönen oder an einem lauen Sommertag oder -abend den Gästen die Tische im Garten decken. Siehe auch: *Souper, Tanzfest.*

Bananen essen Leicht essen sich Bananen. Mit dem Messer den Kopf abschneiden, mit den Fingern die Haut abziehen und in die Abfallschüssel geben. Die nackte Banane auf den Teller legen und mit Messer und Gabel klein schneiden und essen.

Bankett Ein herrliches Wort! Man sieht die mittelalterliche Tafel und die flackernden Kienfackeln, hört den Sänger die Laute zupfen.

Heute bezeichnet dieses Fantasiewort bestimmte festliche offizielle Essen. Man kann aber nicht zu einem Bankett einladen oder eingeladen werden, außer man macht sich einen persönlichen privaten Spaß daraus. In der offiziellen Einladung heißt es schlicht »Frühstück« oder »Abendessen«.

Bar Eine Bar war früher mit dem Nimbus der Ruchlosigkeit umwittert, also durften Damen nicht einmal daran denken, sie zu betreten.

Heute gehen viele Frauen ohne jede Scheu in eine Bar. Von manchen wird die Bar großer Hotels tagsüber zum Lesen zweckentfremdet, da sie der ruhigste Ort ist und es selbst in großen Hotels kein Lesezimmer mehr gibt. Außerdem sind die meisten Menschen inzwischen auf eine Hausbar im Schranksystem des Wohnzimmers gekommen.

Was hinter dem Barverbot von anno dazumal steckte: Damen betrinken sich nicht. Sie zeigen sich erst recht nicht betrunken in der Öffentlichkeit, und eine Bar galt als Öffentlichkeit.

Die Regeln, die sich Barbesitzer davon ableiten können: Sie sollten erstens niemals ein Gemisch als Cocktail anbieten, das sie nicht vorher ausprobiert haben – auch auf seine Wirkung hin.

Und sie sollten zweitens niemandem Drinks aufdrängen, und zwar nicht nur des Autos, sondern auch der Leber wegen.

Drittens sollte der Hausbarbesitzer dieselbe stets verschlossen halten. Alkohol gilt als Einstiegsdroge, und das bezieht sich nicht nur auf Kinder und Jugendliche.

Baulärm In vielen Straßen herrscht fast ununterbrochen Baulärm, weil ein Haus nach dem anderen gebaut, renoviert, umgebaut, verkauft und wieder renoviert wird und so weiter und so weiter.

Baulärm beginnt morgens um 7 Uhr und endet um 16 Uhr. Dann folgt eine kleine Pause, bis die Schwarzarbeiter die Arbeitsplätze gewechselt haben und bis 20 oder 22 Uhr an einem anderen Bau weiterstemmen und hämmern und klopfen.

An diesem Lärm kann man kaum etwas ändern.

Trotzdem quält er die Nachbarn, die unschuldig von ihm betroffen werden. Ärger kommt auf, Nervosität, Feindseligkeit, Ungemach.

Höflich und gleichzeitig klug wäre es, wenn die Hausbesitzer Betroffene von künftigem Baulärm, seiner Art und Dauer benachrichtigten und sich für die Belästigungen im Voraus entschuldigten.

Ich kenne einen Hauswirt, der seinen Mietern einen Blumenstrauß und eine Packung Marzipan als Trost für den unvermeidlichen Lärm überreicht hat.

Blumen und Marzipan können keine Ruhe schaffen. Aber Seelenruhe, durch freundliche Höflichkeit aufgeblüht, ist auch gut für strapazierte Nerven.

Baumwolle Früher, als es Herrschaften und Dienstboten gab und das Wohnzimmer mit 14 bis 18 Grad als warm empfunden wurde, galt Baumwolle als einfaches Gewebe und war höchstens im Sommer gesellschaftsfähig. Das festliche Gewand der Dame war aus Samt und Seide. Heute lassen die besten Designer die feinsten Baumwollfäden weben und bedrucken. Baumwolle ist ein Stoff wie jeder andere und eigentlich der beste fürs Festliche. Denn in großen Sälen, bei Empfängen und Bällen, zwischen vielen Menschen und unter starken Fernsehlampen wird es heiß wie in der Sauna. In vielen anderen Stoffarten schwitzt der Mensch mehr als in der kühlen Baumwolle.

Beerdigung Nach jedem Todesfall wird zuerst der Totenschein vom Arzt ausgefüllt, dann folgt der Weg zu Ämtern und Versicherungen, zum Beerdigungsinstitut und zum Pfarrer, wenn es eine kirchliche Beerdigung werden wird. Hat er den Verstorbenen nicht gekannt, so ist er einem Familienmitglied dankbar, das ihm in ein paar Worten so viel von Herkunft und Leben, Wesen und Verdiensten des Toten erzählt, wie man für einen Nachruf braucht.

Wenn der/die Verstorbene in einem Verein oder Club gewesen ist, wird auch dieser benachrichtigt, denn in vielen Vereinen ist es üblich, und manchen Clubkameraden liegt es am Herzen, ein paar persönliche Worte des Nachrufs in der Friedhofskapelle oder am Grab zu sprechen.

Da die meisten Leute berufstätig sind, ist heute ein Beileidsbesuch kaum mehr üblich. In Familien oder Gegenden, in denen man damit rechnen muss, sollte man auf jeden Fall in der Anzeige darauf hinweisen, wenn man keine Beileidsbesuche wünscht. Es tut den Hinterbliebenen, besonders der Witwe, jetzt gut, wenn man sie öfter als sonst besucht und ihr dadurch zeigt, dass man an sie denkt und sie in ihrer Trauer nicht allein lassen will.

Trauergäste erscheinen in möglichst dunkler Kleidung; Männer tragen eine schwarze Krawatte; Verwandte tragen nach örtlicher Sitte den Trauerflor am linken Arm des Mantels oder der Jacke, Männer im Knopfloch des Jacketts, falls nicht Schwarz getragen wird.

Die nächsten Angehörigen tragen möglichst Volltrauer: schwarz vom Hut (bei Frauen mit dem Witwenschleier) bis zum Schuh. Früher gestattete man keinen Schmuck außer schwarzem und keine Perlen.

Bei einer Beerdigung versammeln sich die Trauergäste meist in einem Vorraum der Kirche oder der Friedhofskapelle, wo ein Buch oder ein Block ausliegen sollte, in oder auf dem sich jeder Gast einträgt. Das gibt den Angehörigen später einen Überblick über die Menschen, die an der Beerdigung teilgenommen haben und bei denen sie sich für ihre Anteilnahme bedanken müssen.

Mit einem Essen schloss früher auf dem Land eine Beerdigung ab. Heute geht es nicht mehr so üppig zu, doch versammeln sich die Gäste meistens im Trauerhaus, wo ein Imbiss vorbereitet sein sollte.

Die Angehörigen bedanken sich bei den Trauergästen für Kränze und Blumen und für Briefe und Beileidstelegramme. Niemand rechnet damit, dass dieser Dank umgehend eintrifft.

Nach einer großen Beerdigung können sich die Angehörigen Dankeskarten drucken lassen oder den Dank per Anzeige in der Zeitung aussprechen. Persönliche und herzliche Beileidsbriefe sollte man jedoch mit der Hand beantworten.

Beeren essen Meist schon geputzt und gezuckert kommen Himbeeren, Johannisbeeren und Erdbeeren auf den Tisch. Manchmal tauchen Erdbeeren mit Stumpf und Stiel auf. Dann gibt's Streu- oder Puderzucker dazu. Man füllt sich ein Häufchen auf den Teller, nimmt mit der Hand ein paar Erdbeeren, fasst eine mit Daumen und Zeigefinger an der grünen Kelchkrause und stippt sie in den Zucker. Abbeißen oder – wenn sie nicht ganz reif ist – ablutschen und das Grün an den Tellerrand legen. Siehe auch: *Früchte essen.*

Begrüßen Wie begrüßt man wen? Das wird bei uns offenbar sehr ernst und wichtig genommen. Das Thema nimmt in Anstandsbüchern bis zu zehn Seiten ein und taucht am häufigsten von allen Anfragen in Leserbriefen an Zeitschriften auf. Deshalb in Stichworten:

Auf der Straße grüßt der Herr die Dame, was Ausländer oft erstaunt, bei denen die Dame durch ein leichtes Kopfnicken andeutet, dass sie gegrüßt zu werden wünscht. Der Jüngere grüßt den Älteren. Die oder der Anfänger oder Rangniedrigere grüßt den oder die so genannten Ranghöheren, also: Schüler grüßen Lehrerin. Azubi grüßt Chef und so weiter, und schließlich grüßt der Einzelne die Gruppe.

Grüßen heißt in jedem Fall nicken, Hut schwenken, lächeln, kurzes Grußwort, je nachdem.

Raucht ein Herr gerade, nimmt er die Pfeife oder Zigarette aus dem Mund. Hat er die Hand in der Tasche stecken, so zieht er sie heraus. Bleibt jemand stehen, so wird aus dem Grüßen ein Begrüßen.

Händeschütteln? Muss nicht sein. Wenn es allgemein üblich ist, so zieht der Herr dabei den rechten Handschuh aus. Frauen nie, vor allem nicht die so genannten Kleiderhandschuhe, also dünne Handschuhe. Das hat sich vermutlich aus der Tatsache ergeben, dass es so lange dauert, bis man einen dünnen Handschuh endlich von der Hand gezogen hat. In manchen Gegenden und Kreisen gehört es jedoch zum guten Ton, sich auch als Dame den Handschuh von der Hand zu zerren und zu zupfen. Zieht also eine Dame, die Sie begrüßen, den Handschuh aus, so seien Sie höflich und tun Sie es ihr nach.

Wer verneigt sich vor wem oder nickt wem zu oder schüttelt wem zuerst die Hand? Das erfolgt nach derselben Reihenfolge wie beim Grüßen.

Wenn ein Einzelner die Gruppe begrüßt, so lautet die Regel: Herr grüßt zuerst Dame, dann deren Begleiter, ob Ehepartner oder nicht.

Ausnahme: Herr begrüßt zuerst sehr alten Herrn, also zuerst Großvater, dann Enkelin.

Begrüßt ein Herr einen größeren Kreis, so galt es früher als fein, zuerst die Damen dem Alter nach orgelpfeifenabwärts zu begrüßen, wobei die verheirateten Frauen den Vorrang hatten.

Das sollte man heute lassen. Es bringt die ganze Gesellschaft durcheinander, weil man sich erstens im Kopf blitzschnell ausrechnen muss, wer nun eigentlich an der Reihe ist, um sich wie ein Heuschreck die Rangleiter nach unten durchzuschütteln. Außerdem diskriminiert es die Ledigen genauso, wie es die Ehefrauen beleidigt, denen durch die Blume zu verstehen gegeben wird, dass sie es nur durch den werten Herrn Gemahl zu Rang und Würden gebracht haben. Und schließlich: Schätzen Sie mal das Alter von Damen!

Es ist allerdings höflich und richtig: Bei vier oder fünf Damen begrüßt man zuerst die sichtbar Älteren, und wenn der Herr so zeremoniös oder sehr ängstlich ist, begrüßt er danach die Herren der Rangfolge nach abwärts.

Gescheiter ist es, allen gemeinsam zuzunicken oder schnell reihum die Hand zu schütteln, falls das in der betreffenden Gegend üblich ist.

Begrüßen in der Wohnung: In der Regel öffnet der Hausherr die Tür. Formvollendete Hausfrauen erwarten die Gäste im Salon. Der Hausherr hilft also beim Ablegen – Herren lassen sich ohnehin nicht von Damen helfen, außer sie sind sehr alt und gebrechlich – und führt die Gäste ins Zimmer.

Beim Einzelgast kein Problem: Verneigung und Händeschütteln oder Handkuss oder Umarmung – wie's beliebt und dem Freundschaftsgrad entspricht. Kennt die Gastgeberin den Gast noch nicht, so wird er ihr von ihrem Mann vorgestellt, und dann sagt der Gastgeber zum Gast: »Meine Frau.« Wie die betreffende Dame heißt, wird der Gast ja wohl wissen.

Ist der Gast eine alte Dame, wird der Hausherr ihr seine Frau vorstellen und dann der Ehefrau den älteren weiblichen Gast. Das gilt auch, wenn es sich um einen älteren, würdigen Herrn handelt und wenn die betreffende Gastgeberin noch sehr jung ist.

Sind die Gäste ein bekanntes Ehepaar, begrüßen sich zuerst die Damen, dann begrüßt die Gastgeberin den betreffenden Mann. Handelt es sich um ein ihr *unbekanntes Ehepaar*, so stellt der Gastgeber seiner Frau das Ehepaar gemeinsam vor, also Herr und Frau Sowieso.

Sind schon mehrere Gäste da, so ist es die Aufgabe des Gastgebers oder der Gastgeberin, den oder die Neuen mit den anderen Gästen bekannt zu machen. Wieder gilt die Rangfolge wie beim Grüßen, wenn man korrekt sein will, oder man geht schlicht der Reihe nach, wenn man Unruhe und ein Hin und Her vermeiden will.

Ist die Gruppe nicht sehr groß, führt der Gastgeber oder die Gastgeberin den Gast zu ihr und stellt ihn dem ältesten oder würdigsten Ehepaar vor und nennt dann nur den Namen der anderen Gäste, ohne den des Neuankömmlings jedes Mal zu wiederholen.

Dieser muss nun auch nicht alle Hände schütteln, es sei denn, sie würden ihm so demonstrativ entgegengestreckt, dass es unhöflich wäre, sie nicht zu ergreifen. Im Allgemeinen braucht der Gast nur zu nicken, zu lächeln und sich leicht zu verneigen.

Ist die Runde der Gäste groß, bei Cocktailparty oder Empfang, so bittet der Gastgeber meist nach der ersten Vorstellung den Gast, dem er den Neuankömmling gerade präsentierte, ihn mit den anderen bekannt zu machen.

Das geht so: Gast eins sagt zu dem Nachbarn: »Liebe Frau Otto, darf ich Ihnen und Ihrem Mann Herrn Klaus vorstellen?« Und zu Herrn Klaus: »Herr und Frau Otto«, wobei er bei jeder Namensnennung ein paar erklärende Worte hinzufügen sollte, damit jeder weiß, wer der andere ist, und ein Gespräch beginnen kann.

Für den Gast wichtig: Auch wenn ihn ein Hausmädchen oder ein Diener vom Partyservice an der Haustür empfängt und in den Empfangsraum führt, sind sein erstes Ziel die Gastgeber. Er begrüßt zuerst die Dame des Hauses, dann den Ehemann (wenn es sich um ein Paar handelt). Gute Gastgeber halten sich in der Nähe der Tür auf, bis alle Gäste beisammen sind.

Das ist allerdings ein Streitpunkt: In manchen Kreisen ist es üblich, dass zuerst die Hausfrau, dann die Gäste der Rangfolge nach und zuletzt der Hausherr begrüßt werden. Im Allgemeinen merkt man jedoch, was von einem erwartet wird, und auf jeden Fall ist es richtig, einen Hausherrn, der mit einem Begrüßungslächeln auf dem Gesicht auf einen zueilt, auch vor den Gästen zu begrüßen.

Aufstehen beim Begrüßen? Die Herren stehen immer auf, wenn sie eine Dame begrüßen. Die Damen nur vor Damen, wenn diese ihre Großmutter sein könnten.

Eine altmodische, aber immer noch lebendige Sitte: Die anwesenden Herren stehen auf, wenn eine Dame den Raum verlässt oder wieder betritt. Diese Sitte muss man zumindest kennen, denn Herren können sich sehr albern vorkommen, wenn sie als Einziger sitzen geblieben sind.

Begrüßungsdrink Wer zu einem kleinen oder großen Essen einlädt, serviert seinen Gästen gern eine Kleinigkeit zu knabbern und zu trinken während der halben Stunde, in der man sich versammelt. In einer kleinen Gruppe bedient der Gastgeber jeden nach Wunsch und seinem Vorrat, beim größeren Fest geht ein Familienmitglied, ein Freund, ein gemieteter Diener mit einem Tablett mit fertig eingeschenkten Getränken herum, meist Champagner oder Sekt, Orangensaft und Sherry. Da sich unter den Eingeladenen mit Sicherheit Autofahrer, Medikamentenschlucker und ältere Menschen befinden, die keinen Alkohol mehr trinken mögen oder dürfen, so ist es längst üblich geworden, auf dieses Tablett neben die Gläser mit Champagner und Wein oder Gin Tonic solche mit frisch gepresstem Orangensaft, klarem Wasser oder einem der Mixdrinks aus Fruchtsäften zu stellen, die köstlich schmecken und durch ihren Vitaminreichtum ermuntern.

Die Sitte der so genannten harten Drinks, also Whisky, Gin, Cognac und Rum zum Cocktail oder vor dem Essen, hatte sich erst nach 1945 im damaligen nur westlichen Deutschland und Österreich durch die englischen und amerikanischen Besatzungssoldaten etabliert, in einer Zeit also, in der zumindest die Einheimischen noch kein Auto wieder besaßen. Davor haben sich aber diejenigen, die einluden und eingeladen wurden, auch ohne einen solchen harten Schluck recht gut oder höchst angeregt unterhalten. Es ist also die Kunst des Gastes und des Gastgebers, diese gesellige Sitte weiterzupflegen.

Behinderte Menschen, die eine Zeit lang oder immer auf bestimmte Funktionen ihres Körpers verzichten müssen, gehen mit einem Blindenstock, sie fahren im Rollstuhl, sie brauchen Krücken, sie können kaum hören.

Es zeugt von Anstand, wenn man Behinderte gleichzeitig normal und zuvorkommend behandelt.

Also: nicht anstarren, aber auch nicht überfließen vor sinnloser Hilfsbereitschaft. Denn ein Behinderter will nicht betüdelt werden wie ein schwer Kranker oder alles abgenommen bekommen; aber er oder sie braucht sehr wohl manchmal eine andere Behandlung als Sie und ich.

Was macht man also? Außer den Tauben kann man alle Behinderten fragen. Und außer den Stummen können sie antworten: »Nein danke – das nicht! Aber wenn Sie bitte das und das für mich täten …«

Dann tut man's auch, aber ohne Gewese und Aufwand. Diese darf man nur veranstalten, wenn man auf Rücksichtslosigkeit Behinderten gegenüber stößt: auf Autofahrer, die auf Behindertenparkplätzen parken wollen. Auf jegliche Ungeduld. Auf die üblichen Gedankenlosigkeiten.

Behörden-Deutsch Den Stil der Behörden sollte sich keiner zum Vorbild nehmen, weil er eine schauerlich vergewaltigte Sprache ist. Außerdem hat kürzlich eine Umfrage gezeigt, dass ein großer Teil der Bundesdeutschen im Alter zwischen achtzehn und dreißig Jahren schriftliche Mitteilungen der Behörden nicht versteht. Einundvierzig Prozent der Befragten hatten vor kurzem mindestens einen Behördenbrief erhalten und dessen Inhalt nicht erfasst. Bei einer gleich lautenden Umfrage hatten nur einunddreißig Prozent der Befragten über unverständliche Behördenpost geklagt.

In Österreich hat man daraus die Konsequenzen gezogen. Das österreichische Kanzleramt erließ vor Jahren neue Richtlinien für die Verfassung von Schriftstücken bei Behörden und Ämtern, die besonders beim Einsatz der elektronischen Datenverarbeitung den Bürgern verständlichere Bescheide bringen sollen. Schriftstücke sollen »in reinen, einfachen Sätzen« geschrieben werden, und der Text soll »folgerichtig und gedanklich leicht erfassbar« sein. Bei Rentenbescheiden soll mit Rücksicht auf die älteren Menschen eine größere Schrift verwendet werden. Gewarnt wird vor Schachtelsätzen, Fremdwörtern und Fachausdrücken. Auch auf Höflichkeit soll geachtet werden. So sollte jedes amtliche Schreiben mit einer Grußformel schließen, Strafbescheide sollten allerdings nicht mit »freundlichen Grüßen« enden.

Das Bayerische Oberste Landesgericht dagegen pfeift auf die Höflichkeit den Bürgern gegenüber, mit deren Steuergeldern ja eigentlich dieses Recht gesprochen wird. Nach einer dpa-Meldung aus München hat das Bayerische Oberste Landesgericht schwer verständliche Bußgeldbescheide mit Computer-Kauderwelsch für rechtens erklärt. Mehrere Autofahrer hatten sich nach Angaben des Automobil-Clubs ADAC gegen die Computerauszüge gewehrt und vor dem Amtsrichter zunächst Recht bekommen. So lautete beispielsweise einer dieser Bescheide: »Gesch. testgest. durch Diagrammsch. des EC-Gerätes zul. Geschw. 80 km/h außerh. geschl. Ortsch. Festgest. Geschw. 120 km/h BTG 6 km/h, mind.: Gef. Geschw. 114 km/h zgg. 16 T …« Übersetzt heißt dies, dass ein Autofahrer laut Tachometerscheibe 120, mindestens aber 114 Kilometer pro Stunde auf einer Straße außerhalb geschlossener Ortschaft gefahren sei, auf der das Tempo auf 80 begrenzt war. Die Richter des Bayerischen Landesgerichts in München (AZ.: 10 UE 1528/84) sind nun aber der Meinung gewesen, dass diese Mitteilungen leicht lesbar und deshalb bindend seien. Das ist ein schlechtes Vorbild und überaus selbstgerecht und deshalb unhöflich.

Beileidsbriefe Man sollte/kann sie schreiben, wenn man erstens eine Todesanzeige bekommen hat; zweitens vom Tod eines Bekannten erfahren oder in der Zeitung gelesen hat.

Man benutzt schlichtes weißes Papier, schreibt üblicherweise mit der Hand und steckt den Brief in einen gefütterten Umschlag.

Den Inhalt eines Beileidsbriefes kann man nicht vorschreiben, aber er wird richtig, wenn der Schreiber daran denkt, wie sehr es den Trauernden tröstet, dass jemand an ihn denkt. Wie gern und oft Trauernde im Laufe der folgenden Wochen und Monate nach den Beileidsbriefen greifen und noch einmal lesen, was Freunde und Bekannte Gutes und Herzliches über den Verstorbenen oder die Verstorbene zu sagen hatten.

Beileidsbriefe sollten so bald wie möglich geschrieben werden, während man Trauernden für die Antwort so viel Zeit zugesteht, wie sie brauchen.

Gedruckte Beileidskarten werden von Trauernden oft als unhöflich oder herzlos empfunden. »Kann er (oder sie) denn kein eigenes Wort finden?«

Solche Kondolenzkarten sollten also nur verwendet werden, wenn man weiß, dass es kein Trauerhaus gibt, sondern dass es sich nur um einen formalen Austausch von letzten Nachrichten handelt.

War der Verstorbene ein Geschäftspartner oder ein entfernt Bekannter, so reicht es, wenn man eine Visitenkarte schickt, auf die man schreibt: »Mit aufrichtigem Beileid.«

Beileidsbriefe werden niemals gefaxt, gemailt, telegrafiert. Sie brauchen die Wände des weißen Papiers.

Beisetzteller Das ist jeder kleine Teller, den man beim Essen braucht: für Brot oder Toast und Butter, für Salat, für Gräten und Knochen.

Beisetzteller stehen links oben neben dem Haupt- oder Platzteller. Siehe auch: *Brot und Brotmesser*.

Bekannt machen Eine weniger zeremonielle Art der Vorstellung ist das Bekanntmachen. Miteinander bekannt macht man Gleichaltrige und Gleichrangige, und es kommt nicht darauf an, wessen Name zuerst genannt wird. Korrekte werden aber nie eine Dame mit einem Herrn bekannt machen, sondern stets den Herrn der Dame vorstellen: Siehe auch: *Begrüßen*.

Beleidigen Von Beleidigung spricht man, wenn jemand jemandem unabsichtlich oder mit unverhohlenem Vergnügen eins ausgewischt hat, ihm auf den Schlips getreten ist oder jemanden mitten ins Herz getroffen hat. Wenn man im Büro ein älteres Recht nicht geachtet hat, dann entschuldigt man sich. Sofort und herzlich. Das ist unendlich wichtig. Seien Sie deshalb klüger und menschlicher als die Politiker und Machthaber um Sie herum. Sagen Sie bereitwillig, dass Sie sich geirrt haben, dass Sie falsch reagiert haben. Schicken Sie dem anderen einen Brief, wenn Sie die nötigen Worte (noch) nicht über die Lippen bringen. Stellen Sie ihm einen Veilchenstrauß auf den Schreibtisch oder eine verrückte Collage auf den Küchentisch. Aber »versöhnen Sie sich mit Ihrem Bruder«, wie es im Neuen Testament heißt. Nur so fängt Frieden an.

Beleidigt sein Jeder kennt jemanden in der Familie oder im Büro, der permanent übel nimmt. Tanten, die nur darauf warten, dass ihnen ein Großneffe nicht »das schöne Händchen« gibt und deshalb schon im Voraus beleidigt sind; Schwiegerleute, die sofort nachrechnen, dass das Weihnachtsgeschenk, das sie bekommen haben, mindestens 3 Euro 75 billiger ist als ihre eigene Gabe und die deshalb bis über Neujahr schmollen; Kollegen, die schon einschnappen, bevor man sie wirklich zu irgendwas einlädt, auffordert, mitnimmt.

Die Konsequenz für das Verhalten der anderen, die ja keine Heiltherapie sein kann: unerschütterliche Höflichkeit. Gerade in kritischen und schwierigen Situationen zeigt sich ihr Wert. Sie ist dann tatsächlich das einzige Mittel für den einigermaßen friedlichen Umgang miteinander. Immer wieder also freundlich einladen, erklären, nicht auf die Vorwürfe eingehen, weil es sinnlos ist und den Beleidigten nur neues Material liefert. Registrieren, dass einem jeder Satz im Munde umgedreht wird, aber nicht mit Empörung reagieren. Denn von Menschen, die eine echte oder eine eingebildete Verzweiflung quält, die keinem Vertrauen zu schenken in der Lage sind, kann man nicht die Höflichkeit erwarten, die den Glücklicheren nicht schwer fällt.

Schafft man das nicht, in ihnen den leidenden Bruder zu sehen, den zu ertragen es gilt, und ist die beleidigte Person jemand, bei dem ein kräftiger Krach nichts nützen würde oder nicht angebracht wäre, so muss man sich entfernen, trennen, lösen und auch dabei auf die äußerste Höflichkeit achten.

Gerade in diesen Fällen – bei Beleidigung, auch bei Tratsch und Klatsch, in denen Emotionen das Verhalten bestimmen – sollte man selber nicht die Haltung und die Freundlichkeit aufgeben, weil man nur mithilfe der Höflichkeit die Distanz erreichen kann, die zur Beruhigung der Affäre nötig ist.

Benehmen im Flugzeug Wer ein Flugzeug besteigen will, findet eigentlich alles vor- und aufgeschrieben. Es kümmert sich aber kein Mensch um die Beschränkung des Bordgepäcks auf eine Tasche, und es kümmert sich auch keiner um die Sicherheitsvorschrift »Erst die Gurte lösen, wenn die Maschine zum endgültigen Halt gekommen ist …«, weil jeder nur an sich und seine Termine denkt.

Genau da liegt die Quelle der schlechten Flugmanieren. Kaum wird der Flug aufgerufen, drängeln sich die Reisenden am Ausgang zum Bus oder zum Einsteigschlauch und rammen sich die Aktentaschen oder Architektenmappen gegenseitig in die Weichteile. Es wäre nun müßig zu sagen: Frauen und Ältere haben Vortritt, denn wenn man in der Traube am Tor steckt und einem Kind oder einem alten Menschen den Vortritt lässt, wird man entweder von Männern wütend angestarrt, oder sie pressen sich an einem vorbei, schubsen einen selbst aus dem Weg oder überrennen das arme Kind oder den Alten. So hat die gute Tat nur schlimme Folgen. Dabei ist das Drängeln vollkommen sinnlos, denn jeder Bus wartet. Und meist gibt's auch noch einen zweiten.

Die Drängler drängeln aber munter weiter. Im Bus bilden sie an den Türen sofort neue Menschentrauben. Keiner weicht und wankt, sodass die letzten Fahrgäste kaum an den Dränglern vorbei in den – innen leeren – Bus gelangen. Hält dieser neben dem Flugzeug, so quetschen sich die Drängler zu dritt oder zu viert gleichzeitig aus den Türen und stürzen zur Rolltreppe, als ob das Flugzeug gleich ohne sie abhöbe. Und so geht es weiter, bei der Landung nur in umgekehrter Reihenfolge.

Deshalb lautet die Regel eins für die Benutzer des öffentlichen Verkehrsmittels in der Luft: Es gelten alle Höflichkeitsregeln wie auf dem festen Land. Man drängelt nicht. Man beherrscht seine Rücksichtslosigkeit. Man hilft anderen so zuvorkommend, als ob es der eigene Chef wäre.

Weiter: Man beschränkt sein Handgepäck. Man wäscht sich ordentlich und benutzt ein Deodorant und trägt keine seit Wochen schweißgetränkten Jacketts. Man raucht nur dort, wo es gestattet ist. Man raucht auch auf den Rauchersitzen keine Pfeife und keine Zigarren. Man lässt die Sessellehne nicht mit einem Ruck nach hinten kippen, sodass dem Fluggast hinter einem das Tablett mit Rotwein, Kaffee und Erdbeercreme auf den Schoß fliegt. Man knallt den Klapptisch nicht mit Wucht seinem Vordermann in den Rücken, sondern man erledigt die Sache so sanft, dass er gar nichts davon spürt. Man bohrt auch nicht ständig die Knie in die Rückenlehne. Wenn man auf langen Flügen mit langen Beinen Schwierigkeiten hat, setzt man sich auf einen Gangplatz oder in eine erste Reihe.

Man geht nicht just aufs Klo, wenn die Stewardess dabei ist, Getränke oder Essen auszuteilen, denn sie kann mit dem Wagen nicht ausweichen. Man räumt nicht Parfümflasche und Seife aus dem Klo und alle Postkarten und Briefbogen aus den Papierfächern ab. Man bleibt nicht ewig im Klo, und man hinterlässt es so sauber, wie man es hoffentlich angetroffen hat. In der Regel wischt jeder mit seinem Papierhandtuch das winzige Edelstahlwaschbecken aus und wirft das Papierhandtuch danach nicht ins Klo, sondern in den dafür vorgesehenen Abfallbehälter.

Man raschelt nicht mit der Zeitung oder redet laut, wenn die Stewardess die Sicherheitsvorschriften erläutert oder der Kapitän eine Durchsage macht. Oft-Flieger kennen das alles auswendig, gewiss, aber es gibt eben noch andere, die an diesen Mitteilungen interessiert sind. Man redet eigentlich auch nicht mit Stentorstimme über die Geschäfte, die man heute zu Ungunsten anderer so erfolgreich abgeschlossen hat, von anderen Dingen ganz zu schweigen, denn den Leuten vor und neben einem ist trotz des Fluglärms nur selten das Gehör ausgefallen.

Benehmen im Schlaf- und Liegewagen Hier wird – wie man dem Namen unschwer entnehmen kann – gelegen und geschlafen. Der Fahrgast kann also damit rechnen, dass ihm die Deutsche oder Internationale Schlafwagengesellschaft die dazugehörigen Bedingungen schafft. Kein Mensch kann es ändern, wenn ein Kind oder ein Baby, vom Geratter und Geklapper und von der immer etwas stickigen Luft der engen Kabinen verstört, zu weinen oder zu schreien beginnt. Die meisten werden sich auch nicht beschweren, weil sie wissen: Fast jedes Kind schläft doch mal ein.

Anders mit Hunden. Es ist zwar möglich, Hunde mit in den Schlafwagen zu nehmen, aber wenn sich Hundebesitzer einmal bei Tageslicht die Bettgestelle mit ihren Staub- und Haarmäusen in allen Ritzen betrachteten, würden sie vielleicht doch den Hund im Hundetransporter reisen lassen oder ihn zumindest davon abhalten, aufs Bett zu springen.

Auf jeden Fall ist es unhöflich, im Liege- und Schlafwagen das Radio anzustellen. Die Wände zwischen den Abteilen sind eh so dünn, dass man Schnarchen, Streiten und Musik auch bei geschlossenen Abteiltüren quer durch den Waggon hört. Wer also auch im Schlafwagen nicht auf sein tägliches Pensum Radiogeräusch verzichten kann, der sollte sich passende Kopfhörer kaufen.

Wenn ein Fahrgast früh am Abend in den Schlafwagen steigt, möchte er sich vielleicht gerne noch mit Kollegen oder Freunden unterhalten. Der schon erwähnten dünnen Wände wegen sollte er die Stimmen nicht zu laut erschallen und die Unterhaltung nicht in ein fröhliches Zechgelage ausarten lassen.

Gibt's also lautes Radiogeheul oder etwas anderes, das den Fahrgast stört, so rauscht er nicht selber wie ein Racheengel durch den Gang, sondern er bittet den Schlafwagenschaffner, das seine zu tun. Dieser spielt in der Situation die Rolle des Gastgebers, ihm obliegt es also, alles für das Wohlergehen seiner Gäste zu unternehmen. Er ist es auch, der gegen 22 Uhr ungefragt (und auf besonderen Wunsch der Reisenden auch früher) die Betten macht.

Wie verhält man sich seinen Schlafgenossen gegenüber? Muss man sich vorstellen? Es ist weder üblich noch nötig. Man erlebt ganz im Gegenteil ziemlich oft, dass sie sich mit geradezu hysterischer Eile und Schweigsamkeit auf ihre Matratze zurückziehen und sich so unsichtbar wie möglich machen.

Das ist oft die Folge einer gewissen Unsicherheit und Genanz. Nur: Zum Schlafwagenfahren gehört eben, dass man sich vor den Augen mindestens eines fremden Menschen waschen und aus- und ankleiden muss. Wem das widerstrebt, der kann Liegewagen fahren, in dem man sich in voller Montur unter die Wolldecke legen kann. Oder er muss sich einen Schlafwagen ganz für sich allein leisten. In allen anderen Fällen sollte man jedoch das Unvermeidliche als Selbstverständlichkeit akzeptieren und sich ganz normal benehmen. Man nickt also seinem Schlafwagenpartner freundlich zu, und es ist weder aufdringlich noch die Einladung zu Intimbeichten, wenn man den Mund aufmacht und »Guten Tag« oder »Guten Abend« sagt. Es ist auch noch keine Geschwätzigkeit, wenn man mitteilt, bis zu welcher Stadt man reist. Stellt man nämlich fest, dass man dasselbe Ziel hat, so bespricht man, wer sich morgens zuerst waschen und anziehen soll. Oder ob jemand, trotz Schaffner und zur Sicherheit, einen Wecker stellen soll. Möchte man noch lesen, so fragt man höflicherweise, ob das Licht auch nicht stört (in manchen Wagen kann man die Leselampe abblenden).

Es ist schließlich nichts als höflich, wenn man dafür sorgt, dass man keinen betäubenden Schweißgeruch ausstrahlt. Parfümwolken wirken übrigens ebenso aufdringlich.

Wer mit vielen Taschen, Beuteln und Koffern in den Schlafwagen einzieht, breitet sich trotzdem nicht so aus, dass sich die anderen Mitschläfer weder bewegen noch waschen können. Wer dagegen sieht, wie sich ein Mitreisender mit seinem Gepäck abplagt, greift zu und hilft.

Benehmen in der Bahn Respektieren Sie belegte Plätze und das Nichtraucherschild, auch das Rauchverbot in den Gängen!

Seien Sie im Allgemeinen nicht zu vertrauensvoll. Niemand wird es Ihnen übel nehmen, wenn Sie auf Ihr Gepäck so achten, dass Sie den Koffer verschließen, ehe Sie Ihr Abteil zu einem Bummel in den Speisewagen verlassen, oder wenn Sie den Schaffner bitten, das sonst leere Abteil bis zu Ihrer Rückkehr zu verschließen.

Die Deutsche Bahn ist sich mit den Zugbegleitern zumindest in den IC- und ICE-Zügen wieder ihrer Verantwortung bewusst geworden und lässt diese Damen und Herren nicht nur für die Bequemlichkeit der Fahrgäste sorgen, sondern, falls sie genug Zeit dafür haben, auch für die Reinlichkeit. Benutztes Geschirr wird gleich wieder abgeräumt, Papier- und Essensreste, die Leute liegen gelassen haben, werden entfernt, ehe neue Fahrgäste zusteigen. Das heißt: Die Bahn lässt ihre Angestellten in beispielhafter Höflichkeit das erledigen, was die Fahrgäste, in der üblichen bedenkenlosen Unhöflichkeit, nicht selber machen. Man kann's auch gröber sagen: Die einen räumen den Dreck der anderen weg.

Die Österreichische Bundesbahn geht noch einen Schritt weiter. In den »Zugbegleitern«, den Faltblättern mit den Ankunfts- und Abfahrtszeiten der einzelnen Schnellzüge, liest man zwischen Anzeigen der Donau-Dampfschifffahrtsgesellschaft und Hinweisen für Wien-Besucher: »Fallobst? Denken wir mal nach. Und durchbrechen wir Gewohnheiten – denn verzehrtes Obst ist doch wirklich kein Fallobst. Gerade die (kleinen) Dinge des Lebens machen so viel Unterschied. Wir sollten es einfach tun. Helfen Sie mit, sich wohl zu fühlen. Unsere Bahn.« Daneben sieht man die Zeichnung einer Hand, die einen abgenagten Apfelgriebs in den Abfallbehälter wirft.

Mögen diese kleinen Lektionen der guten Reisemanieren beherzigt werden.

Kann man in modernen Zugabteilen durch einen Griff zum Schalter die Klimaanlage einstellen? Ob man nun dieses machen oder im Personenzug das Fenster runterschieben will – es ist höflich, seine Mitreisenden vorher zu fragen: »Stört es Sie, wenn ich ein bisschen frische Luft hereinlasse?« Zieht jemand ein Gesicht, weil er es im Gegensatz zu Ihnen lieber warm und stickig hat, so bleibt Ihnen nichts anderes übrig, als erstens die Hitze, die Sie stört, schweigend weiter zu ertragen, oder zweitens nachzuschauen, ob ein Nebenabteil frei ist, und dorthin umzuziehen und das Fenster aufzumachen. Oder drittens vorzuschlagen, jetzt ein wenig zu lüften und dann halt wieder zu dünsten.

Im Speisewagen brauchen Sie niemanden zu fragen, ob noch ein

Platz am Tisch frei ist, Sie brauchen sich auch nicht vorzustellen, und mit Ihrem Gegenüber müssen Sie sich erst recht nicht unterhalten.

Berufsmode Die Frage: Was ist korrekt? ist in den letzten Jahrzehnten von der Frage abgelöst worden: Was wird verlangt?

In vielen Banken und Betrieben will man der Kundschaft keine Angestellten ohne Schlips und Jacke zumuten.

Wenn man die Schar der Manager in den Sieben-Uhr-Maschinen von München oder Hamburg nach Frankfurt oder von Frankfurt nach Zürich betrachtet, hat man die Erfolgsuniform der Wirtschaftsvertreter vor Augen: Anzug oft mit Weste und weißem Hemd.

Nicht nur die Angestellten der Luftfahrtgesellschaften tragen eine Uniform, auch die Angehörigen großer Firmen signalisieren durch bestimmte Kittel oder Kostüme, dass sie dazugehören.

Die Moral von dieser Modegeschichte: Man muss sich den Vorstellungen seines Arbeitgebers anpassen, ob es sich nun um Bürokittel mit Firmenaufdruck handelt, um Verkaufskleidung im Trachten- oder Seine-Lordschaft-Look. Oder man muss sich einen anderen Arbeitgeber suchen.

Auf jeden Fall wird schicke Schale mitunter für wichtiger gehalten als Grips im Kopf: Männer, deutsche Manager, die wegen Bildungslücken berufliche Nachteile befürchten, brauchen sich, laut niedersächsischer Industrie- und Handelskammer, nur flott zu verpacken. Schicke Kleidung soll in ihrem Fall die Mängel der Allgemeinbildung wettmachen.

Berufsmode, politisch Vor einigen Jahren konnte man beim Amtsantritt des hessischen Umweltministers Joschka Fischer lesen, dass er einen »schweren Schlappmantel, blaue Jeans und weiße Turnschuhe« trug. Und als er kurz davor als Leiter einer Delegation nach China reiste, stand auch überall zu lesen, dass er seiner Delegation ein korrektes Äußeres anempfohlen habe, sodass einer der Grünen beim Chinabesuch zum ersten Mal einen Schlips trug.

Wer daraus freilich den Schluss zog, das Ende der alternativen Mode sei da, bekam seinen Irrtum rasch bewiesen. Als ein CSU-Abgeordneter schriftlich den damaligen Parlamentspräsidenten Philipp Jenninger bat, den Erlass einer Kleiderordnung in Erwägung zu ziehen, der »negativen Veränderungen im äußeren Erscheinungsbild des Deutschen Bundestages wegen«, und weil es sich dabei »offensichtlich um eine bewusste Verhöhnung unserer parlamentarischen Demokratie« handle, reagierte Philipp Jenninger anders als erwartet. Er sagte, die Würde und das Ansehen des Parlaments zu wahren, sei

Sache des Präsidenten. Im Übrigen stelle die »Unabhängigkeit des Abgeordneten ein hohes Gut« dar, keiner Reglementierung unterworfen. Infolgedessen erschien die Bundestagsvizepräsidentin Schmidt bei einer Talkshow am Sonntagvormittag in Jeans, wurde prompt darauf angesprochen und sagte: »Heute hab ich eigentlich meinen freien Tag, und da mag ich's leger.«

Berufsmode, weiblich Berufstätige Frauen kommen nicht um eine Uniform herum. Ob in den USA oder bei uns: Modische Kleidung, dic man vielleicht sogar als sexy bezeichnen könnte, schädigt das Geschäft, die Kreditwürdigkeit. Fördernd wirkt dagegen das Understatement: klassisches. Wer sich also um eine interessante Position in der Männergesellschaft bewirbt, muss tiefstapeln, muss gedeckte Farben, strenge Schnitte, bedeckte Blößen und solide Stoffe wählen, alles in allem: teure Langeweile. Erst wenn man in leitenden Positionen ist, Managerin, Geschäftsführerin, kann man sich modische Gags leisten (so die durch zahlreiche Geschäftsessen verformte Figur noch viele Gags gestattet). Selbstständige Unternehmerinnen sollten allerdings den Kunden und den Kreditgebern weiter durch Kostüme zu erkennen geben, dass Korrektheit das oberste Prinzip ist. Siehe auch: *Geschäftsanzug*.

Berufstitel Funktions- und Berufstitel jeglicher Art, Beamtentitel, politische Titel, Militärtitel und so weiter haben die gleiche Wandlung durchgemacht. Man nennt den Botschafter »Herr Botschafter« (nur ausländische Botschafter werden mit »Exzellenz« angesprochen), die Bürgermeisterin ist »Frau Bürgermeisterin« und der Hofrat »Herr Hofrat«.

Wie sich all diese Berufstitel in der Anrede zusammenfügen, kann man genau im Amtskalender nachschlagen und vor allem: Man kann fragen.

Es ist in jedem Fall höflicher, im Sekretariat des/der Betreffenden anzurufen und zu fragen (und sich sofort ins eigene Adressbuch zu notieren): »Entschuldigen Sie bitte, wie schreibt sich der Nachname genau? Und wie lautet der Vorname? Und die korrekte Amtsbezeichnung?«, als dass der Vorgestellte oder Angeredete dieses leise Lächeln aufsetzt und man weiß: »Mal wieder haarscharf daneben geraten!«

Der Fauxpas bei der Anrede passiert logischerweise eher, je höher der/die Angeredete durch Amt und Würden steht. Da geht's einfach um Wörter oder Redewendungen, die man im Alltag eigentlich nie benutzt. Das wissen die Angeredeten natürlich auch, und wenn sie zu falsch tituliert werden, so sollten sie sagen: »Also, im Allgemeinen reden mich die Leute hier nicht mit Herr Fürst an, sondern sagen einfach Prinz Konstantin zu mir.«

Genauso wenig bricht sich jemand einen Zacken aus der Krone, wenn er sich vorher erkundigt, ob man zu einem Generalleutnant als Zivilist »Herr Generalleutnant« sagen muss oder bei »Herr Waffenschmied« bleiben kann, siehe auch: *Militärische Titel*.

Der Mensch neigt dazu, sich ganz unbewusst devot zu benehmen, wenn er etwas will, ob das nun die Erlaubnis von einer Behörde oder die gesellschaftliche Anerkennung eines, wie er meint, sehr viel Höhergestellten ist.

Diese Unterwürfigkeit klingt oft gerade in der Anrede mit. Manche, die sich hochgestellt vorkommen, genießen das zweifelsohne.

Andere – und ich glaube, ihre Zahl ist größer – finden das albern und ein bisschen peinlich und kommen sich entwürdigt vor.

Wenn man also nicht sehr viel Charme besitzt, der auch so etwas entschärft und erträglich macht, sollte man sich gerade in solchen Situationen ganz genau informieren.

Beschwerde Im Restaurant oder Hotel: In manchen Restaurants macht der Chef während des Essens die Runde und fragt: »Hat es Ihnen geschmeckt?« Das ist eine Frage vom Range: »Wie geht's?«, auf die man nicht eine genaue Beschreibung der Hüftoperation von vor sechs Monaten erwartet.

Es ist aber auch nicht richtig, auf diese Frage mit »Ausgezeichnet!« zu antworten, wenn man gerade an einem zu zähen oder versalzenen Stück Fleisch herumsäbelt. Über Mängel sollte man sich beschweren, denn schließlich bezahlen wir die Mahlzeit im Restaurant mit unserem bereits versteuerten Geld. Wenn die Hühnerkeule Kiew innen noch roh ist oder wenn das Steak, das rosa bestellt wurde, nun braun wie ein alter Baumstamm auf dem Teller liegt, so besitzt der Gast das Recht, dem Kellner oder Ober zu winken und zu sagen, was zu sagen ist. In einem guten Restaurant wird das Gericht sofort und stillschweigend abtransportiert werden. Man bekommt dann entweder das korrigierte Gericht zurück oder der Koch lässt ausrichten: »Darf ich Ihnen stattdessen dieses oder jenes anbieten, denn dieses war das letzte Hühnerbein.«

Wenn man als Gast am Tisch sitzt, so ist es üblich, dem Gastgeber zu sagen, dass man ein Malheur auf dem Teller hat. Dann beschwert sich der Gastgeber im Namen seines Gastes beim Kellner oder Ober und führt mit ihm die Verhandlungen über die Korrektur. Man erwartet auch, dass die Dame ihrem Herrn sagt, worüber sie sich beschweren möchte und dass dieser die Botschaft an den Kellner oder

Ober weitergibt. Das ist sicher nicht im Sinne von Feministinnen, aber internationaler Brauch.

Besserwisser Es gibt sie in jeder Familie, in jeder größeren Gesellschaft, in jeder Firma.

Manche Menschen werden so von ihnen gereizt, dass sie sich stets und überall in leidenschaftliche Diskussionen stürzen, um – als noch bessere Besserwisser – dem Besserwisser zu erklären, dass er diese bestimmte Sache gar nicht so gut kennt, wie er meint.

Das kann eine Party zur Katastrophe machen und hat eh keinen Sinn, denn Besserwisser sind erstens Dickköpfe und warten zweitens nur auf solche Antibesserwisser, weil diese die wahre Rechtfertigung für die eigene Unbelehrbarkeit darstellen.

Also ist es im Sinne der Umgebung in einer Gesellschaft besser und höflicher, Besserwissern nicht auf den Leim zu gehen. Lieber »Jaja, ach wirklich? Wie interessant!«, zu sagen, auch wenn der Besserwisser Unsinn verzapft.

Ob man sich privat mit Besserwissern einlässt, ist eine andere Frage, und beruflich muss man sich natürlich mit ihnen auseinander setzen. Aber das ist dann ein sachliches Problem.

Besteck, unbekanntes Was tun, wenn nie gesehene Besteck- oder Geschirrteile um Ihren Teller herum aufgebaut sind?

Erste Möglichkeit: abwarten und schauen, was der Gastgeber macht.

Zweite Möglichkeit: gleich den Gastgeber fragen und sich alles Wichtige zeigen lassen.

Und im Hotel: Sie wissen ja, was Sie bestellt haben und wie Sie das üblicherweise verzehren. Also verfahren Sie wie üblich.

Kommt Ihnen das unheimlich vor (vielleicht haben Sie irgendetwas seit Ewigkeiten »falsch« gemacht?), siehe oben: Kellner fragen. Ich kenne keinen, der auf eine freundlich gestellte Frage nicht eine ebenso freundliche Antwort gäbe.

Bestecke Sie umgeben den Teller so griffbereit, wie man es sich nur wünschen kann.

Wenn zum kleinen Essen gedeckt wird, liegt das Nachtischbesteck oben quer über dem Teller, Messer und Gabel rechts vom Teller. Der Suppenlöffel entweder über dem Nachtischbesteck oder rechts von Gabel und Messer oder auf der Suppenuntertasse.

Wenn es keine Suppe, sondern eine Vorspeise gibt, liegt das dazugehörige Besteck am Platz für den Suppenlöffel.

Man kann Messer und Gabel auch trennen: rechts das Messer, links die Gabel. Diese Ordnung wählt man auf jeden Fall, wenn sich das Menü um ein paar Gänge vermehrt. Dann liegen rechts alle Messer und links alle Gabeln. Man arbeitet sich von Gang zu Gang von außen nach innen durch. Also zum Beispiel: ganz außen Vorspeisenmesser, in der Mitte Fischmesser, innen Fleischmesser.

Meist deckt man das Besteck so, dass – falls vorhanden – Monogramm und Gabelzinken nach oben zeigen. Altmodisches Silber trägt das Monogramm oft auf der Rückseite. Urgroßtante legte Messer und Gabel auf das Messerbänkchen, die Gabeln mit den Zinken nach unten. In Frankreich findet man heute noch diese Sitte der »falsch« herum gedeckten Gabel.

Fischbestecke gehören in einen vollständigen Haushalt und haben auch heute noch eine andere Form als Fleischbestecke. Wer selten Fisch isst, kann darauf verzichten. Man nimmt dann normales Besteck, deckt jedoch nicht Messer und Gabel, sondern zwei gleich große Gabeln für alle Fischgerichte.

Bestecke werden von Geschäften gern in vollständiger Form im Besteckkasten verkauft. Kaum ein Gastgeber braucht jedoch alles. Spezialbesteck lohnt sich nur, wenn man bestimmte Gerichte oft auf den Tisch bringt. Siehe auch: *Silber*.

Betrieb, Benehmen im Der Betrieb wird gerne als zweite Familie bezeichnet. Infolgedessen gelten die gleichen Regeln wie in einer Familie.

Es gibt eine erkennbare, aber ungeschriebene Rangordnung, es gibt Verantwortung und damit verbundene Autorität, und junge Unternehmer oder Verlegerinnen, die versuchen, ihre Firma antiautoritär und solidarisch zu führen, sagten ehrlich: »Wir sind von unseren Angestellten nur ausgenutzt worden und haben so viel Geld und Wettbewerbsfähigkeit verloren, dass uns nichts übrig blieb, als zur normalen Betriebsführung zurückzukehren.«

Auch wer das tut, muss seine Angestellten nun nicht gleich als Untergebene kujonieren, sondern kann sie als Mitarbeiter behandeln. Ein Angestellter muss jedoch die Erkenntnis akzeptieren, dass es auch mithilfe des Betriebsrates fast unmöglich ist, den Stil eines großen Unternehmens zu ändern.

Umso mehr trägt das eigene Verhalten dazu bei, den Stil in der eigenen Abteilung oder in einem übersichtlichen kleinen Betrieb zu bestimmen. Das ist leicht zu verwirklichen, wenn man ein paar selbstverständliche Regeln beherzigt:

Jedem fällt der Anfang leichter, wenn er mit Höflichkeit empfangen wird. Wenn es am Arbeitsplatz zum Beispiel jemanden gibt – den Chef, die Chefin, jemanden aus der Personalabteilung, der den Neuling durch den Betrieb führt und allen Kollegen vorstellt.

Der Angestellte ist dagegen schlichtweg höflich zu allen, auch zum Lehrling und zum Boten.

Man klatscht und intrigiert nicht. Man lässt Freundschaften zu Kollegen und Kolleginnen langsam reifen und drängt sich Zurückhaltenden nicht auf.

Ein Problem ist oft die Anrede. Soll man sich mit den Kollegen duzen? Hat der Chef das Recht, alle Angestellten zu duzen?

Duzt man seinen Chef? Im Prinzip ist es besser, beim Sie und bei »Frau Lehmann« und »Herr Müller« zu bleiben, weil es die Atmosphäre neutraler hält. Unter gleich gestellten Kollegen setzt sich jedoch gern das Du durch. Da sollte man sich vorsichtig anpassen.

Der Chef redet korrekterweise ebenfalls alle Angestellten mit Sie und Herr und Frau mit Nachnamen an. Allgemein üblich ist immer noch, dass Auszubildende geduzt werden, Gesellen gesiezt.

Ob sich Duzfreunde oder Ehepaare vor der Kundschaft siezen, hängt vom Stil des Betriebs ab. In dem Lebensmittelladen, in dem jeder Kunde das Besitzerehepaar kennt, wäre es albern. In einem Warenhaus und anderen großen Betrieben ist es oft üblich.

Es ist höflich, morgens pünktlich zu sein.

Im Übrigen werden Verhaltensformen pragmatisch geregelt: Keiner springt auf und lässt das Fließband tuckern, weil der Chef die Werkshalle betritt, sondern jeder arbeitet weiter. Das gilt auch für die Frage von Vortritt und Unterstützung: Berufsverkehr hat Vortritt. Leute, die etwas tragen, haben Vortritt. Leuten, denen was rutscht oder kippt, wird geholfen, gleichgültig, wer in diesen Fällen welchem Geschlecht angehört. Siehe auch: *Grüßen im Betrieb, Frau und Mann im Betrieb*.

Betriebsausflug Artet ein Betriebsausflug in eine Reise aus, und sei es auch nur mit einer Übernachtung, so besteht die Aufgabe des höflichen Menschen darin, zwischen normalem Benehmen am Arbeitsplatz und Benehmen bei der vom Betrieb gestalteten Freizeit keinen zu argen Bruch entstehen zu lassen.

Ich kann mich an einen Betriebsausflug in den fünfziger Jahren erinnern, bei dem die Frau des Verlegers vor der Reise Verhaltensmaßregeln gab und denen, die vermutlich doch mit ihrer Sekretärin geschlafen hatten, nach dem Betriebsausflug eine Standpauke hielt.

Das, was die Verlegersfrau vorher und nachher sagte, haben die Beteiligten sicher früher schon von ihren Müttern gehört, aber vielen macht der Betriebsausflug offensichtlich keinen rechten Spaß, wenn man sich dabei auch noch gut benehmen muss.

Für Männer ist das Ganze eh kein Problem. Aber für Frauen kann die Situation unangenehmer werden. Denn trotz aller Gleichberechtigung: Wenn sie einem Kollegen Avancen machen und einen Korb erhalten, so schmeichelt das dem Mann trotzdem, sodass es ihnen nicht zum Schaden gereicht.

Umgekehrt aber, wenn sie einem Mann einen Korb gibt, so kann er sich auch heute noch bis in die Knochen beleidigt und blamiert vorkommen. Ist der Mann der Vorgesetzte oder Ähnliches, so muss die Frau versuchen, die Sache so gut herunterzuspielen wie es geht; macht sie ihn gar in der Öffentlichkeit lächerlich, wozu es sie vielleicht reizte, so hat sie einen Feind. Dass Männer, die Betriebsfeste für solche Angriffe ausnutzen, damit rechnen, dass die Betreffende lieber aus Angst vor Komplikationen nachgibt, zeigt, dass man in diesem Fall mit Höflichkeit allein nicht zu Rande kommt. Aber List und Diplomatie wären wiederum ohne Höflichkeit auch nicht zu gebrauchen.

Vertraulichkeit und Duzen blühen an solchen Tagen und in solchen Nächten, und es ist schwer, etwas rückgängig zu machen. Wer sehr selbstsicher ist, kann am nächsten Tag zu dem sagen, der einem das Du angetragen hat: Also, mein Lieber, gestern ist gestern, und heute sag ich lieber wieder Herr Sowieso zu Ihnen!

Traut man sich das nicht zu, so kann man sich auf die Versprechtaktik zurückziehen und selbst immer wieder ins Sie zurückfallen, bis der oder die andere merkt, dass aus der Duzerei wohl doch nichts wird. Siehe auch: *Betrieb, Benehmen im, Frau und Mann im Betrieb, Hotelzimmer.*

Bewerbungsbrief Für den Bewerbungsbrief gibt die Bundesagentur für Arbeit in Nürnberg Ratschläge. Sie weist darauf hin, dass schon ein Brief einen ersten Eindruck von Ihnen vermittelt, und empfiehlt, für die schriftliche Bewerbung ein Blatt im DIN-A4-Format zu benutzen; auf saubere äußere Form zu achten, dito auf Rechtschreibung und Zeichensetzung; höflich und sachlich auf die Anforderungen der Stelle einzugehen; nicht ans Mitleid appellieren und keine bürokratischen Formulierungen zu verwenden (siehe auch: *Behördendeutsch*), sondern schlicht und klar zu sagen, was man will und warum man sich bewirbt. Mehr erfahren Sie in den betreffenden Broschüren, die es in jedem Arbeitsamt gibt.

BH-Träger Träger von BHs oder die von Unterhemd und Unterrock gehören zur Unterkleidung und sollten unsichtbar bleiben.

Träger, die aus kurzen Ärmeln oder ärmellosen Oberteilen herausrutschen und den Oberarm wie eine Paketschnur umspannen, sind einfach zu lang. Oder ihre Besitzerin hat stark abfallende Schultern.

In beiden Fällen helfen kleine Schulterspangen, die in die Blusen genäht werden und die Träger festhalten.

Büstenhalter sind oft nicht so hübsch wie das Kleid oder die Bluse, unter denen sie getragen werden. Also sollten auch Büstenhalter unsichtbar bleiben, sollten möglichst auch nicht durch den Stoff schimmern, sollten auf jeden Fall tiefer ausgeschnitten sein als ein ausgeschnittenes Oberteil.

Falls das alles nicht klappt: einem Büstenhalter breite Träger aus dem Stoff des betreffenden ausgeschnittenen Kleides annähen oder mindestens gleichfarbige Büstenhalter tragen. Dann scheint er ein Teil des Kleides zu sein.

Bitte und danke Ja, man sagt beides, auch wenn man es »nicht nötig hat«, denn nötig sind diese Wörter überhaupt nicht. Sie sind geradezu ein Symbol für das gesamte so genannte gute Benehmen, das vollkommen unnötig, aber gerade deshalb so kostbar ist.

Man sagt also danke, wenn einem der Busfahrer den Fahrschein reicht. Man sagt es, wenn man im Laden Wechselgeld bekommt. Man sagt es, wenn einem jemand den Vortritt lässt; hilft; etwas abnimmt …

Kurz, man sagt bitte, wenn man etwas so Selbstverständliches wie das Salz auf dem Tisch haben möchte (nicht *will!*). Und wenn man tatsächlich etwas fordert: dass einem der Steuerbeamte erklärt, was das Amtsdeutsch auf den Formularen tatsächlich bedeutet.

Man dankt für etwas so Selbstverständliches wie das Brot, das einem bei Tisch gereicht wird, und man dankt dem Busfahrer, der einen Augenblick gewartet hat, sodass der Fahrgast noch einsteigen kann.

Und wer sich überlegt, ob er bitte und danke sagen müsste, sollte es auf jeden Fall tun.

Der Hauptzweck des Bitte und Danke ist, dass wir uns mit dieser Freundlichkeit das Leben gegenseitig angenehmer machen, und ein Lächeln, ein kurzer Dank tut den anderen wohl – wahrscheinlich auch den Menschenfeinden.

Blazer Die marineblaue, kamelfarbene oder lodengrüne Clubjacke zur grauen Flanellhose, der Blazer, wird nur mit einem Emblem auf der Tasche verziert, wenn es tatsächlich das Zeichen des Clubs darstellt, dem man angehört.

Der Blazer ist genau genommen eine »farbige Jacke zum Rudern oder Golfen etc.«, wie es im Oxford Dictionary steht, hat deshalb Rückenschlitze und Goldknöpfe und wird ganz allgemein bei Geselligkeiten getragen, für die man auch den dunklen Anzug anziehen würde. Bei Club- und Familienfesten rangiert der Blazer sogar als kleiner Abendanzug, mischt sich also unter Smokings. Der Blazer wird als ideal empfunden, weil er auf lässige Art offiziell sein kann.

Blumen, keine Das gilt für folgende Gelegenheiten: zum Antrittsbesuch; zum Kondolenzbesuch, außer es ist in der betreffenden Stadt oder Gegend üblich. Dann müssen es weiße Blumen sein. Der Ehrengast bringt der Hausfrau oder dem Gastgeber auch keine Blumen mit.

Blumen als Eintrittskarte? Das ist ein offener Handel. Blumen als Eintrittskarte, Kinder und Studenten zahlen die Hälfte, für Bedürftige ist das Essen gänzlich frei. Außerdem wird deutlich, dass in der ersten Phase der gesellschaftlichen Restauration in aller Unschuld und Selbstverständlichkeit die Frauen wieder auf ihren zweiten Platz verwiesen wurden und der Mensch nur als Besitzer von Haus und Hausfrau ein gesellschaftlich wahrnehmbares Wesen war. Die Junggesellen beiderlei Geschlechts mussten froh und dankbar sein, gelegentlich am Tisch dieser Vollkommenen ein bescheidenes Plätzchen angeboten zu bekommen.

Das zeigt dagegen auch, wie gründlich und wie unmerklich die letzte und wahrhafte Revolution unserer Umgangsformen stattgefunden hat. Wir können unter allen Umständen der Herr unseres Lebens und unserer Wohnung sein. Das aber löscht nicht die Frage aus: Wie mache ich es richtig?

Dazu Hans-Otto Meissner: »Obwohl es der Sitte entspricht, diese Blumen mitzubringen, ist es für die Hausfrau weit angenehmer, sie vorher zu bekommen. Dann braucht sie selber keine zu kaufen, um ihr Heim zu schmücken ...« Das ist noch einmal ein Ausfluss des Handelsgedankens: Etwas muss für die Anstrengung wieder reinkommen, und wenn ich schon so viel Geld für die Gäste ausgeben muss, kann ich mir wenigstens die dreißig Euro für den standesgemäßen Blumenschmuck sparen? Wie geht man also mit Blumen um? Lesen Sie bitte weiter im *Blumen*-Text.

Blumen als Gastgeschenk Bei uns ist der Rosenkavalier erfunden worden, und seitdem haben wir den Blumentick. Jeder Gast meint, ein Blumenstraußkavalier sein zu müssen, denn Blumen gehören dazu und machen Freude.

Nein, Blumen als Gastgeschenk sollen nur etwas sagen. Blumen sind Symbole, und wenn es auch umstritten ist, wann die Blumensprache erfunden wurde, so steht doch ziemlich fest, dass Blumen in diesem Fall den Dank des Eingeladenen ausdrücken sollen.

Es hängt den Blumen aber immer noch an, dass man diesen Dank früher ziemlich genau berechnet hat. In Benimmbüchern der ersten Nachkriegsjahre wird ausdrücklich festgestellt, dass es »in den Jahren wachsenden Wohlstandes« auch wieder üblich geworden sei, Blumen mitzubringen, und dann schreibt zum Beispiel Hans-Otto Meissner, Konsul Erster Klasse, ganz klipp und klar: »Zum Mitbringen oder Schicken von Blumen sind vor allem solche Herren verpflichtet, die die Einladung nicht mit einer Gegeneinladung erwidern können, entweder weil sie von außerhalb sind oder keinen eigenen Hausstand haben (was nicht ausschließt, dass sie ihre Gastgeber gelegentlich in ein Restaurant einladen). Junge Herren, von denen man weiß, dass sie sehr einteilen müssen, brauchen keine Blumen mitzubringen. Selbstständige Damen, die ohne männliche Begleitung auftreten und sich gehobener Lebensverhältnisse erfreuen, können Blumen mitbringen, aber sie müssen es nicht. Werden sie öfter von den gleichen Gastgebern eingeladen, ohne die Einladung jemals zu erwidern, so sind Blumen immer angebracht. Junge Mädchen, die zum ersten Mal eingeladen werden, tun gleichfalls gut daran, sich mit Blumen einzuführen. Müssen sie aber sparsam leben, dann wird das keine vernünftige Hausfrau von ihnen verlangen.«

Blumen-Einwickelpapier Kein Papierkorb in der Garderobe? Keine hilfreich ausgestreckte Hand der Gastgeberin? Keine schön große Manteltasche? Dann stopft der Gast das Papierknäuel trotzdem nicht in den Schirmständer oder klemmt es verschämt hinter die Heizung, sondern er legt es friedlich irgendwo ab. Die meisten Garderoben haben einen Tisch oder etwas Ähnliches. Auch nicht vorhanden? Dann fragen Sie doch einfach die Gastgeber, wo Sie das Einwickelpapier lassen sollen.

Oft bekommt man Blumen in durchsichtigen Folien verpackt. Dann entfällt die Frage ganz und gar, denn auf geheimnisvolle, aber internationale Art und Weise hat sich die Regel entwickelt: Durchsichtig eingepackte Blumen gelten nicht als eingewickelt, und man kann sie in eben dieser Hülle überreichen. Eine praktische Regel, die man beherzigen kann.

Blumenersatz Und wenn es keine Blumen sein sollen? Mitbringsel? (Siehe dort.)

Wie alles ohne verlässliche Regel, ist auch das mit den Mitbringseln so eine Sache. Warum sind die gescheiten Blumenläden längst dazu übergegangen, ihre Handelsware so zu verfremden, zu stecken oder zu binden, dass sie wie ein modernes Kunstwerk oder wie etwas ganz entzückend Selbstgebasteltes aussieht? Blumen als Mitbringsel von Individualisten für Individualisten. Die Krone sind natürlich Pfingstrosen aus dem eigenen Garten oder ein selbst gepflückter Sommerstrauß von einer ungedüngten Wiese.

Das zeigt auf jeden Fall, wie wir heute denken. Wir mögen das Vorgefertigte nicht mehr so gerne. Auch nicht die Nullachtfünfzehnlösung.

Früher galten jedoch Geschenke, die einen ideellen Wert überstiegen, die man also nicht wie Blumen nur ein paar Tage lang genießen konnte und dann wegwerfen musste, als ausgesprochen taktlos und ordinär.

Heute können sich jedoch selbst Damen von Herren etwas so wenig Ideelles wie eine Knoblauchpresse (ohne Rosen) schenken lassen, ohne dass ihre und seine Moral ins Zwielicht geriete.

Blumen für die Dame Wer überreicht die Blumen, und wem? Der Gast oder der Ehemann, wenn es sich um ein Ehepaar handelt, bei der Begrüßung der Hausfrau, die möglichst ein paar Vasen in der Küche zurechtgestellt hat, denn sie sollte die Blumen gleich versorgen.

Begrüßt sie viele Gäste auf einmal, so kann sie die Sträuße einer Servierhilfe, einem ihrer Kinder oder einem befreundeten Gast weiterreichen, die sie dann für die Hausfrau versorgen – aber nicht in der Küche stehen lassen: Da könnte sich jemand beleidigt fühlen.

Blumen für den Herrn Einem Mann bringt man eigentlich keine Blumen mit, denn Blumen sind typische Geschenke für Damen, und es gibt viele Männer, die ein Blumenstrauß schockieren würde. Andererseits, wenn man bei einem notorischen Blumenliebhaber eingeladen ist, kann man ihm keine größere Freude machen, als wenn man ihm eine neue Pflanzensorte mitbringt. Oder wenn ein Junggeselle für seine Freunde kocht, warum sollte ihm keiner einen Strauß Zinnien auf den Esstisch stellen? Immer vorausgesetzt natürlich, dass er Blumen auch wirklich mag.

Also muss diese Frage von Fall zu Fall beantwortet werden. Wenn dem Koch oder Gastgeber keine Blumen mitgebracht werden, nur weil es sich früher einmal nicht gehört hat, so ist das heute ganz bestimmt falsch.

Blumen schicken lassen Die praktische Vernunft sagt uns heute unumwunden: Wir laden aus Freundschaft ein, und da gelten andere Regeln. Die so genannten offiziellen Essen sind Ausnahme geworden. Und bei denen hat es sich in der Tat eingebürgert, einen Blumenstrauß im Voraus oder am nächsten Tag schicken zu lassen, samt Kärtchen mit handgeschriebenem Dank. Denn unterdessen hat sich der Wohlstand bei uns so ausgebreitet, dass die Veranstalter offizieller Essen ihren häuslichen Blumenschmuck irgendwie finanziell befriedigend abschreiben können und nicht mehr auf die milden Gaben ihrer Tischgäste angewiesen sind.

Dafür ist die meist berufstätige Dame des Hauses froh, wenn sie nicht während der Gästebegrüßung zehn oder zwölf Blumengestecke versorgen und platzieren muss.

Andererseits: Wenn ein Gast gern mit Blumen kommen will, so kann er das selbstverständlich tun. Es gibt einem manchmal Mut (besonders bei ersten Einladungen), außergewöhnliche Blumen bieten ein erstes Gesprächsthema (auch gut, wenn man irgendwo ganz fremd eingeladen ist), und es gibt natürlich auch Gastgeberinnen, die Blumen einfach lieben oder sich durch Blumen erst richtig anerkannt fühlen – lauter legale Gründe, einen Blumenladen aufzusuchen.

Blumen, wann? Wenn man sich nun für Blumen entschieden hat, kann man sie zu jeder Einladung mitbringen (außer den Einladungen, zu denen man niemals Blumen mitbringt, siehe: *Blumen, keine*) oder, wie oben erwähnt, am Tag danach mit einer Visitenkarte oder Briefkarte vom Blumenladen ins Gastgeberhaus schicken lassen.

Im ersten Fall sieht jeder, wie wohlerzogen man ist. Und man hat die Sache hinter sich und braucht am nächsten Tag an nichts mehr zu denken.

Der Fall zwei ist als Höflichkeit der Hausfrau gegenüber gedacht, siehe oben, sie kann sich also den Gästen statt den Blumen widmen.

Das erklärt übrigens auch die Regel, dass man nur dann Blumen mitbringt, wenn es sich um eine Essenseinladung handelt (wenig oder relativ wenig Leute) und nicht zur Cocktailparty, zum Diner oder zum Empfang (viele Leute).

Blumen – wie viele? Drei Blumen? Fünf? Sieben? Die Regel, dass man große Blumen nur in ungerader Zahl schenkt, liegt in der Ästhetik begründet. Eine ungerade Anzahl von Blumen lässt sich besser in der Vase arrangieren. Deshalb sagt man auch: Über zehn spielt die Anzahl keine Rolle mehr.

Blumenstock oder Schnittblumen? Schnittblumen sind streng genommen einzig und allein als Blumengabe gestattet, außer man kennt den Gastgeber gut und weiß: Da fehlt mal wieder eine Zimmerpflanze auf der Fensterbank. Oder man weiß, dass die Gastgeberin Blumen liebt, die sie später in den Garten oder in den Blumenkasten setzen kann und so weiter.

Schicken lassen kann man auch einen Blumenstock oder ein Arrangement aus verschiedenen Pflanzen.

Boxershorts Boxershorts sind Unterhosen oder Turnhosen aus Stoff, oft aus glänzendem Satin, die gerade dort enden, wo sich das Paket der großen Gesäßmuskeln rundet.

Boxershorts sind über die so genannte Freizeitkleidung Bestandteil der Freizeitmode geworden, und da zur Freizeit auch Busfahrten und Museumsbesuche zählen, sieht man Menschen in Boxershorts auf Straßen und Plätzen, die man üblicherweise nur voll bekleidet und nicht in Unterhosen betritt.

Mag die Mode auch mit den Elementen des Büstenhalters, der Lendentücher und ähnlicher Bekleidungen spielen: Unterzeug ist Unterzeug.

Wie ähnlich man jedoch seine Kleidung dem Unterzeug werden lassen möchte, hängt von einem kritischen Blick in den Spiegel ab, wobei die Figur auch gnadenlos von hinten betrachtet werden sollte. Siehe auch: *Unterhemd, Freizeitkleidung*.

Brief, Anrede Früher war die Anrede im Brief durch die Standesunterschiede genau geregelt und abgestuft. Dem Vorgesetzten schrieb man »Hochzuverehrender gnädiger Herr …« und dem Gärtner »Mein lieber Rosenstock«.

Wie man wen privat anredet, hat uns nicht zu interessieren, und im nichtprivaten Bereich kommt man mit der neutralen Formel »Sehr geehrter Herr Buchbinder« und »Sehr geehrte Frau Buchbinder« ziemlich weit.

Sind Titel unterzubringen, so heißt es »Sehr geehrter Herr Dr. Buchbinder«. Das Dr. kann jedoch auch ausgeschrieben werden.

Ist der Herr Doktor auch Professor, so taucht in der Briefanrede nur der Professor auf, also »Sehr geehrter Herr Professor«, weil man in der wörtlichen und in der brieflichen Anrede stets nur den höchsten Titel benutzt. Dieser »Professor« wird übrigens immer ausgeschrieben, auch wenn der Name darauf folgt; also »Sehr geehrter Herr Professor Buchbinder«.

Für die Professorinnen gilt natürlich genau dasselbe.

Wann man vom »Sehr geehrten …« zum »Sehr verehrten …« oder zum »Sehr verehrten, lieben …« oder schlicht zum »Lieben Herrn Buchbinder« übergeht, zeigt sich meist irgendwie von selbst. Auf jeden Fall muss man sich an die alte Regel halten: Der Jüngere, der Untergebene etc. hat erst einmal bei dem »Sehr geehrten Herrn« oder der »Sehr geehrten Frau …« bzw. bei der »Sehr verehrten Frau …« zu bleiben. Benutzt er in einem Geschäftsbrief die Anrede »Lieber Herr …«, so wird ihm das entweder als plumpe Vertraulichkeit ausgelegt oder als eine kindliche Unerfahrenheit, die man in seinem Alter eigentlich nicht mehr haben dürfte.

Einem wirklich verehrten Menschen sagt man sein Gefühl mit »Sehr verehrter Herr Sowieso« distanzierter und treffender als mit dem vertraulichen »Sehr verehrter, lieber Herr Sowieso«.

Vom »Sehr geehrten …« zum »Lieben Herrn Buchbinder« geht es meistens, wenn aus einer bloßen Geschäftsverbindung etwas mehr Freundschaftliches geworden ist. Und wenn aus dem Nachbarkind ein erfolgreicher Erwachsener wurde, den man zwar siezen, aber doch nicht so förmlich anreden will, so schreibt man ihm »Lieber Herr Buchbinder« oder »Lieber Otto!« und Sie.

Auf jeden Fall ist es ratsam, lieber etwas förmlicher und zurückhaltender zu bleiben, als zu rasch zu vertraulich zu werden.

Geschäftsbrief an das »alte Haus«: eigentlich ist ein Geschäftsbrief ein Geschäftsbrief. Er wandert in die allgemeine Ablage, und da hat in einem normalen Betrieb aus den verschiedensten Gründen nichts Uriges und Privates zu suchen. Wenn es nun jemanden drängt, Klaus, dem alten Haus, irgendetwas Fetziges oder Komisches mitzuteilen, so besitzt dieser Briefschreiber drei Möglichkeiten:

Er benutzt sein eigenes Briefpapier oder sein persönliches Firmenbriefpapier. Er schreibt die knalligen Sätze mit der Hand auf den fertigen Geschäftsbrief. Er legt dem Geschäftsbrief ein handgeschriebenes Zettelchen bei.

Brief, Anschrift Die Anschrift auf Privat- und Firmenbriefen hat sich vereinfacht. Höflichkeitsbuchstaben vor dem Namen findet man kaum mehr und wenn, dann in Süddeutschland und Österreich; und ob man in seinem Lebenskreis den »Ministerialdirigent«, den »stud. jur.« oder die »Oberschwester« vor den Namen setzt, hängt davon ab, ob die betreffenden Freunde, Onkel oder Patentanten darauf gesteigerten Wert legen.

Üblich ist es dagegen, bei Briefen an Ämter und Firmen die genaue Amts- oder Berufsbezeichnung zu nennen. Man adressiert also an »Frau Regierungsrat Ottilie Buchbinder« in der Landesregierung oder an »Herrn Dipl.-Ingenieur« (immer mit Bindestrich, auch wenn man Dipl.-Ing. schreibt!) in Firma Rohr und Stahl.

Korrekt und üblich ist es vor allem, die akademischen Titel zu erwähnen. Man schreibt also an »Herrn Otto Buchbinder« oder an »Herrn Dr. Otto Buchbinder«.

Bei Frauen entfällt der Unterschied zwischen Frau und Fräulein.

Der Brief geht also an »Frau Ottilie Buchbinder« oder »Frau Dr. Ottilie Buchbinder«. Ist die Dame erst zwölf oder siebzehn Jahre alt, so entfällt die »Frau«.

Wird Ottilie volljährig, hat sie das zumindest postalische Frauentum erreicht. Das gilt auch für Jungen! Aus »Otto Buchbinder« wird mit der Volljährigkeit »Herr Otto Buchbinder«.

Haben sich Otto oder Ottilie habilitiert, zum Doktorgrad also noch den Professorengrad erworben, so nennt man beide Titel. Der Brief geht also an »Herrn Prof. Dr. Otto Buchbinder« oder an »Frau Prof. Dr. Ottilie Buchbinder«.

Es gibt selbstverständlich Professoren ohne Doktorgrad. Sie sind dann »Herr Professor …« oder »Frau Professor Ottilie Buchbinder«.

Häufen sich die Titel, so gilt die Reihenfolge: erst die berufliche Bezeichnung, dann der militärische, schließlich der akademische Rang. Also: »Frau Minister Dr. Ottilie Buchbinder« oder »Herr Generalkonsul General a. D. Otto Buchbinder«.

Ist der Brief an ein Ehepaar gerichtet, so hat der Briefschreiber mehrere Möglichkeiten.

Er kann einfach schreiben: »Herrn Buchbinder und Frau Gemahlin«. Das ist die korrekte deutsche Version.

In manchen Gegenden ist es eher üblich zu schreiben: »Herrn Otto Buchbinder und Frau« oder »Herrn Otto Buchbinder und Gemahlin«. Diese Formulierung verwendet man meist in Österreich.

Schließlich kann man noch die internationale Version benutzen: »Herrn und Frau Otto Buchbinder« oder die moderne Form: »An Ottilie und Otto Buchbinder«.

Bewahrt eine Ehefrau ihren Mädchennamen im Ehenamen auf, so wird die Sache wieder länglich. Der Brief geht also an: »Herrn Otto Buchbinder und (neue Zeile) Frau Ottilie Buchbinder-Übermut«.

Dass man in diesem Fall dem Otto den Vortritt lässt, hängt nur mit der besseren Lesbarkeit kürzerer Texte zusammen, ist also eine Hilfe für den Briefträger. Wem es aber gegen den Strich geht, der nennt halt die Ottilie zuerst.

Besitzt der Ehemann einen akademischen Grad, so ist die Formulierung auf dem Briefumschlag ohne Problem. Sie lautet: »Herrn Dr. Otto Buchbinder und (Frau) Gemahlin«.

Besitzen beide Ehepartner einen akademischen Grad, so kann man beide fortlassen, wenn es sich um Freunde handelt, oder beide erwähnen. Nur einen zu erwähnen, wäre grob unhöflich. Die Anschrift sieht also so aus: »Herrn Dr. und Frau Prof. Dr. Otto Buchbinder« und »Herrn Prof. Dr. Otto und Frau Dr. Ottilie Buchbinder«.

Anschrift eins ist allgemein üblich, einigermaßen übersichtlich, aber antiemanzipatorisch. Anrede zwei wird beiden Ehepartnern gerecht, ist für den Postboten aber etwas missverständlich und klingt recht aufwändig.

Briefadresse, Adel Der Adelstitel gehört nach dem deutschen Namensrecht zum Nachnamen. Schreibt man also jemandem, der einen Adelstitel besitzt, so lautet die Anschrift folgendermaßen: »Otto Graf Lambsohr« und »Ottilie Gräfin Lambsohr«.

In Deutschland setzt man gern noch »Herrn« oder »Frau« vor den Vornamen, schreibt also auf den Briefumschlag: »Herrn Otto Graf Lambsohr«, was nach dem deutschen Namensrecht korrekt ist, jedoch leicht zu einer falschen Anrede führt.

Kommt ein akademischer Grad dazu, so sieht die Anschrift folgendermaßen aus: »Dr. Otto Graf Lambsohr« oder »Dr. Ottilie Gräfin Lambsohr«.

Das ist allgemein und international üblich, man kann aber auch die altmodischere Version benutzen: »Otto Graf Lambsohr und Gemahlin«.

Nach diesem Schema schreibt man auch die Anschrift von Freiherrn, Baronen, Prinzen etc. auf den Briefumschlag, siehe auch: *Adel*.

Haben beide Ehepartner einen akademischen Grad, so wird die Sache so ausführlich, dass die meisten Leute kurzerhand beide erworbenen Grade fallen lassen und schlicht an »Graf und Gräfin Lambsohr« adressieren.

Fortgelassen werden bei Einladungen auch Name und Titel von Ministern, Botschaftern oder Präsidenten und so weiter. Da heißt es einfach: »Der Bundesminister für … und Frau Ottilie Lambsohr«. Oder international üblich: »Der Botschafter der Republik … und Frau Otto Lambsohr«.

Wenn die Frau des Botschafters oder Ministers jedoch einen akademischen Titel besitzt, kann er mit erwähnt werden, dann allerdings mit ihrem Vornamen, also: »Der Bundesminister für … und Frau Dr. Ottilie Lambsohr«.

Bei Freiherrn und Freifrauen, Baronen und Baroninnen, Edlen von, Rittern zu, Freiherrn von und zu schreibt man einfach: »Sehr geehrter Herr v. Lambsohr«. Ist es ein Herr v. Normal zu Gebrauch, so benutzt man nur die erste Hälfte des Doppelnamens und schreibt: »Sehr geehrter Herr v. Normal«.

Briefe, faxen Für Faxe und Computerbriefe gelten die gleichen logischen und höflichen Regeln und Gesetze. Beide Geräte sind – ebenso wie es die mechanische oder die elektrische Schreibmaschine war – nur eine technische Veränderung des Bleistifts oder der Schreibfeder.

Bei offiziellen Computerausdrucken fehlen oft auch die Unterschrift und die Grußformel ganz und gar. Das darf man ebenso wenig persönlich nehmen wie die Tatsache, dass von einem langen Nachnamen manchmal nur so viele Buchstaben auf Briefumschlag oder Anredezeile landen, wie der Computer in diesem Format unterbringen kann. Technik schlägt gutes Benehmen, aber gutes Benehmen bedeutet in diesem Fall wie in allen anderen: nicht unnötig aufregen! Wenn man etwas ändern kann, so ändert man es. Wenn es unabänderlich ist, so nimmt man es so hin wie das Wetter und geht zur Tagesordnung über.

Briefe, förmliche Ist es ein ganz förmlicher Brief, geht es also zum Beispiel um ein Angebot, so kann man unter die Adresse und über die Anrede eine Zeile setzen: Betrifft: … und nennt nach dem Doppelpunkt in zwei oder drei Wörtern den Gegenstand des Briefes.

Geht der Brief an eine große Firma oder eine Behörde, so ist dieses »Betrifft: …« besonders wichtig, weil die Poststelle gleich weiß, an wen genau der Brief weitergeleitet werden muss, damit er schnell sein Ziel und seinen Zweck erreicht und bearbeitet werden kann.

Antwortet dieser Briefpartner, so liest der Privatmann meist in der vorgedruckten Zeile zwischen Adresse und Anrede verschiedene Abkürzungen oder Zeichen, die auf den genauen Standort des Briefpartners innerhalb des Unternehmens hinweisen. Das kann die »Hpt. Abtlg. 7/2« sein oder das »Zi. 27«, »Zimmer 27«, »Unser Zeichen: ez/rd« und was es sonst noch gibt.

Es empfiehlt sich, diese Hinweise in dem weiteren Briefwechsel immer zu wiederholen, und zwar nicht in der Postadresse, sondern ebenfalls in dieser Zwischenzeile als »Betrifft: Ihr Zeichen …«

Briefe, geschäftliche Schreibt man zum ersten Mal an eine Firma oder ein Amt und hat noch keine Ahnung, an wen man sich dort wenden müsste, so schreibt man »Sehr geehrte Damen und Herren«.

Korrekterweise findet man dann im Antwortbrief nicht nur Krakelfüße als Unterschrift, sondern entweder Namen und Amtsbezeichnung im Briefkopf oder unter der handschriftlichen Unterschrift, getippt und manchmal in einer Klammer, also zum Beispiel: »Ottilie Normalverbraucher, Amtsrätin«.

Benutzt ein Angestellter einen Firmenbogen, deckt sich also sein Name nicht mit dem der Firma, so kann man erwarten, dass er ebenfalls Namen und Position schön leserlich unter seine Unterschrift tippen lässt. Denn auch wenn er meint, man könne seine Handschrift lesen, so fehlt manchmal der Vorname oder der Titel, oder man kann halt doch nicht genau entziffern, ob es Möller oder Müller heißt.

Geschäftsbriefe werden abgeheftet, müssen also auf der linken Seite einen Rand haben und werden nie auf der Rückseite beschrieben oder betippt.

Braucht man ein zweites Blatt, so trägt es oben rechts die Zeile: »Müller an Möller Blatt 2«.

Geschäftsbriefe werden üblicherweise auf weißem oder höchstens leicht getöntem Papier geschrieben. Es sei denn, es handelt sich um Firmenbriefe, die eh einen werbewirksamen Briefkopf zeigen und sich zum Beispiel von leuchtendem Gelb mehr Wirkung versprechen.

Briefe, private Auch diese Briefe enthalten bei aller Individualität und Intimität das, was zu jedem Brief gehört, der an einen Fremden gerichtet wird: Name und Anschrift des Briefschreibers, Ort und Datum.

Üblicherweise werden die Angaben, auch mit lila Tinte auf Röschenpapier, ganz korrekt angegeben, nämlich so, dass es der Empfänger des Briefes auch lesen kann: oben links als Kasten, Name, Straße und Stadt in drei Zeilen untereinander oder oben quer diese drei Angaben nebeneinander. Getippt oder handschriftlich, dann in Großbuchstaben.

So kann es jeder entziffern, der auf diesen Brief antworten will, so kann der Briefschreiber seine eigene Unterschrift so genialisch unter seinen Text krakeln, wie er will. Man liest ja oben, dass er Karl Heinz Witzlaputz heißt.

Bei Privatbriefen an Privatpersonen braucht man eigentlich nur oben rechts Ort und Datum anzugeben, sodass der Adressat weiß, aha, Tante Frieda ist augenblicklich auf Reisen. Oder: Oje, Mutters letzter Brief ist acht Wochen alt, höchste Zeit, dass ich endlich antworte!

Privatbriefe können mit der Hand geschrieben oder getippt werden. Es ist aber netter, wenn auch jemand mit einer grauenhaf ten Handschrift, die er keinem zumuten mag, die Anrede und die Schlussformel mit der Hand hinzufügt.

Briefe mit Briefkopf Bei Privatbriefen an Bekannte bis Behörden hat sich der Briefbogen mit gedrucktem Briefkopf durchgesetzt.

Die Anschrift muss so korrekt wie möglich sein, also mit Postleitzahl und eventuell der Abkürzung für das betreffende Land.

Hat man ein Telefon, so gibt man die Telefonnummern mit Vorwahl an.

Hat man Fax, E-Mail oder Mobiltelefon, so steht die betreffende Nummer mit Vorwahl unter der Telefonnummer, falls man sie oder alle preisgeben will.

In jedem Fall werden oben rechts Ort und Datum notiert. So hat alles seine Ordnung, ist schön übersichtlich, und wenn nun der Text auch noch fehlerlos geschrieben wird, frei und selbstbewusst in der Mitte des Briefbogens steht und nicht nach oben geklemmt oder nach unten verrutscht ist, so sieht der Brief so aus, wie er aussehen soll. Er ist ein Spiegelbild des Absenders, der sich mit diesem Brief ja auch vorstellen und empfehlen möchte.

Geht dieser Brief an Freunde und Bekannte, wird er also als Privatbrief versandt, so beginnt er gleich mit der Anrede.

Beileidsbriefe (siehe dort) werden in jedem Fall mit der Hand geschrieben.

Ist der Brief an eine Firma oder Behörde etc. gerichtet, so stehen unter der eigenen Adresse des Absenders links oben untereinander Name, Straße und Ort des Briefempfängers, sodass man den Brief zweimal quer falten und so in einen Fensterumschlag stecken kann, dass die handschriftliche oder getippte Adresse genau im Fenster steht.

So schreibt man die Adresse des Briefempfängers aber auch, wenn man einen normalen Briefumschlag verwendet und damit die Anschrift dokumentiert ist.

Von jedem nichtprivaten Brief wird praktischerweise ein Durchschlag gemacht, oder er wird im Computer als Datei abgespeichert, so weiß man, was man wann an wen geschrieben hat.

Briefschluss Der Schluss der nichtprivaten Briefe hat sich auch vereinfacht. Im Allgemeinen schreibt man: »Mit freundlichen Grüßen« oder, etwas förmlicher, »Mit besten Grüßen«.

Will man sich noch stärker distanzieren oder liebt man das Altmodische, so wählt man »Mit vorzüglicher Hochachtung«.

Früher galt es merkwürdigerweise als ganz normal, daran stets anzufügen »Ihr sehr ergebener …« Das findet man heute gleichzeitig devot und anbiedernd. »Ihr?« Wieso denn?

Ich würde nur »Ihre …« als Schlussformel verwenden, wenn es mir ebenso ernst ist wie das »Sehr verehrte gnädige Frau«, das mir jemand schreibt, der mich wirklich schätzt und achtet.

Und wenn ich schon jemandem »Ihre Ottilie Normalverbraucher« schreibe, so würde ich alle drei Wörter mit der Hand schreiben. Ebenso das P. S., das mir beim Unterschreiben noch einfällt. Denn wenn der Brief von einer Sekretärin getippt wird, kann sie den vergessenen Satz ja noch nach dem Diktieren an die richtige Stelle setzen, und das Postskriptum erübrigt sich.

»Nach Diktat verreist«, diese Bemerkung sollte jedoch unter allen Umständen vermieden werden. Ist ihm der Adressat seines Briefes so gleichgültig, dass es ihn auch nicht kümmert, wer ihn noch einmal auf Korrektheit durchliest und unterschreibt? Ja aber, lautet die Erklärung, der Schreiber will doch nur, dass der Adressat seinen Brief so rasch wie möglich erhält!

Gut, dann muss er jemanden anders schreiben lassen, »im Auftrag von X teile ich Ihnen mit, dass …«, und dieser andere unterschreibt wie ein richtiger Mensch und Briefschreiber. Oder er löst das Problem anders, indem er zum Beispiel die Sekretärin bittet, ihren Namen und ihre Unterschrift neben seinen (getippten) Namen zu schreiben.

Briefstil Privatbriefe schreibt man wie gewünscht und gekonnt. Nichtprivate Briefe: klar und sachlich, verständliches Deutsch, gleich zur Sache kommen, sich so kurz fassen, wie es der Gegenstand erlaubt. Zum Schluss zusammenfassen, was man vom Briefpartner erwartet. Also zum Beispiel: »… wäre ich Ihnen dankbar, wenn Sie mir ein Angebot machten …« oder »… so bald wie möglich antworteten!« oder »… die Unterlagen wieder zurückschickten. Das Porto (oder ein frankierter Briefumschlag) liegt bei.« Hat der Brief eine so genannte Anlage, so wird sie am Fuß des Blattes erwähnt, als »Anlage: …«

So weiß der Adressat, was diesem Brief beigelegen hat, lässt es nicht verloren gehen und wirft es auch nicht in den Papierkorb.

Briefumschläge Die Briefumschläge mussten früher, zumindest bei Privatbriefen, gefüttert sein. Wenn man mag, kann man dieser Sitte folgen. Wer an die Rohstoffe für diese Hüllen denkt, die doch nur im Papierkorb landen, kauft Schlichteres.

Brathendl essen Der Wienerwald und die Brathendlstationen haben Hähnchen zu etwas gemacht, was man mit der Hand isst. Gut. Dort kann man es machen. Auch daheim am Familientisch und in gemütlicher Freundesrunde. Lädt man aber zu einem einigermaßen festlichen Essen, sitzt man bei Kerzenschein und Damastglanz, so wird das Brathuhn gemessert und gegabelt. Das gilt erst recht für Hühnerkeulen in Saucen, gilt für sämtliche Geflügelsorten vom Truthahn bis zur Taube.

Wird diese Regel aus irgendeinem Grund vom Gastgeber aufgehoben, so sieht's der Gast auf den ersten Blick. Neben seinem Platz steht nämlich die notwendige Fingerschale, und auf dem weißen oder farbigen Mundtuch liegt eine zweite Serviette zum Fingerabtrocknen.

Brot und Brotmesser Zur Vorspeise gibt es manchmal Brot, Brötchen oder Toast. Wenn man das Brot so isst, legt man es an oder auf den Vorspeisenteller, beißt nicht davon ab und schneidet es nicht durch, sondern bricht es in Brocken und schiebt sich diese in den Mund.

Gibt es zum Brot oder zum Toast Butter, so findet man links oberhalb des Haupttellers den kleineren Brotteller, auf dem meist ein ebenso kleines Brotmesser liegt. Abermals gilt: Nicht beißen oder schneiden, Brötchen oder Brotscheiben stattdessen durchbrechen, Stücke abbrechen, jeden Brocken mit Butter versehen – und happs!

Nach Vorspeise und Suppe wird der Brotteller abgeräumt, weil man ihn nicht mehr braucht.

Der Salatteller nimmt stattdessen einen Platz links oben neben dem Platzteller ein.

Brüderschaft trinken Wenn mehrere Erwachsene miteinander Brüderschaft trinken, so ist das oft ein spontaner Gruppenentschluss, bei dem alle Regeln über den Haufen purzeln und in der Masse (der sich Verbrüdernden) oder in der Ausgelassenheit der Situation verloren gehen. In diesem Fall und auch in dem der fortgeschrittenen Weinseligkeit muss man das Ganze nicht ernst nehmen. Man braucht sich also nicht an das so entstandene Du zu halten, ja man sollte es oft auch gar nicht, weil es der (die) Partner(in) meistens mit dem Kater vergessen hat und ganz verlegen werden kann, wenn man ihn/sie wieder daran erinnert. Wer nicht gleich wieder siezen will, kann am Tag danach die Probe machen, und den Weinbruder mit Sie anreden. Sagt er dann: »Aber ich bitte dich, wir haben doch gestern …«, so ist das Du gerettet. Im anderen Fall muss man, wenn einem viel am Du liegt und man nicht der Ältere oder das weibliche Wesen ist, auf die nächste Gelegenheit warten.

Büfett Diese praktische Form der Geselligkeit ist so wohl bekannt, dass man weder das warme noch das kalte Büfett zu beschreiben braucht. Da aber gerade bei offiziellen Büfetts meist die gleichen Unsitten beobachtet werden können, ein paar Hinweise fürs korrekte und vernünftige Büfett-Benehmen:

Erstens wartet man wohl erzogen, bis der Gastgeber das Büfett mit welchen Worten auch immer eröffnet. Man streicht also nicht wie ein hungriger Löwe an dem wartenden Aufbau vorbei und zupft da eine Weintraube, da ein fettes Stück Aal aus dem Arrangement. (Und wenn man es dennoch tut, wischt man sich nie, niemals die fettige oder klebrige Hand am Tischtuch ab, siehe *Taschentuch*!)

Ist das Büfett eröffnet, so stürzt man nicht darauf zu, als sei noch Krieg oder Markenzeit. Jede Küche freut sich, wenn sie eine leer gegessene Platte neu füllen und aufs Büfett stellen kann.

Kluge Büfett-Esser warten, bis die erste gierige Welle abgeflaut ist, und haben dann Platz und Muße, sich zu bedienen.

Steht ein Koch oder Kellner hinter dem Büfett, so greift man nicht selbst zu Löffel oder Messer, sondern lässt sich von ihm das Warme servieren.

Nur Gierige füllen sich alles auf einen Teller und diesen randvoll. Kenner nehmen sich zuerst Fisch oder Suppe als Vorspeise und bedienen sich dann vom nächsten Gang, immer mit einem frischen Teller vom Büfett, weil der abgegessene von Kellnern abgeräumt wird. Beim Privatbüfett sollte man zumindest nach der Fischmahlzeit einen frischen Teller nehmen können.

Höfliche fragen ältere, behinderte oder weibliche Tischgenossen: »Darf ich Ihnen etwas vom Büfett mitbringen?« und versorgen sie vielleicht mit Getränken, Servietten oder was ihnen fehlt.

Wer etwas zu essen oder trinken bestellt, was der Gastgeber nicht vorgesehen hat, sollte es korrekterweise selbst bezahlen.

Bus, Tram und U-Bahn Technik treibt uns überall zur Eile. Ob man sich eine Fahrkarte aus einem Automaten zieht oder ob man den Bus durch Türen erklimmen muss, die einen ständig einzuklemmen drohen. Das heißt: Die Hersteller unserer Umwelt sind vornehmlich unhöflich und rücksichtslos.

Also müssen die Fahrer und Benutzer dieses unhöflichen Transportmittels durch eigene Höflichkeit das Fehlende ausgleichen, und zu ihrer Ehre sei gesagt: Es gibt nicht viele, aber doch immer wieder Fahrer, die nicht abgestumpft und gleichgültig geworden sind, sondern für ihre Fahrgäste (welch Wort in diesem Zusammenhang: Gast!) handeln.

An diesen Fahrern sollte sich der Fahrgast ein Beispiel nehmen.

Es ist unhöflich, beim Einsteigen zu drängeln. Es ist dagegen höflich, jemandem beim Ein- oder Aussteigen zu helfen, sei das eine Mutter mit Kinderwagen, ein alter Mann mit Stock oder jemand mit sehr viel Gepäck, statt darüber zu meckern, dass »solche Leute den Eingang blockieren!«. Diese Hilfe ist nicht nur höflich, also freundlich, sondern auch nützlich. Wenn jemand mit anpackt, geht das Einsteigen schneller.

Es ist unhöflich, sich auf Plätze zu setzen, die für Behinderte reserviert sind, es sei denn, der Wagen ist halb leer. Es ist jedoch auch unhöflich, einem zusteigenden Behinderten – mit Ausweis oder ohne – zu sagen: »Ja, aber der Wagen ist doch halb leer!«, denn der Behinderte braucht nicht irgendeinen freien Platz, sondern gerade den, der für ihn reserviert und meist direkt am Ausstieg und daher leicht zu erreichen ist.

Es ist freilich nicht weniger unhöflich, als Gehbehinderter mit Ausweis einen Erschöpften, eine Hochschwangere und andere Leute vom reservierten Platz zu scheuchen, denen es sicherlich schlechter geht als dem mit dem Ausweis.

Gepäck und Plastiktüten gehören nicht auf Sitzplätze, wenn der Wagen voll besetzt ist. Jeder Wagen hat am Ende oder in der Mitte einen freien Raum, wo man Koffer etc. abstellen oder sich selber mit Gepäck hinstellen kann. Das ist nicht bequem, und man taumelt hin und her. Deshalb ist es vernünftig und andern gegenüber höflich, sich den neuen Fernsehapparat oder Vogelkäfig außerhalb der Berufs- oder Hauptverkehrszeiten zu besorgen und heimzuschleppen.

Trotz der oben erwähnten Ausnahmen: Fast kein Fahrer von öffentlichen Verkehrsmitteln sagt im Dienst bitte oder danke. Sehr wenige schnauzen einen nicht an, wenn man zufällig einmal kein passendes Kleingeld in der Tasche hat. Kaum einer begrüßt den Fahrgast mit einem freundlichen »Guten Morgen«, wenn man ihm das Geld brav abgezählt auf seinen kleinen Kassenteller legt.

Das sollte den Fahrgast jedoch nicht zu der gleichen maulfaulen Unhöflichkeit verleiten. Es ist also höflich, sich zu bedanken, wenn der Fahrer nach kleinen Münzen kramen muss und wirklich kramt. Wenn er auf einen Fahrgast gewartet hat. Wenn er für eine tütenbeladene Familienmutter auch die eine Tür auffauchen lässt, über der »Hier kein Ausgang« steht. Oder – wie ich es in London erlebte – wenn ein Aufseher der Underground (ohne Lift) eine Rolltreppe anhält, damit eine alte Frau mit Gepäck, die sich auf der laufenden Treppe unsicher fühlt, langsam und zu Fuß absteigen kann. Siehe auch: *Aufstehen im Bus etc.*

Bussi, Bussi – Bruderkuss Eine zwittrige Begrüßungsgeste: die Umarmung mit Kuss. Dieser gesellschaftliche Kuss ist eine Abart des biblischen Bruderkusses und der Akkolade, der Umhalsung, Umarmung, mit der im Mittelalter die Ritter vom König in den Ritterorden aufgenommen wurden.

Diese längst vergessene Bedeutung ist interessanterweise geblieben, was vielleicht wieder dafür spricht, dass der Fundus der menschlichen Gesten ziemlich beschränkt ist. Auch heute bedeutet diese Umarmung: Du gehörst zu uns, zu unserer Bruderschaft, zu unserer Clique. Wer geküsst wird, ist in.

In Österreich nennt man den Kuss, le baiser, auch als Erwachsener noch gern mit dem Wort der Kindersprache Bussi, und deshalb sagt man bei der Akkolade »Bussi, Bussi!«, tut's aber nicht, sondern umarmt sich nur und küsst höchstens in die Luft, schon wegen des Lippenstiftes.

Die Bussi-Bussis gelten eigentlich wirklich nur Freunden und Familienangehörigen. Auf jeden Fall wirkt es ulkig, wenn sich ein Halbwüchsiger, welchen Geschlechts auch immer, zur Backe einer tantenartig Älteren reckt und den Luftkuss praktiziert.

Wie überall gilt auch bei dieser Sitte die Regel: Ein Jüngerer hat zu warten, bis er gebusselt wird, ein Mann umärmelt eigentlich auch nicht als Erster eine Frau, und ein Fremder, selbst wenn er aus einem alteingesessenen Kussgeschlecht stammt, hält sich auch erst einmal zurück. Irgendwann kommt schon jeder zu der Ehre der Bussi-Bussis.

P. S.: Wer Kaugummi kaut, sollte ihn aus dem Mund nehmen, ehe er jemandem die Hand, die Backe oder die Luft vor der Backe küsst.

Buttermesser siehe *Zuckerzange*.

Canapés und Cocktailhappen Canapés und kleine Happen zu Drinks und zwischendurch sind so klein, dass man sie ohne Besteck essen und auf einmal in den Mund stecken kann.

Gibt es zu Cocktails etwas Heißes oder auch Fettiges, so liegen immer kleine Spieße mit auf dem Tablett, die man nur für einen Durchgang benutzt und nicht in den nächsten Aschenbecher wirft, sondern in die dafür vorhandene Schale auf dem Serviertablett.

Cocktailparty Die Cocktailparty ist eine beliebte Form der Geselligkeit für Junggesellen beiderlei Geschlechts, denn zum Cocktail braucht man nur Gläser (und ein paar volle Flaschen). Zum Cocktail kann einladen, wer auf wenig Raum viele Gäste unterbringen muss, wer nicht kochen kann oder will, aber trotzdem gern Gäste bei sich sieht. Oder wer seine Einladungsschulden auf die bequemste Art und Weise auf einmal loswerden will.

Eine Cocktailparty beginnt nicht vor 17 Uhr 30, jedoch nicht nach 18 Uhr 30. Ihre Stunde schlägt also in der Zeit zwischen Büro und Abendessen. Cocktailparty meint nie: Es gibt Cocktails und danach ein Abendessen, sondern Cocktailparty bedeutet immer nur: Drinks und ein paar Happen gegen die Gefahr, vom ersten Martini gleich betrunken zu werden.

Mündlich lädt man Freunde und Kollegen ein. Zum offiziellen Cocktail verschickt man schriftliche oder gedruckte Einladungen, etwa acht bis vierzehn Tage vorher, auf die hin man nur zu- oder absagen muss, wenn mit dem U. A. w. g. darum gebeten wird.

Es ist erlaubt, den Gastgeber zu fragen, ob man noch jemanden mitbringen darf. Allerdings sollten mitgebrachte Gäste in etwa zum Kreis der übrigen Eingeladenen passen.

Die Cocktailparty dauert etwa zwei Stunden. Der Gastgeber braucht manchmal eine gewisse Hartnäckigkeit, um Neulingen dieser Partyart höflich, aber unmissverständlich klar zu machen, dass es sich bei der Cocktailparty wirklich nicht um eine verschlüsselte Einladung zum Abendessen handelt. Sie endet gegen zwanzig Uhr. Wer dann noch nicht das Haus verlassen hat, darf an diese Regel erinnert werden und muss ohne Maulen seinen Hut nehmen.

Damen ziehen das Kleid an, das von der Cocktailparty seinen Namen hat. Von Herren wird erwartet, dass sie direkt aus dem Büro kommen, also noch Tageskleidung tragen. Da unterdessen viele Damen berufstätig sind, gilt auch für sie die Herrenregel: Umziehen ist überflüssig. Wem das zu viel Understatement ist, der wirft sich für die Cocktailparty etwas Glitzerndes um Hals oder Handgelenke oder zieht einen Abendblazer an.

Für besonders festliche und offizielle Cocktails können Herren einen dunklen Anzug anziehen und Damen im Cocktailkleid mit Hut erscheinen. Auch in diesem Fall bleibt der Hut auf dem Kopf und schwebt wie eine schöne Blume über dem allgemeinen Gewühl.

Die Cocktailparty ist in ständiger Bewegung. Die Gäste erscheinen in der Zeit zwischen 18 und 20 Uhr, wobei man innerhalb dieses Zeitraums kommen kann, wenn man mag und wann es einem passt. Man bleibt mindestens 20 Minuten. Man begrüßt als Ersten den Gastgeber, kann sich dann aber mit jedem aus der Gästeschar unterhalten. Man gilt als einander vorgestellt. Nur in einer kleinen Gruppe wird der Gastgeber Fremde miteinander bekannt machen. Im Allgemeinen überlässt er es allen, sich miteinander zu unterhalten. Ob man es anonym tut oder sich erst vorstellt, wenn man den Gesprächspartner so interessant findet, dass man auch wissen möchte, mit wem man sich so gut verstanden hat, oder ob man zu den ordentlichen Menschen gehört, die es nicht übers Herz bringen, sich mit einem fremden Menschen zu unterhalten, ohne zu wissen, wer er ist, oder ob man nach guter alter Sitte Bekannte unter den Gästen bittet, einen mit Unbekannten bekannt zu machen – das spielt alles keine Rolle. Hauptsache, das Gespräch bleibt im Fluss. Man wechselt dabei nicht nur Worte, sondern auch immer wieder den Gesprächspartner. Man setzt sich dabei nicht, man setzt sich auch nicht in einer Gruppe fest, sondern man driftet weiter, wenn einem danach ist, und zwar bis 20 Uhr. Dann driftet man an den heimischen Herd oder verabredet sich mit anderen Cocktailgästen zu einem gemütlichen Abendessen in einer neu entdeckten Kneipe.

Dank wird eigentlich nicht erwartet. Es ist aber freundlich und wohl erzogen, wenn man den guten Freund anruft und sagt, dass man es nett bei ihm gefunden habe.

Cut Der kleine Gesellschaftsanzug, der Stresemann, hat eine Festausgabe, diese nennt sich Cut oder Cutaway.

Der Cut besteht aus einer grauschwarz gestreiften Hose, weißem Hemd, grauer Weste, grauer Krawatte, Perle und aus der einreihigen Schoßjacke mit einem Knopf, der meistens offen bleibt. Die Schwalbenschwänze der Schoßjacke flattern nicht wie bei der heutigen Frackjacke nur an der Kehrseite des Herrn, sondern umschließen ihm, wie bei Goethes Gehrock, noch etwas die Hüften. Der alte Gehrock hing nämlich den Herren des ausgehenden 19. Jahrhunderts so zum Hals heraus und störend um die Beine herum, sie fanden ihn so patriarchalisch und militärisch, dass sie ihm kurzerhand vorn die Schöße schräg abschneiden ließen: Der Cutaway war geboren. Kulturkritiker sahen damals in diesem energischen Schritt den ersten Bruch mit dem Protokoll der Mode.

Uns erscheint der Cut, der rund hundert Jahre alte Revolutionär, schon recht seriös. Selbst korrekte Vertreter des Protokolls nennen ihn »ein feierliches, recht offizielles Kleidungsstück«.

Genauso wie den Stresemann trägt man den Cut zu festlichen Anlässen im Laufe des Tages, also zur eigenen Hochzeit, als Brautführer oder als Gast bei einer kirchlichen Trauung, zu Staatsempfängen und

Jubiläen, zu Ordensverleihungen, Festsitzungen und zur jährlichen Gartenparty bei der englischen Königin – falls Sie dazu eingeladen werden –, auch zu den großen internationalen Rennen, falls Sie einen Rennstall besitzen. Dann trägt man den grauen Zylinder zum Cut, während der schwarze Zylinder samt schwarzer Hose, Weste und Krawatte aus dem Cut einen überaus eleganten Traueranzug machen könnte.

Wenn es kalt ist oder regnet: Über dem Cut darf nur ein einreihiger schwarzer Mantel getragen werden.

Übrigens: Wenn sich ein Cut nicht umgehen lässt, so kann man ihn genauso gut wie den Frack samt allem Zubehör ausleihen.

Damast Feinstes Gewebe mit eingewebtem gleichfarbigem Muster: Blumen, Arabesken, Löwen und Ähnlichem. Damast heißt nach der syrischen Hauptstadt Damaskus, die im Mittelalter für Seidendamaste berühmt war.

Weißer Damast aus Leinen oder Baumwolle ist das klassische Material für Tafeltücher und Servietten, was auch heute bei großen Festen gern verwendet wird.

Dame Mädchen hatten einst die Wahl, Frau Normalverbraucher zu werden oder »Gnädige Frau« und Dame. Es kam nur darauf an, dass sie den richtigen Mann heirateten. Frauen, die sich selbst als Dame fühlten, schätzen diesen Unterschied auch heute noch. Berufstätigen Damen ist er ziemlich schnuppe.

Historisch gesehen gehört von alters her zum aristokratischen Herrn und Herrscher eigentlich gar nicht die Dame, sondern die Frau, die frouwe, wie man im Mittelalter sagte. Dame ist ein ganz junger Begriff, gehört zur bürgerlichen Kultur und zur bürgerlichen Rangvorstellung.

Ist es also schon schwer, den Begriff Dame zu definieren, so ist es heute schier unmöglich, Regeln aufzustellen, die nicht sofort in ein »andererseits und außerdem« übergehen.

Denn so wenig man Dame in einem Institut für höhere Töchter wird, so wenig man Frauen aus fürstlichem Hause als Damen bezeichnen kann, die sich in der Illustrierten-Schickeria lächerlich machen, so heftig hätte es sich zum Beispiel meine Eierfrau verbeten, als Dame bezeichnet zu werden – was sie nun wiederum lächerlich gemacht hätte.

Wie aber sag ich es meinem Kinde? Wenn ein weibliches Wesen an der Tür klingelt, wie soll das Kind dann sagen? »Mami, da steht eine Dame!« oder »… da steht eine Frau, die will dich sprechen.«? Kann man, kann ein Kind den Unterschied sehen?

Wieder kommt es auf die Umgebung an, in der man lebt. Die »Damen der Gesellschaft« erkennt man, weil sie erkannt werden wollen und sich so kleiden, wie sie es für damenhaft halten. Ob das nun Hut und Handschuhe, Samt und Seide sind, spielt keine Rolle. Eine große Rolle spielt es für die Damen aber, als solche behandelt zu werden, und deshalb gebietet es die Höflichkeit, dieses Spiel mitzuspielen.

Frauen, denen im Vergleich mit den Gesellschaftsdamen die achtungsvolle Bezeichnung viel eher zukäme, die sich und andere Menschen aber mit anderen Maßstäben messen, haben andererseits dafür gesorgt, dass die Bezeichnung Frau so aufgewertet oder besser: ihrer abschätzigen Bedeutung so entkleidet worden ist, dass es keinen mehr kränken kann, wenn ein Kind sagt: »Mama, da steht eine Frau!«

Und damit hängt zusammen, dass es heute auch nicht mehr das zweierlei Maß des Verhaltens und der Anrede gibt. Sicher sagt auch in Zukunft noch ein Direktor von irgendwas zu einem Pförtner oder Fahrer: »Also, Huber, dann woll'n wir mal!« Aber im Allgemeinen hat sich jene Höflichkeit durchgesetzt, nach der alle Frauen und Männer gleich und vor allem ohne Herablassung behandelt werden. Die Putzfrau ist ebenso Frau Normalverbraucher wie die Ehefrau ihres Arbeitgebers. Einen Handwerker spricht man genauso an wie einen Kollegen, und das hängt nicht damit zusammen, dass viele junge Handwerker Oberschüler sind und Söhne von Herren und Damen. Gerade die Gruppe der Gymnasiasten und Akademiker hat das alte elitäre Bildungsbürgertum ad absurdum geführt und gezeigt, wie wenig man sich selbst auf so etwas verlassen kann. Studenten sind Taxifahrer; Professoren laufen wie die Wilden herum, und Fliesenleger tragen Schlips und Kragen, öffnen ihren Aigner Koffer, um den Zollstock herauszuholen, der dort neben einem Golfball gelegen hat. Und echte Taxifahrer lesen Maupassant, während Studententaxler meist ein Comic-Heftchen neben sich liegen haben. Das lässt sich alles wirklich nur mit Höflichkeit ertragen.

1991 hat ein deutsches Gericht entschieden, dass »Frau« und nicht »Dame« die offizielle Anrede für eine Frau ist.

Dame im Lokal Wenn eine Dame mit einem Herrn ein Lokal betritt, so gilt es als international üblich, dass der Herr das Sprachrohr seiner Dame ist. Sie sucht sich also auf der Speisekarte aus, was sie essen möchte, und er teilt es dem Kellner mit. Sie sagt ihm, dass sie gerne das Salz haben möchte, und er winkt dem Kellner, damit Salz und Pfeffer und Senf und was auch immer verlangt wird, geholt werden.

Es gibt Frauen, die in dieser Situation einen erbitterten Emanzipationskampf beginnen. Das ist im Prinzip ziemlich sinnlos, denn Freiheit wird nicht im Streit mit Kellnern entschieden oder gewonnen, und meist bleibt der Begleiter der betreffenden Weiblichkeit auf der Strecke: beschämt, sauer oder wütend, je nach Charakter.

Besonders bei der Beschwerde ist es der Herr, der diejenige der Dame dem Kellner oder Ober weiterleitet. Das ist im Prinzip nur angenehm, denn auf diese Art und Weise wird der Dame etwas abgenommen.

Wenn Frauen nun allein oder zu zweit das Lokal betreten, bleibt den Kellnern nichts anderes übrig, als mit ihnen zu verhandeln. In England wird die Sache dadurch im Kopf des Personals korrigiert, dass der Kellner die Dame mit dem Portemonnaie als »Sir« anredet. In diesem Fall sind die Frauen natürlich auch ihre eigenen Beschwerdeführerinnen. Denn auch Damen müssen nicht stillschweigend schlucken, dass sie für ihr teures Geld an einen scheußlichen Tisch direkt neben der Schwingtür der Küche gesetzt werden oder ein sehniges Schnitzel vorgesetzt bekommen.

Eine Frau beschwert sich also, aber sachlich und freundlich. Wenn sie dennoch hochfahrend als Meckerliese behandelt wird, sollte sie keinem den Gefallen tun und tatsächlich meckern, sondern gelassen nach dem Koch, dem Lokalbesitzer oder dem Geschäftsführer fragen. Und das Lokal im schlimmsten Fall nie wieder betreten.

Damenhüte Damen tragen Hüte, wenn der Mode mal wieder Hüte einfallen. Korrekt sind Damenhüte noch bei Hochzeiten, bei Pferderennen und offiziellen Gartenpartys.

Wenn Hüte zum Kleid gehören und zum Beispiel eine Dame mit Hut mit anderen Damen mit Hut Tee trinkt, dann trägt die Gastgeberin zwar keinen, ihre Gäste behalten jedoch die Hüte auf.

Bei Beerdigungen tragen die trauernden Damen Hüte, vor allem die Witwe, damit sie etwas hat, woran sie den Trauerkrepp befestigen kann.

Damenkarte Das ist eine Speisekarte ohne Preisangaben, stammt also als Idee aus der Zeit, in der Damen höhere Lebewesen ohne Zahlungspflichten waren, die man auf Händen trug und natürlich immer zum Essen einlud.

Damenkarten gibt's in manchen alten Restaurants, in denen die Erinnerungen an diese Zeiten noch lebendig sind.

Damenkarten sind etwas wirklich Nettes und Höfliches, wenn man jemanden – gleichgültig ob Mann oder Frau oder Kind – zum Essen in ein Lokal einlädt, von dem man weiß, dass er/sie sich aus lauter

Bescheidenheit immer nur die billigste Suppe oder Nachspeise aussucht.

Gibt's für diesen Fall keine Damenkarten, so lässt sich der oder die Gastgeber(in) allein die Karte bringen, liest vor oder schlägt vor und fragt: »Ist es dir/Ihnen so recht?«

Wer Damenkarten albern/altmodisch/frauenfeindlich findet, reicht sie freundlich dem Gastgeber oder Ober zurück und verlangt eine normale.

Danksagung Dank muss sein, bei allen und jeden Einladungen, gerade weil er in der letzten Zeit etwas vernachlässigt wurde. Es fällt vielen Menschen einfach schwer, sich zu bedanken, aber auch das muss man lernen, denn es gehört nicht nur zur allgemeinen Höflichkeit, es hat auch einen Sinn: Wer ein Geschenk zur Verlobung, Hochzeit, Taufe oder zum Geburtstag geschickt hat, möchte zumindest wissen, ob es gut angekommen ist. Selbstverständlich auch, ob es gefallen hat.

Wer für Freunde und Fremde gekocht hat, freut sich über ein Dankeschön per Telefon am nächsten Vormittag.

Brief und mündlicher Dank müssen nicht ausarten, können auch gezeichnet oder mit einem Spaß verbunden sein, aber weil jeder Dank gerade heute dem Gastgeber oder der Gastgeberin und nicht Ihrer Köchin und dem Personal gilt, sollte er schon deshalb nicht vergessen werden.

Wer sich mit Brief oder Karte für eine Einladung bedankt, schreibt immer mit der Hand und eigentlich mit dem Füllfederhalter.

Gedruckte Dankkarten verschickt man nur nach Jubiläen, nach Hochzeiten und großen Beerdigungen.

Es gilt aber auch in diesen Fällen als höflich, wenn man dem gedruckten Text ein paar persönliche Worte hinzufügt, sofern es sich nicht um einen offiziellen Dank für eine offizielle Gratulation oder Gabe handelt.

Mit dem Dankeschön ist übrigens diese Art von Korrespondenz zwischen Gast und Gastgeber beendet. Für den Dank braucht man sich nicht abermals zu bedanken.

Dekantieren Man muss und man soll nicht jeden Wein aus der Flasche in eine Karaffe umgießen, was man nach der französischen Redensart dekantieren oder nach dem Englischen *decanter* nennen kann. Wer seinen Gästen gerne zeigen möchte, dass er ihnen einen Château Ausone kredenzt, wird sich von der Flasche nicht trennen mögen. Wer jedoch einem edlen, roten Bordeaux des Geschmacks wegen etwas Sauerstoff gönnen möchte, wer andererseits einem schlichten, ehrlichen Tischwein etwas Gutes tun will oder es einfach schön findet, wenn in den klaren Karaffen der goldene oder rubinrote Wein funkelt, der dekantiert. Etwa zwei Stunden vor dem Essen.

Sitzen viele Gäste am Tisch, so sind Karaffen auch eine Hilfe für den Hausherrn. Sie werden so auf dem Tisch verteilt, dass ein Gast jeweils drei oder vier Nachbarn mitversorgen kann. Der Hausherr muss also nicht immer aufpassen, ob jeder noch etwas im Glas hat, sondern kann sich in Ruhe mit seinen Gästen unterhalten.

Dekoleté siehe *Abendkleid* und *Ausschnitt des Kleides.*

Diät Ob man nun eine Diät durchführen muss, weil man Diabetiker oder fettsüchtig ist – sie sollte ein Mittel zur Gesundung bleiben und keins, um arme Gastgeber zur Verzweiflung zu bringen.

Denn was sollen sie machen, wenn sie, sagen wir, sechs Leute zum Schlachtfest eingeladen haben und der eine beim Anblick der prachtvollen Platten sagt: Ich darf aber kein Schweinefleisch essen! Der Nächste: Ich darf kein Fett! Nummer drei: Ich darf keinen Alkohol! Und so weiter.

Da kann man nur hoffen, dass sich die Reste tiefkühlen lassen.

Es war in diesem Fall erstens unhöflich von den Gästen, diese Einladung überhaupt anzunehmen, denn jedes Kind weiß, dass ein Schlachtfest kein Vegetariervergnügen ist.

Es war zweitens unhöflich, den Gastgeber nicht vorher zu warnen, denn wenn er weiß, in welcher Situation die Gäste sind, kann er noch umdenken, neu planen und zum Beispiel das Wellfleisch und die Brühwürste durch sehr viel mehr Gemüsesalate und Vollkornbrote ergänzen.

Es war drittens unhöflich, diese beiden Fehler sozusagen den Gastgebern in die Schuhe zu schieben: »Seht mal, was ihr mir armem Diätmenschen antut!«

Nein. Umgekehrt! Der Gast spielt sich rücksichtslos und unzulässig auf und in den Mittelpunkt. Er tut den Gastgebern etwas an. Er müsste sich entschuldigen, dass er diesen Fehler begangen und die Gastgeber in Verlegenheit gebracht hat. Und er müsste ganz bescheiden und ohne Aufruhr und Klagen sich das aus dem Angebot heraussuchen, was er essen darf, und wenn es die Salatblätter von der Dekoration sind.

Ebenso wenig ist es einem Diäthalter bei einem Festessen gestattet, seinen Tischnachbarn mit der Beschreibung seines kulinarischen Jammers das Essen zu vermiesen. Eine Diät ist eine Diät und meine Sache, und wenn wir auch alle wissen, dass es vielen schwer fällt, eine Diät durchzuhalten, und ihnen dieses Gejammere und das Mitleid der anderen seelisch hilft, so hat das alles seine Zeit und seinen Platz. Bei einem Festessen, bei einer liebevoll komponierten Essenseinladung muss sich der Diätgebundene zusammenreißen oder von vornherein absagen.

Dienstleistungen In einer Demokratie sind vor dem Gesetz alle gleich. Doch die einen machen für die anderen die so genannte Drecksarbeit, was man allgemein als Dienstleistung bezeichnet.

Solche Arbeit für die anderen, die so genannte Allgemeinheit, wird unter Umständen gut bezahlt, aber gering geachtet.

Wer jedoch meint, Kellner, Krankenschwestern, Müllkutscher, Stewardessen, Lieferanten oder ähnliche Dienstleistende ohne Höflichkeit und Zuvorkommenheit behandeln zu können, irrt sich, ist ein schlechter Demokrat und benimmt sich falsch.

Gerade in einer Gesellschaft von Gleichen ist es erniedrigend, wie ein Untergebener, wie der Sklave oder der Leibeigene feudalistischer Gesellschaften behandelt zu werden.

Da diese Haltung nicht mehr unseren, zumindest öffentlich beteuerten Wertvorstellungen entspricht, ist Höflichkeit gegenüber Dienstleistenden selbstverständlich und zu erwarten. Siehe auch: *Trinkgeld.*

Diner Das Diner hat heute noch etwas Offizielles oder besonders Festliches. Man lädt zum Hochzeitsdiner ein, der Bundespräsident gibt ausländischen Staatsoberhäuptern ein Diner im Schloss Sowieso, und das läuft so ab, wie sich die Zuschauer daheim am Bildschirm das große Leben vorstellen.

Zum klassischen Diner gehört der Empfangsraum, in dem sich die Gäste vor dem Essen versammeln, sowie ein Speisesaal mit einem Tisch für mindestens zwölf Personen, denn bei weniger Gästen wird streng genommen nicht von einem Diner, sondern nur von einem Abendessen gesprochen. Später braucht man noch den Salon für den Aufenthalt nach dem Essen, außerdem die dazugehörige Dienerschaft für Küche und Speisezimmer, Gäste in Frack oder Smoking, eine Tischordnung, einen gut gefüllten und sortierten Weinkeller und schließlich genug Geld für alles, was insgesamt zusammenkommt.

Heute finden diese großen Feste am gescheitesten im Hotel oder Restaurant oder in Privatclubs statt. Dort ist für die wenigen Gelegenheiten, bei denen es in einem Normalleben so offiziell festlich zuzugehen hat, alles vorhanden und eingeübt.

Das Schema des Diners bleibt sich gleich, ob man es nun im Hotel oder in den eigenen vier Wänden feiert.

Der Ort des Festes ist damit schon beschrieben.

Ein Diner beginnt zwischen 20 und 21 Uhr, kann auch um 19 Uhr 30 angesetzt werden, was aber als etwas unelegant betrachtet wird. Zum Diner lädt man schriftlich oder mit gedruckter Einladungskarte ein, mindestens vierzehn Tage, meistens drei Wochen vorher. Die Antwort muss sofort erfolgen. Zu- oder Absage gelten als bindend.

Der Gastgeber lädt mindestens neun bis zehn Personen ein, sodass man nicht weniger als zwölf am Tisch hat. Worauf diese Regel zurückgeht, kann ich nicht erklären.

Man muss auch Personal haben, denn ein Diner kann ein Gastgeber nicht allein bewältigen. Das hat nichts mit Kochkünsten und Organisationsgeschick zu tun, sondern mit der Tatsache, dass diese Form der Gastlichkeit aus einer Zeit stammt, in der es keinem Gastgeber eingefallen wäre, selbst am Herd zu hantieren. Diese Form schrieb dem Gastgeber eine ganz bestimmte Rolle an der Tafel vor, schon der Tischordnung wegen und damit man wusste, wo die Ehrenplätze lagen.

Es besteht also aus folgenden Personen: eine für Haustür und Garderobe (kann beim Servieren mithelfen), pro sechs bis acht Gäste eine Servierhilfe, die Fleisch und Sauce, und eine, die Gemüse und Beilagen serviert. Zur Not genügt eine Servierhilfe für Fleisch und Sauce, dann werden die Beilagen vor die ranghöchste Dame gestellt, die sich selbst bedient und die Schüsseln weiterreicht. Auf jeden Fall braucht man aber noch pro sechs bis acht Gäste einen Diener, der die Getränke einschenkt, und schließlich Koch (oder Köchin) und eine Küchenhilfe, die alle Gerichte servierfertig machen und zwischendurch aufräumen und abwaschen kann.

Die Vorbereitungen in Garderobe und Badezimmer, Empfangsraum und Speisesaal entsprechen den Vorbereitungen für große Feste.

Der Tisch wird weiß gedeckt, mit Damast und Damastservietten und den laut Menü und Getränken erforderlichen Gedecken und Gläsern. Die Dekoration richtet sich nach dem Anlass, oder sie bleibt neutral. Siehe auch: *Tischdekoration*. Der Gastgeber muss die Tischordnung machen, stellt Tischkarten auf und legt ein Placement aus, eventuell mit Führungskarten. Siehe auch: *Placement*.

Die Gäste werden an der Tür vom Personal in Empfang genommen, begrüßen den oder die Gastgeber und bekommen einen Aperitif. Bei ihm wartet man, bis sich alle Gäste versammelt haben. Zuspätkommen ist nicht gestattet.

Gibt die Gastgeberin das Zeichen, dass serviert ist, führen die Herren ihre Damen zu Tisch. Nach dem Essen ist es wieder die Hausfrau, die die Tafel aufhebt, und die Gesellschaft zieht in umgekehrter Reihenfolge wie beim Hereinkommen in das Empfangszimmer oder in einen Salon.

Die Tür zum Speisezimmer wird richtig geschlossen, damit das Personal in Ruhe abräumen kann.

Nach Tisch kann man Sitz- oder Stehgruppen bilden. Es ist allgemein üblich, im Gegensatz zu der langen Zeit an der Tafel, jetzt den Gesprächspartner zu wechseln, um auch noch etwas von anderen Gästen zu haben. Der Herr verliert also seine Tischdame an die Allgemeinheit.

Die Servierhilfen bieten Mokka an: je fünf bis sechs Tassen auf einem Silbertablett, entweder bereits gefüllt (dann bedient sich jeder selber aus dem Sahnekrug und aus der Zuckerdose, die ebenfalls auf dem Tablett stehen) oder leer, dann schenkt der Diener auf Wunsch ein. Bei dieser Methode bleiben Kaffee oder Mokka meistens heißer.

Ganz korrekterweise gilt nochmals die Rangfolge: Der weibliche Ehrengast bekommt also den Mokka zuerst. Meist bedienen sich die Gäste jedoch so, wie sie gerade um das Tablett herumstehen. Außerdem werden angeboten: Rauchwaren samt Kerze und Streichhölzern, ebenfalls auf Silbertabletts; Cognac, Portwein und Liköre, bereits eingeschenkt oder mit Gläsern und Flaschen. Früher hätten Damen niemals nach Cognac, Himbeergeist oder Genever verlangen dürfen, weil das als undamenhaft galt. Für sie standen Curaçao oder Benediktiner auf dem Tablett. Das hat sich jedoch vollkommen geändert.

Sollte aus irgendeinem Anlass eine Rede gehalten werden, so findet sie zwischen Hauptgang und Dessert statt.

Die Ehrengäste verabschieden sich zuerst, was üblicherweise zwischen 22 Uhr 30 und 23 Uhr stattfindet. Wenn sie gegangen sind, kann der allgemeine Aufbruch beginnen. Vor 24 Uhr sollte das Haus wieder leer sein.

In der Garderobe wartet eine Schale oder ein Teller aufs Trinkgeld der Gäste für das Personal.

Gute Freunde bedanken sich telefonisch oder mündlich. Der korrekte Dank erfolgt am nächsten Tag mit Blumen und Karte (siehe auch: *Blumen schicken lassen*) oder schriftlich.

Allgemeine gesellschaftliche Verpflichtungen können der Anlass für ein Diner sein, außerdem große Familienfeste wie Taufe, Konfirmation, Verlobung, Hochzeit und Silberhochzeit; Promotion und andere Examina; Jubiläen und andere private, inoffizielle, feierliche Gelegenheiten.

Das Diner wird sehr gern mit einem Empfang vor dem Essen verbunden. Es ist kein Stilbruch, wenn man es auch in dieser Kombination im Hotel oder im Restaurant ausrichtet.

Dinnerjacket Die Engländer und auch die Amerikaner sagen Dinnerjacket zum Smoking. Bei uns meint man damit oft nichts anderes als die Tropenausgabe des abendlichen Smokings: weiße Smokingjacke, ein- oder zweireihig zur Smokinghose getragen, die schwarz oder dunkelgrau sein kann.

Weste oder Kummerbund können, müssen aber nicht sein. Wenn, so können sie schwarz, bunt oder weiß sein.

Zum Dinnerjacket und Tuxedo (siehe auch: *Smoking*) kann man bunte Fliegen tragen, die entweder zur Farbe der Jacke oder des Hemdes passen.

Wann trägt man das Dinnerjacket? Bei allen Sommerfesten, zu denen man sonst den Smoking angezogen hätte, bei Bordfesten, Sommerbällen, Barbesuchen.

Insgesamt wird das Dinnerjacket bei uns nicht ganz offiziell wie der Smoking bewertet. Da man sich auch dunkle Smokingjacken aus dünnen Sommerstoffen kaufen kann, besteht keine Verpflichtung, sich eine weiße Smokingjacke anzuziehen, wenn man die nicht mag.

Doktor Das ist ein akademischer Grad. Das Wort ist abgeleitet vom lateinischen Verb docere, lehren, bezeichnet also wortwörtlich den Lehrer, den Dozenten.

Um die Doktorwürde, den Doktorgrad zu erreichen, schreibt der Doktorand eine Dissertation und legt die Doktorprüfung ab. Danach können ihn alle Herr oder Frau Dr. Sowieso nennen.

Herr oder Frau Doktor (ohne Namen) bezeichnet in unserer Umgangssprache den Arzt oder die Ärztin.

Die Bezeichnungen des akademischen Grades stehen stets vor Vor- und Nachnamen, auch vor Adelsprädikaten. Gräfin Dönhoff war Dr. Marion Gräfin Dönhoff.

Mit Namen ohne akademischen Grad reden sich üblicherweise die Doktoren eines Fachgebiets an: Der Chirurg des städtischen Krankenhauses sagt also zum praktischen Arzt, der ihm einen Patienten überweist: »Besten Dank, Herr Köhler«, und in einer Diskussion sagt Frau Prof. Dr. Meier zu ihrem Kollegen, dem Herrn Prof. Dr. Müller: »Wie Sie, lieber Herr Müller, gerade so richtig ausgeführt haben …«

Ein juristischer Doktor sagt jedoch zum Mediziner oder Philologen: »Aber gerne übernehme ich Ihren Fall, lieber Herr Dr. Fröhlich …«

Zum *Titel* (siehe dort), dem verliehenen Zusatz zum Namen, wird der akademische Grad als Dr. h. c., honoris causa, was ehrenhalber heißt. Wer diesen Titel führt, setzt stets diese beiden Buchstaben hinter den »Dr.«, um nicht unter falscher Flagge zu segeln. Denn der

Dr. h. c. hat nichts mit wissenschaftlicher Arbeit und Examina zu tun, sondern gleicht einem Orden, den man für bestimmte Verdienste von einer Universität, die ja keine Orden zu vergeben hat, verliehen bekommt.

Dunkler Anzug Der dunkle Anzug ist ein Gattungsbegriff. Er rangiert unterhalb des Smokings und oberhalb des Blazers mit der grauen Flanellhose. Er ist also die korrekte Bekleidung für alle festlichen Einladungen, zu denen die Damen auch noch einen langen Rock anziehen würden, freilich kein langes Abendkleid. Der dunkle Anzug kann schwarz sein, aber ebenso gut dunkelgrau oder dunkelblau und kann Nadelstreifen oder ein gedecktes Fischgrätmuster zeigen. Karo und Ähnliches wäre jedoch schon zu viel. Die Jacke ist ein- oder zweireihig. Wenn sie einreihig ist, kann eine Weste – abermals ein- oder zweireihig – dazu getragen werden, deren Art und Farbe sehr von der Mode abhängig ist. Richtig ist immer eine aus demselben Stoff wie der Anzug oder eine Schattierung heller.

Das Knopfloch im Revers muss echt sein: für die Nelke oder Kamelie, auch für eine Ordensrosette. Die Knopflöcher an den Ärmeln müssen auch echt, also durchgenäht sein: aus nichts als Stilgefühl. So trägt man's nun mal, auch wenn die Knöpfe und Knopflöcher keinerlei Funktion mehr besitzen. Einer von den kleinen Unterschieden, mit denen die Gesellschaft spielt.

Zum dunklen Anzug: weißes oder Streifenhemd, dunkle Strümpfe, schwarze, glatte Schuhe mit Ledersohle.

Wann wird ein dunkler Anzug getragen? Bei Abendeinladungen zum Essen, bei Cocktailpartys und Abendempfang, im Theater oder Konzert.

Durchlaucht Nur in Fernsehschnulzen werden Fürsten mit Hoheit statt mit Durchlaucht angeredet, aber wie es sich mit diesen beiden Anreden verhält, lesen Sie unter *Hochadel*.

Duzen und Siezen Du und Sie: Zum Kind sagen alle du. Wenn das Kind größer wird, gehen viele Erwachsene zum Sie über, denn als Regel gilt: Erwachsene reden Erwachsene mit Sie an. Du und Sie hat in den verschiedenen Landschaften, Alters- und Gesellschaftsklassen eine verschiedene Gewichtung. Gerät man als Fremder in undurchsichtige Du-Sie-Verhältnisse, so muss man einen Kundigen fragen, erstens nach der allgemeinen Regel und zweitens, wie man sich als Außenstehender verhält.

In Österreich sagen sich zum Beispiel die jeweils gleichgeschlechtlichen Angehörigen der Aristokratie du. Aber auch da gilt die Regel: Würde und Alter vor Jugend. Die jungen Leute müssen also warten, ob ihnen die betreffende alte Dame oder der alte Herr das Du gönnt oder nicht.

In Hamburg sagt man sich am liebsten nur unter wirklichen Freunden du, redet aber befreundete Kollegen mit Sie und Vornamen an.

In der deutschsprachigen Schweiz redet man im Hochdeutschen andere in der zweiten Person Plural an: »Seid Ihr gut gereist?«

Wenn Männer geschäftlich zusammenarbeiten, lang und gut, gehen sie gern zum Du über.

Wenn Frauen mit Frauen oder Frauen mit Männern ebenso lange zusammenarbeiten, bleiben sie lieber beim Sie und wählen am liebsten die Hamburger Form: Sie und Vorname.

Und jeder kennt einen, der sagt zu jedem du, »und wenn du der König wärst!« Spielarten, die illustrieren, wie gut man mit diesen Möglichkeiten und ihren Variationen allen möglichen Nähen und Fernen gerecht werden kann.

Ganz korrekt geht es beim Siezen und Duzen so zu:

– Wenn sich Erwachsene das Du anbieten, so geht das stets vom Würdigen, Älteren, Vorgesetzten aus.

– Wenn Mann und Frau an das Du denken, so ist es der Regel nach die Frau, die dem Mann das Du anbietet.

Edelstahlbesteck Als gleichwertig neben das Silberbesteck hat sich das Edelstahlbesteck gestellt. Diese Bestecke bestehen aus einer Edelstahllegierung; zum Beispiel Chrom-Nickel-Stahl wie das Cromargan ist säurefest, bleibt immer blank und läuft nicht wie Silber bei allen schwefelhaltigen Speisen an. Der Stempel rostfrei garantiert die Qualität.

Aus Skandinavien stammen sehr schöne moderne Formen für diese Edelstahlbestecke, die auch unsere Formgebung beeinflusst haben. Durch sie sind auch Essbestecke üblich geworden, die in der Größe zwischen Tafel- und Dessertbestecken liegen. Man kann sie deshalb zu Frühstück, Mittag- und Abendessen benutzen und spart sich eine ganze Garnitur.

Ehepaare In der Tischordnung sitzt nicht nur das Gastgeber-Ehepaar getrennt, sondern auch alle anderen Ehepaare. In manchen Familien oder Gegenden ist es üblich, dass Verlobte nebeneinander gesetzt werden. Geschwister werden jedenfalls voneinander getrennt.

Ehrengast Ehrengäste sind der Jubilar; der von fernher Angereiste, für den man ein Fest ausrichtet; Ehrengäste sind das Brautpaar, das Geburtstagskind, und sie alle bekommen beim Essen den Ehrenplatz zur Rechten der Hausfrau, wenn der Ehrengast ein Mann ist, oder an der Seite des Hausherrn, wenn es sich um eine Dame handelt.

Hat der Ehrengast einen Ehepartner, so sitzt er oder sie neben dem Gastgeber oder der Gastgeberin.

Ehrengäste werden von ihrem Platzpartner zu Tisch geführt, bekommen zuerst serviert, und nach einer alten Sitte bleiben alle Gäste, bis sich der Ehrengast verabschiedet hat. Müssen sie vorher aufbrechen, so entschuldigen sie sich beim Abschied vom Ehrengast und bei der Hausfrau.

Ehrenplätze Jede rechteckige Tafel, an der man ein Essen serviert, hat vier Ehrenplätze:

Erster und zweiter Ehrenplatz: links von der Hausfrau und rechts vom Hausherrn.

Dritter und vierter Ehrenplatz: rechts von der Hausfrau und links vom Hausherrn.

In dieser Reihenfolge wird dann die übrige Tischordnung ergänzt, siehe dort.

Ei, weiches Das weiche Frühstücksei ist ein Gegenstand, an dem sich die Gemüter erhitzen. Zuckerzangenbesitzer haben vielleicht auch einen Eierkopfabschneider, ein Zwischending zwischen Guillotine und Zigarrenabschneider. Wer damit gern umgeht, kann es natürlich tun.

Wer ein Ei jedoch mit einem energischen Schlag des Messers köpft, pflegt sich in Deutschland dabei meist zu entschuldigen: Ich weiß ja, eigentlich macht man's anders richtig …

»Anders« bedeutet: Klopf, klopf auf den Eierkopf, und dann die so entstandenen Scherben abpulen. Die Messermethode aber ist rascher und sauberer, deshalb kann man sie auch ohne den geringsten Anhauch von Schuldbewusstsein praktizieren.

Wichtig ist beim Eieressen nur: Keine Silberlöffel verwenden, sie laufen schwarz an.

Einladung ins Restaurant Die Einladung ins Restaurant ist so üblich, dass man sie nur zu erwähnen braucht. Wer nicht zu sich selbst einladen will, kann alle privaten und geschäftlichen Geselligkeiten im Lokal stattfinden lassen. Es empfiehlt sich in diesem Fall, einem Gastwirt treu zu werden, denn dann macht er es einem eher »wie zu Hause«.

Wer mit jemandem in einem Restaurant oder einem anderen Lokal zu einem Essen verabredet ist, sollte am Tag vorher einen Tisch bestellen, damit man mit dem Gast nicht im überfüllten Lokal herumsteht.

Das Gleiche gilt erst recht für eine große Gästegruppe.

Einladung ins Restaurant, Festessen Auch wenn es ein Festessen am vorbestellten Tisch ist, kann der Gastgeber einiges tun, um seinem Fest ein persönliches Gepräge und einen gewissen Charme zu verleihen. Er sollte auf jeden Fall nicht alles telefonisch bestellen und abmachen, sondern das Restaurant vorher aufsuchen und die schönste und vielleicht ruhigste Ecke auswählen. Er kann besonders schönen Blumenschmuck bestellen und muss eine halbe Stunde vor den Gästen im Restaurant sein, um noch einmal alles zu überprüfen.

Er kann Tischkarten aufstellen, jedem Gast eine Menükarte hinlegen, falls das nicht vom Hotel übernommen wird, eine Vorspeise ausprobieren, überprüfen, ob die richtigen Weine ausgesucht und schon geöffnet und richtig temperiert sind.

Im Übrigen brauchen sich die Gäste um nichts zu kümmern. Der Gastgeber übernimmt selbst die Trinkgelder, unterzeichnet nach dem Essen die Rechnung, die er entweder gleich mit einem Scheck begleicht (aber nicht bei Tisch!) oder ein paar Tage später zugeschickt bekommt und dann bezahlen kann.

Einladung zum Mittagessen Das kann missverständlich sein, denn wenn zu einem Mittagessen gebeten wird, steht auf der Einladung oft »… zum Frühstück«. Damit ist nie das erste Frühstück mit Tee und Toast gemeint, sondern immer eine kleine Mittagsmahlzeit.

Der Anlass kann vom Familiären bis zum Offiziellen reichen, was jedoch immer auf der Einladungskarte vermerkt sein muss.

Die Tageszeit des Mittagessens gibt die schriftliche Einladung ganz genau an. Die Zeit schwankt zwischen 12.30 Uhr – frühestens – und 14 Uhr – spätestens. Zum Mittagessen muss man auf jeden Fall auf die Minute pünktlich erscheinen.

Zum Mittagessen wird mündlich eingeladen, wenn es um eine Mahlzeit mit Freunden, Kollegen und Verwandten geht. Zum Mittagessen wird schriftlich eingeladen, wenn es sich um ein Festessen handelt, bei dem ein Jubiläum, eine Hochzeit oder Ähnliches gefeiert wird.

Mit einer gedruckten Karte lädt man ein, wenn es eine formelle Einladung ist. In diesem Fall wird oft nicht von »Mittagessen«, sondern von »Frühstück« gesprochen. Zu- oder Absagen müssen sofort und bindend gegeben werden.

Zum familiären Mittagessen erscheint man so, wie es in dieser Familie und Gegend üblich ist. Auf jeden Fall in Alltagskleidung und die Herren im Straßenanzug. Beim formellen Frühstück zieht man das an, was die Einladung verlangt. Siehe auch *Frühstück*.

Das Mittagessen beginnt mit dem Aperitif, bei dem man darauf wartet, dass sich alle Gäste versammeln. Es ist heutzutage üblich, dass auch nichtalkoholische Aperitifs vorbereitet werden. Zum Drink gibt es Käsegebäck, Salzmandeln und ähnliche leichte Knabbereien.

Den Mokka oder Schwarzen nach Tisch kann man nicht nur am Esstisch oder im Wohnzimmer servieren, sondern im Sommer oder bei schönem Wetter auch auf dem Balkon oder im Garten.

Die Dauer des Essens richtet sich selbstverständlich nach dem Menü, die Gäste verabschieden sich jedoch frühestens eine halbe Stunde und höchstens eine Stunde nach dem Essen, es sei denn, dass die Gastgeber andere Vorschläge machen.

Die eingeladenen Gäste bedanken sich beim Familienessen mündlich, schriftlich bei einer formellen Einladung. Mit Blumen bedankt sich üblicherweise nur, wer dieser Einladung nicht hat folgen können.

Zum festlichen Mittagessen lädt man im Rahmen der großen Familienfeste ein, also: Geburtstag und Taufe, Verlobung und Hochzeit, Examen und Jubiläum.

Selbstverständlich kann das Mittagessen auch im Restaurant oder in einem Club stattfinden oder ganz und gar fertig gekauft werden.

Einladungen, Beginn von *Cocktailpartys* beginnen um 18 Uhr herum. Die Idee ist, dass man zwischen Büro und Abendessen vorbeikommt. Deshalb wird auf korrekten Einladungen auch die Zeitspanne angegeben: »18 bis 20 Uhr« heißt, die Gäste können ab 18 Uhr erscheinen, aber um 20 Uhr hoffen die Gastgeber, auch den letzten Gast wieder los zu sein, selbst wenn er erst um 19 Uhr 50 aufgetaucht ist. In Wirklichkeit gibt es immer wieder Gäste, die diese Spielregel nicht kennen oder sie nicht ernst nehmen. Sie bleiben unerschütterlich sitzen und fragen: »Kriegt man denn hier in diesem Hause nichts zu essen?«

Der Gastgeber hat dann zwei Möglichkeiten: Er bereitet für den Notfall einen kalten Imbiss oder eine Suppe vor und geht von der Cocktail- zur Suppenparty über.

Oder er fragt in aller Liebenswürdigkeit, ob er die letzten Gäste irgendwohin mitnehmen könne, er führe jetzt nämlich ins Theater. Oder zu einem Konzert. Oder selber zum Essen.

Bei *Einladungen im Lauf des Tages* gilt das Gleiche: Laden Sie zum Essen ein, so können Sie erwarten, dass die Gäste auf die Minute pünktlich sind.

Laden Sie zu Aktivitäten und Spielen ein, so rechnet man mit einer Toleranz von einer halben Stunde.

Einladungen nach dem Essen beginnen zwischen 20 und 20 Uhr 30, und als Gastgeber sollten Sie eben diesen Spielraum angeben. Wenn es sich um einen Spielabend handelt, Bridge oder Tricktrack oder Skat, wissen die Gäste, dass nach dem letztgenannten Termin die Karten ausgeteilt oder die Schachfiguren aufgestellt werden.

Vielen Gastgebern bricht das Herz, wenn sie ihren Gästen nichts servieren können. So ist es auch bei Einladungen nach dem Essen üblich, dass es zum Beispiel zwischen den Schachpartien zum Wein oder zum Bier einen kalten oder warmen Happen zu essen gibt. Manchmal bekommt man auch eine Mitternachtssuppe – wer genau wissen möchte, wie tüchtig er schon vorher zu Abend essen muss, sollte den Gastgeber fragen, was er, der Gast zu erwarten hat.

Einladungen zum Essen siehe *Esseneinladungen*.

Einladungskarte, gedruckte Spezielle Einladungskarten werden bei großen Familienfesten, Jubiläen und Presseempfängen extra gedruckt. Auf ihnen stehen Anlass, Datum und Uhrzeit, Adresse und Kleidervorschrift bereits gedruckt, und nur der Name des Eingeladenen wird handschriftlich oder mit der Schreibmaschine eingesetzt.

Einladungskarten Es muss angegeben werden, wer einlädt und zu welchem Anlass, wann und wo das Fest oder das Essen stattfinden soll, wohin man seine Antwort zu richten hat, welche Form diese Antwort haben soll oder kann und schließlich: was man anziehen soll.

Es gibt vorgedruckte Einladungskarten in verschiedenen Ausführungen und Förmlichkeitsgraden in allen besseren Schreibwarenläden.

Wer oft einlädt, lässt sich persönliche Karten drucken, die praktischerweise so aussehen:

DIN-A5-Querformat, solide Kartonqualität, glatt beschnitten oder so, dass es wie gerissen aussieht.

Oberste Zeile oder Zeilen auf Mitte: der Name des oder der Einladenden. Also zum Beispiel: »Anton Aber und Andrea Aber«, in einer schönen Druckschrift. Bei dieser Namensangabe kann man es schon belassen. Alles andere schreibt man mit der Hand auf die Karte. Das ist praktisch, denn diese einfachen Briefkarten sind nicht zweckgebunden, und man kann sie auch für die normale Privatkorrespondenz verwenden.

Übrigens: Schon beim Namensaufdruck gibt es Spielarten. Die international korrekte Form lautet: »Anton und Andrea Aber«.

Eingespielt hat sich jedoch die nicht so ganz patriarchalische Form: »Anton Aber und Andrea Aber« oder auch »Anton Aber und Andrea Aber-Neumann«.

Das kann man halten, wie man mag. Auf jeden Fall haben die akademischen und Amtstitel zu fehlen, außer man ist ein Botschafter, Oberbürgermeister oder Ministerpräsident. Dann liest man: »Der Botschafter der Republik Sowieso und Frau Henriette Hornegg …«

Wer öfter einlädt, lässt sich eine Einladungskarte mit ein paar ausführlicheren Angaben drucken:

Wieder steht in der obersten Zeile auf Mitte der Name der Einzelperson oder des Ehepaars. Nächste Zeile, kleiner, auch auf Mitte und gedruckt: »bitten« oder etwas förmlicher und altmodischer »geben sich die Ehre« oder »beehren sich«. Die folgenden zwei Zeilen sind leer. Man sieht also nur die beiden punktierten Linien. Auf diese beiden Zeilen schreibt der Einladende den Namen des Eingeladenen, also zum Beispiel: »Herrn und Frau Berthold Bauer«, das ist der Etikette nach korrekt. Oder: »Berthold und Bertha Bauer« – das ist die moderne Form. Oder »Berthold Bauer und Bertha Bauer-Bassermann«. Das ist die modernste Form.

Korrekterweise schreibt der Gastgeber diese Namen mit dem Füller und nicht mit Kugelschreiber.

Dritte Zeile: Sie beginnt mit einem gedruckten »zu«, das insgesamt drei punktierte Zeilen anführt. Wieder wird mit der Hand eingefügt, zu welchem Anlass eingeladen wird, also zum Beispiel »zu einem Cocktail«, »der Silberhochzeit unserer Eltern« und so weiter.

Hat man unter seinem eigenen Namen nicht das Verb »bitten« drucken lassen, sondern die altmodische Form gewählt, so muss der Satz natürlich ergänzt werden, man muss also schreiben: »zu einem Cocktail einzuladen«.

Die sechste Zeile ist halbiert. Links steht gedruckt »Am«, und es folgt, logischerweise, das handgeschriebene Datum, rechts steht »Um«, und es wird die Uhrzeit eingesetzt.

Letzte Zeile: Sie ist abermals halbiert. Links steht gedruckt

»U. A. w. g.«, was aufgelöst bedeutet: »Um Antwort wird gebeten«. Darunter steht handgeschrieben, bis wann man wohin antworten soll, also Telefonnummer oder Anschrift des Gastgebers.

Findet man daneben keine Kleiderangabe, so kann man kommen, wie man will, oder besser, wie es in der betreffenden Gegend oder Gesellschaftsklasse üblich ist. Siehe auch: *Erinnerungskarten, Geschäftliche Einladung*.

Eistüte und Pommes in Bus und Straßenbahn Sie sind nicht gestattet. Warum nicht? Weil die Ersteren kleckern und die zweiten fette Flecken hinterlassen.

Der Fahrgast aber möchte sich gern unbesehen auf seinen Sitzplatz setzen können, und keiner vergisst es, wenn er einmal mit Fritten-Mayo am Po wieder aufgestanden ist.

Kinder steigen trotzdem mit tropfenden Eistüten und Pommespackungen ein, nicht weil sie die Verbotsschilder nicht erkennen könnten, sondern weil sie sagen: »Ich lass das doch nicht, nur weil es verboten ist!«

Der Erwachsene, der ein Kind an Ort und Stelle auf sein falsches Verhalten hinweist, erntet meist nur Hohn und hat den ganzen Bus, auch die Erwachsenen, gegen sich.

Besser also, wie immer bei sich und dem eigenen Lebenskreis zu beginnen, bei den Kindern und Kindeskindern, bei der Schulklasse: Man kann auf einem Elternabend vorschlagen, dass eine Projektgruppe den Sinn solcher Ge- und Verbote ergründete. Denn nur Einsicht führt zu richtigem Verhalten.

Ellenbogen Sie verlocken dazu, gemütlich und bequem auf den Tisch gestemmt zu werden.

Dagegen spricht nichts, wenn man sich nach dem Essen an einem anständigen festen Tisch noch beim Schwarzen unterhält und sich jemand seine Pfeife anzündet und so weiter und so weiter.

Beim Essen aber spricht alles dagegen. Und wer beim Messern und Gabeln und vor allem Trinken die Ellenbogen auf den Tisch gestützt lässt, ist unmanierlich.

Warum? In dieser Haltung muss er sich sein Essen notwendigerweise in den Mund schaufeln, denn die auf der Tischplatte verankerten Ellenbogen schränken seine Bewegungsmöglichkeiten bis auf ein Pumpenschwengel-Auf-und-Ab ein. Das bedeutet erstens Kleckergefahr. Zweitens ist damit der Zwang zum Krummsitzen verbunden, damit man nämlich mit dem Mund überhaupt an die Gabel kommt.

Kurz: Der Mensch wird zum Hund, der aus der Schüssel schlabbert.

Im übertragenen Sinn signalisieren die Ellenbogen den rücksichtslosen Durchsetzungsdrang des Menschen, aber das ist schon eine Frage, die nichts mehr mit Manieren, sondern mit Moral zu tun hat.

E-Mail Die elektronische Post unterliegt im Prinzip den Briefregeln. Da jedoch leicht gemailt werden kann, nimmt die Flut der elektronischen Botschaften immer mehr zu. Unter Freunden kann man selbstverständlich so viel chatten und mailen und plappern, wie man will und wie man es bezahlen kann: außer es handelt sich um einen Kondolenzbrief. Im normalen Postverkehr sollte man jedoch Rücksicht üben und zum Beispiel keine Kettenbriefe einfach weiterleiten.

Emanzipation der Frau Sie hat den Alltag der weiblichen Menschen verändert und den der männlichen mit neuen Unsicherheiten gespickt. Bei jeder unbekannten Frau, der sich ein Mann in der Disco, im Büro oder auf der Straße nähert, erhebt sich wieder die bange Frage: Ist sie's oder ist sie's nicht?

Denn wenn sie's ist, und er hat es nicht gemerkt, bekommt er unter Umständen eine patzige Bemerkung oder den Koffer, den er ihr schon abgenommen hatte, wieder aus der Hand gerissen.

Das ist grob unhöflich, denn auch eine emanzipierte Frau kann freundlich und friedlich sagen: »Danke schön, ich trag das gerne selber!«

Ebenso unhöflich ist es vom Mann, wenn er allen Frauen nun die Tür ins Gesicht knallen lässt, sie beiseite drängt und so weiter, weil es seiner Faulheit und seinem Egoismus höchst bequem ist, sich unter dem Mantel der verständnisvollen Billigung nie mehr um andere kümmern zu müssen. Denn früher waren das seine Anstandspflichten. Er besorgte ihr dieses und jenes. Er hielt ihr die Türen auf. Er half aus dem Mantel, rückte ihr den Stuhl ab und schob ihn an, setzte sich erst, wenn sie saß und so weiter und so weiter.

Im Fahrstuhl nimmt der höfliche Herr auch heute noch den Hut ab, falls er die Hände frei hat.

Die Treppensituation hat sich jedoch geändert: Dort ging der Herr früher stets vor der Dame hinauf, weil er ihr sonst unter die langen Röcke hätte schauen und ihre Waden erblicken können. Das gilt nun heute nicht mehr als schockierend oder schamlos, und es kommt natürlich noch hinzu, dass viele Frauen Hosen tragen. Wenngleich ein fesches Pogewackle sicher erotisierender wirkt als ein Hauch Wade zwischen Unterröcken. Aber immer können auch Verhaltensregeln nicht logisch sein. Kurzum: Auf Treppen kann man machen, was man will.

Ist also nun die Ritterlichkeit der Emanzipation zum Opfer gefallen? Für immer und ewig? Diese Frage muss sich heute jeder Mensch selber beantworten. Keiner hat mehr einen Anspruch auf Hilfe außer auf die staatliche, und dieser gesetzliche Anspruch hat wohl dazu beigetragen, dass Bürger jeglichen Alters und Geschlechts interessiert zuschauen, wie sich eine Mutter mit dem Kinderwagen abmüht, wie eine Frau den Koffer aus dem Eisenbahnwaggon zerrt, ohne einen Finger zu rühren. Und erst recht ohne einen Hauch eines schlechten Gewissens.

Ist das gut? Schlimm? Unhöflich? Verständlich? Unsozial?

Ich glaube, wir könnten das ganze gute Benehmen von A bis Z einmotten, wenn so etwas wie die Emanzipation zum wohlfeilen Anlass würde, auf rudimentäre Höflichkeiten zu verzichten. Und ich finde, wenn eine Frau den ganzen Kampf um ihre Rechte auf der Ebene von Koffertragen und -nichttragen ausficht, wird sie mit der Emanzipation nicht weit kommen.

Empfang am Nachmittag Die feierliche und formelle Art der Einladung am Tagesende ist der Empfang am Nachmittag. Er ist für Familienfeste, Jubiläen, Abschiedsfeste und Ähnliches gedacht, zu denen man auch am Vormittag einladen kann, aus privaten Gründen jedoch lieber den Nachmittag wählt.

Der Empfang am Nachmittag hat den Vorteil, dass er nicht unbedingt zeitlich begrenzt zu werden braucht, dass man also mehr Spielraum hat, das Fest nach dem Büfett beliebig auszudehnen. Denn das ist der Unterschied zwischen dem Nachmittagsempfang und der Cocktailparty: Beim Empfang kann es auch etwas zu essen geben.

Veranstaltet man den Empfang zu Ehren einer Person, so können diese Ehrengäste oder Jubilare nach zwei oder zweieinhalb Stunden fortgehen, und das Fest kann ohne sie weiterrauschen.

Zum Nachmittagsempfang können mehr Gäste eingeladen werden, als das Empfangszimmer fasst, denn man rechnet damit, dass nicht alle auf einmal kommen und die ganze Empfangszeit hindurch bleiben.

Ein Empfang sollte ab 17 Uhr 30, jedoch nicht später als 19 Uhr stattfinden. Die Dauer wird auf zwei bis drei Stunden berechnet, falls sie auf der Einladung nicht genau angegeben ist.

Die Einladung erfolgt schriftlich oder mit gedruckten Einladungskarten etwa vierzehn Tage vorher.

Es wird sofort und schriftlich zugesagt oder abgesagt. Telefonisch kann man nur dann antworten, wenn auf der Einladungskarte unter U. A. w. g. eine Telefonnummer angegeben ist.

Der Gast kommt zum Jubiläumsempfang, gratuliert, überreicht sein Geschenk, trinkt einen Schluck, wechselt ein paar Worte mit Freunden und geht bald wieder, weil er weiß, dass den Jubilar um 20 Uhr ein Abendessen mit Freunden oder Kollegen erwartet.

Der größere Empfang bedeutet: Drinks und kaltes oder warmes Büfett.

Was man anziehen soll, steht meist auf der Einladung. Fehlt diese Angabe, so trägt der Herr den dunklen Anzug (siehe dort). Für Damen heißt das: etwas, das dem Cocktail- oder kleinen Abendkleid entspricht.

Der Nachmittagsempfang verläuft wie der Vormittagsempfang. Wenn es ein Empfang mit Büfett ist, sollte man nicht mehr als 20 oder 30 Minuten später als angegeben erscheinen, dafür aber bleiben, bis sich der Festgast oder die älteren Gäste verabschiedet haben.

Beim Dank gilt das Gleiche wie für den Vormittagsempfang.

Für den Anlass gilt ebenfalls das Gleiche wie für den Vormittagsempfang, aber auch: Empfang mit Büfett und Tanz, zum Beispiel bei Verlobung, Hochzeit oder Examen.

Empfang am Vormittag Ein Empfang wird immer dann gegeben, wenn man viele Gäste und Freunde zu einem besonderen privaten oder geschäftlichen Anlass einladen muss oder einladen möchte. Ob man den Empfang auf den Vormittag legt oder einen Nachmittagsempfang veranstaltet (siehe auch: *Empfang am Nachmittag*), hängt einzig und allein davon ab, wie das allgemeine Festprogramm abrollt. Wer zum Beispiel am Vormittag kirchlich oder standesamtlich heiratet, wer ein Kind tauft, wer einen Orden verliehen bekommt, wer das Abschlussexamen eines Kindes feiert oder ein Haus einweiht, der kann am Vormittag Familie und Kollegen zum Empfang bitten und sich dann zurückziehen und im Kreise der engsten Familie gemütlich zu Mittag essen.

Für einen Empfang reicht schon jedes geräumige Wohnzimmer aus. Zwei ineinander gehende Räume sind ein geradezu idealer Schauplatz. Wer jedoch den Trubel in den eigenen vier Wänden fürchtet, der kann den Empfang auch in einem Restaurant, Hotel oder Clubhaus stattfinden lassen, die gerade für solche Zwecke besonders geeignete Räume haben.

Die dritte Möglichkeit: Man bestellt einen Partyservice.

Der Empfang wird am liebsten auf die Vormittagsstunden zwischen 11 und 13 Uhr gelegt. Zu einem offiziellen Empfang kann man an jedem Wochentag bitten, familiäre Empfänge werden gern auf das Wochenende gelegt.

Man lädt zum Empfang am Vormittag schriftlich oder mit einer gedruckten Einladungskarte ein. Diese Einladungen werden auf jeden Fall zwei bis drei Wochen vorher verschickt. Der Anlass muss nicht genannt werden, sollte aber stets erwähnt werden, wenn es einen besonderen festlichen Grund zum Feiern gibt. Sonst kann es vorkommen, dass ein einzelner Gast nicht nur mit leeren Händen, sondern auch seelisch vollkommen unvorbereitet dasteht, während alle anderen außer ihm das Spiel mitspielen können.

Wichtig ist auch, dass der genaue Ort sowie Anfang und Ende auf der Einladung angegeben sind. Wenn es sich um einen offiziellen Empfang oder auch um einen Familienempfang mitten in der Stadt handelt, so ist es üblich geworden, günstige Parkgelegenheiten zu erwähnen oder darauf hinzuweisen, dass es eine Hotelgarage oder einen eigens reservierten Parkplatz gibt. Bei Verlobungen und Hochzeiten macht man es oft so, dass auf der Anzeige als letzte Zeile in kleiner Schrift vermerkt wird, wo und wann der Verlobungs- oder Hochzeitsempfang stattfindet.

Muss man auf die schriftliche Einladung antworten? Im Allgemeinen ist eine Antwort in Form von Zu- oder Absage nicht üblich, es sei denn, die Antwort wird per Einladungskarte erbeten. Der Gastgeber freut sich jedoch immer, wenn er weiß, wer etwa kommen wird.

Die konventionelle Antwort auf die Frage »Was ziehe ich an?« lautet für konventionelle Damen: dunkles Kostüm ist immer richtig. Mantelkleid ebenfalls, und wenn einem so etwas zu spießig vorkommt, so zieht man das an, was man unter festlicher Tageskleidung versteht. Wer einen Hut besitzt, kann ihn aufsetzen und während des Empfangs aufbehalten.

Die Herren sind im dunklen Anzug immer richtig gekleidet, es sei denn, auf der Einladung würde eine offiziellere Kleidung verlangt.

Wenn auf der Einladung steht: Empfang von 11 bis 13 Uhr, so bedeutet das: Ab 11 Uhr finden die Gäste ein offenes Haus. Das bedeutet jedoch nicht, dass alle zwanzig oder hundertzwanzig Gäste pünktlich auf die Minute erscheinen und mit dem Glockenschlag eins wieder gehen müssen.

Im Gegenteil, da dies bei aller Förmlichkeit ein Fest ist, das auf die beruflichen und übrigen Pflichten der Eingeladenen Rücksicht nimmt, trifft der Gast irgendwann zwischen 11 und 13 Uhr ein, gratuliert, bekommt etwas zu trinken angeboten, macht sich mit ein paar anderen Gästen bekannt, hält sich insgesamt zwischen zehn Minuten und einer halben Stunde auf, um dann den nächsten Gästen Platz zu machen.

So lautet die offizielle Regel. Wer jedoch zu den nahen Freunden der Familie zählt oder wer zu einem familiären Empfang geladen wird, kann auch länger als eine halbe Stunde bleiben.

Für einen Empfang mit jungen Gästen, also einen Verlobungsempfang oder einen Konfirmationsempfang, braucht man nur ein paar Sitzgelegenheiten vorzubereiten. Kommen jedoch zum Beispiel Altersgenossen eines Silberpaares, so muss man damit rechnen, dass sie nicht sehr lange stehen können, sondern lieber gemütlich zusammensitzen wollen.

Üblicherweise reicht man beim Empfang keine starken alkoholischen Getränke. Man bietet Sekt oder Champagner an, Sektcocktails, Sherry, verschiedene Fruchtsäfte, je nach Geschmack mit und ohne Eis, und auf jeden Fall Mineralwasser.

Die Getränke werden in der Küche in Gläser gegossen, diese werden von einem Kellner oder einem jungen Verwandten auf dem Tablett im Empfangszimmer angeboten. Die Gäste stellen auch ihre leeren Gläser auf dieses Tablett, sodass immer ein Tablett mit vollen Gläsern in den Raum geht und eins mit leeren wieder in die Küche kommt.

Erfrischungen werden ebenfalls auf großen Tabletts angeboten; klassisch sind Canapés, also kleine Happen aus hellem oder dunklem Brot, besonders luxuriös und auch schön belegt.

Was man als Geschenk mitbringt, richtet sich selbstverständlich nach der Gelegenheit und danach, wie man zum Gastgeber steht. Ganz allgemein lässt sich sagen: Zum Jubiläumsempfang kann man das Geschenk, was immer es auch ist, selber mitbringen. Blumen mit einer Visiten- oder Briefkarte lässt man dagegen lieber morgens vor dem Empfang von einem Geschäft schicken, sonst kommt die arme Hausfrau vor lauter Blumenversorgen nicht zur Ruhe, und die ohnehin voll geräumte Küche wird durch das Vasenproblem noch mehr belastet.

Selbstverständlich kann man auch das Geschenk schicken lassen. Man bittet das betreffende Geschäft, das Geschenk nett einzupacken und zu einer bestimmten Zeit im Festhaus abzugeben.

Geschenke sind ebenso wie Blumen, auch wenn man sie selber überreicht, von einem Kartengruß begleitet, damit der Gastgeber weiß, was von wem geschenkt worden ist.

Wenn der Empfang nicht sehr groß ist und im Familienrahmen stattfindet, öffnet und begrüßt der Gastgeber oder eins seiner Kinder oder ein Verwandter. Beim größeren Empfang erwartet an Haus- oder Wohnungstür ein Mädchen die Gäste oder ein junger Mann aus der Verwandtschaft. Er hilft den eintreffenden Gästen beim Ablegen der Garderobe und führt sie in den Empfangsraum zum Jubilar, zum Brautpaar oder wer die Festperson auch immer sei. Sie wird als Erste begrüßt, und deshalb empfiehlt es sich, dass sie sich in der Nähe der Tür aufhält. Ältere Jubilare können ihre Gäste selbstverständlich sitzend empfangen. Für sie wird ein besonders gemütlicher Festsessel ins Zimmer gestellt, der vielleicht sogar das Hauptgeschenk der Kinder oder Kollegen sein kann. Sollte eine noch ältere oder eine so würdige Person wie der Bürgermeister oder ein Minister zum Gratulieren kommen, so wird sich der Jubilar – wenn es seine Gesundheit erlaubt – erheben.

Bei großen Empfängen wird in der Garderobe oder im Vorraum auf einem kleinen Tisch gern ein Gästebuch ausgelegt, in das sich jeder einträgt, der der Einladung Folge leistet. Erstens freut es den Jubilar, im Nachhinein noch einmal festzustellen, wer zu seinem großen Fest gekommen war, und zweitens hat dieses Gästebuch einen praktischen Sinn: Man weiß genau, bei wem man sich zu bedanken hat.

Bei großen Empfängen werden keine Rede gehalten. Das Hin und Her der Gäste lässt nicht die gehörige Konzentration zum Sprechen und zum Zuhören aufkommen, und da außerdem nie alle Gäste gleichzeitig anwesend sind, wäre manche Rede verschwendet.

Die Ausnahme: Wenn es sich um ein Berufsjubiläum handelt oder um einen Empfang, bei dem sich zum Beispiel der gerade pensionierte Gastgeber von seinen alten Arbeitskollegen verabschiedet oder bei dem ein Verleger ein besonders gelungenes Buch der Öffentlichkeit vorstellen möchte, können die Eingeladenen damit rechnen, dass ungefähr 20 oder 30 Minuten nach der angegebenen Anfangszeit jemand das Wort ergreift. Wird ein großes Geschenk überreicht, so ist es üblich, dass der Jubilar in ein paar freundlichen Sätzen dankt.

Der letzte Gast verabschiedet sich spätestens eine halbe Stunde nach der angegebenen Schlusszeit. Zeigt der Jubilar, zum Beispiel bei einem hohen Geburtstag oder bei der Goldenen Hochzeit, schon vorher Zeichen großer Erschöpfung, so werden die Kinder und Enkel dafür sorgen, dass die Gäste so rechtzeitig wie möglich gehen.

Die Festperson, also der Jubilar, der Konfirmand, das Hochzeitspaar oder der Ordensempfänger, bedankt sich bei den Gästen.

Nach großen Empfängen arbeitet man die ausgelegte Gästeliste durch, kann sich Dankeskarten auch für Telegramm- und Blumengrüße drucken lassen und versieht diese Karten mit ein paar handschriftlichen Zeilen, wenn Telegramm oder Blumen von besonders lieben Freunden gekommen sind. Für größere Geschenke muss man sich ohnehin schriftlich und ausführlich bedanken.

Auch wenn es im Allgemeinen nicht erforderlich ist, so freut sich jeder Gastgeber, wenn die Gäste am nächsten oder am übernächsten Tag anrufen und sagen, wie nett es bei ihm oder bei ihr gewesen ist.

Ende des Festes Manche Gäste finden von allein kein Ende. Jeder Gastgeber kennt dieses Problem. Was macht man mit solchen Überhöcklern, wie man diese Festsitzer im Alemannischen nennt? Es erscheint uns immer noch als vollkommen unmöglich, schlicht und klar zu sagen: »Kinder, das Fest ist aus!« Wir besitzen zwar alle privaten Freiheiten, sind aber noch nicht daran gewöhnt, die Konsequenzen daraus zu ziehen.

Denn wenn es nicht mehr selbstverständlich ist, dass gesellschaftliche Regeln eingehalten werden, so braucht es auch nicht selbstverständlich zu sein, dass Gastgeber aus schierer Wohlerzogenheit ihre Nachtruhe opfern. Mit dem gleichen Recht, mit dem die Gäste tun, was ihnen passt, kann er sagen, was ihm passt. Die Hauptsache ist, dass er es gleichzeitig höflich und unmissverständlich tut.

Da man weiß, wann welche Feste und Einladungen üblicherweise enden (siehe *Cocktailparty, Empfang am Vormittag/Nachmittag, Esseneinladung, Diner etc.*), soll man sich in etwa an diese Stunde halten, es sei denn, der Gastgeber fordert die Gäste ausdrücklich und ehrlich dazu auf, länger zu bleiben.

Allgemein verabschiedet man sich nicht, bevor der oder die Ehrengäste gegangen sind.

Jeder Gast verabschiedet sich von seinem Gastgeber. Ausnahme: berufliche Termine, die den Gast zu einem ungewöhnlich frühen Aufbruch zwingen. Davon unterrichtet er vorher den Gastgeber und kann dann unauffällig verschwinden.

Ist die Gesellschaft sehr groß, braucht sich der Gast nicht von allen übrigen Gästen einzeln zu verabschieden. Bei einer Gruppe von vier oder sechs Eingeladenen, die um einen Tisch sitzen, sähe es freilich sonderbar aus, wenn sich jemand stumm entfernte.

Zum Abschied gibt es Händeschütteln zwischen Gastgeber und Gast. Zwischen Gast und Gästen genügen Lächeln und Verneigung, außer man steckt in einer Gesellschaft von gewohnheitsmäßigen Händeschüttlern.

Ist der Gastgeber mit mehreren Gästen in die Garderobe gegangen, so verabschiedet sich jeder Gast zuerst beim Gastgeber oder bei den Gastgebern und dann erst bei den übrigen Gästen.

Zur Tür bringt der Gastgeber die Gäste. Wenn es sich bei den Gastgebern um ein Ehepaar handelt, so verrichtet der Hausherr den Türdienst, er empfängt und verabschiedet die Gäste und öffnet die Haustur.

Die Hausfrau bleibt im Zimmer und unterhält sich mit den übrigen Gästen. Das ist die allgemeine Regel. Es spricht jedoch nichts dagegen, dass die Hausfrau mit zur Tür geht oder die Gäste allein zur Tür führt, weil der Mann gerade in ein Gespräch vertieft ist oder eine Flasche öffnet, oder weil es sich um ihre eigenen besten Freunde handelt.

Ist der Gastgeber eine Junggesellin, so fällt ihr automatisch die Aufgabe des Hausherrn zu. Einzige Ausnahme: Sie hilft männlichen Gästen nicht aus dem Mantel oder in den Mantel hinein.

Entschuldigung Sich zu entschuldigen fällt den meisten Menschen bitterschwer. Sonderbarerweise entwickeln sie gerade dann, wenn sie in der Schuld eines anderen stehen, diesem gegenüber eine Feindseligkeit, die ihnen irgendwie das Recht zu geben scheint, sich nicht entschuldigen zu müssen, sondern ganz im Gegenteil aggressiv zu werden.

Umso wichtiger ist diese schwere Übung der Höflichkeit: sich nicht zu drücken, wenn man für die Folgen seiner eigenen Taten oder Unterlassungen einzustehen hat.

Kein Mensch ist vollkommen. Jeder kann einen anderen unbeabsichtigt kränken. Kann eine Vase hinwerfen. Kann schwindeln und intrigieren. Kann sich in der Ankunftszeit eines Zuges irren, sodass die Schwiegermutter eine halbe Stunde auf dem Bahnhof warten muss. Auch wenn es nicht leicht ist – der Fehler, Irrtum, die Tat muss eingestanden werden. »Ja, ich war's. Ich habe das falsch gemacht. Ich bitte um Verzeihung!« Und wer gäbe sie nicht gern!

Manchen scheinen die Engländer und die Amerikaner mit ihrem »I am sorry!« einen milden Ausweg zu bieten. Aber »Tut mir leid!« ist keine Entschuldigung. Ganz im Gegenteil: Hinter dieser Redensart lauern Trotz und Selbstgefälligkeit. »Tut mir leid, ich bin nun mal so! Und wer mich nicht so nehmen will, der kann mir gestohlen bleiben!«

Allein für diese Haltung müsste sich der Betroffene entschuldigen. Niemand erwartet von dem, der gefehlt oder geirrt hat, einen bildlichen Kniefall. Es geht vielmehr um Einsicht und um die Konsequenzen.

Erinnerungskarten Ganz höfliche oder vorsichtige Leute, die aus irgendwelchen Gründen besonders rechtzeitig eingeladen haben, schicken kurz vor dem Fest noch einmal »Zur Erinnerung«-Karten mit den wichtigsten Angaben und vor allem: Daten.

Esseneinladungen Sie beginnen etwa ab 19.30 Uhr. Das hängt zum größten Teil von den Lebensumständen ab, in denen man sich befindet, also von dem, was in der betreffenden Gesellschaft oder Gegend üblich ist.

Wer zum Essen einlädt, kocht in den meisten Fällen auch selbst, steht also am Herd. Das bedeutet: Wenn zu einem *gesetzten Essen* (siehe dort) geladen wird, müssen alle Gäste aus Höflichkeit und der kochenden Gastgeber wegen pünktlich sein.

Wenn es sich um eine *Büfetteinladung* (siehe dort) handelt, müssen die Gäste nicht auf die Minute kommen.

Vorsichtiger Ausweg der Gastgeber: Sie laden um 19 Uhr ein, begrüßen die Gäste mit einem *Aperitif* (siehe dort) oder *Cocktail* (siehe dort) und ein paar kalten oder warmen Happen, die zu den betreffenden Getränken passen, und richten das Essen auf pünktlich 19 Uhr 30. Dann hat die Essensgesellschaft diese halbe Stunde, in der auch Trödler auftauchen, denen man jedoch fünf vor halb nichts mehr einschenkt, sondern freundlich sagt: »Ich gehe gleich in die Küche, und beim Essen gibt es ja etwas zu trinken.«

Auf den Beginn der abendlichen Fernsehnachrichten braucht man keine Rücksicht zu nehmen. Eine von beiden verpasst man so und so, und wenn es tatsächlich etwas Spannendes oder Wichtiges geben sollte, kann der Gastgeber zu den Drinks vor dem Essen den Apparat einschalten, sodass kein Gast der Nachrichten wegen zu spät kommen muss. Im Übrigen gilt immer: Lebendige Menschen gehen vor toten Geräten.

Wohl erzogene Gäste rufen an, wenn sie merken, dass sie unpünktlich sein müssen. Trotzdem sollten Gastgeber bei einer gern zu spät kommenden Gästeschar eines von beiden machen: Gerichte planen, die ohne Schaden auf dem Herd oder im Ofen auf die Bummelanten warten können.

Oder friedlich zur angesagten Zeit mit dem Essen beginnen und den zu spät Kommenden nachservieren.

Fall zwei erfordert zwar die größere Entschiedenheit, ist aber korrekten Gästen gegenüber höflicher und insgesamt gesünder.

Etikette* (frz. étiquette, spr.-kett), Aufschrift, besonders an Waren zu deren Kennzeichnung. E. bezeichnet auch den Inbegriff der durch Herkommen und Vorschriften geregelten Formen besonders an den Höfen (Hofetikette) und überhaupt in der vornehmen Gesellschaft. Diese Bedeutung hat das Wort dadurch erlangt, dass étiquettes (Aufschreibzettel), auf denen die Reihenfolge der am Hofe zugelassenen Personen ihrem Range gemäß verzeichnet stand, zur Aufrechterhaltung der vorgeschriebenen Rangordnung am französischen Hofe Verwendung fanden; sie bildeten so die Anfänge der spä-

* Aus: *Brockhaus Konversationslexikon*, 1898

ter erweiterten Rangreglements. Verstöße gegen die Rangordnung und die damit zusammenhängenden Bestimmungen wurden kurzweg als solche gegen die E. bezeichnet. Hieraus übertrug sich dieses Wort auf die Bezeichnung des gesamten am französischen Hofe geltenden Hofceremoniells und ist in dieser Bedeutung auch in die Sprachen anderer Länder übergegangen. In monarchischen Staaten hat diese E. ihre stärkste Macht bewahrt. Den Traditionen entsprechend herrscht an den alten Höfen die strengere, die strengste E. am spanischen Hofe. Eine der Hofetikette ist das Ceremoniell.

Falsch angezogen Das ist der Angsttraum vor allem vieler Frauen: Ich bin eingeladen, ziehe mir zum langen schwarzen Taftrock die gute weiße Seidenbluse an, ich gehe da hin – und alle haben was mit Pailletten und Silberlamé an, so kurz, dass es gerade den Po bedeckt.

Für diese Angstträumerei sind die Positionen klar, aber der unbeteiligte Dritte muss sich fragen: Wer war in diesem Fall falsch angezogen? Was bedeutet »falsch«?

Mode ist relativ und wankelmütig. Es gibt also ohnehin kein Falsch und Richtig, sondern nur ein »Der Mode entsprechend« oder »Der Mode nicht entsprechend«.

Einem seelenstarken, selbstbewussten Menschen kann das Problem völlig schnuppe sein. Er/sie besitzt das Schwarz-Weiße als Festverkleidung, und das trägt er/sie nun, bis es ihm/ihr vom Leibe fällt oder er/sie aus den Nähten platzt. Gut.

Wer aber mehr zu den oben genannten Angstträumen neigt, hat folgenden einfachen Ausweg: Gastgeber anrufen und fragen: »Was zieht ihr an? Was versteht ihr unter festlicher Kleidung oder sommerlich?«

Siehe auch: *Kleidervorschrift, Anzug.*

Falsch verbunden Wer die falsche Nummer gewählt hat, merkt es gleich. Er entschuldigt sich also höflich und legt wieder auf. Es ist nicht nötig, dass er zur Entschuldigung einen ganzen Roman erzählt, wie es zu dieser falschen Verbindung kam.

So kurz und höflich sollte auch der Zufallspartner bleiben und nicht so tun, als ob der Anrufer einen Anschlag auf sein Leben geplant hätte. Selbstbeherrschung und Höflichkeit auch Fremden gegenüber – das gehört zu den guten Telefonmanieren.

Und: Auf ein falsches Knöpfchen drücken, das kann jedem passieren!

Fastenzeiten Es gibt sie in allen Religionen. Bei uns muss man die christlichen Fastenzeiten vor Weihnachten und vor Ostern berücksichtigen, außerdem die jüdischen Fastentage.

Beim Essen ist es nicht so problematisch. Wenn man Gast ist, kann man sich auf Ausnahmeregeln beziehen, und meist kommt das Fastengebot nur dem allgemeinen Wunsch entgegen, etwas weniger zu essen. Aber gerade aus diesem Grunde weichen manche auf den echten Verzicht aus und rauchen und trinken in der Fastenzeit nicht.

Das sollten Gastgeber achten und niemanden drängen: »Ach, nur ein Glas, was spielt das für eine Rolle ...« Genau um dieses eine Glas geht es jedoch.

Außerdem muss man wissen, dass es sich in katholischen Gegenden oder Familien nicht schickt, nach Aschermittwoch noch Feste zu geben oder Feste zu besuchen. Mit dem Beginn der Fastenzeit schließt die Ballsaison und beginnt die Zeit der privaten Einladungen.

Fernsehen Die segensreiche Erfindung des Fernsehens unterhält und isoliert. Sie unterhält vom Frühstück bis nach Mitternacht, und da sie nicht der Volkserziehung, sondern der Belustigung dient, gibt es Verhaltensbeispiele, die oft mehr als katastrophal sind. Kann man sich nun dieses Fernsehen aus dem Kopf und von der Seele halten?

Auf jeden Fall muss man wissen: Erstens, wenn man tatsächlich an gutem Benehmen interessiert ist, so darf man sich die Beispiele nicht von der Glotze holen. Denn dieses Instrument liefert bei Dokumentationen, Nachrichtensendungen und Fernsehspielen Beispiele, die dem höflichen Benehmen widersprechen und die guten Sitten verderben können. Zweitens ist das Fernsehen mit dutzenden von Stationen allgegenwärtig und zu jeder Tageszeit präsent.

Aus diesen beiden Punkten ergibt sich, dass man sich als soziales Wesen eigentlich nicht um das Fernsehen kümmern muss.

Man lädt also Freunde und Bekannte ein, wann es einem selber passt. Und wenn man Freunde hat, denen eine Fernsehsendung wichtiger ist, so kann man ihnen nur den Rat geben, sich schleunigst einen Videorekorder zu kaufen.

Es ist auch unhöflich, wenn während eines Festes plötzlich alle Männer in hellen Scharen verschwinden und auf den Betten der Gastgeber hocken, ihnen die Schlafstube voll qualmen und sich irgendein End- oder Pokalspiel ansehen.

Die Verhältnismäßigkeit zu erkennen gehört auch zum guten Ton in allen Lebens- und Fernsehlagen.

Das Fernsehen sollte erst recht kein Hinderungsgrund fürs abendliche, gesellige Telefonieren sein. Hockt jemand mitten in einem Krimi, kann er das Telefon ja klingeln lassen.

Auch die Fernsehnachrichten sind nicht wichtiger als ein Gespräch mit einem lebendigen Menschen. Nachrichten kann man schließlich drei- oder viermal im Lauf eines Abends sehen.

Würde man darauf Rücksicht nehmen, was in manchen so genannten modernen Benimmbüchern empfohlen wird, so wäre der ganze Abend zwischen 18 und 22 Uhr blockiert. Wenn man dann noch die Abendbrotzeit dazuaddiert, kann man abends in der gemütlichen und preiswerten Zeit überhaupt nicht miteinander telefonieren.

Festliches Essen siehe *Souper*.

Fest-Make-up siehe *Make-up*.

Feuerbestattung Zur Feuerbestattung gehört das Urnenbegräbnis, beides findet oft in zwei Etappen statt, weil die Urne manchmal aus der Stadt, in der der Verstorbene gelebt hat, zum Familiengrab in eine andere Stadt überführt werden muss. So bittet man Verwandte und Freunde meist zur Feuerbestattung, nicht nur weil es ein würdigerer Vorgang ist, sondern weil die Feuerbestattung an dem Ort stattfindet, an dem die meisten Freunde und Verwandten leben. Gute Freunde und nahe Verwandte werden mündlich eingeladen, sonst gilt die Anzeige als Einladung. Siehe auch: *Beerdigung*.

Feuer geben Wenn im gesellschaftlichen Kreis geraucht wird, so bietet der Raucher seiner Dame eine Zigarette an und gibt ihr Feuer. Im Prinzip bietet immer ein Herr, auch der nicht rauchende Gastgeber, den Damen Feuer an. Unterdessen ist Rauchen aber so alltäglich geworden, dass Frauen ihr Feuerzeug aus der Tasche gezogen und – klick – sich selber die Zigarette angezündet haben, ehe der betreffende Herr merkt, dass er an der Reihe gewesen wäre.

Schließlich sind Raucher eine so verschworene Gemeinschaft geworden, dass eine gewisse Kameraderie unter ihnen herrscht. Damen bieten Herren Zigaretten an, Damen geben Herren Feuer, die englische Prinzessin Margaret bot Rockstars Zigaretten und Feuer, man kann jeden fremden Raucher auf der Straße fragen: »Haben Sie mal Feuer?«, und jede Frau gibt auch Fremden Feuer, wenn's nötig sein sollte.

Finger Mit den Fingern essen: Das ist die ursprünglichste Art und Weise. Seitdem sich der Mensch jedoch zivilisiert und vor allem seitdem er Messer und Gabel erfunden hat, gilt ganz allgemein:

Wenn auf dem Tisch ein Tischtuch und wenn neben dem Teller das übliche Besteck aus Messer, Gabel und Löffel liegt, so greift man nach ihm und isst alles mit dem dafür vorgesehenen Gerät.

Weiter ist es nur logisch, sich des Bestecks zu bedienen, wenn Saucengerichte, Saftiges, Fettes und Klebriges zu verzehren sind.

Da man jedoch das Brathühnchen beim Wienerwald mit den Fingern zu essen gelernt hat, greifen viele Menschen bei gebratenem Geflügel automatisch mit den Fingern zu.

Das sollte man nur tun, wenn man oben neben dem Hauptteller eine Fingerschale stehen sieht, sodass man sich nach dem Geknabber das Bratfett von den Fingern spülen kann.

Mit den Fingern isst man zum ersten Frühstück Brot und Brötchen und alles, was sich mit den Fingern besser essen lässt als mit Besteck: gekochte Muscheln und Krebse, Würstchen beim Gartenfest, Matjes aus dem Fass und Sprotten frisch vom Rauch. Dann hat der Gastgeber aber stets dafür gesorgt, dass entweder Papierservietten oder die oben erwähnten Fingerschalen vorhanden sind, sodass man sich die Finger wieder manierlich säubern kann.

Kinder essen gern mit den Fingern, und da das Zugreifen und Festhalten mit den einzelnen Fingern ihre Feinmotorik übt, sollte man sie Trockenes, also Kleckerfreies wie Mohrrübenstreifen oder Brotreiterchen mit Daumen und Zeigefinger essen lassen.

Finger(n) zeigen, Mit »Mit dem nackten Finger zeigt man nicht auf angezogene Leute!«, sagten wir als Kinder, und dieses Tabu der Gebärdensprache reicht bis in die Gegenwart.

Man zeigt nicht mit dem Finger auf Fremde, weil das die Betreffenden verwirrt, verlegen macht, einschüchtert, als ob sie am Pranger stünden.

Man zeigt nicht mit dem Finger auf Gegenstände, weil diese Bewegung meist ohne Rücksicht auf Mitmenschen vollzogen wird, weil es also als aggressiv verstanden wird, wenn einem plötzlich jemand mit dem Finger an der Nase vorbeizischt. Und: »Du musst nicht mit dem Finger zeigen! Du hast ja die Sprache!«

Dieser Kindererziehungssatz ist, finde ich, der zureichendste Grund dafür, mit dem Zeigefinger trotz seines Namens nicht auf alles zu deuten.

Fingerschalen Man braucht sie, wenn die Gäste klebrige, fettige oder feuchte Hände beim Essen bekommen, wenn es also Spargel gibt, den man mit den Fingern isst, oder Krebse, Brathuhn, Artischocken oder Früchte.

Die Fingerschalen werden mit dem betreffenden Gang serviert. Sie stehen links vom Platzteller auf einer Untertasse, sind mit lauwarmem Wasser gefüllt, in dem dekorativ eine Zitronenschale oder ein Minzeblatt schwimmen kann, und werden von einer farbigen Zellstoff- oder Leinenserviette zum Fingerabtrocknen begleitet. Nach dem betreffenden Gang werden sie wieder abserviert.

Fisch essen Der Fisch hat ein zartes Fleisch, das man nicht schneiden muss, sondern zerteilen kann. Deshalb isst man ihn mit zwei normalen Gabeln oder mit dem Fischbesteck. Dieses zeichnet sich durch ein Messer aus, dessen Klinge wie beim Obstbesteck nicht scharf und so geformt ist, dass es ein Linkshänder nicht benutzen kann. Er hat also die Wahl, Fisch mit der rechten Hand zu tranchieren oder die nächste Gabel auf der linken Tellerseite, vermutlich für den nächsten, den Fleischgang gedacht, als zweite Fischgabel zu benutzen und sich fürs Fleisch eine frische Gabel zu erbitten.

Fisch mit Messer Fisch mit dem Messer zu essen war früher so verpönt, dass es geradezu als Symbol für jammervolles Missbenehmen bei Tisch galt.

Warum? Weil Tafelmesser Klingen aus Stahl besaßen, der noch nicht rostfrei hergestellt werden konnte. Die Klingen liefen also unter dem Einfluss bestimmter Nahrungsbestandteile schwarz an. Das sah nicht nur unappetitlich aus, bei dieser chemischen Reaktion des Metalls entwickelte sich auch ein unangenehmer Geschmack. Um diese ästhetisch und kulinarisch störende Erscheinung zu vermeiden, aß man Fisch mit silbernem Fischbesteck oder mit zwei Gabeln, aß weiche Eier und Kaviar mit Horn- oder Perlmuttlöffeln und schnitt Kartoffeln nicht mit einem Messer. Heute – siehe auch: *Fisch, Edelstahlbesteck, Kartoffeln.*

Fluchen Das erleichtert die Seele, aber trotzdem gilt es nicht als wohl erzogen, wenn man mit Fluchen vor allem zeigt, dass einem die Wörter fehlen, um wirklich zu sagen, was einen bedrückt, quält, ergrimmt.

Dass jemand »O verflixt!« ruft, wenn er sich mit dem Hammer auf den Daumen schlägt, ist verständlich.

Wer jedoch ständig »Scheiße« sagt, sollte sich überlegen, wo der Wurm bei ihm sitzt. Von einem halbwegs erwachsenen Menschen kann man erwarten, dass er die Sprache dazu benutzt, um sich deutlich zu artikulieren.

Schon Kindern sollte man klar machen, was der Unterschied zwischen der Fäkalsprache und der allgemeinen Umgangssprache ist, sollte jedoch gerade bei ihnen die Flüche nicht so ernst nehmen.

Erstens klingen sie fabelhaft verlockend neu und fantasievoll: »Du verschimmelter Giftzwerg!« ist ein Sprachspaß, den man in Zeiten der TV-Sprachlosigkeit gar nicht hoch genug einschätzen kann.

Zweitens benutzen Kinder bisher unbekannte Flüche gern, um die Erwachsenen zu testen und herauszufordern. Wer darauf reinfällt und schimpft, dient den Flüchen. Wer darüber lacht (aber aus ehrlichem Herzen!), nimmt ihnen den Nimbus. Und die Dauer in der betreffenden Familie.

Flüstern Es ist extrem unhöflich, in Gegenwart einer dritten Person miteinander zu flüstern.

Warum? Weil der arme Dritte fürchten muss, die beiden Flüsterer tuschelten sich über ihn, diese dritte Person, Schlimmes/Gemeines/Verlogenes zu. Oder sie machten sich über ihn lustig.

Wenn man also nicht so zu flüstern versteht, dass es keiner merkt, sollte man es lassen.

Flüstern ist erst recht verwerflich, wenn man es wie die kleinen Mädchen ausübt, kichernd und hinter vorgehaltener Hand. Denn dadurch fällt die Flüsterei erst richtig auf.

Fondue Käse- und Fleischfondue werden aus dem Topf auf dem Tisch gegessen. Jeder Gast findet neben einem Teller ein normales Besteck und eine Fonduegabel. Damit fährt man in den Fonduetopf und stippt oder brät. Den fertigen Happen transportiert man mit dieser Fonduegabel auf den Teller und streift ihn dort ab. Gegessen wird mit dem Normalbesteck. Die Fonduegabel ist also nur eine Gargabel.

Formlose Geselligkeit »Kommt vorbei!« Kommt herauf, nach dem Büro, vor dem Kino, zwischen Sonntagsspaziergang und Familienbesuch. Das ist eine Einladungsform, die in keinem Benimmbuch steht, weil sie keine Regel hat, sondern eine Selbstverständlichkeit sein sollte. Eine Einladungsform, die wie das Urbild aller Geselligkeit schlechthin aussieht und dafür gesorgt hat, dass Freundschaft und Gemeinsamkeit feindselige Trennungen gar nicht erst aufkommen lassen.

Wie schön, wenn der Mensch weiß: Ich kann zu jemandem raufkommen, reinschauen. Wenn er ganz allgemein weiß: Ich bin willkommen, wann immer mir der Sinn nach Geselligkeit steht. Ich brauche mich nicht umzuziehen. Ich brauche keine Blumen zu kaufen. Ich brauche auch nicht lange zu bleiben. Oder noch besser: Ich kann bleiben, solange es meinem Gastgeber und mir behagt. Und wenn ich es selber bin, an dessen Tür jemand läutet und fragt: »Darf ich raufkommen?«, so kann alles bleiben, wie es ist. Kein Vorbereiten, kein Aufräumen und kein Überlegen: Habe ich auch …? Ist auch …? Nichts als schiere Zwischenmenschlichkeit.

Frack Der Frack ist der große Gesellschaftsanzug, schwarz oder mitternachtsblau, sicher sehr unbequem, aber prachtvoll, trotzdem laut *Frankfurter Allgemeine Zeitung* »im Aussterben«. Diese Aussicht teile ich nicht, und deshalb will ich ihn beschreiben.

Der Frack besteht also aus einer schlanken Hose mit hohem Bund, Doppelseidentressen (Galons) und Hosenträgern, aus einem gestärkten Hemd mit ausgearbeiteten Ecken, einer dito gestärkten Pikeeweste, ein- oder zweireihig, wobei zweireihig als eleganter betrachtet wird. Hemd und Weste können Perlmutt- oder Perlknöpfe haben. Die Jacke ist vorn kurz tailliert, wird nicht geschlossen und hat zwei knielange Schwänze. Alles wird gekrönt durch die weiße Schleife, durch die goldene Taschenuhr, denn Armbanduhren sind bei so viel Pracht nicht mehr gestattet. Dafür darf man zum Frack Orden tragen und den Zylinder. Das ist freilich reine Theorie, denn da der Frack fast nur noch abends getragen wird, braucht man keinen Hut dazu. Ist es kalt, nimmt man den schwarzen Mantel mit weißem Seidenschal, aber heute gilt es auch als schick, den Regenmantel darüber zu tragen.

Wann trägt man den Frack? Auf Einladungen wird stets vermerkt, wenn er erwünscht ist. Er steht links unten, auch als »großer Gesellschaftsanzug« oder »cravate blanche«, manchmal auch »Frack oder Smoking« oder »Frack mit Orden«.

Frack mit weißer Weste trägt man zu Theater- und Opernpremieren, Bällen oder Diners, abendlichen Hochzeitsfesten oder Staatsempfängen. Am Tage trägt man ihn nur zu großen kirchlichen Trauungen.

Für die Dame heißt »cravate blanche« großes Abendkleid, bei Hochzeiten mit Jacke oder Cape, falls das Abendkleid dekolletiert oder ärmellos ist.

Fraß und Völlerei Die Namen dieser beiden Sünden haben mir schon als Kind einen Schauer über den Rücken gejagt. So könnten zwei Drachen heißen, die sich Astrid Lindgren ausgedacht hat, und diese Schreckensbezeichnungen sollten natürlich auf die Verwerflichkeit eines maß- und rücksichtslosen Verhaltens hinweisen.

Fanden Christen die Gefräßigkeit aus ethischen Gründen schlecht, so denken heute viele vor vollen Büfetts an den Mangel der zahllosen Länder, in denen bitterster Hunger wütet.

Sicher, kein Kind wird satt, wenn Sie den Hummer nicht essen. Aber wenn Hummer und Mayonnaisensalat in den Müll gekippt werden, weil selbst Fraß und Völlerei ihn nicht mehr in den schon vollen Bauch stopfen können, ergeben sich daraus neue Konsequenzen für das Wohlverhalten: Es ist höflich, Mäßigung zu zeigen, zu üben und gegen Fraß und Völlerei zu verteidigen.

Frau und Mann im Betrieb Die Gleichberechtigung hat Männer nicht davon befreit, Kolleginnen erst mal so höflich zu behandeln, wie sie andere weibliche Wesen behandeln würden: Vortritt lassen. Tür aufhalten. Kaffee holen oder mitbringen. Stuhl anbieten. In der Kantine Platz machen. Tee einschenken. Feuer geben. In ihrer Gegenwart keine dreckigen Männerwitze erzählen. Schweres abnehmen und so weiter.

Frauen sollten diese Zuvorkommenheit mit Freundlichkeit akzeptieren und mit angemessener Höflichkeit erwidern. Frauen ist es übrigens gestattet, sich am Arbeitsplatz das Make-up aufzufrischen, und auf der Treppe können sie ohne Zögern vor einem Mann die Stufen hinaufsteigen.

Merken Männer, dass die betreffende Dame vollkommen anderer Ansicht über das Leben und das Verhalten der beiden Geschlechter ist, so sollten sie höflich bleiben, das heißt: die Kollegin so behandeln, dass sie sich dabei wohl fühlen kann. Eine Frau, die ohne diese traditionelle Zuvorkommenheit auskommen will, muss nicht unbedingt verspottet und als Emanze verhöhnt werden. Männer und Frauen haben es nicht leicht, sich zu der Rolle durchzuarbeiten, die ihnen Dasein und Arbeit erträglich macht. Also braucht jeder die Rücksicht des anderen.

In manchen Fällen gehört es auch dazu, dass man über das Benehmen offen spricht. Arbeitnehmer kommen aus den verschiedensten Gesellschaftsgruppen, können also nicht erwarten, dass jeder Kollege so denkt und handelt wie sie selber.

Darüber hinaus steckt man nicht die Nase in die Angelegenheit anderer Leute, mischt sich nicht in alles ein, breitet nicht die eigenen häuslichen Probleme in aller boshaften und hinterhältigen Offenheit vor allen aus und versucht, kein Verhältnis in der eigenen Firma anzufangen. Wenn da Chef und Untergebene, höhere Gehaltsklasse und niedrige Gehaltsklasse, Frau und Mann mit gleichen Kompetenzen aneinander geraten, kann es Ärger geben, der sich nicht nur auf die beiden Helden dieser Affäre erstreckt. Und andere unter der eigenen Situation leiden zu lassen, ist taktlos und unhöflich. Siehe auch: *Betrieb, Benehmen im, Betriebsausflug.*

Fräulein Heute ist diese Anrede nicht mehr selbstverständlich. Wer volljährig ist, hat das Recht auf »Frau«, ob verehelicht oder nicht. Und seitdem die Volljährigkeit aus Wahlgründen von 21 auf 18 Jahre herabgestuft worden ist, schwanken die Älteren, was sie machen sollen. Denn heutzutage sehen Dreizehnjährige – nach dem jeweils neuesten Make-up-Stil zurechtgemacht – wie fünfundzwanzig aus. Und Mädchen in Jeans und T-Shirt mit fünfundzwanzig immer noch wie fünfzehn. So werden Kinder mit »Frau« angesprochen, was sie albern finden, und Frauen falsch, was sie manchmal beleidigt.

Bester Ausweg: Da der Anschein trügt, die Betreffende fragen, wie sie es gerne hätte. Das gilt auch für ältere Frauen, die oft ebenso stolz darauf bestehen, mit Fräulein angesprochen zu werden, wie manche Mädchen auf der Anrede »Frau« beharren.

Wenn man nicht fragen kann, weil man zum Beispiel einen Brief zu beantworten hat, der alles offen lässt: wie immer in Zweifelsfällen die höflichere Möglichkeit wählen. Also: »An Frau Alma Maler«. Es sei denn, der Text des Briefes – mit dem Absender einer Schule zum Beispiel – macht klar, dass es sich um eine Schülerin handelt und nicht um die Lehrerin. In diesem Fall hat man die Wahl zwischen zwei Formen: »An Fräulein Alma Maler« oder »An Alma Maler«. Siehe auch: *Duzen und Siezen.*

Freizeitkleidung Jeder hat's zu Hause gern gemütlich, und es ist des Berufstätigen heiligstes Recht, nach Dienst und Arbeit die Krawatte zu lockern, die hochhackigen Schuhe von den Füßen zu schleudern und in uralte Schlappen, ausgebeulte Strickjacken und geflickte Morgenröcke zu schlüpfen. Ahhh – endlich daheim! Hier in meinen vier Wänden, in meiner freien Zeit kann ich machen, was ich will.

In solch geflickten Morgenröcken fühlt sich der Mensch wohl, aber er kommt nicht auf die Idee, damit auf die Straße und zum Einkaufen zu gehen. Doch aus der freien Zeit ist Freizeit geworden, etwas industriell Vorgefertigtes mit Freizeitangeboten jeder Art. Dazu gehört auch die Freizeitkleidung, und sie ist ebenfalls eine Uniform geworden, so gut wie die korrekte Berufskleidung, nur bequemer. Also geht man zwar nicht in alten Morgenröcken, aber in Turnhosen, Boxershorts, Trainingsanzügen, die unterdessen Jogginganzüge heißen, sehr wohl auf die Straße, in die Hotelbar und so weiter.

Keiner hat das Recht, dem anderen diese Freizeitkleidung zu verbieten oder gar zu vermiesen. Wer aber seine Freizeitklamotten liebt, muss wissen, dass sie nicht schon dadurch zur offiziellen Kleidung geworden sind, dass man sie neu und frisch und sauber kaufen kann. Er muss vor allem wissen, dass es große Gebiete der Umwelt gibt, die seine Liebe zur Freizeitkleidung nicht teilen. Das ist kein Problem, solange die Freizeitler unter sich bleiben.

Wenn sie jedoch zu Nicht-Freizeitkleidungsfans eingeladen werden oder auf andere Art und Weise in Kontakt kommen, müssten sie zu der Freizeitkleidung noch ein paar andere Kleidungsstücke einpacken, sonst könnte es sein, dass sie sich unbehaglich fühlen. Siehe auch: *Falsch angezogen.*

Fremde ansprechen? siehe *Ansprechen.*

Friedhof Der Friedhof ist ein Ort der Stille, geweihter Boden. Diese Ruhe sollte man achten, nicht der Toten wegen, deren Seele nach christlichem Glauben ohnehin die sterbliche Hülle verlassen hat, sondern aus Rücksicht auf die Trauernden, die dort beten und an ihre Toten denken.

Früchte essen Früchte schließen in manchen Fällen das Essen ab. Ich würde allerdings nur dann eine Obstschale auf den Tisch stellen, wenn ich eigene Bäume und Sträucher im Garten hätte oder in einer Gegend lebte, in der die Früchte wirklich reif geerntet werden und ohne viel Umwege auf den Tisch kommen, sodass man sie auch bequem essen kann. In allen anderen Fällen würde ich das Obst zubereiten. Denn das rohe Durchschnittsobst ist für die feine Tafel nicht mehr geeignet. Es wird unreif geerntet und so lange transportiert, dass es nicht süß und aromatisch schmeckt und von so zäher Beschaffenheit ist, dass man es als höflicher Gastgeber keinem zumuten kann.

Bietet ein Gastgeber trotzdem eine Schale mit EG-Früchten an, so sollte man die Sorte wählen, die sich auch unter diesen ungünstigen Bedingungen leicht mit dem Obstbesteck bezwingen lässt.

Zum Obstessen braucht man Obstmesser (mit silberner oder stählerner, nicht geschliffener Klinge) und Obstgabel, eventuell einen Dessertlöffel, auf jeden Fall eine Obstschale oder einen ausreichend großen Obstteller.

Gläserne Obstteller stehen gern auf einem Porzellanteller, und zwar auf einem Stoff- oder Spitzendeckchen, damit der erste nicht auf dem zweiten rutscht oder klappert. Dieser Unterteller wird niemals als Ablage für Löffel, Kirschkerne oder Mandarinenschalen benutzt. Dessertlöffel und alle Kerne bleiben auf dem Glasteller, für größeren Abfall gibt es eine Extraschüssel. Fehlt sie, und haben Sie nun die Bananenschale in der Hand? Fragen Sie den Gastgeber: »Wohin damit?«

Meist ist das Obst gewaschen, wenn es auf die Tafel kommt. In manchen Familien ist es jedoch üblich, große Glasschüsseln mit Wasser zu füllen, damit sich der Gast in diesen Obstbadewannen Pflaumen und andere Früchte abspült. Dieses Familienbad ist nicht sehr hygienisch, deshalb empfehlen sich wieder Bananen.

Muss sich der Gast seine Früchte selber zurechtmachen, so steht neben seinem Platz die Fingerschale, und er bekommt mit ihr eine meist farbige Serviette hingelegt, damit er sich erstens die feuchten Finger daran abtupfen kann und zweitens keine Obstflecken in weiße Damastservietten macht.

Frühstück In der Alltagssprache bedeutet Frühstück das erste Frühstück, die erste Mahlzeit des Tages nach Aufwachen und Waschen.

Wer zum »Frühstück« eingeladen wird, muss jedoch wissen: Nach alter Etikette war der Mensch erst nach 11 Uhr gesellschaftlich präsentabel. Also bedeutet Frühstück im Sinne einer formellen Einladung: kleines Mittagessen zwischen 12 und 13 Uhr.

Man nannte dieses Mittagsfrühstück auch Gabelfrühstück, weil man für die warmen Gerichte dieses Drei- bis Vier-Gänge-Menüs im Gegensatz zum ersten Frühstück eine Gabel braucht.

Kleidung: Tageskleidung.

Beginn: pünktlich zur angegebenen Zeit.

Ende: etwa eine halbe bis eine Stunde nach dem Mokka oder (falls es keinen gibt) nach dem Dessert.

Dank: mündlich für familiäres Frühstück. Fur formelle Einladung schriftlich.

Der Anlass kann privat oder offiziell sein, kann also vom Sektfrühstück bis zum Verlobungsfrühstück reichen, siehe auch: *Einladung zum Mittagessen*.

Frühstückszutaten decken Butter und Margarine werden nicht in ihrer Plastikhülle auf den Tisch gestellt, sondern auf einem Butterteller oder in eine Butterdose umgefüllt.

Marmelade und Honig hält man korrekterweise in Marmeladen- oder Honigtöpfen, und diese Töpfe haben eigene Löffel, mit denen man sich das Süße nicht aufs Butterbrot tropft, häuft oder schmiert, sondern auf den Teller. Der Grund: Marmelade und Honig sollen nicht mit den Bestandteilen des Speichels in Berührung kommen, die die Sache flüssig oder schlecht machen können, von der Hygiene mal ganz abgesehen. Sie legitimiert auch Buttermesser, Senflöffel, Salzstreuer und Ähnliches.

Brötchen halbiert und bestreicht man mit dem Messer und isst sie mit der Hand. Man verwendet auch dann nicht Messer und Gabel, wenn man zum kalten Abendbrot eingeladen wird.

Brotscheiben isst man zum Frühstück und abends bei guten Freunden dito per Hand und nur mit Messer und Gabel, wenn das Brot mit rutschigem, fettigem oder hoch gehäuftem Belag versehen wird: Ölsardinen zum Beispiel, Rührei oder Tatar. Auch wenn man zu einem nicht ganz so familiären Abendbrot geladen ist. Oder wenn man sein Butterbrot einfach lieber mit Messer und Gabel isst. Wer nicht sicher ist, wie er sich verhalten soll, vergewissert sich einfach, wie's der Gastgeber macht. Siehe auch: *Ei, weiches*.

Fünfuhrtee Die formvollendete Bezeichnung einer Nachmittagseinladung ist der Fünfuhrtee. Dass dabei der Tee die große gesellschaftliche Rolle spielt und nicht der Kaffee, hängt mit der historischen Entwicklung zusammen. Es ist die kontinentale Version des englischen *Five o'clock tea*, und der ist eine gesellschaftliche Institution geworden. Zum Tee bitten sich zum Beispiel die Botschaftersgattinnen untereinander, während eine Kaffee-Einladung oder ein Kaffeekränzchen eine rein familiäre Angelegenheit bleiben.

Die Einladung zum Five o'clock tea war früher die einzige, die eine Unverheiratete aussprechen durfte, ohne in Verruf zu geraten. Diese Nachmittagseinladung ist etwas typisch Weibliches geblieben, was natürlich damit zusammenhängt, dass Damen der Gesellschaft im vorigen Jahrhundert nicht berufstätig waren und dass sich heute im Lauf der Woche nur nichtberufstätige Ehefrauen gegenseitig einladen können.

Der Zeitpunkt ergibt sich aus dem Namen. Zum Tee wird tatsächlich um 17 Uhr eingeladen, und man muss pünktlich sein, sollte also nicht mit mehr als fünf bis zehn Minuten Verspätung erscheinen.

Da es sich um eine formelle Einladung handelt, erfolgt sie acht bis vierzehn Tage vorher, Freunde und Kollegen lädt man mündlich, bei offiziellen Gelegenheiten schriftlich ein.

Frauen tragen so genannte Nachmittagskleider oder Kostüme, und wenn sie Hüte mögen und sich einen aufgesetzt haben, so dürfen sie den Hut aufbehalten. Die Gastgeberin trägt natürlich keinen.

Wenn Männer mit zum Tee eingeladen sind, wird meist angenommen, dass sie direkt aus dem Büro kommen, sie tragen also den so genannten Straßenanzug.

Da die Gastgeberin damit rechnet, dass alle pünktlich kommen, reichen anderthalb Stunden für diese Einladung. Es kann gegen 18 Uhr noch ein Drink angeboten werden, den man auch im Hinblick auf abholende Ehepartner oder Freunde vorbereitet haben sollte, und um 18 Uhr 30 erwartet der Gastgeber, dass sich auch der letzte Gast verabschiedet hat.

Man muss nicht an einem gemeinsamen Tisch sitzen, infolgedessen braucht die Hausfrau nur einen Tisch mit einem Tablett oder einen Teewagen mit allem Zubehör vorzubereiten. Dieser Tisch steht neben ihr. Denn die Regel besagt, dass der Gastgeber oder die Gastgeberin den Gästen den Tee einschenkt und sie nach Wunsch mit etwas Essbarem versorgt, woraufhin sich der Gast samt Tasse und Teller an einen der Tische oder zu einer Sitzgruppe begibt, wo ein Beistelltisch neben jedem Sessel stehen muss.

In jedem Fall kann man auch Tabletts herumreichen lassen, auf denen gefüllte Teetassen und ein Zuckertopf, eine Sahnekanne und ein Teller mit Zitronenschnitzen stehen, wovon sich jeder nach Belieben bedient. Kuchenteller und Gebäck werden dann auf einen Tisch oder auf ein Büfett gestellt, sodass sich die Gäste selber etwas nehmen können. Man kann das Gebäck auch auf großen Platten anbieten.

Tische brauchen also nicht gedeckt zu sein. Man sollte jedoch Tische mit empfindlichen Platten mit einer der typischen Teedecken schützen. Oder man legt Sets auf den Tisch, die in England extra für solche Zwecke erfunden worden sind, um das Holz vor Hitze und Feuchtigkeitsschäden zu schützen.

Man braucht sich nicht schriftlich zu bedanken, aber über einen Telefonanruf am nächsten Tag oder im Lauf der nächsten Woche freut sich die Hausfrau.

Jegliche Form der Geselligkeit, die an einem Nachmittag stattfinden kann, ist Anlass für einen Fünfuhrtee, dazu gesellschaftliche Pflichteinladungen und ihre Erwiderungen, Clubtreffen oder Geburtstag.

Fußgänger Wenn ein Mensch zu Fuß geht, heißt er bei uns Fußgänger. Das bezeichnet ihn im wahrsten Sinn des Wortes und weist ihn in eine Gruppe mit gewissen Rechten und Pflichten.

Wenn der Fußgänger in seinem Bereich bleibt, gelten alle normalen Höflichkeitsregeln; dann ist er, wie man so sagt, ein Mensch an sich. Sowie er aber seinen Fuß auf fremdes Terrain setzt, auf die Fahrbahn nämlich, stoßen zwei Rechte zusammen. Denn der Kantstein oder Bordstein bildet in der heutigen Welt die Grenze zwischen den Motorisierten und allen anderen, die sich mit eigener Kraft vorwärts bewegen: Hunde, Kinder auf Rollern, Mütter mit Kinderwagen, Menschen auf zwei Beinen, Alte am Stock und so weiter. Sie sind die älteste Gruppe der Verkehrsteilnehmer, aber dieses Recht auf Anciennität nutzt ihnen nichts. Sie benehmen sich nur richtig, wenn sie sich an die Verkehrsregeln halten. Da in diesem Fall ein falscher Schritt kein gesellschaftlicher Fauxpas ist, sondern Menschenleben kosten kann, decken sich offizielle Vorschriften mit Verhaltensregeln.

Es ist vorgeschrieben, dass Fußgänger die Fahrbahn an den für sie gesicherten Stellen überqueren. Läuft also jemand quer durch den rollenden Verkehr; huscht wer bei Rot über die Fahrbahn; trippelt eine alte Frau bei Glatteis zwischen zwei Ampelübergängen über den Damm, so ist das leichtsinnig, lebensgefährlich (für die anderen!) und auch noch unhöflich, weil da jemand nur an sich gedacht hat.

Früher hätte eine Dame auf der Straße nicht geraucht. Sie tut es aber heute, wie man am Beispiel der englischen Prinzessin Margaret sieht.

Keiner hat früher auf der Straße gegessen. Unterdessen gibt es an jeder Ecke Wurst- und Pizzabuden.

Deshalb gilt heute: Wer will, kann essen, aber er muss es manierlich tun und so, dass er den unschuldigen Mitmenschen nicht bespritzt oder bekleckert, sei es mit dem Fett der Bratwürste oder dem Getränk aus der Zischdose. Eisbecher und Pommestüten dürfen deshalb nicht mit in den Bus genommen werden, ergo auch nicht mit ins (fremde) Auto.

Gähnen Bitte nur mit vorgehaltener Hand, selbst wenn der Zahnarzt gerade dafür gesorgt hat, dass die Zähne in tadellosem Zustand sind. Nicht jeder Nachbar möchte unsere Mandeln (Narben) bewundern.

Außerdem: Gähnen steckt an. Deshalb sollte man sich bei Vorträgen, im Konzert oder bei der Predigt das Gähnen irgendwie verkneifen. Wenn der Vortragende langweilig ist, spürt er das ohnehin, und wenn Sie nicht ordentlich ausgeschlafen haben, müssen Sie nicht unbedingt ihn die Folgen tragen lassen.

Gäste, betrunkene Kann ein Gast, der mit dem Auto kam, nicht mehr aus eigener Kraft entscheiden, was vernünftig und ungefährlich wäre (vor allem für andere unschuldige Verkehrsteilnehmer), so ist es die Pflicht der Gastgeber, ihn oder sie am Fahren zu hindern.

Wer das einmal erlebt hat, weiß, wie scheußlich diese Situation für den Gastgeber und die anderen Gäste werden kann. Also ist es nur höflich und wohl erzogen, diese ja im nüchternen Zustand durchaus geachteten und geschätzten Mitmenschen gar nicht in eine solche Lage zu bringen. Siehe auch: *Auto und Alkohol.*

Gäste, ungeladene Zu einer Einladung bringt man nie andere, nicht eingeladene Leute mit, ohne die Gastgeber gefragt zu haben. Das gilt besonders bei Einladungen zum warmen Essen, vor allem zum gesetzten Essen, für das sich die Gastgeberin sicher eine Tischordnung ausgedacht hat. Und das ist logisch. Wenn Sie zum Beispiel nur acht Personen an Ihrem Esstisch unterbringen und vielleicht auch nur acht zusammenpassende Gläser besitzen, so sind Sie nicht gerade erfreut, wenn einer Ihrer Gäste mit vier Freunden vor der Tür steht. Auch bei einer Einladung nach Tisch muss man fragen, ob es den Gastgebern passt.

Bei Cocktails, Empfängen und ähnlich menschenreichen Unternehmungen dagegen kann man unangemeldet jemanden mitbringen.

Ich würde auch in diesem Fall vorher etwas sagen – es ist einfach höflicher. Denn ein Gastgeber ist eben kein Hotel und keine Firma, die eine Werbeveranstaltung abhält, und bei der allgemein verbreiteten Rücksichtslosigkeit tut es jedem Gastgeber in der Seele wohl, wenn er nicht als Futterkrippe, sondern als Freund behandelt wird.

Gästebuch Eine schöne Sitte, die in vielen Familien vom ersten Tag einer Ehe an gepflegt wird. Ins Gästebuch tragen sich eigentlich nur Übernachtungsgäste ein. Es ist jedoch auch üblich, die Gäste jeder oder jeder größeren Familieneinladung um eine Eintragung zu bitten. Im Allgemeinen reichen in jedem Fall Name und Datum. Es fällt einem ja auch nicht nach jeder Essenseinladung wieder etwas Originelles oder gar Neues ein.

Übernachtungsgäste schreiben gern einen Satz des Dankes. Hoch geschätzt sind solche, die diesen Dank in Reimen oder mit noch so krausen Zeichnungen ausdrücken können.

Wer also weiß, was auf ihn wartet, sollte sich schon im Vorhinein etwas fürs Gästebuch überlegt haben, dann braucht er nicht herumzudrucksen, wenn er vor der weißen Seite sitzt.

Gästekartei Das ist ein Hilfsmittel des Gastgebers, der sich in ihr notiert, wen er wann mit wem eingeladen hat, was es zu essen gab und was für Besonderheiten die betreffenden Gäste haben.

Die Gästekartei nutzt auch den Gästen. Denn der Gastgeber vermeidet natürlich, Streithähne zusammen einzuladen, stellt Vegetariern nicht gerade einen Rindsbraten auf den Tisch und setzt nicht jemanden, der gern zum Dessert die neuesten schmutzigen Witze erzählt, neben die prüdeste Madam des Kreises.

Also vermeidet er mithilfe seiner Gästekartei viele Chancen, dass sich seine Gäste aus unbeherrschtem Ärger oder Versehen schlecht benehmen, die Tischrunde beleidigen oder eine ganze Party sprengen.

Gastgeber und Hausgäste Hat der Gast gewisse Höflichkeitsformen einzuhalten, so gilt das auch für den Gastgeber. Er muss zuerst einmal weitere Äußerlichkeiten bedenken. Zur Übernachtung auf dem Sofa im Wohnzimmer sollte man wirklich nur die besten Freunde und eigene Familienangehörige einladen, und mit denen kann man's halt, wie man es will oder gewohnt ist.

Verfügt der Gastgeber über ein Fremdenzimmer oder ein halbes Zimmer, das bei Bedarf zum Gästezimmer umfunktioniert wird, so sollte er seinen Gästen das bieten, was sie brauchen: das überzogene Bett, eine Leselampe, möglichst ein Waschbecken mit Handtüchern, Zahnputzbecher und Seife; einen Schrank für Kleider und Platz für den Koffer.

Am leichtesten fällt dem Gastgeber die Höflichkeit, wenn er selbstständige Gäste hat, die nicht erwarten, dass er sich den ganzen Tag lang nur um sie kümmert.

Es ist dagegen nicht im Geringsten unhöflich, den Gästen zum Beispiel zu sagen, dass es um acht Uhr Frühstück gäbe und wer später komme, fände den Kaffee in der Thermoskanne und möge bitte sein benutztes Geschirr in die Küche tragen, weil man selber dann schon im Büro sei. Und mittags habe man sich das so und so gedacht, und ob es recht sei, dass es abends nur ein Butterbrot gebe.

Es gestattet dem Gast, sich zurückzuziehen, abends so lange zu lesen, wie er es gerne tut, und nach dem Mittagessen friedlich und ungestört ein Schläfchen zu machen.

Insgesamt sollten Gastgeber und Gast zwar höflich, aber doch offen miteinander umgehen, denn aus Unausgesprochenem entstehen oft Spannungen, die wirklich mit einem einzigen Wort zur rechten Zeit zu begleichen gewesen wären. Denn: Die höchste Art der Höflichkeit ist die Aufrichtigkeit, die so formuliert wird, dass sie nicht verletzt.

Meldet sich also jemand an, den man gerade zu dem Zeitpunkt oder überhaupt nie bei sich wohnen haben möchte, so sollte man nicht zusagen.

Wie man abwehrt, ergibt sich aus der Situation. Dass man abwehren muss, ist jedoch unumgänglich – außer man wohnt im oben schon erwähnten Schloss mit Gästeflügel.

Ansonsten macht man dem Gast den Aufenthalt so bequem wie es möglich ist, belegt ihn auch seinerseits nicht mit aller Selbstverständlichkeit mit Beschlag, sondern richtet sich nach seinen Plänen und Wünschen. Siehe auch: *ideale Gast, Der; ideale Gastgeber, Der.*

Gastgeschenk Auf jeden Fall kann man heute bei allen privaten Einladungen die Blumen durch ein Gastgeschenk ersetzen. Das kann das berühmte Glas selbst eingekochte Marmelade oder das selbst gebackene Roggenbrot, ein beziehungsreiches Buch, ein Mitbringsel von einer jüngst gemachten Reise sein.

Je weniger man den Gastgeber kennt, desto konventioneller wird das Gastgeschenk sein. Und je besser man mit einem Gastgeber befreundet ist, desto weniger Ratschläge wird man brauchen.

Wenn jemand bei Freunden oder Bekannten übernachtet, so weiß er, dass in den überwiegenden Fällen die Hausfrau das so genannte Gästezimmer geputzt und abgestaubt, ein Bett frisch überzogen und alle anderen Arbeiten verrichtet und Überlegungen angestellt hat, die zu einem Hausbesuch dazugehören.

Also ist es nur nett und höflich, dieser Hausfrau zu zeigen, dass man ebenfalls an sie gedacht hat. Niemand muss deshalb eine dieser unseligen Rechnungen anstellen: Eine Übernachtung in X-Dorf kostet im Hotel soundso viel, also muss ich bei drei Übernachtungen mindestens ein Geschenk im Gegenwert von … Wer so rechnet, sollte gleich in dieses Hotel ziehen. Höflich und taktvoll ist es dagegen, der Hausfrau irgendetwas mitzubringen, was ihr und den Kindern wirklich Freude macht. Keinen sündhaft teuren Schnickschnack, bei dem sie vielleicht insgeheim stöhnt: »Ach, das hätt ich lieber in bar!« und den sie doch nicht wegwerfen kann, weil der Gast ja vielleicht im nächsten Jahr wiederkommt.

Über Trinkgeld an Hausangestellte, wo noch vorhanden, lesen Sie auf Seite 263. Siehe auch: *Mitbringsel, Blumen als Gastgeschenk.*

Gast in der Gruppe Wenn der Mensch nicht als einzelner Gast auftritt, sondern in anonymen Heerscharen, so glaubt er gern, dass die Regeln der Höflichkeit außer Kraft gesetzt wären. Auf Fährschiffen herrscht er den Kellner an, der gerade mit »Vorsicht!« eine neue Schüssel und Platte nach der anderen aufs Frühstücksbüfett stellt: »Habt ihr denn keinen Käse hier?« Bei Empfängen stürzt er sich auf das Büfett, stößt andere Gäste beiseite und räumt ab, als ob sofort die große Hungersnot ausbräche. Und bei Presseempfängen bestellt er sich beim Kellner auf Kosten des Veranstalters Champagner und Cognac, scharrt die offen herumliegenden Zigarren oder Zigaretten mit einem geübten Griff zusammen und in die Jackentasche und gibt weder dem Zimmermädchen, der Garderobenfrau noch dem Kellner ein Trinkgeld, »weil das ja sicher auch mit drin ist«.

Im Menschen in der Menschenmenge wacht offensichtlich die alte Kindheitsangst wieder auf, übersehen, vergessen und vernachlässigt zu werden. Gegen diese infantile Angst setzt er die Aggressivität der Erwachsenen und vor allem die Vorstellung, er habe einen berechtigten Anspruch auf Käse und Champagner und Kaviar. »Der Chef zahlt's ja!« oder »Was ich nicht aufesse, muss ja doch alles weggeschmissen werden!«

Das aber geht den Gast überhaupt nichts an. Seine Einstellung ist falsch. Höflichkeit erweist sich auch in einer solchen Situation als die Kraft, die uns zu einem menschenwürdigen Verhalten verhilft.

Gattin und Gemahlin Zwei eher altmodische Vokabeln, die noch landschaftlich gebunden sind oder in gewissen Redensarten benutzt werden.

In Süddeutschland und Österreich verwendet man noch die »Gattin«, wenn man seine Frau meint, und auf dem Briefumschlag schreibt man, wenn es besonders korrekt und festlich sein soll: »Herrn Max Meier und Frau Gemahlin«.

Im Allgemeinen spricht man von der Ehefrau als Frau. Gattin und Gemahlin tauchen jedoch beim Vorstellen gern wieder auf: »... die Gattin unseres verdienten Bürgermeisters« wird höher geschätzt und besonders in Festreden lieber verwendet als »die Frau«. Aber so wie die »Frau Gemahlin« nicht mehr so recht zu berufstätigen und selbstbewussten Frauen passt, hat die »Gattin« etwas Pompöses, das im täglichen Umgang als nicht mehr angemessen empfunden wird. Eigentlich steckt die gleiche Unsicherheit wie bei den Lebensgefährten beiderlei Geschlechts dahinter. Es ist leicht, sich beim Vorstellen altvertrauter Formen zu bedienen, es fällt vielen schwer, mit eigenen Worten auszudrücken, was zu sagen ist, wenn jemand nicht in diese Formen passt.

Dabei sollte es in diesem Fall kein Problem geben. »Die Gattin, die teure«, trägt ebenso einen eigenen Namen wie der Lebensgefährte. Also nennt man sie bei dem Namen, den sie sich gewählt hat, und erwähnt eventuell den dazugehörigen Titel. Zum Herrn Max Meier gehört vielleicht die Frau Dr. Meier, leitende Ärztin am hiesigen Krankenhaus. Wenn man das ständig hinter »Herr Meier und Gattin« vermuschelt, ist es nicht verwunderlich, wenn Frau Dr. allmählich sauer wird.

Geburtstagsfeiern sind Familienfeste, bei denen die Frage der Rangfolge oder Sitzordnung entfällt und auch in förmlich eingestellten Familien nicht ernst genommen werden sollte.

In manchen Gegenden oder Betrieben wird geradezu erwartet, dass man seinen Geburtstag auch im Büro feiert. Meist richtet man sich nach den Regeln des betreffenden Arbeitsplatzes. In manchen Unternehmen gibt es eine Tasse Kaffee oder ein Stück Torte am Nachmittag während der Arbeitszeit, was in kleineren Betrieben kaum jemanden stört. In großen Betrieben ist es dagegen oft nicht gestattet, die Arbeitszeit für Geburtstagsfeiern zu vergeuden. Dann kann man aber trotzdem direkt nach Arbeitsschluss zu einer Knackwurst und einem Glas Bier einladen: in die Kantine, wenn der Betrieb so etwas gestattet, oder in eine benachbarte nette Wirtschaft.

Der Einzelne muss selbst entscheiden, ob man sich solchen Sitten anschließt oder ob man neue Sitten einführt. Kaffee-und-Kuchen-Büros finden es manchmal sehr angenehm, wenn ein Geburtstagskind mit einer großen Pizza kommt.

Je kleiner der Betrieb, desto besser lässt sich meist Geburtstag feiern. Dann gibt es auch die Möglichkeit, zwei Geburtstage auf einmal zu feiern, wenn sie sehr dicht zusammenliegen. In diesem Fall zahlen beide Geburtstagskinder in eine gemeinsame Kasse und können dann mit dieser Summe das Fest besonders gut gestalten.

Auch in größeren Betrieben werden heutzutage immer mehr Geburtstage »zusammengelegt«: Das spart Zeit, manchmal auch Geld und ist besonders gesellig.

Geburtstagsgeschenk Ein Geburtstagsgeschenk sollte vor allem pünktlich zur Stelle sein. Es gibt Familien, in denen man nur Gutscheine austauscht, aber im Prinzip macht es auch einem Erwachsenen Spaß, Päckchen oder Pakete öffnen zu können.

Geburtstagsgeschenke werden in jedem Fall hübsch eingewickelt und nach Belieben dekoriert. Ist man zu einem großen Geburtstag eingeladen, so versieht man das Geschenk mit einer kleinen Karte, damit das Geburtstagskind später noch weiß, was von wem stammt. Im Allgemeinen werden Geschenke ohne große Worte überreicht, nur bei Jubiläen oder bei einem großen, von allen Freunden gemeinsam gemachten Geschenk sind eine Rede oder ein paar (humorvolle) Worte der Erklärung am Platz.

Geschenke werden sofort ausgewickelt, außer bei großen Jubiläen, und man bedankt sich gleich beim Spender.

Das Geburtstagskind bedankt sich schriftlich oder telefonisch bei allen, von denen es ein Geschenk geschickt bekommen hat. Die Gäste bedanken sich beim Geburtstagskind mündlich oder schriftlich, je nach Art der Einladung und nach der Enge der Freundschaft.

Gedeck, großes Beim großen Gedeck für Essen mit mehreren Gängen werden Messer und Gabel getrennt. Die Gabeln liegen links vom Platzteller, das Messer rechts. Die Serviette wird dann entweder ganz links außen an den Rand der Gabeln gelegt oder auf den Teller.

Jeweils außen liegt das Besteckteil oder das Besteckpaar, mit dem zuerst gegessen wird, und so arbeitet man sich von außen nach innen durch.

Das Dessertbesteck liegt über dem Teller, und es umfasst insgesamt Messer, Gabel und Löffel, die je nach Art des Nachtisches miteinander kombiniert werden. Siehe auch: *Besteck, Messer und Gabel, Suppenlöffel.*

Gedeck, kleines Das so genannte kleine Gedeck (für eine Mahlzeit wie Frühstück oder Abendessen, die nur einen Gang umfasst) kann man aufdecken, wie man will. Also: Serviette links vom Teller, Messer und Gabel rechts, das ist ebenso gut wie Serviette und Gabel links, Messer allein rechts vom Teller.

Gedenkblatt In katholischen Gegenden ist es üblich, ein kleines Blatt oder Faltblatt zum Gedenken des Toten drucken zu lassen. Es zeigt ein Foto des Verstorbenen mit Namen und Lebensdaten, und auf der Rückseite stehen Bibelzitate, kurze Gebete, die der Verstorbene besonders liebte, und die Bitte, für den Verstorbenen zu beten. Man schickt die Gedenkblätter mit dem Dank für die Anteilnahme an die Verwandten und Freunde, von denen man vermuten kann, dass sie es in ihr Gesangbuch legen und wirklich manchmal eine Fürbitte sprechen.

Gefühle in der Öffentlichkeit Gäste aus den westlichen und östlichen Ländern registrieren mit einigem Befremden, wie viele junge Leute sich in der Öffentlichkeit küssen, umarmen, in den Parks liegen, trinken und betrunken durch die Straßen taumeln. Dabei erstaunt sie nicht, dass die betreffenden Bedürfnisse so unverhohlen gestillt werden. Es verwundert sie vor allem, dass keiner den jungen Leuten Einhalt gebietet und sagt: »Tut das nicht!« Die Erwachsenen zucken vielmehr die Schultern und meinen: »Na und? Das ist ihre Sache. Sie besitzen die Freiheit, zu tun und zu lassen, was sie wollen, Hauptsache, sie veranstalten nach 22 Uhr keinen ruhestörenden Lärm.«

Das ist richtig beobachtet. Das Laissez-faire der antiautoritären Bewegung hat vielen Eltern eine fabelhafte und von der offiziellen Pädagogik gelobte und gepriesene Möglichkeit gegeben, sich vor ihrer eigentlichen Erziehungsaufgabe zu drücken. Sie weichen allen Auseinandersetzungen einfach aus und sagen den Kindern und Jugendlichen:

»Wir wollen eure Gefühle nicht ersticken, ihr könnt euch eure Freiheit nehmen!« und den Achtzehnjährigen: »Ihr seid ja volljährig. Ihr könnt jetzt tun, was euch passt. Ich wasche meine Hände in Unschuld!« Und sie sind auch noch stolz auf ihre Haltung.

Wem die Eltern aber nicht beigebracht haben, seine Gefühle kennen zu lernen, zu artikulieren und zu beherrschen, der bleibt emotional ein Kind, wird von jedem Gefühlchen hilflos gebeutelt und plärrt bei jeder Gelegenheit los. Auch dies ist ein Problem, das weit über die Fragen des Benehmens hinausgeht, sodass es fast zynisch klingt, wenn man unumwunden sagt: Der Mensch, der gut in der Gemeinschaft leben will, muss sich beherrschen können. Er zeigt seine Gefühle, aber nicht ungehemmt. Er lernt, dass man Gefühle auch mit sparsamen Zeichen und Gesten ausdrücken kann; dass man auf diese Weise seinen Gefühlen sogar viel besser gerecht werden kann, weil man den stärkeren Ausdruck wirklich für die stärksten Gefühle reservieren kann, siehe auch: *Haltung und Selbstbeherrschung*.

Geiz und Gier Sie gehören zusammen wie zwei verfluchte Geschwister. Was der eine zusammenscharrt, will der andere nicht lassen. Ein Geiziger ist kein guter Gastgeber, ein Gieriger ein schrecklicher Gast.

Kann man andere Menschen auch nicht ändern, so sollte man Geiz und Gier an sich selber bekämpfen.

Der Geizige handelt nämlich unhöflich, wenn er mit seinen Gefühlen knausert und weder »Guten Tag« noch »bitte« und »danke« sagt.

Wenn er seinen Gästen Verschimmeltes oder Vertrocknetes vorsetzt, minderen Wein in die Bowle und Vergammeltes in den »bunten Salat« schüttet.

Wenn er dem Personal im Restaurant und bei sich zu Hause von vornherein unterstellt, es bereichere sich betrügerisch an seinem Geld.

Wenn er den Gästen immer etwas zu wenig anbietet oder alles abgezählt wie früher beim Kindergeburtstag zuteilt.

Der Gierige muss sich eigentlich nur beherrschen, siehe *Haltung*.

Er setzt sich nicht als Erster zu Tisch, greift nicht hemmungslos nach allen Schüsseln, stopft sich nicht den Mund voll, schlingt das

Essen nicht halb gekaut hinunter, schmatzt nicht, setzt nicht das Glas an die Lippen, ehe er hinuntergeschluckt hat, nimmt nicht zuerst, sondern bietet den anderen an und schaut, was ihnen auf dem Teller fehlt.

Geld schenken? Verpönt, aber oft vernünftig ist es, Geld zu schenken, denn ein Kind, das auf ein Fahrrad spart, oder ein alter Verwandter, der gar keinen Platz für Krimskrams mehr hat, freut sich ebenso über eine bestimmte Summe wie der gerade Pensionierte, dem sein Büro zum Abschied etwas Ordentliches schenken möchte: zum Beispiel die ökonomische Grundlage für einen gemütlichen Rentnersessel.

Schenken also ja: aber wie?

Selbstverständlich nicht bar in die Hand drücken, sondern mit Fantasie und Witz überreichen: in einer verschlossenen Kassette. Lauter Zwei-Euro-Stücke in einem Einkaufsnetz als Schatzbeutel. Als Sparbuch. Als Scheck mit Gedicht. Oder, wenn es für eine Reise ausgegeben werden soll, als Scheck im betreffenden Reiseführer – und so weiter und so weiter.

Geräuschbelästigung Nie habe ich so viele zustimmende Leserbriefe bekommen wie auf eine Kolumne über das ewige Gedudel in Ladenpassagen, Geschäften, Flugzeugen, Abflughallen, Hotels etc., öffentlichen Orten also, wo man oft nur schwer jemanden findet, den man ums Abstellen der so genannten Musik bitten kann, oder wo man auf diese Bitte nur unflätige Bemerkungen zur Antwort bekommt.

Das, was uns von der Öffentlichkeit nach neuesten Erhebungen am empfindlichsten stört, ist der durch Musik verstärkte Lärm in der Stadt und auf dem Land. Er wird immer stärker und beginnt die Leute zu quälen. In Antibes hat ein Schlosser einen Kellner erschossen, weil dieser mit einem Freund zusammen bei weit geöffneter Autotür Musik gehört hat. Die Bitte des Schlossers, seiner herzkranken Frau wegen das Radio leiser zu stellen, wurde grob abgewiesen. Da holte der Schlosser sein Gewehr. Siehe auch: *Musik als Lärm.*

Geschäftliche Einladung Handelt es sich um geschäftliche oder sehr große Einladungen, schreibt der Gastgeber die Einladungskarten also nicht selbst, sondern lässt sie von seiner Sekretärin schreiben, so benutzt diese ihre Schreibmaschine. Das tut sie nicht nur für den Namen, sondern auch für alle folgenden, sonst handschriftlichen Angaben. Siehe auch: *Einladungskarten.*

Geschäftsanzug Der Tagesanzug oder Geschäftsanzug in Betrieb und Büro besteht bei uns oft aus der so genannten Kombination von Hose und andersfarbigem Jackett. An dieser Zusammenstellung wird jeder Deutsche in England auf den ersten Blick als Deutscher oder Amerikaner identifiziert, denn dort gilt überwiegend der Anzug (mit Weste) als korrektes Arbeitszeug. Eine Tweedjacke zur grauen Hose gestattet man sich höchstens am Freitag, weil man nämlich direkt vom Büro aufs Land fährt.

Ob der Anzug ein- oder zweireihig ist, hängt von der Figur des Trägers ab. Auf jeden Fall knöpft man beim Einreiher nur den mittleren Knopf zu und öffnet beim Setzen diesen mittleren oder den untersten Knopf des Zweireihers, damit es keine Querfalten gibt. Nach dem Aufstehen: sofort wieder zuknöpfen, wie wir es fast jeden Abend in den Fernsehnachrichten bei unseren Politikern verfolgen können. Ihre Knöpferei ist richtig. Ihre Anzugjacken sitzen jedoch trotzdem so miserabel (bis auf leider viel zu wenige Ausnahmen), dass sie nicht als Vorbild dienen können, auch wenn es korrekte Anzugjacken sind.

Die Hosen unserer Regierenden sind jedoch noch katastrophaler. Korrekt: Der Gürtel sollte nicht unter den Bauch rutschen, sodass aus den Hosenbeinen traurige Ziehharmonikas im Ruhestand entstehen. Hosenbeine sollten vielmehr glatt und elegant hängen, vorn knapp über den Schuhen enden und hinten etwas länger sein.

Wenn die Weste getragen wird, knöpft man nach allgemeiner Konvention den untersten Knopf nicht zu.

Farbige Wollpullover mit oder ohne Ärmel trägt man eigentlich nur unter Sportjacken, doch haben sich diese wärmenden Winterkleidungsstücke im Rahmen der so genannten Freizeitmode selbstständig gemacht und gelten als Tageskleidung.

Geschenke auspacken Geschenke gleich auspacken? Das darf man besonders auf kleinen Festen, sodass der Schenkende gleich sieht, wie man sich über seine Gabe freut. Auf großen Festen hat man kaum Zeit dafür; siehe *Geburtstagsgeschenke*.

Geschenkliste siehe *Patengeschenke*.

Geschiedene Kann man sie weiterhin gemeinsam einladen? Die alte Regel, auf die sich heute noch viele zurückziehen, lautete: Geschiedene lädt man nicht gemeinsam ein.

Unsere Antwort lautet jedoch heute wie von Radio Eriwan: Im Prinzip ja. Lädt man sie zum Essen ein, so platziert man die beiden wie zwei Einzelpersonen an den Tisch.

In Wirklichkeit wird diese Frage jedoch von Fall zu Fall entschieden. Wer trotz Scheidung weiterstreitet, dass die Fetzen fliegen, sprengt jede Gesellschaft. Wer zwar behauptet, er/sie habe die Scheidung tatsächlich und vollkommen verarbeitet, trotzdem aber jedes Treffen mit dem Expartner zum Sticheln und Höhnen benutzt, erzeugt Spannung und Feindseligkeit, die ansteckt.

Bleiben die Betreffenden trotz Scheidung in derselben Stadt und im selben Gesellschaftskreis, so tun die Freunde besser daran, dem Expaar erst einmal Ruhe zu gönnen, und laden sie und ihn nur einzeln ein.

Die Erfahrung der geschiedenen Frauen: Nach einer Weile werden nur noch die Exehemänner eingeladen. Ein neuer Junggeselle ist attraktiver und reizvoller. Eine einzelne Frau ist ein Anhängsel oder eine Konkurrentin. Eine solche Einstellung ist nicht nur herzlos, sondern zutiefst unhöflich.

Die einzige eherne Regel lautet also: Gastgeber, ladet die geschiedenen Frauen weiter ein. Und zwar zu ganz normalen Geselligkeiten, nicht nur so am Rande zum Tee, was die Frauen tiefer kränkt als ehrliches Abgeschobenwerden.

Treffen Geschiedene bei Dritten oder beruflich oder unter welchen Umständen auch immer zufällig, also unabsichtlich, zusammen, so sind sie ja bereits als Einzelpersonen behandelt worden. Sie müssen sich dementsprechend verhalten. Es interessiert weder die Gast- noch die Arbeitgeber, »wie's da drinnen aussieht«.

Bringen die Geschiedenen diese Selbstbeherrschung nicht auf, die von ihnen erwartet wird, so sollten sie – nach kurzer Entschuldigung beim Gastgeber – die Gesellschaft verlassen und auch eher die Stellung wechseln, als einen ganzen Betrieb mit ihren Auseinandersetzungen in ein Wespennest zu verwandeln.

Geschiedene bei Familienfesten Sofern Geschiedene überhaupt noch Kontakt mit der betreffenden Familie haben, werden sie im Prinzip eingeladen. Sowohl der geschiedene Vater der Braut wie die geschiedene Großmutter des Täuflings und so weiter. Es liegt bei ihnen abzusagen, wenn sie die Begegnung mit der Vergangenheit unerträglich finden oder wenn sie befürchten müssen, dass die Begegnung alte Wunden wieder aufreißt oder alten Hass wieder aufkochen lässt.

Auch von dieser Regel gibt es selbstverständlich Ausnahmen für die Einladenden, die sich aus so tiefer Verfeindung und Verletzung ergeben, dass Höflichkeit Hohn wäre.

Am schwierigsten kann die Situation werden, wenn die Tochter aus einer geschiedenen Ehe heiratet, die bei ihrem Vater und seiner jetzigen Frau gelebt hat. Diese ist dann die Brautstiefmutter und müsste eigentlich der echten Brautmutter den Platz für dieses Fest einräumen, das in ihrem eigenen Haus, an ihren eigenen Tischen und Tellern gefeiert wird. Die Brautstiefmutter müsste dann wie ein normaler Gast behandelt und platziert werden. Wenn die familiäre Situation so ist, dass diese Möglichkeit ganz und gar ausscheidet, so gibt es theoretisch drei Auswege:

Erstens: Die geschiedene Mutter richtet die Hochzeit ihrer Tochter aus.

Zweitens: Der Vater richtet mit der Mutter seiner Tochter die Hochzeit im Restaurant oder im Hotel, also an einem neutralen Ort aus, und lädt seine jetzige Frau nicht ein.

Drittens: Die Brautleute richten ihre Hochzeit selber aus, feiern bei sich zu Hause und ohne Formalitäten, Sitzordnungen und so weiter. Wer dieses Fest in Wirklichkeit finanziert, spielt keine Rolle. Das Paar besitzt jedoch das Recht, zu seinem Fest einzuladen, wen es mag.

Außer dem Fall null finde ich diese dritte Möglichkeit am besten, denn wer sich hat scheiden lassen, sollte nicht ausgerechnet bei der Hochzeit seines Kindes zum Heuchler werden und plötzlich so tun, als ob ihm gesellschaftliche Formalitäten über alles gingen.

Gesetztes Essen Mit diesem Slangwort bezeichnet man ein größeres Mittag- oder Abendessen, zu dem man sich an den Tisch setzt und das Essen serviert bekommt. Also kein Büfettessen, bei dem man zwar auch sitzt (hoffentlich!), sich aber selbst bedient.

Beim gesetzten Essen gibt es meistens eine *Tischordnung* (siehe dort), und es hat sich jemand eine Speisefolge ausgedacht, die auf den genauen Kochzeiten der betreffenden Gerichte basiert. Das bedeutet: Es gibt in der Küche feste Termine, ergo auch im Speisezimmer. Zum gesetzten Essen müssen die Gäste also unbedingt pünktlich sein.

Gespräch beginnen Noch vor zwanzig Jahren gab es feste Regeln. Wer kann ein Gespräch beginnen? Darauf lautete die unerschütterliche Antwort: Immer nur der, der als Erster begrüßt wird, der also der Höhere in der gesellschaftlichen Rangfolge ist. Es ging also nicht an, dass der »kleine Backfisch, der eben nett und wohl erzogen gegrüßt hat, dann den würdigen alten Herrn anredet: ›Guten Tag, Herr Professor, wie geht es Ihnen?‹

Es ist allein dem würdigen alten Herrn zu überlassen, stehen zu bleiben, wenn er Lust dazu hat, und zu sagen: ›Guten Tag, mein liebes Kind. Wie geht es Ihnen?‹ Und das Mädchen hat Rede und Antwort zu stehen, nicht umgekehrt.«

So war's. Das muss man wissen, denn es gibt viele gesellschaftliche Gruppierungen und vor allem große Firmen und Betriebe, in denen das Ranggefälle Professor/Teenager immer noch beachtet wird. Ob man sich dem anpasst, hängt davon ab, ob man den Job in einer solchen Firma braucht oder nicht.

Und natürlich gilt auch noch dieses: Wer prinzipiell immer noch der Ansicht ist, dass man nur mit jemandem sprechen kann, der einem vorgestellt worden ist, besitzt natürlich die Freiheit, darauf zu warten und so lange auch zu schweigen.

Gespräche/Konversation Wie komme ich mit jemandem ins Gespräch?

Das hat nichts mit dem *Ansprechen* zu tun (siehe dort), sondern mit der Tatsache, dass man im Rahmen beruflicher und privater Zusammenkünfte immer wieder Fremden gegenübersteht, zwischen ihnen sitzt, neben ihnen auf etwas wartet und verfolgt, wie alle anderen sich munter plaudernd vergnügen, während einem selber einfach gar nichts einfällt.

Was tun?

In Witzen und Komödien beginnt man mit dem Wetter. Aber irgendwann ist man sich mit dem Fremden dann doch darüber einig, dass das Wetter halt so ist, wie es ist etc., und dann ist man wieder am Anfang angekommen.

Manche Menschen gehen methodisch vor. Sie sagen, wer sie sind und was sie hierher gebracht hat, und dann ergibt sich von selbst die Gegenfrage: »Und Sie?« So wird jeder für den anderen durchsichtig, und man kann etwas zueinander sagen.

Andere Menschen haben eine Lockfrage: »Haben Sie auch Kinder?« Das »auch« reizt zumindest zur Antwort: »Nein – aber Sie?« Wenn sich also nicht bereits ein Gespräch über die Sorgen und Freuden von Kindern entwickelt hat, erfolgt die zweite Lockfrage: »Nein, ich habe auch keine Kinder – aber worüber soll man sich sonst mit einem Unbekannten unterhalten?« Das wäre dann der Anfang des wahren Gesprächs.

Den Mann mit der Kinderfrage langweilten übrigens nach ein oder zwei Jahrzehnten die Antworten. Er erkundigt sich heute nach Geschwistern und sagt, diese Frage ergäbe ganz erstaunlich lebhafte Gespräche.

Wer sehr selbstsicher ist, kann den schweigenden Partner oder Nachbarn auch fragen: »Wollen wir weiter den Mund halten, oder haben Sie nicht vielleicht doch Lust auf ein Gespräch?«

Wer sehr unsicher ist, kann sich indirekt ins Gespräch mogeln – indem er sich auf einer Party als Dritter oder Vierter zu einer Gruppe gesellt, sich nötigenfalls *vorstellt* (siehe dort) und dann irgendwie ins Gespräch gezogen wird. Außer er gerät justament an Ekel, die ihm einen kalten Blick zuwerfen und ihn auf diese gewisse Art und Weise mit der Schulter wieder aus dem Kreise drängen – das ist das Unhöflichste und gleichzeitig Gemeinste, was man in dieser Situation machen kann: unterlassene Hilfeleistung.

Gesprächshaltung Wenn man sich mit jemandem unterhält, sollte man gewissen Regeln folgen, die dem Gesprächspartner signalisieren, dass man ihm oder ihr wirklich zugewandt ist, dass man also zuhört.

Das beginnt mit der Haltung: Man steht aufrecht und gesammelt da, dem Gesprächspartner schon körperlich zugewandt. Man schaut ihn beim Sprechen an. Man unterlässt es, während des Gesprächs nach anderen oder anderem Ausschau zu halten.

Ein Herr redet mit einer Dame nicht mit den Händen in den Hosentaschen. Auch nicht mit der brennenden Zigarette im Mund.

Man hört zu, unterbricht seinen Partner also nicht immerzu. Man spricht selber deutlich und verständlich, nuschelt nicht und schwatzt nicht so schnell, dass keiner mit dem Hören mitkommt. Man fasst sein Gegenüber nicht an, außer man kennt es gut und lange genug, denn Anfassen wirkt so aufdringlich wie am Ärmel festhalten oder anderen Leuten an den Jackenknöpfen herumzudrehen. Siehe auch: *Anfassen.*

Gesprächsthemen Gesprächsthemen ergeben sich eigentlich durch den Takt, den man in Gesellschaft üben sollte. Man stellt im Allgemeinen Fremden keine privaten Fragen.

»Darüber spricht man nicht!« schied früher ganz energisch Geld, Politik, körperliche Zustände und Klatschgeschichten als Themen für Tischgespräche oder Konversation in der Gesellschaft aus.

Das gehört freilich zu den altmodischen Sitten, die man jedoch noch einmal auf ihre Verwendbarkeit überprüfen sollte. Ist es etwa höflich, in aller Öffentlichkeit über das Geld zu prahlen, das man der Steuer – ganz legal natürlich – vorenthält? Über das Geld, das ein neues Auto gekostet hat? Während vielleicht jemand am Tisch sitzt, der damit ein ganzes Jahr auskommen muss? Und Politik, ganz abgesehen davon, dass die meisten Gespräche über dieses Thema nur das wiederholen, was der/die Betreffende in seiner Tageszeitung gelesen oder im Fernsehen gehört hat: Wenn *Welt-* und *Frankfurter-Rundschau*-Meinungen aufeinander prallen, werden die Stimmen schriller. Sollte man das einer Gastgeberin antun?

Getränke Bei einem festlichen Essen stehen die Getränke auf einem Beistelltisch oder einer Anrichte bereit.

Ist die Tafelrunde klein, wandert der Hausherr um den Tisch und schenkt ein und nach.

Ist die Runde größer, stellt man zwei bis drei offene Flaschen der betreffenden Sorte in gewissen Abständen auf den Tisch. Jede Flasche steht auf einem Untersatz, damit es keine Rotweinflecken gibt, oder der Wein ist in Dekanter umgefüllt. Das sieht besonders dekorativ aus. Der Gastgeber bittet dann die Herren, ihre Umgebung zu versorgen.

Beim alten Kaiser Franz Josef stand vor jedem Gedeck ein Kristalldekanter, auch vor den Plätzen der Damen. Er hasste es, wenn sich die Hofdiners wegen des ewigen Einschenkens in die Länge zogen.

Getränkekarte Im Lokal wird – meist dem Herrn – außer der Speise- auch eine Getränkekarte überreicht. Kommt sie nicht gleichzeitig, so bittet man sofort darum oder bestellt sie zusammen mit der Speisekarte, sonst muss man unter Umständen das Essen trocken hinunterwürgen und bekommt den Wein nach dem Dessert.

Wer das betreffende Lokal oft besucht, wird den Wein- und Biervorrat und seine Stärken und Schwächen kennen. Es ist immer ratsam, sich bei der Getränkeauswahl nach der Gegend und nach dem Haus und nicht nach dem eigenen Kopf zu richten. Wer in einem klassischen Bierland einen bestimmten Weißwein haben möchte, hat nicht immer Glück.

Ein Restaurantbesitzer hat einmal gesagt, dass die meisten seiner Kollegen den Wein, den sie am meisten verkaufen wollen, an die dritte Stelle setzen: Den ersten Wein finden die Gäste zu billig, für den zweiten können sie sich noch nicht richtig entscheiden, aber beim dritten haben sie den Mut zum Entschluss gefasst. Das ist der Kauf nach dem Preis.

Besser ist der Kauf nach Kenntnis. Diese erwirbt man sich durch Üben und Vergleichen und außerdem durch Gespräche mit Fachleuten. Wer gern Wein trinkt oder einen Gast ausführt, der Wein liebt, wird in Lokale gehen, wo die Kellner etwas von diesen Getränken verstehen. Biertrinker haben es meist einfacher.

Gläser Wie das Besteck werden auch die Gläser in der Reihenfolge ihres Gebrauchs rechts vom Teller aufgebaut. Man trinkt sich von rechts nach innen durch. Ganz rechts steht also das Sherryglas, dann folgen die Gläser für Weißwein, Rotwein, Champagner oder Sekt.

Wenn Sie zum Essen Wasser trinken, steht das Wasserglas außerhalb der Reihe links über dem Teller. Heute werden fast immer Wasser- und Weinglas serviert, weil die Autofahrer erst einmal den Durst mit Mineralwasser stillen wollen. Siehe auch: *Weinglas*.

Grillen Welch gemütliche sommerliche Einladungsform! Dabei entwickelt sich jedoch Rauch und ein beißender, durchdringender Geruch, der – da meist im Sommer gegrillt wird – den Nachbarn in die offenen Fenster zieht.

Aus Umweltgründen sollte man der frei werdenden Kohlenstoffe wegen ohnehin nicht mehr grillen.

Aus Rücksicht auf die Mitmenschen haben verschiedene deutsche Gerichte entschieden, dass in der Nähe des Hauses, also auf der Terrasse und auf den Balkons, nicht gegrillt werden darf.

Großeltern Großeltern sagen oft, wenn nicht immer: »Damals, zu meiner Zeit, war alles ganz anders …«

Das stimmt. Die Zeit vergeht, und da sich alles ändert, verändern sich auch Manieren und Moral.

Das ist weder gut noch schlecht, das ist einfach so, und es ist nicht nur das gute Recht, sondern gerade die Rolle der Großeltern, auf dieses Gestern hinzuweisen. Daran kann man manchmal die Gegenwart messen und sich für die Zukunft vielleicht besser oder menschlicher oder einfach freier entscheiden, als man es ohne Kenntnis des Gewesenen könnte.

Großeltern sollten nicht kneifen, sondern ihre Rolle tapfer, aber taktvoll übernehmen.

Kinder und Enkel dagegen sollten sich weder ärgern noch wundern, sondern den Großeltern ebenfalls mit Höflichkeit zuhören. Sie werden eines Tages vielleicht auch ein Großvater oder eine Großmutter sein und nachdenklich sagen: »Es hat sich wirklich alles geändert.« Kann das nicht Geduld und Nachsicht lehren? Die beiden Vorstufen und Voraussetzungen der Höflichkeit?

Grüßen im Betrieb Man muss nicht jeden Kollegen jeden Morgen mit Handschlag begrüßen, aber wenn dieser Gruß in der betreffenden Abteilung üblich ist, so schüttelt man mit.

Wie auch immer: Wer morgens das Büro oder die Werkstatt betritt, grüßt alle anderen, weil immer der zuerst grüßt, der einen Raum betritt, auch wenn es sich um eine Dame handelt oder um den Chef.

Im Allgemeinen reicht es, wenn man die Kollegen morgens begrüßt und sich abends von ihnen verabschiedet.

Wenn man sich tagsüber im Betrieb über den Weg läuft, sagt man möglichst nicht »Mahlzeit«, sondern die betreffende Tageszeit, also »Guten Morgen« und später »Guten Tag«.

Das Grußzeremoniell folgt den allgemeinen Regeln: Jüngere grüßen Ältere, Männer grüßen Kolleginnen, und wenn der Chef ein Mann ist, grüßt er seine weiblichen Angestellten. Von Auszubildenden – ob männlich oder weiblich – wird erwartet, dass sie als Erste grüßen. Die Familie des Chefs oder die Chefin wird je nach Alter und Geschlecht wie alle anderen behandelt.

Den Chef erkennt man jedoch daran, dass er von den männlichen Angestellten zuerst gegrüßt wird. Bei einer Chefin ist es ohnehin die Regel. Siehe auch: *Betrieb, Benehmen im.*

Grüßen in der Bahn Wenn ich in ein Abteil trete, also in die relativ enge Reisegemeinschaft von sechs bis sieben fremden Leuten, muss ich dann grüßen? Wenn schon wer grüßt, dann auf jeden Fall ich. Denn ich bin der Neue, der Hinzugekommene.

Gleichgültig, was in welchen Gegenden und Gesellschaftsklassen gültig ist: Ich finde, man sollte auf jeden Fall freundlich nicken. Hilft einem jemand den Koffer auf die Gepäckablage zu wuchten, so nickt man erst recht freundlich und macht sogar den Mund auf und sagt: »Danke schön!« oder was man in solchen Fällen zu sagen gewohnt ist.

Dabei kann es bleiben. Ein »Guten Tag« ist nicht, was viele fürchten, die Einladung zu endlosen Eisenbahngesprächen. Selbst ein paar Worte über Wetter oder Landschaft, Reh und Storch, die man vielleicht erblickt, sind unverbindlich, nichts als ein paar Worte.

Sollte sich daraus aber einmal ein Gespräch ergeben, so hat jeder Reisende die Wahl, auf dieses Gespräch einzugehen oder nicht. Bei ihm liegt es, sich auf ein vielleicht interessantes Thema einzulassen oder nur so freundlich zu schweigen, dass der andere merkt: Der will seine Ruhe haben.

Merkt er's nicht, gehört er zu den Redseligen, so sagt man in aller Freundlichkeit: »Erlauben Sie – ich bin nicht zum Reden aufgelegt.« Man kann natürlich auch einfach die Augen zumachen und so tun, als ob man schliefe, oder man kann ein Kreuzworträtsel lösen. Aber wie immer, wenn man vor einem Problem nur ausweicht, macht das die Lage nicht klar, und es kann sein, dass der Redselige nur darauf lauert, dass man die Augen wieder aufklappt oder 36 waagerecht endlich eingetragen hat.

Hat man sich nun an einem Gespräch mit einer oder mehreren Personen beteiligt, mit Vergnügen und Gewinn, so ist es abermals dem Einzelnen überlassen, anonym zu bleiben oder zum Schluss zu sagen: »Also, mein Name ist Hase, ich wohne da und da und reise in

Kohl und Klee.« Daraufhin beginnt vielleicht die allgemeine *Visitenkarten*austauscherei: Darüber lesen Sie bei diesem Schlagwort.

Im Großraumwagen der Bahn sitzt man trotz der meist größeren Anzahl der Mitreisenden anonymer. Das sollte einen nicht dazu verführen, die anderen als Luft zu behandeln oder sich in einer solchen Lautstärke mit Freunden zu unterhalten, dass keiner mehr in Ruhe lesen oder dösen kann.

Grüßen in öffentlichen Verkehrsmitteln Wer täglich zur gleichen Zeit ein bestimmtes Verkehrsmittel benutzt, stößt auf denselben Beamten. Nein, man muss ihn nicht grüßen, aber ich finde es einfach freundlich, jemandem zuzunicken oder »Moin« zu sagen, der ja ebenso wie mein Bäcker oder mein Postbote zu meinem Lebenskreis gehört. Eine Weile.

Und noch etwas Unnotwendiges: Wer einen Blick in ein öffentliches Verkehrsmittel – von Tram bis Flugzeug – wirft, stößt meistens auf abweisende bis feindselige Gesichter. Wenn einen jemand anlacht, so ist das ein Kind oder eine Ausländerin, die noch nicht lange in diesem Land lebt.

Demokratie, scheint einem in solchen Augenblicken, ist keine leichte Sache. Die Gesellschaft Gleicher erzeugt Missgunst, und auf dem neutralen Boden von öffentlichen Orten, Wegen und Wagen fällt die Maske, oft aus Müdigkeit, und die Leute sehen so aus, wie sie denken.

Wenn ich jetzt schreibe: Höflich wäre es, dem Mitfahrer, neben den man sich setzt und der deswegen vielleicht ein Stückchen beiseite gerückt ist, ein Lächeln zu schenken, so werden sicher manche Leser sagen: »Was ändert das denn? Ist doch nur Kosmetik. Verlogenheit. Seid nett zueinander – wenn ich das schön höre! Hinter der Nettigkeit bleiben die Leute doch so, wie sie sind!«

Das mag stimmen, aber trotzdem und auch deswegen bin ich für das Lächeln. Es kann nämlich auch stimmen, dass dieses Lächeln etwas bewirkt. Dass es wie ein Echo ein anderes Lächeln hervorlockt: dass es dem anderen signalisiert: Keine Angst! Ich will dir nichts tun! Ich bin ein Mensch wie du.

Im Prinzip gelten öffentliche Transportmittel als Öffentlichkeit. Keiner kennt den anderen, also braucht niemand den anderen zu grüßen. Bleiben wir jedoch in Bus, S-Bahn oder Tram: Wer täglich oder gelegentlich zur gleichen Zeit fährt, der trifft, meist sogar auf den gleichen Sitzplätzen, dieselben Leute. Nach einer Weile weiß er vielleicht wirklich nicht mehr, ob er die Betreffenden kennt, weil er sie täglich im Bus sieht oder weil er sie irgendwann einmal wirklich kennen gelernt hat. Grüßt er nun nicht aus dem ersten Grund? Oder grüßt er doch, weil er sich durch den zweiten dazu verpflichtet fühlt?

Nach der Regel: Im Zweifelsfall lieber höflich! sollte er lieber nicken oder »Guten Tag!« sagen. Wenn niemals zurückgenickt wird, kann er's ja wieder lassen.

Vielen Leuten kommt es in solchen Situationen so vor, als ob sie sich »etwas vergäben«, wie sie sagen. Was, bitte schön, vergibt man sich dabei? Geben ist nicht nur im biblischen Sinn mehr denn Nehmen, und es bricht keinem ein Zacken aus der Krone, wenn er als Erster beweist, dass der Mensch auch in der Menge freundlich sein kann. Ver-geben, also falsch geben, ist in diesem Fall wirklich das verkehrte Wort.

Gutschein statt Geschenk? Das ist natürlich eine ganz private Entscheidung, und es gibt Gutscheinfamilien und Nichtgutscheinfamilien. Wer nun aus einer Nichtgutscheinfamilie in eine Gutscheinfamilie heiratet, kann ziemlich enttäuscht sein, wenn er/sie statt liebevoll aufgebauter Geschenke bei Geburtstag oder Weihnachten nur ein Gutscheingeflatter vorfindet.

Denn: So praktisch Gutscheine auch sein mögen, es steckt ein bisschen Faulheit dahinter. Man hat schließlich von einem Geburtstag zum anderen und von einem Weihnachtsfest zum anderen ein ganzes Jahr lang Zeit, um sich um ein Geschenk und ein paar Kleinigkeiten zu kümmern.

Deshalb vermeidet man Kummer und unbeabsichtigte Beleidigung durch die Ausübung der gewöhnlichsten Höflichkeit: Man denkt nicht nur an sich und seine Sitten, sondern auch an den anderen und seine Bedürfnisse. Und man macht bei den Geschenken mindestens halbehalbe zwischen Gutscheinen und tatsächlichen Gaben.

Vernünftig sind Gutscheine dagegen, wenn der betreffende Gegenstand wirklich nur mit dem zu Beschenkenden ausgesucht und gekauft werden muss, seien das nun Schuhe, ein gewisses Möbelstück oder eine Sonnenbrille.

Haare Haare sind etwas Wunderbares. Wie das Licht sie glänzen lässt, wie sie in der Bewegung und wenn sie lang sind, fast lautlos über Hals und Busen gleiten! Genau das üben Mädchen immer wieder und schleudern ihr rundum gleich langes Haar mit eben dem Schwung, den sie den Models in der Werbung für Haarwaschmittel abgeschaut haben, von vorn nach hinten, von wo die Strähnen sofort wieder nach vorn zu rutschen beginnen. Und wenn man das Pech hat, im Bus oder in der Kirche oder im Konzert hinter oder neben einer solchen Haarwerferin zu sitzen, hat man bald fremde Haare im Gesicht, zwischen den Zähnen und auf dem Schoß. Mädchen müssen keine Zöpfe flechten. Ihr Haar gehört ganz ihnen! Freiheit für alle Frisuren! Aber Freiheit kann nur sein, wenn sie auf Rücksicht sprießt. Seine Haare behält man also für sich. Irgendwie.

Halbtrauer Das bezieht sich auf die Kleidung, mit der man früher die Umwelt ständig daran erinnerte, in welcher seelischen Verfassung sich der Trauernde befand. Volltrauer (siehe *Trauerkleidung*) bedeutet: schwarze Kleidung und Strümpfe, kein Schmuck außer schwarzem und Perlen, die ja Tränen bedeuten.

Männer: dunkle Kleidung mit schwarzer Krawatte.

Halbtrauer folgte für die engste Familie nach einem halben Jahr, für Geschwister und Enkel nach sechs Wochen: schwarz-weiße Kleidung, gedeckte Farben, am Mantelärmel der Trauerflor. Ihre Dauer: siehe *Trauerjahr*.

Heute wird kaum Trauer getragen, sondern Trauerarbeit geleistet, wie die Redewendung sagt. Trauerkleidung half dabei: Sie schützte den Trauernden vor Aufdringlichkeit und taktlosen Bemerkungen. Sie schuf einen magischen Kreis, in dessen Zentrum der Trauernde die Ruhe und Rücksicht genoss, die er sich heute manchmal erbitten muss – was vielen gerade in dieser Situation nicht leicht fällt und sie erbittert.

Hallo! Dieser Gruß, rheinisch: Hallöchen!, ist unkorrekt, hat sich aber durchgesetzt.

In einer Mischgesellschaft mit ziemlich mottenzerfressenen Verhaltensregeln und allgemeiner Unsicherheit ist gerade so ein lockerer, unpersönlicher und allseits verwendbarer Gruß höchst willkommen.

Dadurch bezeichnen sich aber auch die Grenzen seiner Anwendung. Wenn man mit konservativen Berufsgruppen, Familienangehörigen und Kreisen zu tun hat, so sollte man mit »Hallo!« Pause machen und mit der jeweiligen Tageszeit grüßen: Guten Morgen, Guten Tag, Guten Abend.

Haltung Dieser Begriff ist für viele ein Reizwort. Sie verbinden es mit Drill und stocksteif und wollen sich nichts aufzwingen lassen.

Gerade um das Gegenteil geht es jedoch bei der Haltung. Der Kern des Wortes heißt Halt: Wenn man einen Halt gefunden hat, kann man Haltung zeigen, ist frei von allem, was die anderen einem aufschwatzen wollen, ist also frei von fremdem Zwang.

Halt hat außerdem mit Innehalten zu tun, mit der weiteren Freiheit, sich Zeit zu lassen, um in Ruhe so lange über etwas nachzudenken, bis man die richtige Entscheidung treffen kann, zum Beispiel darüber, ob ein bestimmtes Benehmen richtig oder falsch ist, angebracht oder unangebracht. Wer die Haltung nicht verliert, kann sich deshalb in den meisten Fällen richtig benehmen.

Hände auf den Tisch! Das hört fast jedes deutsche Kind seine ganze Kindheit lang – und gewöhnt sich daran, beim Essen die Hände brav rechts und links neben den Teller zu legen.

Reist das Exkind nach England, wird es jedoch voll Verblüffung feststellen, dass sich dort kein Mensch benehmen kann: Sie schneiden ihr Fleisch zu Hühnerfutter, legen das Messer aus der Rechten, nehmen die Gabel in dieselbe und deponieren die freie Linke auf dem Schoß.

Das zeigt: Andere Länder, andere Sitten, und es zeigt, dass es sehr wohl genau definierte Essregeln gibt, dass man sich aber hüten muss, den Spießbürger zu spielen und bei Ungewohntem empört loszutrompeten: »Das ist ja unmöööglich!« Ein solcher selbstgerechter Aufschrei ist nicht nur unhöflich, sondern auch dumm.

Hände in den Hosentaschen Mit den Händen in den Hosentaschen herumzulaufen, ist ein Zeichen von Verlegenheit (wohin bloß mit den Händen?), von Angabe (Ellbogen dabei abwinkeln und als Schneepflug durch die Menge) und von Lässigkeit (Schau nur, wie locker ich bin!).

Aus all diesen Gründen galt und gilt es noch heute als unerzogen, die Hände in den Hosentaschen zu behalten, wenn man sich mit jemandem unterhält, den man achtet oder verehrt: Da sind wir wieder bei den bevorzugten Personen unserer Gesellschaft: Ältere, Damen und Vorgesetzte.

Bei der Frage, ob diese in einer Demokratie noch Extrawürste verdienen, scheiden sich die Begriffe von Höflichkeit. Man kommt, wie wir alle wissen, sehr gut mit Händen in den Hosentaschen durchs Leben. Aber es wird nicht nur von Frauen, Älteren und Chefs als höflich empfunden, wenn man sie – siehe oben – herausnimmt.

Und falls sich Herren nicht entschließen können, die Hände aus den Hosentaschen zu nehmen, sollten sie sich bei gutem hellem Tageslicht aufmerksam ihre Hose von hinten betrachten. Es ist mitunter kein angenehmer Anblick, zum Beispiel an einem Büfett im Restaurant, die abgeschabten und verfleckten Männerhosenböden vor

Augen haben zu müssen, die durch die hochgeschobenen Jacken entblößt werden.

Also: Wenn man schon die Hände in die Hosentaschen steckt, nur mit sauberem Beinkleid.

Hände(n) reden, Mit den Eigentlich tut man es nicht. Politiker tun es oft. Teilnehmer an Talkshows überbrücken damit Ausdrucksmangel. Manche Talkmaster kämen ohne Handgeschwenke gar nicht über die Runden.

Die letzten drei Beispiele zeigen: Menschen, die öffentlich auftreten, brauchen offenbar aus verschiedenen Gründen ihre Hände als Hilfswerkzeuge. Im privaten Gespräch sollte man sich aber lieber an die alte Regel halten, sich beherrschen und nicht den Leuten mit den Händen vor der Nase herumfuchteln. Besonders dann nicht, wenn man am Zurückzucken seines Gesprächspartners merkt, dass es ihn stört oder erschreckt. Denn die jähen und krassen Gesten haben als ein Erbe aus Urzeiten bis heute etwas Bedrohliches an sich.

Hände schütteln Die Sitte des Händeschüttelns zur Begrüßung gilt in angelsächsischen Ländern als germanisch, aber gerade in den USA werden einem oft erstaunlich kräftig die Hände geschüttelt. Es scheint eine sehr regionale und gesellschaftlich gebundene Sitte zu sein: im Norden eher nein, im Süden eher ja.

Ich würde beobachten: Man merkt meistens, ob der eine oder die andere auf meine ausgestreckte Hand wartet, und diese Erwartung sollte man höflicherweise nicht enttäuschen.

Außerdem gilt der Nichthandschüttler leicht als hochmütig oder eingebildet. Ein Missverständnis, das zum Beispiel in einem Büro oder Betrieb ärgerliche Folgen haben kann.

Lästig ist freilich die Händeschüttelei in großer Gesellschaft, aber da gilt es nicht als unhöflich, wenn man sich mit einem freundlichen Nicken von einem zum anderen wendet.

Auf jeden Fall muss der Jüngere etc. darauf warten, dass und ob man ihm die Hand reicht.

Jede Frau hat das Recht, das Zeichen zum Händeschütteln zu geben und andererseits den Handschlag zu vermeiden. Sie muss es nur so elegant tun, dass der oder die Partner(in) nicht dumm dasteht mit schon ausgestreckter Hand. Jemanden so stehen zu lassen, wäre wiederum beleidigend.

Hände waschen Vor dem Essen die Hände zu waschen –

das gehört zu den wenigen Sitten, die unbestritten geblieben sind, jedoch mehr in der Kindererziehung und der Kinderstube.

Wer Letzterer entwachsen ist, sagt eher zu seinem eigenen Kind: »Hände waschen vor dem Essen darfst du wirklich nicht vergessen!«, als dass er es selber täte.

Richtig ist jedoch: Die Hände sollte man sich auch auf dem Weg vom Schreibtisch zur Kantine, von der Theke zum eigenen Esstisch waschen.

Handkuss An ihm scheiden sich die Geister. Dabei ist er nichts als eine Grußform, die landschaftsgebunden und auch etwas standesgebunden ist. Das heißt: Man übt sie mehr in Österreich und Umgebung und in Adelsfamilien aus. Dort lernen die kleinen Mädchen und Buben, »Handibussi« zu geben, wenn sie den Tanten und Großmüttern Guten Tag und Gute Nacht sagen. Und wenn die Kinder erwachsen sind, so küssen sie automatisch allen älteren Damen ihres Lebens- und Familienkreises die Hände.

Junge Mädchen küssen ebenfalls den älteren Frauen die Hand, und außerdem küsst man verbal. Man sagt es, zum Beispiel zu einer Verkäuferin, ohne dass dieselbe im Ernst damit rechnet, dass es geschähe. In manchen Fällen wird das deutlich ausgesprochene oder zu »'ssdihand« verschliffene »Küss die Hand« statt »Danke« benutzt.

Erika Pappritz, Benimmexpertin der Adenauerzeit, war dagegen, dass unverheiratete Damen Handküsse bekamen, höchstens wenn sie so alt sind, dass man es sozusagen aus Mitleid tut.

Das ist natürlich Unsinn. Handküsse sind sicher Relikte, aber liebenswürdige. Wenn dieses Relikt jedoch aufs Gröbste betont, dass Ehefrauen eine bessere Sorte Mensch und dass Alter ein Verdienst seien, so könnte man niemandem mehr widersprechen, der Handküsse für verstaubt und überholt hält.

Es gibt eine Reihe von alten und merkwürdigen Regeln, wie man die Hände zu küssen hat. Vor allem: niemals unter freiem Himmel. Das ist ein Privileg von Monarchen. Doch da man im Fernsehen alle naslang mit anschauen kann, wie zum Beispiel der Königin von Spanien die Hand geküsst wird, hat das allgemein Mode gemacht und ist vermutlich nicht mehr auszurotten.

Was der Handkuss in früheren Zeiten auch bedeutet haben mag, heute ist er nur noch eine anmutige Geste, und Männer und Frauen haben die Wahl, ihn auszuüben oder nicht.

Es ist sicher etwas albern, ihn Kindern aus gesellschaftlichem Ehrgeiz einzudrillen, wenn diese nicht in einer Gegend aufwachsen, wo der Handkuss an allen Ecken und Enden blüht und gedeiht. Er ist so rasch gelernt. Wenn er einem jungen Menschen gefällt, so kann er ihn ohne viel Schwierigkeiten in sein Repertoire aufnehmen.

Andererseits haben alle Empfängerinnen die Freiheit, sich die Hand küssen zu lassen oder nicht. Selbst in Handkussgefilden gibt es Frauen, die ihre Hand eben nicht in dieser gewissen Art und Weise, Handrücken schon etwas nach oben gewölbt, dem Herrn entgegenheben, sondern sie ihm mannhaft hinrecken. Das und der feste Druck dieser Hand, welche die des Mannes dabei unten hält, warnt den Handküsser: »Hier nicht!« Also lässt er's.

Es ist freilich nicht höflich, diese Geste zu übertreiben und dem Herrn mit Jiu-Jitsu-Geste die Hand nach unten zu zerren, sodass er fast ins Straucheln kommt.

Es ist ebenso verfehlt, wenn ein weibliches Wesen seine Hand wie in einem schlechten Unterhaltungsfilm dem Herrn schon fast unter die Nase hält, und es kann dieser Dame passieren, dass der Herr dann gerade nicht küsst, sondern die Hand beiseite schiebt.

Es ist üblich, Handküsse nur auf nackte Haut zu geben, nicht aber auf Wolle oder Leder (der Handschuhe). Es ist schon der Übergang zu erotischen Vorspielen, wenn der Handküsser nun den Handschuh seiner Dame wegschiebt, um an die nackte Haut zu gelangen. Geht er schon so weit, dann muss er auch wirklich küssen, und das hat dann nichts mehr mit unserem Thema zu tun.

Denn das ist das einzig Sichere beim Handkuss: Er ist nie ein echter Kuss, wenigstens nicht, wenn er das bleibt, was er sein sollte: Begrüßung und nicht Liebeszeichen. Er schwebt also immer einen Hauch über der Hand.

Handy siehe *Mobiltelefon*.

Haus führen, Ein Ein Haus führen und Gesellschaften geben – das war früher nur der etablierten Familie mit Ausziehtisch, Geld verdienendem Vater und Personal vorbehalten. Man »empfing« in bürgerlicher Nachahmung des Adelszeremoniells, man lud ein und wurde zurückgeladen, wie man es in der Unterhaltungsliteratur des ausgehenden 19. Jahrhunderts nachlesen kann.

Heute ist jeder seine eigene Familie. Heute ist jeder sein eigener Haushaltungsvorstand, und wenn es auch noch das pseudogesellschaftliche Spiel von Einladung/Gegeneinladung und Pflichteinladung gibt, so können es alle spielen, auch diejenigen, die früher gesellschaftlich gesehen gar keine Personen waren: Junggesellen, Besitzer von weniger als vierundzwanzig Champagnerkelchen, Rentner und so weiter.

Haustier als Gastgeber Wenn ein Mensch, der von starker Tierliebe erfüllt ist, auch Menschen so weit zugeneigt ist, dass er sie zu sich einlädt, so darf er umgekehrt nicht voraussetzen, dass diese Gäste seine Art, mit Tieren zu leben, angenehm finden.

Es ist nicht jedermanns Sache, von einem Papagei begrüßt zu werden, der sich einem sofort auf die Schulter setzt. Wer im kleinen Schwarzen oder im offiziellen dunklen Anzug zu einer Abendeinladung auftaucht, hält nicht allzu viel von Polstern und Kissen voller Katzenhaare, ganz zu schweigen von Kanarienvögeln, die einem beim Frühstück zutraulich die Brösel vom Teller picken.

Der Gastgeber sollte also seine Menagerie zurückhalten und aus der Wohnung kein Tierheim machen.

In beiden Fällen sollte der Gastgeber seinen Gast mit Hund und der Gast den Gastgeber mit Papagei so gut ertragen, wie es geht, und aus diesem Zusammenstoß zweier Welten die Konsequenzen ziehen. Der eine lädt den Hund nicht mehr zu sich nach Hause ein; der andere sagt beim Papagei die nächsten Male ab.

Darunter braucht die Menschenbekanntschaft nicht zu leiden. Man kann sich ja im Restaurant treffen oder miteinander ins Kino, Museum oder zum Golfspielen gehen. Kompromisse der Höflichkeit. Siehe auch: *Hund als Hausgast*.

Haustiere Tiere im Haus werden von vielen Leuten hoch geschätzt. Trotzdem gibt es in jedem Jahr über zwanzigtausend Unfälle, Biss- und Kratzverletzungen, die vom Arzt versorgt werden müssen, und man liest immer wieder von Hundebesitzern, die nicht mit ihrem Tier fertig werden, sodass Hunde alte Menschen und Kinder anfallen und schwer verletzen oder töten, von Schwänen, Enten und anderen Tieren in Parks und Gärten ganz zu schweigen.

Hundehalter, die zuschauen, wie ihre Hunde andere Tiere jagen oder reißen, sind mehr als unhöflich. Sie haben ohnehin schon eine Regel verletzt, die aus Rücksicht auf die Allgemeinheit erlassen worden ist:

In öffentlichen Parks und Grünanlagen müssen Hunde an der Leine geführt werden.

Auf Kinderspielplätzen, in Sandkisten, auf Bürgersteigen lässt ein höflicher Hundehalter keinen Hund seinen Haufen machen.

Hunde, die kläffen, sind ebenfalls nicht gut erzogen, sodass man insgesamt nur Goethe zitieren kann: »Dem Hunde, wenn er wohl erzogen/ist selbst ein ernster Mann gewogen.«

Über *Hunde als Hausgäste* lesen Sie dort, kurz zusammengefasst: Hunde nur mitbringen, wenn man entweder vorher gefragt hat, ob sie dem Gastgeber recht sind, oder wenn man weiß, dass es Platz und Personal gibt, sodass sich jemand um den Hund kümmert. Oder wenn man nicht zu einem festlichen Diner, sondern zum Lunch am Wochenende eingeladen ist. Trotzdem ist es höflich, auch in diesem Fall zu fragen.

Da auch der Besitz von Katzen, Schlangen, Raubtieren und Pferden zu gerichtlichen Auseinandersetzungen führen kann, gilt der Grundsatz der Höflichkeit: Vor dem Kauf eines Haustiers sollte man sich überlegen, ob man es so halten und so dressieren oder erziehen kann, dass es den Mitmenschen weder zur Plage noch zur Gefahr wird.

Hemdsärmel Wenn sich Männer der Wärme oder der Gemütlichkeit halber der Jacke entledigen, werden Hemdsärmel sichtbar. Fein? Unfein? Erlaubt? Gewöhnlich?

»Hemdsärmelig« ist ein Synonym für ungehobelt, ungeschliffen oder naturburschenhaft. In Hemdsärmeln durfte man sich im Büro nur tummeln, wenn einen keine Kundschaft sehen konnte und so weiter.

Heute haben Polizisten und Flugpersonal extra Sommerhemden, die auch ohne Jacke zu tragen sind. Andererseits gibt es heute im Prinzip leichte Kleidung auch für Männer, sodass sie die Leinenjacke auch im August anbehalten können.

Tragen sie aus welchen Grünen auch immer einen Anzug warmer Art, und geraten sie bei Sitzungen, Tagungen und so weiter in Hitze, so müssen sie allerdings das alte Spiel spielen. Es gilt als ungehobelt und hemdsärmelig, wenn jemand einfach die Jacke auszieht und die Ärmel aufkrempelt. Die Regel lautet so: Eigentlich gibt der älteste oder würdigste Herr das Zeichen fürs Jackenausziehen. Sagt er nicht: »Ich glaube, wir könnten uns die Jacken ausziehen!« oder so etwas Ähnliches, so kann ein Jüngerer oder Rangniederer die klassische Frage stellen: »Stört es, wenn wir die Jacken ausziehen?«

Ist eine Dame anwesend, so wird sie gefragt: »Haben Sie etwas dagegen, wenn wir …«, und meist ist sie so gnädig und hat nichts dagegen. Hat sie's jedoch, so müssen die Herren ohne aufzumucken leise vor sich hin transpirieren. Siehe auch: *Körpergeruch*.

Herr Ein deutsches Gericht entschied, dass es als Beleidigung aufgefasst werden kann, wenn jemand einen anderen ohne Erlaubnis duzt oder das »Herr« vor dem Familiennamen weglässt.

Herrendiner Ein Diner, bei dem der Hausherr die Rolle der Hausfrau spielt, nennt man Herrendiner. Er führt seine Gäste also ins

Esszimmer, es ist jedoch auch gestattet, dass die Hausfrau als einzige Dame mit am Tisch sitzt – neben ihr der würdigste Herr, ihr gegenüber der Hausherr. Nach dem Kaffee im Salon zieht sie sich üblicherweise mit ein paar höflichen Worten zurück.

Wenn die Hausfrau mitisst, so sitzt neben dem Hausherrn der zweitwürdigste Herr, auf der anderen Seite der Hausfrau der Gast mit Rangplatz Nummer drei. Die übrigen Herren werden rangabwärts zwischen diesen beiden Polen gestaffelt. Findet das Herrendiner ohne Hausfrau statt, so liegen die Ehrenplätze rechts und links vom Hausherrn.

Diese etwas kuriose Form der Gastlichkeit hat in unserer Zeit eine Reihe von Variationen erlebt. Aus der fast männerbündnerischen Mahlzeit ist im gemütlichsten Fall eine Art Dämmerschoppen mit einem warmen Happen geworden, den der Einladende, sei er nun Single oder ein Ehemann, vorzüglich alleine ausrichten kann. Und wenn der weibliche Teil der Partnerschaft kocht, so wird sie nicht wie ein Allerleirau in die Küche zurückhuschen, sondern sich so lange davon überzeugen, dass den Gästen ihre Suppe etc. schmeckt, wie es diesen angenehm ist.

Denn das bleibt, weil es der einzige Grund dieses Anlasses ist: Eine Gruppe von Menschen möchte einmal einen Abend lang unter sich sein. So wie die alten Frauen früher beim Kaffeekränzchen, die jungen heute beim Damen-Bridge, ehemalige Kollegen beim Rentnertreff und so weiter.

Herrenhüte Herren- und Damenhüte sind im Verschwinden begriffen. Den Zylinderhut braucht man nicht mehr, weil der Frack nur noch abends getragen wird. Graue Zylinderhüte brauchen vielleicht dreihundert oder fünfhundert Herren in Westdeutschland, wenn sie zu einer englischen Gardenparty fliegen oder auf dem Rennplatz zuschauen, ob ihre eigenen Pferde siegen oder verlieren.

Den *Bowler* sieht man selbst in der Londoner City nur noch selten.

Wenn, dann benutzt man den *Homburg*, schwarz, weich, leicht hochgebogener Rand, der mit einem Ripsband eingefasst ist. Der Homburg passt zu allem, vom Stadtanzug bis zum Smoking, und kann zu allen Gelegenheiten getragen werden, für die man sich etwas besser kleidet, auch zu Beerdigungen.

Mützen und weiche Tweedhüte gelten nicht als Hut, brauchen also auch in der Stadt nicht abgenommen und geschwenkt zu werden, wenn der Herr eine Dame oder andere Leute trifft, die er grüßen will. In christlichen Kirchen nehmen die Männer immer den Hut ab; in Synagogen setzen sie immer einen auf.

Herzenstakt Ja – sagen die Taktlosen gern, Takt ist angeboren. Den hat man, oder man hat ihn nicht. Den wahren Herzenstakt kann man eben nicht lernen ... Und dann fahren sie fort, ihre Mitmenschen fröhlich mit Taktlosigkeiten zu traktieren. Das ist erstens falsch und zweitens grausam.

Herzenstakt ist eine beliebte Ausrede für Faule und Selbstgefällige, die sich für besser als die anderen halten und meinen, sie müssten sich keine Mühe geben. Siehe auch: *Takt, Rücksicht, Konvention.*

Hochadel Bei den Prinzen und Fürsten musste man früher im Gotha, dem »Genealogischen Handbuch des Adels« nachschlagen – was man übrigens heute noch machen kann, wenn man zu den Traditionstreuen gehört. Gothas stehen in allen größeren Bibliotheken, sind in verschiedene »Abteilungen« geordnet, in denen man von den Fürstlichkeiten bis zum Briefadel alle Familien aufgelistet findet samt ihrem Rang und den ihnen nach Adelsetikette zustehenden Titeln und Anreden.

Bei einem Prinzen kommt es zum Beispiel darauf an, ob es ein kaiserlicher, ein königlicher oder einer aus einem mediatisierten Hause ist – die spätestens nach dem Reichsdeputationshauptschluss von 1802 keine Herrschaft zum Regieren mehr hatten. Davon hängt es ab, ob es ein Prinz ist, den man mit Erlaucht, Durchlaucht, Hoheit, Königliche Hoheit oder Kaiserliche Hoheit anredet. Falls man ihn so anredet.

Denn im Prinzip sind diese Anreden ein Teil unserer historischen Vergangenheit. Ein braver Republikaner sagt zum Prinzen: »Guten Morgen, Prinz Sowieso, haben Sie gut geschlafen?«

Monarchistisch Eingestellte reden zwar auch eine Durchlaucht nicht mehr in der dritten Person an, aber sie sagen zu gleich alten und älteren durchlauchtigten Prinzen »Durchlaucht«. »Prinz« mit Vornamen erlauben sich nur die älteren Herren, die guten Freunde und die älteren und jüngeren Damen zu sagen.

Soll man's ihnen nachmachen? Das kann man nicht so klipp und klar beantworten. Meistens entscheiden die Leute so: Wenn es ein alter Mann oder eine alte Frau ist, die noch in dieser Tradition des Hochadels aufgewachsen sind und sich eigentlich nie von ihr getrennt haben, dann sagt man ihnen auch für den Rest ihres Lebens »Durchlaucht« oder »Hoheit« oder was ihnen zustand oder was sie gewöhnt sind. Oft ist es auch Hochachtung vor der würdigen oder aufrechten Person, die jemanden zu einem Fürsten »Durchlaucht« sagen lässt.

Jungen Menschen, selbst aus einstmals regierenden Häusern, sagt man dagegen wie den Grafen Titel mit Namen.

Das Gleiche gilt für die Familien, die noch herrschaftsähnlichen Grundbesitz haben und ihn im wahrsten Sinn des Wortes »wie die Fürsten« verwalten: Älteren Herrschaften tut man noch die gewohnte Ehre an, jungen Leute – siehe oben.

In Österreich gibt es offiziell ohnehin keine Adelstitel mehr. Aber da sich kaum ein Mensch darum kümmert, vielmehr von Jahr zu Jahr deutlicher wird, was für eine fabelhafte Touristenattraktion echte Grafen und Erzherzöge auf schön renovierten Schlössern darstellen, gilt das Gleiche: Wer der Vergangenheit und der Monarchie anhängt, sagt »Kaiserliche Hoheit« zum Herrn Dr. Otto Habsburg. Er ist beides gewohnt.

Hochzeitsdiner Die festlichste Art und Weise, eine Hochzeit zu feiern, ist ein Hochzeitsdiner mit oder ohne Tanz danach. Auch dieser Feststil kann je nach finanzieller und familiärer Situation variiert werden.

Wer das Hochzeitsessen nicht daheim geben will, kann die Gäste ins Hotel einladen. In diesem Fall legt der Brautvater vorher mit dem Hotel Speisenfolge, Tischdekoration, Musik und Getränke fest. Selbstverständlich muss man die genaue Gästezahl angeben können.

Wer zu Hause feiern und dennoch der Brautmutter nicht die ganze Last der Arbeit aufbürden will, kann sich vom Gasthof oder Delikatessengeschäft, von Stadtküche oder Hotel das ganze Essen samt Koch und Geschirr, Gläsern und Bedienung ins Haus liefern lassen.

Wer genug Zeit, Freunde und andere kochende Hilfskräfte besitzt, wird es sich nicht nehmen lassen, das große feierliche Mittag- oder Abendessen daheim zu geben. Man braucht dazu einen Raum, in dem man die Gäste vor dem Essen sich versammeln und ein Glas Sherry trinken lassen kann, und man braucht ein Esszimmer mit einem ausreichend langen Tisch

Die Mahlzeit umfasst meist drei bis fünf Gänge: Suppe, Vorspeise, Fisch, Fleisch, Dessert; bei drei Gängen lässt man den Fisch ganz ausfallen und entscheidet sich entweder für die Suppe oder für die Vorspeise. Alle Speisen sollten nicht nur gut und ohne viel Säbelei zu verzehren, sondern auch festlich angerichtet sein.

Als Tischgedeck bietet sich nur bestes Geschirr, kostbarste Tischwäsche, klassisch weiß gedeckter Tisch mit weißem Porzellan und farblosen Gläsern an. Jeder Platz kann durch eine Tischkarte bestimmt sein.

Die Farben der Hochzeit sind Weiß und Grün, und sie werden neben Silber und Gold auch gern zur Tischdekoration benutzt: Leuchter mit weißen oder grünen Kerzen, pastellfarbene Blumen, Silberschalen und das Grün von Buchsbaum oder Myrte. Auch die Stühle des Brautpaares und sein Gedeck werden gern mit Blumengirlanden und Buchsbaumkränzen umwunden, und eine sehr schöne Sitte ist es, den Brautstrauß – falls es sich nicht um sehr langstielige Blumen handelt – als Mittelpunkt der Blumendekoration vorzusehen.

Wem diese Farben zu langweilig sind oder wer eine ländliche Hochzeit feiert, vielleicht an einem strahlenden Tag im Garten unter Bäumen, im Dirndl und an Holztischen, der deckt nach seinem eigenen Geschmack oder so, wie es zum Stil des Rahmens passt.

Wer wo zu sitzen hat, wird vom Brautpaar bestimmt, dem der Ehrenplatz in der Mitte der langen Tafel zukommt. Rechts neben der Braut sitzt der Vater des Bräutigams, seine Tischdame ist die Brautmutter. Links vom Bräutigam sitzt dessen Mutter, und ihr Tischherr ist der Brautvater. Der Geistliche sitzt dem Brautpaar gegenüber oder neben der Brautmutter. Ist er zum Brautessen gekommen, so spricht er das Tischgebet und hält meist noch vor dem Brautvater die erste Rede.

Eine andere Möglichkeit der Tischordnung: Neben dem Bräutigam sitzt die Brautmutter, neben der Braut der Vater des Bräutigams. Gegenüber dem Brautpaar haben dann der Vater der Braut und die Mutter des Bräutigams ihren Platz. Links von der Brautmutter würde dann der nächste Ehrenplatz sein, den der Geistliche erhielte, rechts vom Brautvater hat die würdigste Dame ihren Platz.

Die übrigen Verwandten des Brautpaares werden in jedem Fall möglichst bunt gemischt platziert, denn für sie ist dieses Fest die beste Gelegenheit, sich gegenseitig kennen zu lernen.

Der Brautvater wartet nach dem Fleischgang, dass der Geistliche an sein Glas schlägt. Nach seiner Rede ist die Reihe am Brautvater, und wer danach noch reden will: je kürzer und launiger, desto besser.

Der Bräutigam braucht in diesem Fall nichts zu erwidern, nicht einmal zu danken. Er braucht nur höflich zu lächeln, denn dieser Tag ist so anstrengend für ihn, dass niemand mehr eine Rede von ihm erwartet.

Nach dem letzten Toast ist es Sitte, dass alle mit dem Brautpaar anstoßen; dass sich die Familienmitglieder gegenseitig das Du anbieten oder nicht (siehe auch: *Verlobung*), sich jedenfalls miteinander bekannt machen. Die Tischordnung ist aufgehoben, man kann zum Dessert schon die Plätze wechseln und gleich danach zum Kaffee in einen anderen Raum gehen und sich mit anderen Gästen neu gruppieren.

Falls das nicht schon am Polterabend geschehen ist, schlägt jetzt, nach dem feierlichen Hochzeitsessen und vor dem Tanz, die Stunde der Geschwister, Kollegen oder Freunde. Sie haben entweder eine Hochzeitszeitung mit Geschichten und Bildern aus beider Kindheit zusammengestellt oder ein Fotoalbum mit Kommentaren oder einen Videofilm oder ein Band mit selbst gemachter oder geliebter Musik. Oder sie führen ein Stück mit beziehungsvollem Text und Anspielungen und möglichst verrückten Kostümen auf.

Schließt sich an das Essen der Tanz an, so tanzt das Brautpaar den Ehren- und Eröffnungstanz miteinander und dann vielleicht noch mit den Eltern. Danach kann es sich zurückziehen, muss sich nicht von den Gästen verabschieden, zieht sich um und beginnt die Hochzeitsreise.

Viele Brautpaare lassen es sich jedoch nicht nehmen, die Nacht zu durchtanzen. Die Braut bleibt in ihrem weißen Kleid, und es gibt viele Spiele und abergläubische Bräuche, die sich um Kranz und Schleier drehen und von denen sicher einige aufgegriffen werden. Das bleibt der Familientradition und den landschaftlichen Usancen überlassen.

Das Ende des Festes liegt im Belieben der Hochzeitsgäste.

Das Brautpaar kann seine Hochzeitsreise genießen, denn es hat drei bis vier Wochen Spielraum, um seinen Dank abzustatten. Man kann sich in der Zwischenzeit Karten mit einem Dankestext drucken lassen, netter ist jedoch eine handgeschriebene Briefkarte oder eine gedruckte Karte mit einem zusätzlichen handschriftlichen Gruß.

Die Gäste bedanken sich innerhalb einer Woche nach dem Fest schriftlich oder mündlich bei demjenigen, der sie eingeladen hat, also bei den Brauteltern oder dem Brautpaar.

Hochzeitsempfang Er findet im Haus der Brauteltern oder im Restaurant statt, im Club oder an einem ähnlichen Ort.

Ein großer, bei der Hochzeit meist weiß gedeckter Tisch mit vorbereiteten Vasen wartet auf die Geschenke, und das Brautpaar steht dort bereit, um Glückwünsche, Blumen und Gaben in Empfang zu nehmen.

Es ist vernünftig, eine Geschenkliste anzulegen (siehe auch: *Patengeschenke*). Gibt es keine, so erkundigen sich die Gäste rechtzeitig vorher nach Wünschen, und in der Familie ordnet man diese Wünsche vernünftigerweise so, dass mehrere Familienmitglieder zu einem oder zwei großen Geschenken zusammenlegen.

Geschenke kann man schicken oder zum Empfang mitnehmen. Ein Mitglied der Familie wird bestimmt, nach dem Fest dafür zu sorgen, dass die Geschenke ins neue Heim des jungen Paares gebracht werden, falls der Empfang nicht im Elternhaus der Braut stattgefunden hat.

Gäste, die nicht zum Empfang kommen, aber zum Essen eingeladen sind, bringen die Geschenke dann mit.

Das Brautpaar darf im Prinzip die Geschenke gleich auspacken, bewundern und sich bedanken. Ist der Empfang jedoch sehr groß, entfällt das aus Zeitgründen. Umso wichtiger ist es, dass jemand aus der Familie die Aufgabe des Geschenkempfangs übernimmt und dass er wie bei allen Festen mit Geschenken, an denen kein Kärtchen befestigt ist, gleich auf den Begleitkarton notiert, was von wem stammt. Steckt das Kärtchen in einem Blumenstrauß, notiert er auch die Art der Blumen. Dann kann sich das Brautpaar in zwei bis drei Wochen richtig und schriftlich bedanken.

Ein Nachmittagsempfang ist üblich, wenn die Hochzeit mittags oder am frühen Nachmittag stattgefunden hat. Gibt es also kein abendliches Festessen, sondern einen Empfang am Büfett, so ist dieser besonders festlich, und die Dekoration wird in Weiß, Grün und Silber gehalten.

Hochzeitsfeier Die Grundform der Hochzeitsfeier ist bei der kleinen und bei der großen Hochzeit gleich. Sie hängt von der jeweiligen kirchlichen Feier ab. Das Drumherum ist persönlicher und gesellschaftlicher Art. Man heiratet so, wie es in den betreffenden Kreisen üblich ist; wie man es sich immer erträumt hat; wie man es sich leisten kann und so weiter. Weil eine Hochzeitsfeier gewisse Probleme mit sich bringt, mehr als man im Vorhinein denkt, ist es gut, wenn sich beide Familien schon kennen gelernt haben; wenn man Probleme offen besprochen und nicht verdrängt hat; wenn beide Generationen bereit sind, Kompromisse zu schließen.

Die Erwachsenen sollten auch berücksichtigen, dass sie in den meisten Fällen die Hochzeit zwar noch finanzieren, dass sie aber trotzdem ein Fest der Kinder ist. Sie sollen mit den Erinnerungen an diesen Tag eine Ehe anfangen, und deshalb ist es den Kindern gegenüber höflich, sich nach ihren Wünschen zu richten. Auf jeden Fall ist es leichter, sich zu entscheiden, wenn man über alle Fakten zum betreffenden Thema genau informiert ist. Siehe auch: *Standesamtliche Trauung, kirchliche Trauung.*

Hochziehen Hochziehen oder sich des Schleims entledigen, indem das eine Nasenloch zugehalten und der Rotz zum anderen hinausgeblasen wird. Oder Ausspucken: Das alles galt früher als bäuerisch, weil man sicher zu Recht annahm, dass Bauern kein Taschentuch besaßen. Dieser nützliche Gegenstand ist in der Tat erst ein Kind der nachbarocken Zivilisation gewesen. Wer auf sich hielt, benutzte also zumindest den Spucknapf.

Heute gilt diese freimütige Verteilung von menschlichen Ausscheidungsprodukten, ob aufs Straßenpflaster, aufs Parkett oder in den Spucknapf, als rücksichtslos, weil unhygienisch.

Man zieht nicht hoch. Man spuckt nicht aus. Man schnaubt ins Taschentuch. Siehe auch: *Taschentuch, Schnupfen.*

Hofknicks Einen Hofknicks sieht man gelegentlich im Fernsehen, und mancher fragt sich bei einer Sendung über europäische Königshäuser empört, warum zum Beispiel ein paar Damen keine Hofknickse machen, während andere doch so fabelhaft senkrecht in die Knie und dann wieder in die Höhe geschossen sind. Wie weiland Margaret Thatcher, die keine Gelegenheit ausließ, ausländische Potentaten mit tadellosem Knicks zu begrüßen.

Im Prinzip kann nur ein Souverän einen Hofknicks von seinen Untertanen erwarten. Beim Heiligen Vater sind die Leute viel konsequenter. Wer nicht an den lieben Gott glaubt, denkt auch nicht daran, den Papst Seine Heiligkeit zu nennen und kniet auch nicht vor ihm nieder.

Hierzulande ist die Sache einfach: Es regiert kein König oder Kaiser mehr, infolgedessen gibt es keinen Hof, bei dem man zu knicksen hätte.

Beim Besuch bei ausländischen Fürsten sagt das jeweilige Protokoll, von dem die Einladung verschickt wird, wie man sich kleiden und benehmen sollte.

Wer jedoch gern einmal Hofknickse anbringen möchte, kann sich den Spaß als Privatvorstellung leisten und auch vor Exmonarchen oder ihren Abkömmlingen knicksen, falls Sie sie in einer Gesellschaft treffen.

Wie man in Illustrierten lesen und auf Bildern sehen kann, haben es manche dieser Personen offenbar gerade wegen des nicht vorhandenen Hofes gern, wenn ihnen noch einmal die Ehre des Hofknickses erwiesen wird.

Höflichkeit »Höfisch«, steht im Konversationslexikon von 1898, »heißt im 12. und 13. Jahrhundert alles, was zu dem guten Ton und den exklusiven Anschauungen der damaligen ritterlichen Gesellschaft stimmt, die aus dem internationalen Rittertum der Kreuzzüge erwachsen war, maßgebend aber durch das französische Rittertum bestimmt wurde.

Der Gegensatz bildet dörperhaft, d. h. nach Art des Dorfbewohners.

Als ›hübsch‹ und ›Tölpel‹ gehören die beiden Wörter noch heute der lebendigen Sprache an.

Die höfische Erziehung brachte trotz mancher Ausschreitungen, wie sie bei der Anlehnung an ein fremdes Vorbild und in einem so engen, sich selbst abschließenden Kreise kaum zu vermeiden waren, doch eine feine und hohe Blüte gesellschaftlicher, ja menschlicher Bildung zustande, wie sie Deutschland früher nicht besessen hatte. Die rohen Leidenschaften wurden durch Zucht und Maß gebändigt; der Ritter fühlte sich berufen, den Egoismus zu zähmen, für Gott und Tugend, für Recht und Unschuld zu streiten, idealen Zielen nachzustreben; die Frau gewann beruhigende und veredelnde Macht über die Gemüter der Männer. Aus höfischen Anschauungen erwuchs auch der Frauendienst, der freilich im Laufe seiner Entwicklung sich dazu verirrte, den Ritter zum unterwürfigen Sklaven einer meist verheirateten Dame zu machen, der aber doch jetzt die früher allein mächtige Stärke unter die stille Gewalt von Schönheit, Anmut und Schwäche beugte.«

Diese historische Entwicklung sollte man kennen und bedenken, wenn man über Höflichkeit nachdenkt und diskutiert.

Hosenanzüge Heute sind Hosenanzüge Damen überall gestattet, und man sieht sie bei diplomatischen Empfängen so gut wie im Bundestag und im Theater. Ob man sie trägt oder nicht, hängt von der Figur und von der Gesellschaft ab, in der man lebt.

Hosenträger Sind Hosenträger spießig oder praktisch? Praktisch natürlich, denn sie verhelfen Hosen an Herren mit Problemfiguren zu einem anständigen Sitz, und das ist ein erfreulicher Anblick für die anderen.

Hosenträger zu entblößen, galt vor zwei Generationen als absolut unmöglich. Man zog nur die Jacke aus, im heißen Büro, wenn man eine Hose mit Gürtel trug. Oder wenn man im Biergarten saß und Bayer war, dem die Hosenträger als Teil einer Art Nationaltracht zugebilligt wurden.

Diese bajuwarische Sitte hat ganz sachte und unbemerkt Mode gemacht. Aus dem äußersten Westen des Kontinents sind noch die flotten, breiten, roten Hosenträger der Briten dazugekommen, sodass man sich heute in solchen Schmuckstücken auch in der Öffentlichkeit sehen lassen kann. Hosenträger gibt es unterdessen in so vielen rustikalen und englisch-schicken Formen, dass sie nicht nur das Blödel-Genie Otto zu seinen weiten Bühnenhosen trägt. Es versteht sich von selbst: Das alles gilt nicht für offizielle Gelegenheiten.

Hosenträger sind allerdings ein Muss bei der Frackhose, aus kleidungstechnischen Gründen und so verborgen unter Weste und Jacke, dass sie zwar für den tadellosen Sitz der Hose sorgen, aber ansonsten unsichtbar bleiben.

Hotelzimmer Man mietet es für eine oder mehrere Nächte, und sein Preis steigt von Saison zu Saison.

Weil es immer teurer wird, erwartet der Gast, dass es immer anständiger ausgestattet ist. Doch weil es so teuer ist, meinen viele Gäste, sie könnten sich für ihr Geld nehmen, was nicht niet- und nagelfest ist, vom Aschenbecher bis zu den Badematten. Und sie kleckern fröhlich den Kaffee und das Eis, das Rührei und den Nagellack, von anderem ganz zu schweigen, so durch die Gegend, dass der nächste Gast wie weiland Sherlock Holmes an diesen Spuren die Lebensgewohnheiten des Vorgängers rekonstruieren und auf jeden Fall seine Rücksichtslosigkeit ablesen kann.

Der wohl erzogene Hotelgast benimmt sich im Hotelzimmer so, wie seine Mutter es von ihm zu Hause erwartet hätte.

Er/sie putzt sich nicht die Schuhe an Bettdecke oder Gardine ab. Er/sie montiert weder die Griffe im Badezimmer noch das Schild in der Hotelgarage ab. Er/sie deckt nicht seinen/ihren Bedarf an Klopapier oder Gesichtstüchern im Badezimmer. Er/sie stellt Radio oder Fernseher auf extrem geringe Zimmerlautstärke und drosselt die Lautstärke ohne Murren, falls der Bewohner des Nachbarzimmers darum bitten lässt. Er/sie grölt nicht betrunken durch die Hotelgänge, weder tags noch nachts. Er/sie ist höflich zum Personal. Er/sie gibt Trinkgeld, siehe dort.

In manchen Hotels gibt es Raucher- und Nichtraucherzimmer. Diese Unterschiede beachtet man.

Hotelzimmer für Gäste Das Hotelzimmer zahlt derjenige, der es für sich bestellt hat oder hat bestellen lassen. Außer der oder die Gastgeber haben deutlich gesagt, dass sich die Einladung auch auf die Unterkunft erstreckt.

Wer also zu einem Familienfest die Verwandten aus anderen Städten einlädt, lässt diese Frage nicht im Ungewissen. Er oder sie schreibt entweder: »Wir haben in unserer Wohnung leider keinen Platz, aber ihr sollt selbstverständlich unsere Gäste sein. Wir haben euch im Hotel X Zimmer bestellt und bitten euch nur, rechtzeitig zuzusagen, damit …«

Oder man schreibt: »Wir wussten nicht, mit wie viel Komfort ihr übernachten wollt und legen deshalb einen Prospekt vom Hotel X und vom Gasthof Y bei (möglichst beides mit Preisliste). Schreibt uns bitte so bald wie möglich, wofür ihr euch entschieden habt und wo wir in eurem Namen vorbestellen sollen.«

In jedem Fall wird sich der Gast freuen, wenn er auch im Hotelzimmer eine kleine Aufmerksamkeit vom Gastgeber vorfinden wird:

einen kleinen Blumenstrauß mit einem Gruß, ein paar Süßigkeiten oder ein Buch auf dem Nachttisch.

Hummer essen Wer sich einen Hummerschwanz gekocht oder ihn fertig gekauft hat, kann das Fleisch aus dem halbierten Schwanz mit Gabel und Messer herausheben und einfach zerteilen.

Das Fleisch von Schere und Beinchen zieht man mit der Hummergabel heraus.

Bei einem klassischen Hummeressen, bei dem es wie beim Krebsessen nur Hummer gibt, kann man Scheren und Beinchen in die Hand nehmen und auch geräuschvoll auslutschen; große rote Servietten schützen die Kleidung vor roten Flecken, die nur sehr schwer aus hellen Stoffen zu entfernen sind.

Hummer servieren Das Zerteilen eines gekochten Hummers geht wesentlich leichter, als man es beschreiben kann, denn der Panzer schneidet sich so gut wie Pappe.

Man legt den Hummer bäuchlings auf ein Holzbrett, setzt ein scharfes spitzes Messer auf den Kreuzungspunkt des Brustpanzers und schneidet den Hummer zuerst nach vorn, zum Kopf hin, auf, und dann nach hinten, ebenfalls den Schwanz, aus dem man den schwärzlichen Darmfaden entfernen sollte. Manche essen ihn besonders gern als Delikatesse.

Als Nächstes werden Scheren und Beinchen abgedreht und abgeschnitten. Die Scheren stellt man auf die Schmalseite und schlägt mit einem Hammer darauf, sodass sie an der Naht aufplatzen. Entlang der Schmalseiten mit der Küchenschere vorsichtig weiter aufschneiden und in der Schale neben Hummerhälften und Beinchen auf eine große, mit Salatblättern dekorierte Platte legen. Hummer kann man kalt und warm essen. Man serviert Extrateller für den Abfall der Beinchen, Scheren und Schalen.

Hund als Hausgast Hunde und andere Haustiere werden von ihren Besitzern oft wie Kinder geliebt. Wer so ein Tier sein Eigen nennt, sollte sich darüber im Klaren sein, dass er diese Einstellung nur mit anderen Tierliebhabern gleicher Art teilt, nicht aber mit der Allgemeinheit.

Wer also seinen Hund ungefragt zu einer Einladung mitbringt, handelt unhöflich, zumindest unbedacht und wird nicht immer auf Begeisterung stoßen.

Selbstverständlich findet man den eigenen Hund besser erzogen als alle anderen Hunde auf der Welt – aber auch diese Überzeugung ist für den Gastgeber kein Argument, denn oft beruht sie auf einem Irrtum. Gerade weil ein Hundebesitzer in einer solchen Situation mit seinem Hund alle Ehre einlegen will, reagiert das arme Tier genau auf diese unterdrückte Nervosität so hibbelig, dass justament all die Katastrophen eintreten, die die Ablehnung des Gastgebers nur noch bestärken.

Also: Außer man ist in Schloss und Villa mit Gäste-Hundezwinger eingeladen: zur offiziellen Einladung erscheint der Gast ohne Hund.

Zu inoffiziellen Einladungen erscheint der Gast nur mit Hund, wenn er das vorher mit dem Gastgeber besprochen hat.

Zu Hausbesuchen mit Übernachtungen erscheint der Gast ebenfalls nur mit Hund, wenn der Gastgeber nichts dagegen hat, wirklich nichts.

In jedem Fall: Nur dann einen Hund mitnehmen, wenn man mit ihm fertig wird, ihn also so erzogen hat, dass er aufs Wort gehorcht. Das ist besonders wichtig, wenn der Gastgeber kleine Kinder hat oder selber Hunde oder Katzen, Hühner, Kanarienvögel oder Pferde besitzt.

Ebenso auf jeden Fall: Keinen Hund im Gästebett schlafen lassen. Beller auf jeden Fall zu Hause lassen. Dem Hund vertrautes Hundefutter mit auf die Reise nehmen und ihn wie gewohnt selber versorgen, ohne dass dadurch Wohnung, Tageslauf oder Küche des Gastgebers auf den Kopf gestellt werden. Siehe auch: *Haustier als Gastgeber*.

Ideale Gast, Der Er steht nicht in der Ecke herum, sondern geht auf die anderen Gäste zu. Er fängt nicht sofort zu fachsimpeln an, noch bricht er in den ersten Augenblicken eine politische Debatte vom Zaun. Er wiederholt nicht als eigene Meinung, was die anderen sowieso in der letzten *ZEIT* oder im *Spiegel* gelesen haben. Er redet nicht sofort über Steuern und Autos, er mäkelt nicht am Essen und weist auch nicht darauf hin, dass er dieses oder jenes nicht mag oder dass man es eigentlich nicht so und so zubereiten dürfte und er es so und so in diesem fast noch unbekannten, sensationellen Restaurant in X oder Y gegessen hat. Er jammert auch nicht, dass er alles nicht vertragen könne, denn ernsthaft Magenkranke sollten gar nicht erst zusagen, wenn sie zum Essen eingeladen werden. Der ideale Gast zählt auch sich und den anderen nicht dauernd die Kalorien in den Mund und klagt nicht bei jedem zweiten Bissen: »Das ist eigentlich viel zu fett für mich!« Wer gerade mitten in einer Schlankheitskur steckt, sollte sich verhalten wie der Magenkranke.

Der ideale Gast hat dagegen einen Blick für andere Gäste, mit denen sich keiner unterhält; er beginnt nicht sofort mit der neuen Frau eines alten Freundes zu flirten; er ist kein Überhöckler, wie man in Südwestdeutschland jene Leute nennt, die einfach hocken bleiben, auch wenn sie seit einer Stunde der letzte Gast sind, sondern er bietet freiwillig an, Gäste ohne Auto heimzufahren. Und er vergisst nie, am nächsten Tag anzurufen und zu sagen, wie nett es gestern wieder gewesen sei. Der ideale Gast ist also die Ergänzung des idealen Gastgebers. Aber er spielt sich trotzdem nicht auf und stellt sich nicht in den Vordergrund.

Ideale Gastgeber, Der Wer Gäste einlädt, darf nichts von ihnen erwarten, sondern alles von sich selbst. Denn wie die Gäste sich gerade an diesem Tag fühlen und benehmen werden, kann keiner voraussehen. Für sich selber aber kann man garantieren.

Der ideale Gastgeber ist bei diesem Zeremoniell eine Hauptperson der Handlung, und er oder sie hat es in der Hand, ob aus dem Stück eine Tragödie oder ein Lustspiel wird.

Er überlegt sich, wen er einladen könnte. Das sollten nicht nur Leute sein, die er selber mag, sondern solche, die sich auch untereinander zumindest so weit mögen, dass sie miteinander reden. Sie brauchen also nicht zusammenzupassen, sie müssen sich nur zusammenfügen können.

Hat der Gastgeber Pech gehabt, sind unter den anderen auch zwei zusammengekommen, die zufällig entdecken, dass sie Rivalen sind – auf welchem Feld auch immer; die sich auf den ersten Blick nicht ausstehen können; die auf allen Gebieten total entgegengesetzte Standpunkte vertreten; und die insofern keine idealen Gäste sind, als sie sich nicht beherrschen können, sondern sich ineinander verbeißen, ja dann kommt es eben auf den Gastgeber an. Er muss aus Rücksicht auf die anderen Gäste und seine eigene Party den Friedensengel spielen, ohne dass es die Kampfhähne merken. Denn tun sie's, so werden sie meist noch rabiater oder fordern alle anderen auf, ihre, nur ihre Partei zu ergreifen.

Der ideale Gastgeber macht sich also Gedanken über seine Gäste und komponiert sie ebenso klug wie die Bestandteile seines Menüs.

In einer Gruppe von nur losen Bekannten ist ein Redseliger im Prinzip ganz nützlich, weil er die Sache in Schwung bringen kann. Manchmal entwickelt er sich jedoch zum Alleinunterhalter und redet und redet und verkalauert sich so vollkommen, dass neben seinem Gedröhn kein Gespräch aufkommt. Die armen Gäste sitzen wie die Puppen herum und sind nur seine Statisten.

Geraten jedoch zufällig zwei Uraltfreunde in so eine Gruppe von fast Fremden und fangen sie an mit »Weißt du noch, Kalle …?« und lachen sich schon halb tot, wenn sie sich nur ein Stichwort geben, so kann man sie eigentlich nur in die Küche sperren und in verkleinerter Runde weiterfeiern lassen.

Gastgeber müssen also ausgleichen, jedem Gast das Gefühl geben, dass er willkommen ist, alle Gäste untereinander so bekannt machen, dass jeder weiß, worüber er mit dem anderen sprechen kann.

Der ideale Gastgeber gibt den Gästen nicht viel zu trinken, weil er meint, das brächte sie am besten über die Anfangsverlegenheit hinweg, und er gibt ihnen etwas Gutes, aber nicht so viel zu essen, dass sie nach dem dritten Gang schon Kiemenatmung einschalten müssen.

Ein idealer Gastgeber kümmert sich vor allem um die Gäste, die sich als Mauerblümchen zu entfalten scheinen, und er sorgt selbstverständlich dafür, dass Alte und Behinderte gut und behaglich sitzen und in der Nacht von jemandem nach Hause gefahren werden. Der ideale Gastgeber achtet darauf, dass das Licht nicht blendet und alle Falten und Müdigkeitsspuren enthüllt, aber auch nicht so dämmerschwach ist, dass man Gabel und Messer nicht auseinander halten kann. Übrigens: Lichtquellen in Tischhöhe geben angenehmeres Licht als Kronleuchter hoch über Esstischen und Wandarme, die über den Köpfen angebracht sind.

Diese Punkte umreißen sicher nicht alle Eigenschaften des idealen Gastgebers, aber sie deuten sie vielleicht an. Auf jeden Fall wäre er hilflos ohne den idealen Gast.

Intimbereich Geküsst wird heute so ausschweifend wie schon lange nicht mehr. Die Genanz oder die Schamhaftigkeit sind Eigenschaften oder Ausdrucksformen des Menschen, die zum so genannten Intimbereich gehören. Dieser Bezirk geht den Außenstehenden, den Partner im öffentlichen Leben, nichts an. Es steht ihm also nicht zu, ein Urteil zu fällen, sich einzumischen, missionarisch für mehr Freiheit und weniger Großzügigkeit zu werben – das ist, wenn überhaupt, höchstens Sache von Freunden, Geliebten, Familie.

Der Mensch in der Öffentlichkeit muss diese Eigenschaften allerdings achten. Burschikosität kann ebenso verletzen wie – im umgekehrten Fall – Prüderie.

Man kann also auch unter Geschlechtsgenossen nicht damit rechnen, dass sich jedermann oder jedefrau unbefangen im Sportclub oder in der Badeanstalt nackt unter die Dusche stellen, sich unbefangen beim Arzt, im Schlafwagen, im Krankenhaus an- und ausziehen. Siehe auch: *Privatleben*.

Is was? Das ist kein Ersatz für eine *Entschuldigung* (siehe dort), ist auch als Spaß sehr viel weniger komisch, als der Sprecher meint, und kann – wenn man nicht mit Absicht beleidigend oder herabsetzend sein will – nur in einer Runde gleich Gesinnter (von Schülern aufwärts) verwendet werden.

Jour fix Der »festgesetzte Tag« bedeutet: Man hat sich für einen bestimmten Wochentag entschieden, an dem man »zu Hause ist«.

Jeder, dem man irgendwann einmal gesagt hat: »Ich bin am Freitag ab 17 Uhr zu Hause, wenn Sie hereinschauen mögen …«, der gilt ein für alle Mal als eingeladen und kann an jedem Freitag kommen oder nicht. Jahraus, jahrein, denn die Einladung ist genauso fix wie der Tag.

Früher wurde diese sehr gesellige Sitte durch dreierlei befördert: Erstens waren die Städte noch nicht so groß, man wohnte dichter beieinander und konnte schnell »einmal hereinschauen«. Zweitens war die Zahl der Unverheirateten größer, man brauchte also gesellschaftliche Räume, in denen sich diejenigen bewegen konnten, die selbst noch »kein Haus führten«, und verfügte drittens über Personal, das sich um Kinder und Küche kümmerte, während Madame im Salon ihren Jour fix hatte, am Teetisch saß, den Gästen Tee einschenkte, plauderte und es genoss, der Mittelpunkt einer reizvollen Geselligkeit zu sein.

Gerade in unserer Welt der berufstätigen Frauen und der festen Termine ist diese Geselligkeitsform wieder beliebt geworden.

Denn beim Jour fix sind die Geselligkeit, das Zusammentreffen, die Unterhaltung die Hauptsache. Das Essen spielt nur eine Nebenrolle. Früher gab es Tee und trockenes Gebäck, sonst nichts. Das lag schon in der Natur der Sache, man konnte nie wissen, wie viele Gäste kamen, konnte also nicht viel vorbereiten, sondern nur etwas vorrätig haben: Kekse und der so genannte Dauerkuchen in Blechdosen, abgesehen vom heißen Wasser für den Tee.

Fixe Regel für den Jour fix: Der Gastgeber sagt, zu welcher Zeit er zu Hause ist, zum Beispiel von 17 bis 20 Uhr. In diesem Zeitraum können Gäste wie bei der Cocktailparty beliebig kommen und gehen. Wenn ein Gast jemanden mitbringen will, den der Gastgeber nicht kennt und noch nicht eingeladen hat, so fragt er vorher, ob es recht ist.

War früher die Hausfrau die Gastgeberin, so kann sich heute jeder, ob männlich, weiblich, ledig, verwitwet oder geschieden, einen Jour fix einrichten.

Blumen mitbringen? Wird nicht erwartet, und bedanken braucht man sich auch nicht. Siehe auch: *Offenes Haus, Haus führen.*

Junggesellen Früher wurden Junggesellen gesellschaftlich überhaupt nicht wahrgenommen, in männlicher vielleicht noch eher als in weiblicher Form, wobei manche Autoren von Anstandsbüchern sich nicht einmal genau im Klaren waren, ob ein gnädiges Fräulein, das sich absichtlich nicht verheiratete, noch als Dame eingeordnet werden konnte. Sie gerieten in Stottern, wenn es um Visitenkarten ging oder um die Anrede, und Feste zu geben war Junggesellen in keiner Form gestattet.

Wie gut, dass das alles nicht mehr stimmt, auch wenn es immer wieder erwähnt wird. Ein Junggeselle beiderlei Geschlechts und jeglichen Alters kann feiern, wie er will und wozu er imstande ist. Er kann eine Cocktailparty schmeißen, sie kann zum Essen einladen, und keiner von beiden muss sich um eine Ersatzperson anderen Geschlechts bemühen, die die Stelle der Hausfrau oder des Hausherrn einnimmt, damit die Tischordnung stimmt. Infolgedessen gibt es keine Sonderregelungen, und alles, was in diesem Lexikon steht, gilt auch für Ledige, Geschiedene, Verwitwete.

Kaffee- und Teelöffel Sie liegen auf der Untertasse neben der Tasse, und zwar so, dass sie der Rechtshänder leicht ergreifen kann. Linkshänder müssen sehen, wie sie zurechtkommen.

Mit dem Kaffee- oder Teelöffel rührt man das betreffende Getränk um, um es etwas abzukühlen. Man verrührt den Zucker, Kandis, die Milch und den Rum.

Dann nimmt man den Teelöffel aus der Tasse und legt ihn wieder auf die Untertasse. Man lässt ihn keineswegs in der Tasse stehen, als ob diese ein Becher wäre.

Kämmen siehe: *Schminken.*

Kartoffeln und Knödel essen Kartoffeln nie mit dem Messer schneiden!, hieß es früher, und man war damit so streng wie mit dem Fisch. Sicher, altmodische Stahlmesser liefen an, und das sah nicht nur scheußlich schwärzlich aus, es schmeckte auch metallisch und bitter. Dass man die Pell- und Salzkartoffeln, die Semmel- und Kartoffelknödel heute immer noch vom rostfreien und garantiert nicht anlaufenden Messer fern hält, hat einen anderen kulinarischen Grund. Wenn man all diese leckeren Sachen mit dem Messer durchschneidet, werden sie an der Schnittstelle schlitzig und zu glatt. Zerteilt man sie dagegen mit der Gabel, so bleibt der Knödel oder die Kartoffel locker und appetitlich.

Kartoffeln zermusen Das ist eine Gewissensfrage. Eigentlich ist es nicht gestattet, Kartoffeln mit der Gabel zu zerquetschen und mit Sauce oder Gemüse zu einem gewaltigen Matsch zu verarbeiten.

Dagegen: Wenn man das Glück hat, endlich einmal wirklich mehlige Erdäpfel zu bekommen, die leicht und lieblich aufplatzen und einfach danach verlangen, ihre lockere Stärke mit ein wenig Saft von den gedünsteten Tomaten zu vermengen – wer hätte das Herz, dem Feinschmecker diese unschuldige Lust zu verbieten?

Die Musmoral: Kein Zermusen, wenn es wie wild geschieht, unter Geschnaufe, Gespritze und abgewinkelten Ellenbogen, sodass alle Nachbarn am Tisch in Deckung gehen und das Ergebnis an eine Kindersandburg aus Matsch erinnert.

Dagegen: Wohlwollend gestattet, wenn die Gabel mit Grazie geführt und die Kartoffel nicht gequetscht und gequatscht, sondern leicht und locker vermengt wird.

Käse essen Auf der Käseplatte und als Abschluss eines wohl ausgewogenen Essens serviert man Käse – nicht aufs Butterbrot geschmiert und aus der Hand gefuttert. Er liegt stattdessen ohne jegliches Papier und ohne Plastikhülle auf einem Brett. Jeder Gast hat neben dem kleinen Käseteller ein kleines Besteck und findet auf dem Käsebrett ein Käsemesser, dessen Klinge in zwei Spitzen endet. Mit dem Messer schneidet man sich auf der Platte von zwei oder drei Käsesorten ein Stückchen ab, spießt die Stücke auf die Messerspitzen und befördert sie so auf den eigenen Teller. Käse in Würfel schneiden, Brot in Stücke brechen und Käse mit der Gabel, Brot mit der Hand in den Mund transportieren. Butter gibt es nur nördlich der Mainlinie zum Käse. Wenn, dann wird der Brot- oder Semmelbrocken mit einem Stückchen Butter belegt. Weiter wie oben.

Liegen zwischen den Käsestücken auf der Käseplatte kleine Weinträubchen, Gewürzgurken, ausgelöste Walnüsse oder Birnenschnitze, so kann man sich davon bedienen. Mit der Hand.

Katzentisch Bei großen Festen und Familienjubiläen setzte man die Kinder früher an den so genannten Katzentisch. Das war ein Extratisch, an dem ein älteres Geschwisterkind oder eine Tante dafür sorgte, dass Ruhe und Frieden herrschten, auch dass die Kinder ihre Freiheit bekamen und aufstehen konnten, wenn sie das Festessen zu langweilen begann.

Am Katzentisch wurde meist für die Kinder besser geeignetes Essen serviert, goldener Apfelsaft statt goldener Champagner in die Gläser gegossen, und die Kinder fanden neben ihrem Teller nicht die fünf Messer und fünf Gabeln, die sie sowieso nicht brauchten, sondern ihr gewohntes Besteck. Schließlich lag auf dem Katzentisch ein nicht so heikles Tischtuch, sodass ein umgekipptes Schokoladeneis keine Katastrophe verursachte. Ingesamt also eine Sitte, die recht praktisch ist, weil sie den Kindern entgegenkommt und den Erwachsenen angenehm ist, aber keinem die Freude am Fest schmälert.

Kaugummi – kauen Es ist in der Öffentlichkeit unhöflich, Kaugummi zu kauen, und deshalb tunlichst zu vermeiden. Denn weder für Vortragende, Lehrer, Geistliche oder schlichte Mitfahrer in Bahn und Bus ist es, sanft ausgedrückt, angenehm, einen Wiederkäuer vor Augen zu haben. Dabei spielt es keine Rolle, ob dessen Mund beim Kauen geschlossen ist oder offen steht.

Kaugummi – wie man sich dessen nicht entledigt Wunderbar, wenn ein Hauch von Höflichkeit den Wiederkäuer von selbst dazu bringt, sich das Kaugummi aus dem Mund zu nehmen, ehe er seine Liebste küsst oder sich zu Tisch setzt oder den Hörsaal oder Klassenraum betritt und so weiter.

Aber: Wer sich einmal ein weggeworfenes Kaugummi von der Sohle hat kratzen müssen (und was klebt einem alles mit dem Kaugummi am Schuh!) oder wer aus Versehen in ein Kaugummi griff, das der Vorgänger gerade unter eine Tischplatte, Sitzfläche der U-Bahn, einen Handgriff im Bus geklebt hat, der wird sich auch eine anständigere Ablage des Kaugummis als Ziel und Krone der Wohlerzogenheit (und Hygiene) gewünscht haben.

Kaviar essen Sollte es zur Vorspeise Kaviar – Störkaviar oder skandinavischen Forellen- oder Lachskaviar – geben, so löffelt man sich mit einem Horn-, Bein- oder Stahllöffel, der nicht anläuft, eine Portion auf den Vorspeisenteller.

Jetzt hat man die Wahl. Toast in mundgerechte Stücke brechen, buttern, Kaviar drauf und essen. Oder gebuttertes Toastbrot in den Mund und eine Gabelladung Kaviar dazu. Merkwürdigerweise gilt es als spießig, sich den Kaviar auf den Toast zu häufen und mit Messer und Gabel zu essen. Vielleicht weil man bei den ersten beiden Methoden nicht gleich so deutlich sehen kann, wie gierig einer zuschlägt.

Zum Kaviar wird normales Besteck aufgedeckt, das man in kaltem

Seifenwasser spülen muss, weil Fischeiweiß und -geruch sonst haften bleiben.

Kebabs und Spieße Spieße werden einem, ob nun mit Fleisch oder Fisch, in voller Pracht auf Reis oder Ähnlichem serviert. Man fasst den Spieß am Griff – hoffentlich verbrennt sich keiner mehr die Finger – und stellt ihn so senkrecht, dass beim nächsten Schritt nicht alle Grillstücke quer über den Tisch fliegen können. Denn nun hält man mit der Gabel das oberste Stück fest und zieht kräftig, aber mit Gefühl am Spieß, der eigentlich leicht aus dem Fleisch flutschen sollte. Nun liegt das Gegrillte auf dem Reis, und man kann mit dem Kebabessen beginnen.

Kerzen Zum Tafelschmuck gehören oft Kerzen. Kerzen schaffen Stimmung, aber sie müssen so zahlreich über die Tafel verstreut und so niedrig sein, dass die Gäste auch sehen können, was sie essen. Sie sind also eigentlich nur gestattet und vertretbar, wenn sie nicht nur eine Dekoration sind, sondern auch einen Sinn haben. Es ist gut, wenn man eine Generalprobe macht, ob sanftes Kerzenlicht im Esszimmer ausreicht. Tut es das nicht, so verstärken Sie es durch ebenfalls sanftes Licht von ein oder zwei Wandleuchtern.

Im Allgemeinen zündet man keine Kerzen bei Tageslicht an, deckt zum Beispiel keinen Frühstückstisch mit Kerzen. Die Ausnahme: natürlich der Geburtstagstisch.

Wer Kerzen auf den Tisch stellt, sollte ihnen eine Glasmanschette überstreifen, was erstens sehr hübsch aussieht und zweitens verhindert, dass der Gastgeber mit dem Schreckensschrei in die Höhe saust: »Hilfe, die Kerzen kleckern!«

Und nochmals eine Warnung: Kerzenlicht ist schön, aber es kann auch kräftig heizen.

Kinder am Festtisch Kinder gehören zur Familie, und wenn diese Familie ihre Feste feiert, so gehören auch die Kinder dazu. Kinder lieben meistens Feste, sie lieben es auch, an etwas teilzuhaben, das ihren Alltag und ihre Erfahrungen übersteigt. Sie lieben es auch noch, Verwandte um sich zu haben, und deshalb sollte man Kinder von Anfang an mit dazurechnen.

Kinder sollten an der Festtafel möglichst zwischen die anderen Gäste und nicht zusammengesetzt werden. Denn so lernen sie die ihnen vielleicht noch etwas unbekannteren Verwandten und Bekannten der Eltern besser kennen und geraten nicht vor Langeweile miteinander in Streit.

Kinder sollten nicht alles essen müssen, was auf den Tisch kommt, oder, falls es keine große Mühe macht: Es sollte etwas auf den Tisch kommen, was ihnen gut schmeckt. Kinder sollten auch nicht fünf Gänge lang reglos am Tisch sitzen müssen. Wenn sie sich zwischendurch im Garten oder im Kinderzimmer die Beine vertreten und etwas spielen können, sind sie zufriedener und deshalb bessere Tischgenossen. Siehe auch: *Katzentisch*.

Kinderstube Sie oder er hat keine – das ist ein vernichtendes Urteil. Es bedeutet: In seiner Kindheit hat sich keiner um die Erziehung dieses Menschen gekümmert. Er weiß nicht, was sich gehört.

Gutes Benehmen hat also die Wurzel in der Kindheit, ist Frucht langjähriger, geduldiger Erziehung und des guten Beispiels der Erwachsenen, zwischen denen das Kind aufwächst.

»Tu, was ich dir sage, und nicht das, was du mich tun siehst!« ist also der schlechteste Satz der Welt. Verbale Erziehung mit vernünftigen Sätzen muss freilich geduldig und mit tausend Wiederholungen stattfinden, denn Kindern geht tatsächlich das Gerede der Großen zu einem Ohr hinein und zum anderen wieder hinaus. Kinder lernen erst im Lauf der Entwicklung, Gehörtes zu behalten.

Leichter und wirksamer ist also die Erziehung durch das eigene Beispiel.

Kirchen und Klöster In Kirchen gelten in der eigenen Stadt und im eigenen Lande dieselben Verhaltensmaßregeln wie auf *Reisen ins Ausland*, siehe *Reisen in den Süden, Reisen nach Afrika und Asien*. In der Tat benehmen sich die Leute im Vaterland nicht anders als in der Fremde: Sie rennen vom Bundesbahnhof quer durch den Kölner Dom, um den Weg abzukürzen. Sie gehen von den großen Einkaufsstraßen in die Hamburger Petri-Kirche, weil es dort im Turm ein Klo gibt, wo es nichts kostet. Sie setzen sich im Sommer in Shorts und Turnhemd zum Abkühlen ins Kirchenschiff.

Der wohl erzogene Mensch weiß, was eine Kirche oder eine Synagoge ist. Er achtet die Weihe des Ortes durch Schweigen, angemessene Kleidung und zurückhaltendes Benehmen. Er achtet die religiösen Gefühle der Andächtigen, verwechselt die Kirche nicht mit dem Marktplatz, stört keinen Gottesdienst durch überhebliches Gebaren, Fotografieren und Herumrennen. Er lässt sein Mobiltelefon ausgeschaltet, beachtet die Schilder, auf denen er schon in vielen Kirchen lesen kann, wie er sich verhalten soll und um was ihn die betreffende Gemeinde oder der Pfarrer höflich bitten. Er erfüllt diese Bitte mit der gleichen Höflichkeit.

Kirchliche Anreden Kirchliche Titel sind vereinfacht worden. Man kann zum katholischen Geistlichen zwar immer noch »Hochwürden« sagen, aber »Herr Pfarrer« und »Herr Bischof« sind bei den Katholiken und den Protestanten ebenso üblich geworden wie »Herr Rabbiner«. Die Mönche und Ordensbrüder sind »Pater Wulf« oder »Bruder Bernhard«, die Nonnen nicht mehr »Ehrwürdige Schwester/Mutter«, sondern »Schwester Regina« oder »Mutter Vermehren«. Auch oder gerade in diesem Fall sollte man fragen, welche Anrede genehm und in dieser Gesellschaft üblich ist.

Kirchliche Trauung Die kirchliche Trauung muss ebenso gründlich wie die standesamtliche Trauung vorbereitet werden. Auch hier sind Papiere erforderlich, der Schmuck der Kirche muss besprochen werden: Übersteigt er das Übliche, kommen Musik und Gesang des Kirchenchors hinzu, so wird der dafür festgesetzte Betrag samt einem Trinkgeld für die Künstler in einen Umschlag gesteckt und vor der Trauung im Pfarrhaus oder beim Küster abgegeben.

Die Fahrmöglichkeiten für das Paar und die Gäste sind festzulegen, und vor allem muss von den Eltern und Brauteltern entschieden worden sein: große oder stille Hochzeit.

Gültig ist die Ehe schon dann, wenn sie vor dem Pfarrer und zwei Zeugen geschlossen wird, doch je festlicher die Kirche mit Blumen und Kerzen strahlt, desto mehr gefällt es der Hochzeitsgesellschaft und desto tiefer prägt sich das Ereignis in die Erinnerung ein. Deshalb wählen die meisten einen Rahmen, der das weiße Brautkleid und den schwarzen Anzug rechtfertigt: die Trauung oder die Brautmesse im Hauptschiff der Kirche, wo auch alle Gäste Platz finden.

Wer die Stille liebt oder zum zweiten Mal heiratet, also verwitwet oder geschieden ist, kann sich in der Sakristei oder zu Hause trauen lassen.

Der Zeitpunkt richtet sich vornehmlich nach den üblichen Terminen. Im Prinzip kann man sowohl vormittags wie nachmittags heiraten, und wenn man Glück hat, kann man die Trauung auf einen Samstag oder Sonntag legen.

Für das Hochzeitsessen wird schriftlich eingeladen.

Der allgemeinen Regel nach sind es die Eltern der Braut, die die Hochzeit ausrichten und auch zum Festessen einladen. In Wirklichkeit teilen sich heute die Familien meist die Kosten für Essen, Getränke und unter Umständen für die Musik, also für die Kapelle.

Wenn das Essen im Haus der Brauteltern stattfindet, laden auf jeden Fall die Brauteltern ein. Zum Essen im Restaurant können Eltern und Kinder gemeinsam einladen. Wenn das junge Paar selbst das Hochzeitsfest veranstaltet, so lädt es auch ein. Standesamtliche Trauzeugen werden übrigens auch wieder zur kirchlichen Hochzeitsfeier eingeladen.

Lädt man Verwandte ein, die von außerhalb kommen, so sollte man vorher genau die Frage der Unterkunft regeln.

Es gibt keine kirchlichen Kleidervorschriften für Trauungen. Man erwartet lediglich eine angemessene und würdige Kleidung. Doch wenn auch die Neigung zum Heiraten zurückgeht, bleibt bei den Frauen, die es tun, der Wunsch bestehen, das weiße Kleid zu tragen. Dem muss sich der Bräutigam wohl oder übel mit dunklem Anzug oder *Cut* (siehe dort) oder *Frack* (nur nachmittags! – Einzelheiten darüber siehe dort) anpassen. Sein Schmuck: ein Myrtensträußchen oder eine weiße Nelke im Knopfloch.

Was die Brautjungfern und die Gäste tragen, wird vorher besprochen. Dabei sollte nur beachtet werden, dass die Farbe Weiß allein der Braut zusteht; dass nach alter Sitte die Brautjungfern jedoch eine ähnliche Kleidung wie die Braut tragen, weil die bösen Geister über die wahre Braut im Ungewissen bleiben sollen; dass Damen Hüte tragen können; dass man in der Kirche kein dekolletiertes oder ärmelloses Kleid trägt und dass immer die Regel gilt: Kein Gast sollte eleganter und auffallender als das Brautpaar gekleidet sein.

Der Ablauf dieser Zeremonie ist landschaftlich und je nach Gewohnheit sehr verschieden. In manchen Gegenden ist es üblich, dass die Braut nicht von ihrem Bräutigam, sondern vom Vater oder vom Brautführer daheim abgeholt und zur Kirche gefahren wird. Der Bräutigam erwartet sie dann am Portal.

Meist versammeln sich die Gäste schon vorher in der Kirche, doch können sich Eltern, Trauzeugen und Geschwister in der Sakristei oder vor der Kirche zum feierlichen Brautzug ordnen.

Für die Reihenfolge des Brautzugs gilt nur die Regel: Der Vater des Bräutigams bildet mit der Mutter der Braut das erste Paar, dann folgen Brautvater mit der Mutter des Bräutigams, und an sie schließt sich der Rest der Familie so an, wie es sich ergibt.

Wenn Blumen streuende Kinder den Zug begleiten, machen sie selbstverständlich den Anfang, denn auf ihren Blumen soll das Brautpaar dem Brauchtum nach ins Glück schreiten.

Ob ihnen das Brautpaar direkt folgt oder ob zuerst die Brautjungfern mit ihren Herren in die Kirche gehen, vom Brautpaar gefolgt, ist eine Frage der Tradition und des Geschmacks.

In manchen Gegenden erwartet der Pfarrer das Brautpaar an der Kirchentür und geleitet es zum Altar, oder der Vater führt die Braut dem am Altar wartenden Bräutigam zu und »gibt sie fort«.

Dem evangelischen Pfarrer gibt der Bräutigam die Ringe vor der Trauung, der Pfarrer bewahrt sie in der so genannten Ringschale auf und steckt sie dem Paar bei der Trauung leicht an den Finger. Das Überstreifen erledigen sie dann selbst.

Bei der katholischen Trauung steht auf der Kniebank die Schale für die Ringe. Der Priester segnet sie im Lauf der Zeremonie, und die Brautleute stecken sie sich gegenseitig auf.

Beim Einzug in die Kirche geht der evangelische Bräutigam links von der Braut, während der Bräutigam bei der katholischen Trauung meist rechts von der Braut geht, sodass er nicht wechseln muss, wenn er die Kirche wieder verlässt.

Trägt die Braut einen Schleier, der das Gesicht verdeckt, so schlägt sie ihn nach der Trauungszeremonie zurück und lässt ihn zurückgeschlagen.

Nach der Trauung gratuliert der Geistliche direkt am Altar. Dann verlässt der Zug in der gleichen Reihenfolge wie beim Einzug die Kirche, und das Ehepaar fährt als Erstes weg. Sie nehmen alle anderen Gratulationen beim Empfang oder im Brauthaus entgegen.

Er verläuft ebenso wie der *Verlobungsempfang* (siehe: *Verlobungsfeiern, Hochzeitsempfang*).

Kirschen essen Werden sie bei Tisch als Dessert angeboten, so nimmt und isst man sie mit der Hand. Und die Kerne nehmen den Weg über die Hand wieder zum Teller. Dabei bleibt man schön aufrecht sitzen und beugt sich nicht so über den Teller, als ob man spucken wollte.

Kiwis und Feigen essen Kiwis und Feigen bieten den gesitteten Essanstrengungen im Rahmen eines Diners weniger Widerstand. Sie werden einfach halbiert und ausgelöffelt.

Kleidervorschrift Wenn Sie eine schriftliche oder gedruckte Einladung erhalten, ist links unten das Gewand des Herrn angegeben: dunkler Anzug, Smoking, Frack oder Trachtenanzug, wenn es sich zum Beispiel um ein süddeutsches oder österreichisches Sommerfest handelt. Das ist präzise und lässt doch alle Freiheiten im Rahmen der Mode, die gerade bei Ihnen herrscht. Sie finden unter den einzelnen Stichwörtern, was mit diesen Kleiderangaben gemeint ist.

Im Übrigen: Wenn Sie unsicher sind und nicht gern auch nur aus Versehen aus der Rolle fallen, so lautet der beste Rat immer noch: Fragen Sie den oder die Gastgeber: »Was soll ich anziehen?« – dann kann gar nichts schief gehen.

Knicks Zum Knicks stand 1979 in der *ZEIT*: »Zu niedlich, erzählte die ältere Dame stolz von ihrer Enkelin, sie kann schon einen Knicks machen!«

»Was?«, fuhren sie die Vettern an, ebenfalls vielfache Großväter, »du lässt sie einen Knicks machen? Wie kannst du nur!« Ein Knicks – das ist das Zeichen der Unterwerfung des Weibes! Verabscheuungswürdig. Das ist doch längst überwunden!

Sie hatten Recht. Deutsche Eltern lassen heute ihre Kinder weniger knicksen und dienern als noch vor einem Jahrzehnt. Eine Allensbacher Umfrage stellte fest: Schon 1968 war nach Meinung von 28 Prozent der Bundesbürger das überholt, was im Adelungschen Wörterbuch von 1775 so beschrieben wird: »Knicks; im allgemeinen Leben eine Bezeichnung der Höflichkeit oder Ehrfurcht, welche nicht so wohl in der Beugung des Leibes, als vielmehr in der Beugung der Knie besteht, dergleichen nicht nur das weibliche Geschlecht, sondern auf dem Lande auch das männliche bey manchen Gelegenheiten zu machen pflegt; eine Kniebeugung, Verneigung, im Oberdeutschen ein Knicker.« Heute findet mehr als die Hälfte der Bundesbürger die »Knickerei« überflüssig, Junge eher als Alte, Mitteldeutsche mehr als Norddeutsche und Bayern, Städter eher als Bauern, Akademiker eher als Volksschüler.

Folgt man also der Statistik, so kann man Knicks und Diener vergessen. Wenn Diplomaten noch lernen müssen, wie man sich leicht, durch ein Neigen des Kopfes oder vor manchen Monarchen außereuropäischer Länder aus der Hüfte heraus zu verneigen hat; wenn Damen wie Margaret Thatcher tadellose Hofknickse vor der eigenen Königin bis zu deren Kollegen aus Schwarzafrika vollführte, kann man das als Berufsarbeit bezeichnen und gleich wieder vergessen.

Oder man denkt noch mal über Adelung und seine Definition nach. Höflichkeit und Ehrfurcht.

Wir besitzen nicht viele Gesten, um beides auszudrücken. Je mehr aber die Fähigkeit erstirbt, Gefühle auszudrücken, desto notwendiger sind unsere alten Symbole und Körperzeichen. Und wenn sich ein Mensch dem anderen zuwendet, so ist die Frage nach Sinn und Berechtigung des »Knickers« nur noch ein Spiel von Vorbildern. Das Wort zeigt die Verwandtschaft der Zustände zwischen Ver- und Zuneigen. Siehe auch: *Hofknicks*.

Kniestrümpfe oder Socken? Zur korrekten Herrenkleidung gehören Kniestrümpfe, denn Herren durften ja immer schon die Beine übereinander schlagen, sodass sich die Hosenbeine nach oben schieben – und bei Sockenträgern die nackten Waden enthüllen. Das ist, selbst braun gebrannt, nicht immer ein Augenschmaus. Drum die langen Kniestrümpfe.

Kommunion, Konfirmation Diese religiösen Feste der Kindheit und Jugend haben bei allen konfessionellen Unterschieden eines gemeinsam: Es sind stille, nachdenkliche Feste, die nach dem Kirchgang im Kreis der Familie begangen werden. Der besinnliche und ernste Anlass soll den Verlauf des Tages prägen. Aufwand und Trubel sind fehl am Platz, und gerade deshalb können diese Tage in jedem Haushalt auch im bescheidenen Rahmen angemessen gefeiert werden.

Zu welcher Uhrzeit gefeiert wird, ergibt sich aus dem Zeitpunkt der kirchlichen Feier, die meistens am Vormittag liegt. Man bereitet danach bei sich zu Hause einen Empfang für alle Freunde vor, an den sich je nach Situation ein warmes Mittagessen anschließen kann.

Eine Einladung wird meist mündlich erfolgen, da der Termin der kirchlichen Feier lange vorher feststeht. Es muss nur deutlich ausgedrückt werden, zu welcher Tageszeit und Mahlzeit man die Gäste bittet. Schriftliche Einladungen bekommen Freunde und Verwandte, die außerhalb wohnen. Man muss mit ihnen besprechen, wer die Kosten für Reise und Unterkunft in einem Hotel übernimmt.

Die Zusage erfolgt ebenso wie die Einladung mündlich oder schriftlich. Absagen im letzten Moment sind in diesem Fall nicht statthaft.

In manchen Gegenden ist es üblich, der Familie nach der Kirche einen kurzen Besuch abzustatten. Dazu kann mündlich aufgefordert werden, doch dürfen Freunde und Nachbarn, Schulkameraden und Lehrer auch ohne Anmeldung kommen.

Eingeladen werden der Geistliche, die Taufpaten und die engere Familie. Will oder kann man mehr Personen einladen, so sind es vor allem die besten Freunde der Kinder und jene Erwachsenen, die zwar nicht zur Familie gehören, die jedoch den Lebensweg des jungen Menschen bisher mit liebevollem Interesse begleitet haben.

Die Gratulanten nach der Kirche, die zwar nicht eingeladen, jedoch willkommen sind, bewirtet man nach Sitte und Brauch der Gegend und der Familien. Es reicht auf jeden Fall, wenn man ihnen einen Schluck zu trinken und etwas Gebäck anbietet.

Ein Tisch für Geschenke und Blumen muss hergerichtet werden.

Fotos vom Fest sind eine schöne Erinnerung, deshalb versichere man sich, wer von den Gästen einen Fotoapparat mitbringen kann, und erkundige sich vorher, ob in der Kirche fotografiert werden darf.

Wie man sich kleidet, wird vom Kirchenbesuch bestimmt. Die Kleidung ist festlich, ohne auffallend zu sein. Die Damen wählen meist

Kostüm oder festliche Tageskleidung mit einem Mantel oder einer Jacke, die Herren tragen den dunklen Anzug.

Die Kinder sind je nach landschaftlicher Sitte gekleidet. In manchen Gegenden sind die langen, weißen Kommunionkleider mit Schleier immer noch gebräuchlich, während es sich in manchen Großstädten durchgesetzt hat, den Kindern keine Extraanzüge mehr zu kaufen, sondern sie normal und festlich gekleidet zur Kirche zu führen.

Das anschließende Mittagessen mit Paten, eventuell dem Geistlichen und der engsten Familie wird dem Anlass entsprechend und festlich begangen.

Kommunion und Konfirmation sind die ersten großen öffentlichen Feste, bei denen die Kinder bewusst im Mittelpunkt stehen. Auch wenn das Kind noch jung und die Tischrunde klein ist, so sitzt das Kind auf dem Ehrenplatz. Ihm zuliebe ist auch das Mittagessen so geplant, dass ihm alles schmeckt. Jede Mutter wird versuchen, zumindest eine Lieblingsspeise ins Menü einzubauen, und mit Firmlingen und Konfirmanden wird sie die ganze Speisenfolge vorher besprochen haben.

Kommunionkinder sind dagegen sehr jung. Bei ihrem Fest ist es besonders wichtig, dass es kein Feinschmeckergelage wird, sondern ein Kinderessen bleibt.

In den meisten Familien sind Tischreden üblich.

Die erste Rede wird von einem Paten oder vom Vater gehalten. Nach ihnen sprechen noch andere, die im Leben des Kindes oder des jungen Menschen eine Rolle gespielt haben: der Geistliche, Lehrer, Geschwister, Freunde, Spielkameraden.

Es wirkt sehr höflich und nett, wenn sich das Festkind zum Schluss bei den Rednern mit ein paar Worten bedankt. Wahrscheinlich ist es noch kein großer Redner, und deshalb genügt schon ein herzlicher Satz.

Kommunion- und Konfirmationsgeschenke Präsente und Blumen werden in das Festhaus geschickt, wenn der Betreffende dem Kind bereits nach der Feier in der Kirche gratuliert hat und keinen Gratulationsbesuch mehr macht. Geschenke und Blumen werden persönlich überreicht, wenn man zum Empfang kommt. Wer nicht vorher die Eltern gefragt hat, welches Geschenk erwünscht oder willkommen ist, der sollte bei der Auswahl bedenken, dass Geschenke zu einem solchen Anlass Erinnerungsstücke fürs Leben sein können, andererseits aber auch ausdrücken dürfen, dass der junge Mensch zum Kreis der Erwachsenen zählt.

Der Gabentisch sollte jedoch niemals dem eigentlichen christlichen

Anlass widersprechen und ein Altar des Konsums sein. Erwachsene sollten vielmehr bedenken, dass jungen Menschen der geistliche Sinn dieses Festes besonders tief bewusst ist und dass es viele junge Leute gibt, die sich der aufwändigen Geschenke wegen gar nicht mehr konfirmieren lassen wollen.

Das Mädchen oder der Junge bedankt sich innerhalb der nächsten zwei Wochen für die Geschenke und für die Gratulationen. In manchen Gegenden ist es noch üblich, dass man sich für Geschenke in Form eines persönlichen Besuchs bedankt. Die Gäste bedanken sich ebenfalls mit Brief oder Briefkarte, auch mit Blumen bei der Hausfrau. Gute Freunde können sich telefonisch oder mündlich bedanken.

Kommunionkerze Die Paten schenken dem Kind meistens die Kommunionkerze, die besonders dick, lang und prachtvoll ist. Mädchen bekommen dazu von der Patin oder von der Großmutter ein Spitzentaschentuch geschenkt, in dem sie die Kerze tragen. Diese Kommunionkerze bekommt später einen Ehrenplatz auf der Festtafel, brennt in manchen Gegenden den ganzen Kommuniontag hindurch oder wird in anderen wie die Osterkerze dann angezündet, wenn das Kind krank ist und Hilfe braucht.

Kondolenzbriefe siehe *Beileidsbriefe*.

Königliche Hoheit In ihren Memoiren berichtet die spätere Herzogin von Windsor, wie der englische König seinem abgedankten Bruder, dem Herzog von Windsor, nach dessen Heirat mit einer geschiedenen bürgerlichen Amerikanerin schrieb, der Premierminister Großbritanniens und der Dominien hätten ihn darüber belehrt, dass David mit dem Verzicht auf den Thron auch seinem königlichen Titel entsagt habe. Damit sei er aus der Liste der Thronfolge ausgeschieden, und damit habe er natürlich das Recht auf den Titel Königliche Hoheit verwirkt. Da es ihm jedoch am Herzen liege, dass sein Bruder im Genuss dieser Würde bleibe, verleihe er ihm diesen Titel erneut – allerdings habe er nach den Statuten des Adelspatents der Queen Victoria nicht das Recht, auch Davids Frau dieses Privileg zu verleihen. Also: Der Prinz von Wales wurde wieder eine Königliche Hoheit, die arme Wallis musste einfach »Herzogin von Windsor« bleiben. Darüber, notierte Wallis 1937 in ihr Tagebuch, »war David außer sich vor Zorn«.

So ernst nahm man damals die Etikette. So konnte sie herrschen und verletzen. Heute gehen die Leute mit dem Titel Königliche Hoheit so beliebig und locker um wie mit einem Blumenhut. Schmuck für einen Augenblick.

Werbe- und Gesellschaftsillustrierte, die seitenweise von Cocktails und Bällen in Gstaad oder Cannes oder New York berichten, streuen zum Beispiel eine reichliche Prise IKHs auch über solche Adlige aus, denen nicht einmal vor 1918 ein »Ihre Königliche Hoheit« zugestanden hätte.

Dabei ist die Sache ganz einfach: Korrekterweise steht nur amtierenden Herrschern der Titel und die Anrede Königliche Hoheit zu. Ihre Zahl ist jedoch so klein, dass es für Normalverbraucher keine Rolle spielt, denn bei der Königin der Niederlande oder dem König von Spanien wird man nur selten zum Tee eingeladen, und wenn, dann kann man sich beim dortigen Protokoll oder bei den zuständigen Hofbeamten erkundigen, falls man nicht schon mit der Einladung von ihnen informiert worden ist.

Konvention Dieses Wort leitet sich von dem lateinischen Verb *convenire* ab, übereinkommen, sich anpassen, sich schicken. Die Konvenienz ist also die Übereinkunft oder die Rücksicht auf Umstände. Um die Jahrhundertwende verstand man auch die Schicklichkeit, den Wohlanstand darunter, das ist »Anständigkeit des Betragens im geselligen Leben«, wie in einem Fremdwörterbuch aus dem Jahr 1910 zu lesen ist.

Und die Konvention ist nach demselben Autor »die Versammlung, besonders des Parlaments in England, wenn kein König vorhanden ist; die Übereinkunft, das Übereinkommen, der Vertrag, der Vergleich«.

Genau das ist unsere Situation. »Kein König« und auch kein anderes Vorbild. Also müssen wir übereinkommen und miteinander einen Vertrag schließen. Mancher hat in dieser »kaiserlosen, der schrecklichen Zeit« (Friedrich Schiller) bereits mit sich selbst einen Vertrag geschlossen und einfach behauptet: »Wo ich bin, ist oben. Was ich mache, ist richtig!« Viele sind damit auch erstaunlich weit gekommen, aber Erfolg allein macht aus einer Anmaßung noch kein Recht.

Das Problem liegt in der deutschen Gegenwartsgesellschaft eben darin: Es gibt kein Oben. Die beneidenswerten Briten haben ihre Queen, die Franzosen ihr Paris und die Wiener hatten ihren Opernball. Hierzulande haben sich in den Jahren der Besatzungszonen, des Wiederaufbaus und des Föderalismus viele verschiedene Oben gebildet, und selbst in einer einzelnen Stadt gibt es gesellschaftliche Unterschiede, die nichts mehr mit den alten sozialen Schichten zu tun haben.

Weil sich nun die süddeutschen Beamten samt Gattinnen anders kleiden, nähren, ansprechen und feiern lassen als die norddeutschen

Kollegen, Klinikärzte ebenso wie westdeutsche Witwen, Golfspieler in den besten Jahren, Sozialarbeiter oder Manager ihre eigene Etikette aufgebaut haben, kann man kaum von allgemeiner Konvention sprechen. In Süddeutschland sagt man zu Prinzen immer noch Königliche Hoheit, auch wenn weit und breit kein Königreich mehr zu sehen ist, während man in Norddeutschland beim Krebsessen rote Lätzchen trägt. Die einen nehmen ihren unvergesslichen Märchenkönig als Vorbild, die anderen die benachbarten Schweden. Zwei ganz banale Situationen, zwei verschiedene Vorbilder, zwei für eine bestimmte Region typische Verhaltensformen.

»Das gute Benehmen« ist der Versuch, zu einer gültigen Übereinkunft zu kommen. Wenn man an diesen Konventionen interessiert ist, wird man auf viel Allgemeingültiges stoßen: Dieses ganze Buch steckt voll davon. Zum guten Benehmen gehört aber auch, dass man die Unterschiede, seien sie regional oder sozial, erkennt und respektiert. Und es gehört auch dazu, dass man einsieht: Konventionen sind nichts Unveränderliches, liefern also keine Grundsätze, auf die man sich noch nach Generationen berufen kann. Im Gegenteil: Unsere Konventionen verschieben sich fast täglich, dies wird aufgegeben, jenes wird aufgenommen. Das geschieht unbewusst, und sicher kränkt es manchen, wenn er auf das eine verzichten und sich an das andere gewöhnen muss. Aber das Leben in einer Gesellschaft kommt nicht ohne diese Beweglichkeit aus, nicht ohne Trennungsschmerz und nicht ohne Freude über einen unvermuteten Gewinn.

Konversation Für das Sprechen und das Gespräch gibt es eine ganze Reihe von Regeln.

Man fragt nicht: »Was?«, sondern: »Wie bitte?«

Man sagt nicht: »Gib das mal her!«, sondern: »Kannst du mir das bitte …«

Man flüstert nicht in Gesellschaft, weil jemand anders denken könnte, man flüstere über ihn.

Man spricht dagegen laut und deutlich, wenn man etwas gefragt wird oder während einer Besprechung etwas zu sagen hat. Fürst Rainier von Monaco »verordnete« 1985 seiner Tochter Stephanie Unterricht im Sprechen, weil sie bei einem Fernsehinterview so genuschelt und gestottert hatte.

Man spricht in einer international gemischten Gruppe möglichst die Sprache desjenigen Gastes, der kein Deutsch versteht.

Man fällt keinem ins Wort, sondern wartet höflich, bis der Redner ausgeredet hat oder zumindest Luft schnappen muss. Man redet nicht in Gespräche von anderen Leuten hinein.

Man schwatzt nicht als Erster los, wenn man sieht – sehen müsste –, dass ein anderer gerade um Antwort ringt.

Man redet auch nicht gescheit über Dinge oder Geschehnisse, von denen man nicht allzu viel versteht, erst recht nicht, wenn jemand anwesend ist, der wirklich Bescheid weiß.

Man sagt möglichst, was man selber denkt, und wiederholt nicht, was man gerade in Zeitung oder Zeitschrift gelesen hat. Und wenn man selber der Fachmann ist, redet man nicht wie ein Besserwisser.

Man antwortet im Gespräch freundlich und nicht weitschweifig.

Man antwortet auf die konventionelle Frage »Wie geht's?« nicht mit der ganzen Lebens- und Leidensgeschichte, sondern versteht sie als das, was sie ist: Gesprächseröffnung.

Man breitet vor Fremden weder die ganzen Familienstreitigkeit noch seine Scheidungsargumente aus noch irgendetwas anderes, das Klatsch und Missverständnissen Nahrung gibt und so andere verletzen und in einen falschen Ruf bringen könnte.

Verpönt sind: lautes Lachen mit aufgerissenem Mund; derbe Sprache und Flüche; Aufschneiden und Angeben; langatmige Berichte; schlechtes und fehlerhaftes Deutsch; falsch verwendete Fremdwörter; Streit vom Zaun zu brechen; Neugierde zu zeigen und nach dem Einkommen zu fragen; lange Krankengeschichten zu erzählen; beim Sprechen Fratzen zu schneiden und beim Zuhören Daumen zu drehen; sich am Kopf zu kratzen und jemanden unverwandt anzustarren.

Bei dieser Liste kann man manchmal lachen, spotten oder die Nase rümpfen. Es sind Vorschriften mit einer langen Tradition, die sich teilweise seit dem Mittelalter gehalten haben. Sie gehören also zu den Dingen, die man zumindest kennen muss, weil es große Gesellschaftsgruppen gibt, in denen wenigstens einige dieser Prinzipien noch lebendig sind und in denen der Neuling nach diesen Prinzipien gemessen und beurteilt wird. Siehe auch: *Gespräche, Tischgespräch.*

Körperfehler Kein Mensch ist vollkommen, aber manche sind unvollkommener als die anderen. Und weil Vollkommenheit als Ideal unausrottbar ist, weiß kein Mensch, wie oft Menschen mit äußeren Eigenschaften, die ihnen unvollkommen erscheinen, daheim vorm Spiegel stehen und sich ihr elendes Ebenbild verzweifelt betrachten.

Werden diese Menschen nun mit ihren echten oder eingebildeten Abweichungen von der so genannten Norm von einem neugierigen, spöttischen oder auch nur längeren Blick in der Öffentlichkeit, in einer Gesellschaft, am Arbeitsplatz getroffen, so kann dieser wirklich wie ein Pfeil treffen und verwunden.

Deshalb fordert es die Höflichkeit, sich verräterische Blicke zu verkneifen und Menschen, die hinken, stottern, schielen, zu dick oder zu dünn sind, ein Muttermal oder eine Narbe haben, Conterganopfer oder Prothesenträger sind, so normal wie möglich zu betrachten und zu behandeln.

Die Krone der Taktlosigkeit ist es jedoch, wenn man Menschen mit ihren Körpereigenschaften, an denen sie ja nichts ändern können, hänselt oder benennt. Selbst wenn der Spitzname Pummel aus der Kindheit stammt und sogar der Pummel längst keiner mehr ist: Man sollte diese Gedankenlosigkeiten höflicherweise irgendwann aus seinem Sprachschatz streichen.

Körpergeruch Wenn es nach dem allgemeinen Seifenverbrauch ginge, so wären die Bundesbürger das reinlichste Volk der Erde. Wenn jedoch eine Frau ihrem Mann ein Deodorant kauft oder ins Badezimmer stellt, so bekommt sie auch heute noch oft zu hören: »Du hättest ja einen von diesen Lackaffen heiraten können, die sich den ganzen Tag schniegeln, wenn dir das so wichtig ist! Ein richtiger Mann …«

Und im Sommer sind alle öffentlichen Verkehrsmittel, Flugzeuge inbegriffen, mit »richtigen Männern« gefüllt. Wenn man an deutschen Stränden entlangwandert, weht der laue Juliwind Duftschwaden von Sonnenöl und richtigen Männern über die Düne, und niemand fragt, wie der Mitmensch den Mitmenschen, wie eine Frau die Männer sehen und riechen möchte. In grauer Vorzeit hatten diese Lockdüfte noch ihren biologischen Sinn, in den wilden Einsamkeiten signalisierten sie: Hier ist ein Mensch!

So hat der Mensch als Rasse überlebt, und zwar so erfolgreich, dass wir ziemlich dicht aufeinander hocken. Keiner braucht mehr über den Fluss und die Wälder ein Zeichen seiner Existenz zu senden. Niemand muss mehr riechen, um nicht auszusterben. Männer und Frauen können es sich leisten zu duften.

Wenn der deutsche Mann sein Aroma trotzdem so mit Macht verteidigt, sitzt ihm die ganze europäische Vergangenheit im Unterbewusstsein. Immer hat der Urgegensatz bestanden zwischen den Parfümierten, den Hofschranzen, die durch anderer Leute Schweiß sich in Samt und Seide hüllen und duften konnten, und den unverfälschten, ehrlichen Leuten des Volkes. Doch warmes Wasser und reine Haut weichen nicht den Charakter auf, und Frauen und Kollegen halten gepflegte Männer nicht im Geringsten für Versager.

Also: Man kann schwitzen, kann diesen Vorgang auch transpirieren nennen, aber man muss nicht stinken.

Wie das vermeiden? Dazu muss man wissen, warum der Mensch schwitzt. Und das hängt mit Überleben zusammen. Unser Körper muss ständig Hitze oder Kälte ausgleichen. Wenn Wärme abgeleitet werden muss, damit die eigene Körpertemperatur die normalen 37 Grad nicht übersteigt, muss das Herz emsig pumpen, um schneller genug Blut in die Randbezirke der Muskeln zu treiben. Dieses Blut transportiert die Wärme aus den Geweben, aus dem Inneren des Körpers heraus und bringt abgekühltes Blut zum Herzen zurück. Reicht dieser Kühleffekt nicht aus, so setzt mechanisch der zweite ein: Das in die äußersten, erweiterten Kapillaren gelangte Blut gibt Flüssigkeit ab, Blutplasma, aus dem Schweiß destilliert wird, der wiederum den Körper von außen bedeckt, verdampft und dadurch für weitere Kühlung sorgt.

Um die Folgen des Schwitzens zu verringern, muss man also dafür sorgen, dass dieses Kühlsystem nicht ins Extreme getrieben wird.

Nicht kalt duschen, denn der starke Kaltreiz veranlasst den Körper nämlich, erst recht Wärme freizusetzen, man schwitzt doppelt heftig.

Nicht schwer essen, denn schweres, fettes Essen belastet den Kreislauf und lässt den Körper noch mehr schwitzen: Kalorien sind ja Wärmeeinheiten, und je mehr Kalorien man verschlingt, desto mehr Hitze muss der Körper ausstrahlen und löschen.

Auch Eisgetränke und Eiscreme kühlen und erfrischen nur scheinbar. Ihr Effekt beruht darauf, dass Kälte das Zentralnervensystem betäubt. Die Hitzerezeptoren sind also für die Dauer dieser Lähmung abgeschaltet. Doch sowie diese Betäubung nachlässt, setzt das Gefühl für Hitze erneut ein, und je kalorienreicher Eisgetrank oder Eis gewesen sind, desto mehr muss nachgeschwitzt werden.

Alkoholische Getränke sind ebenfalls so kalorienreich wie fettes Essen. Ein Gramm Alkohol enthält 7,5 Kilokalorien, deshalb schwitzt man nach einem Gin Tonic wesentlich mehr als nach einem Glas Mineralwasser mit Zitronenscheiben.

Besser: Morgens, eventuell auch mittags, nachmittags, nach dem Büro, abends vor oder nach dem Ausgehen wird geduscht, aber lau, weder heiß noch eiskalt. Die Stellen, die üppig mit Schweißdrüsen ausgestattet sind (Achseln, Bauch und Schritt) werden besonders gründlich abgeseift, auch dann, wenn man nur mal zwischendurch duscht. Die Haut nicht kräftig trockenrubbeln, sondern eher abtupfen, sonst reizt man sie durch die mechanische Bewegung zur stärkeren Durchblutung und muss es mit Schwitzen büßen. Danach: desodorieren. Bei manchen Menschen reicht es, das betreffende Mittel in den Achselhöhlen aufzutragen.

Deodorant stoppt den Schweißgeruch, indem es die Bakterien zerstört, die beim Zersetzen der Schweißbestandteile üble Gerüche freisetzen. Sie verhindern nicht das Schwitzen selbst, sodass man auch bei der Verwendung eines Deodorants riechen kann: Der Schweiß durchfeuchtet Unterzeug, Hemd und Kleidung, setzt sich darin fest und zersetzt sich dort.

Schutz vor diesem Vorgang, vor allem wenn er chronisch ist: dünnere Kleidung, in die man nicht so eingezwängt ist, dass man ins Schwitzen gerät. Außerdem Kleidung aus Baumwolle, die man kochen und damit entaromatisieren kann.

Deodorants und Antitranspirants muss man ausprobieren, wie sie bei einem wirken und wie sie sich mit der eigenen Haut vertragen. Man sollte eines wählen, das vollkommen geruchlos ist; denn schlimmer als alter Schweiß ist unwirksames Deodorant-Parfüm mit altem Schweiß.

Was tun, wenn ein Kollege oder eine Kollegin, ein Angestellter oder ein Familienangehöriger ständig nach Schweiß riecht und es nicht merkt?

Merkwürdigerweise gibt es da eine Hemmschwelle. Es ist den meisten Menschen unangenehm, mit einem anderen darüber zu sprechen. Bei Familienangehörigen sollte man es auf jeden Fall unumwunden, aber taktvoll tun. Bei Kollegen ist es immer besser, wenn man sich mit den anderen Kollegen über die Art und Weise des Vorgehens berät und vielleicht denjenigen bittet, für alle zu sprechen, der die größte Autorität besitzt, denn oft ist die beste Freundin gerade die schlechteste Gesprächspartnerin in dieser Sache. Manchmal reicht es auch, dem oder der Betreffenden einen Text über das Thema vor die Nase zu legen, zum Beispiel dieses Buch, aufgeschlagen unter dem Stichwort Körpergeruch.

Krankenbesuch Wer eine ganz normale, kurzfristige Krankheit hat, Grippe oder Röteln, der bleibt im Bett, bis er gesund ist, und er bekommt eh keinen Besuch, weil er ansteckt. Wer sich dagegen das Bein bricht oder eine andere Krankheit mit langer Genesungszeit hat, ist meistens froh, wenn er gelegentlich Besuch bekommt, sowie er das Ärgste hinter sich hat.

Regeln für diese Krankenbesucher: keine zu langen Besuche machen. Auch Genesende brauchen Ruhe, und wenn sie schon nach kurzer Zeit Müdigkeit zeigen, so gilt für den Gast: aufbrechen und dafür vielleicht bald wiederkommen.

Während des Besuchs nicht rauchen und das Mobiltelefon abstellen! Dem Genesenden vernünftige Sachen mitbringen: Blumen sind gut, sollten aber nicht zu stark duften. Lektüre passt immer, sollte aber weder zu aufregend, blutrünstig oder angsteinflößend sein.

Süßigkeiten sind eigentlich nicht gut. Wer's mit den Innereien hat, darf sie nicht essen. Wer das Bein gebrochen (und keine Bewegung) hat, sollte sie nicht essen, weil Schokolade stopft und alles Kalorienreiche bei gleichzeitiger Körperruhe geradezu explosiv anschlägt. Bei allen Ess- und Trinkwaren: vorher den Ehepartner oder die Pflegeperson fragen, ob es sinnvoll oder erlaubt ist, so etwas mitzubringen.

Krankenhausbesuch Wer jemanden im Krankenhaus besuchen will, muss eigentlich nur daran denken, dass Kranke noch mehr Rücksicht als andere Menschen brauchen. Daraus ergeben sich die Regeln von selbst:

Vorgeschriebene Besuchszeiten einhalten.

Sich auf den Gängen und in den Krankenzimmern leise verhalten, nicht lärmen, rufen oder anderen Krach machen. Nicht rauchen. Handy, siehe oben.

Bei dem, was man dem Kranken mitbringt, gilt das Gleiche wie beim *Krankenbesuch* (siehe dort), in Bezug auf Nahrungsmittel und Getränke nur noch strenger.

Ärzte und Schwestern nicht um Auskünfte bitten, denn sie sind gehalten, entweder gar keine Auskunft zu geben oder nur Verwandten.

Kranzschleifen Kranzschleifen mit dem Namen des Spenders oder mit Namen und einem Abschiedssatz sind bei Beerdigungen üblich.

Die Kränze der nächsten Familienangehörigen tragen korrekterweise keine Schleifen mit Namen oder Grüßen. Denn die Familie weiß ja, dass und welchen Kranz sie zu Grabe tragen oder tragen lassen.

Am Kranz der näheren Familienangehörigen und der guten Freunde steckt eine Visitenkarte im Kuvert, die vor der Beerdigung abgenommen und gesammelt wird, sodass die Hinterbliebenen wissen, bei wem sie sich zu bedanken haben. Es ist ratsam, wenn ein Verwandter das Amt übernommen hat, diese Kuverts zu sammeln und auf ihnen zu notieren, an welchem Kranz oder welchem Bukett sie gesteckt haben.

Kranzschleifen mit Namen und Grüßen sind eigentlich vergrößerte Visitenkarten, die allen Trauergästen zeigen sollen, dass Kollegen, der ehemalige Betrieb, der Sportclub, die Bundesregierung oder andere Gruppen und Vereine des oder der Verblichenen gedenken.

Krebse essen Für eine klassische Vorspeise wird das Fleisch in der Küche ausgelöst und je nach Rezept verwendet. Gibt es dagegen frisch gekochte ganze Krebse als Vorspeise oder Hauptgericht, so braucht man ein rotes Tischtuch und rote Servietten, weil der Krebssaft ungeheuer färbt, nach schwedischer Sitte sogar rote Lätzchen, und auf jeden Fall Abfallschüsseln und Fingerschalen.

Krebse werden nicht halbiert, sondern im Ganzen serviert, so wie sie aus dem Sud kommen. Man arbeitet mit Fingern, Krebsmesser und Gabel. Man bricht dem Krebs zuerst den Schwanz ab: den gekrümmten Schwanz in die andere Richtung biegen und dabei leicht drehen. Oft flutscht das Fleisch schon dabei aus dem Panzer, der wesentlich dünner als der Hummerpanzer ist. Tut es das nicht, so schneidet man den Panzer an der Unterseite mit dem Krebsmesser auf. Die Klinge des Krebsmessers hat ein kleines Loch. Durch diese Öffnung steckt man die Krebsbeinchen und knackt sie durch. Fleisch und Saft darf man aus den Beinchen zuzeln.

Den Krebsscheren rückt man wie den Hummerscheren zu Leibe. Siehe dort. Auf die gleiche Art verspeist man Langusten, Kaisergranate, Riesengarnelen oder die Beine von Seespinne oder Königskrabbe.

Küchenbenehmen Es zeugt auch von schlechten Manieren, wenn man fremden Hausfrauen an Herd, Tiefkühlgerät und Kühlschrank geht, ohne vorher um Erlaubnis gefragt zu haben. Erstens leben wir in einem Land, in dem Eigentum sehr hoch geachtet wird, und zweitens rechnet jede Hausfrau und jeder Hausmann mit dem, was sie/er in Vorrat hat. Unangekündigte Zugriffe können also das Kochprogramm von – meistens Berufstätigen – aufs Ärgerlichste durcheinander bringen.

Kummerbund Kummerbund (siehe auch: *Smoking*) geht auf das Hinduwort *kamarband* zurück, das ein Lendentuch bezeichnet, aus dem sich die Schärpe entwickelt hat, die man sich in Indien um die Hüfte schlingt.

Lageplan Leute, die auf dem Land wohnen, womöglich ohne Wegbezeichnung und Ortsschild oder Hausnummer, machen sich ein für alle Mal einen unmissverständlichen Lage- und Wegzeichenplan, unter Umständen mit Abfahrtszeiten von Bahn oder Bus, geben auch ungefähr die Fahrdauer mit Auto oder öffentlichen Verkehrsmitteln an. Diesen Plan lassen sie drucken oder ablichten und legen ihn Gästen und Freunden, die noch nie bei ihnen waren, mit der Einladung in den Umschlag. Dann kann man sich kaum verirren.

Lebensgefährten und Geschiedene Sie können heute noch manchen Gastgeber aus der Fassung bringen. Dabei ist die Sache vollkommen einfach. Solange zwei Menschen nicht verheiratet sind, behandelt man sie gesellschaftlich als Einzelpersonen. Das ist ja gerade die tiefste Berechtigung aller Formen: Sie helfen dem Unsicheren, sich tadellos zu benehmen, weil sie nichts mit Emotionen zu tun haben, sondern nur mit Logik und Ordnung. Junggesellen, Junggesellinnen, Lebensgefährten, Witwer und Witwen, Geschiedene jeglichen Geschlechts werden ohne Rücksicht auf ihre Lebens- und Leidensgeschichte mit kühler Gerechtigkeit nach dieser logischen Ordnung der Form platziert.

Der Gastgeber hat also nur eine einzige persönliche Entscheidung zu treffen: Ob er diese betreffende Einzelperson einlädt oder nicht.

Allgemeine Regel, mehr aus Vorsicht als aus Höflichkeit: Geschiedene nicht gleichzeitig einladen. Tut man es aus irgendwelchen Gründen trotzdem (Taufe, Beerdigung und andere Familienzusammenkünfte), so wird man sie bei Tisch nicht nebeneinander setzen. Siehe auch: *Geschiedene*.

Leute »Mach, was du willst, die Leute reden doch!«, lautet der alte Spruch, aber auch heute handeln noch viele nicht so, wie sie es selber für richtig halten. »Was die Leute sagen …«, »Was die Leute von uns/mir halten werden …« ist ihnen wichtiger als die eigene Entscheidung.

Eine Tugend steht immer in der Mitte ihrer positiven und negativen Zerrform. Der Mut steht zwischen Tollkühnheit und Feigheit, der rechte Umgang mit den Mitmenschen also zwischen diesem ängstlichen Anpassungszwang und dem kindlichen Bürgerschreck: »Ich pfeife auf die Leute! Sollen sie sich doch hinter halb zugezogenen Gardinen die Augen ausglotzen und vor Schreck in Ohnmacht fallen, wenn ich, so wie ich es will, durch die Straße renne!«

Durch dieses infantile Gekaspere grenzt sich der junge Mensch von der älteren Generation ab, um sich selber deutlicher zu erkennen. Das ist natürlich, notwendig und nimmt logischerweise umso krassere Formen an, je schwerer den Jungen die Abnabelung fällt: Entweder weil sie ihre Eltern in Wirklichkeit lieben oder weil diese sich so entzogen haben, sich so in der Meinung »der Leute« aufgelöst haben, dass der junge Mensch nichts zum Widerstehen hat.

Gerade das zeigt schärfer als alles andere, dass man einem jungen Menschen nur ein Beispiel für das Verhalten geben kann, wenn man sich entschieden hat und entschieden vertritt, warum und in welchem

Maße man sich von der Meinung der Masse distanziert und warum und in welchen Punkten man das Urteil anderer achtet.

Liebessitten Liebe ist so öffentlich geworden, dass man eigentlich gar keinen lebendigen Partner mehr braucht, um sie kennen zu lernen. Menschen auf der Straße, Illustriertenromane, Sexblätter, Videopornos etc. zeigen und erklären ohnehin jeden Quadratmillimeter unserer erogenen Zonen. In Erziehungsbüchern wird Eltern vorgeschlagen, die Kinder beim sexuellen Verkehr dabei oder dazwischen liegen zu lassen, und in Elternzeitschriften fragen Mütter verstört, was denn mit ihrer Vierjährigen falsch gelaufen sein müsse, da diese noch kein einziges Mal onaniert habe.

Benimmt man sich also als sexuelles Wesen so offen? Muss man auf Intimität verzichten, weil das altmodisch geworden ist und die anderen einen auslachen, wenn man etwas so Verklemmtes wie Schamhaftigkeit zeigt?

Natürlich nicht. Und das ist keine Regel, sondern eine Bestätigung, denn es gibt keine Extraregeln für Balz und Bett. Wenn man nicht vorher schon ein höflicher Mensch gewesen ist, der eben nicht nur an sich selber und die Befriedigung seiner Gelüste denkt, so wird es dem Partner auch in der Stunde der Wahrheit nichts nützen, wenn er wo gelesen hat: »Der Herr schlägt der Dame das Laken zurück, ehe …« oder »Die Dame plustert dem Herrn das Kissen auf, nachdem …«

Bei der Werbung und beim Wühlen auf der Matratze zeigt sich's ziemlich rasch, wessen Geistes Kind der oder die andere ist, und wenn man Zweifel hat, ob einem so ein Benehmen passt, lautet der einzige gute Rat: Lassen Sie die Finger davon! Bilden Sie sich nicht ein, Sie könnten jemanden ändern, auch wenn er millionenmal schwört, aus Liebe zu Ihnen täte er/sie das bestimmt.

Und noch ein zweiter guter Rat: Wie die Sache auch ausgeht, was hinter geschlossenen Türen passiert, geht außer den Betroffenen keinen anderen lebenden Menschen etwas an. Man soll weder prahlen noch die äußerste Schutzlosigkeit des Liebenden ausnutzen und den besten Freunden haarklein jede Einzelheit berichten.

Der Kavalier schweigt, hieß es früher, und er schweigt immer noch. Die Dame schweigt allerdings auch.

Und wenn beide Glück haben und ein Liebespaar sind, so ist das schön und soll ihnen lange Freude machen. Es ist jedoch nicht angebracht, diese neue herrliche Zuneigung in der Öffentlichkeit mit dem ganzen Leib zu demonstrieren und sich auf dem Rasen oder auf dem Sandstrand zu wälzen, als hätte man kein eigenes Bett.

Prüde? Ach, du liebe Zeit! Die verrenkten Leidenschaftlichen sehen sich ja nicht selbst. Nehmen schon die Gesichter von frisch Verliebten beim langen tiefen Kuss ein eher schafsmäßiges Aussehen an, so ähnelt die Liebe auf dem Rasen auch eher einer tollpatschigen Leibesübung mit Ringereinlage. Man muss schon die Routine eines modernen Balletttänzers besitzen, um unter solchen Umständen nicht lächerlich zu wirken.

Liegestühle Sie sind ein Symbol der Sommerferien und werden in südlichen, sonnigen Ländern von den Hotels und Clubs um Schwimmbäder und an Stränden entlang aufgestellt. Für die verehrten Gäste.

Eine deutsche Unsitte, die nicht nur im Urlaubsausland bemängelt und als typisch deutsch besitzergreifend empfunden wird: Früh, ehe die Hähne krähen, im Nachtzeug raus zu den Liegestühlen, sowie diese aufgestellt werden, Handtuch und Sonnenbrille drauf als »Besetzt«-Zeichen, damit ihn keiner nehmen und man sich selber jederzeit auf »seinen« Liegestuhl zum Grillen legen kann. Und dann wieder rein ins Bett oder ans Frühstücksbüfett.

Liegestühle sind jedoch im Prinzip für alle Gäste da, und wenn man einen oder zwei zu einer bestimmten Zeit des Tages benutzen möchte, wendet man sich an den Strandwärter oder Bademeister, gibt ihm ein Trinkgeld und bittet ihn, den Stuhl für diese ein oder zwei Stunden zu reservieren.

Das kostete Geld, das man nicht nötig hätte auszugeben?

Nun, für gute Manieren muss man immer etwas zahlen oder auf etwas verzichten – in diesem Fall auch noch auf rücksichtslose Eigensucht.

Links gehen Auf dem Fußweg geht der Herr üblicherweise auf der linken Seite der Dame, die Enkeltochter hakt die Großmutter von links ein, und der Büroangestellte geht links neben seinem Chef.

Ausnahme: Wenn jemand die englische Form in ihrer Logik höher wertet als unsere Tradition, die mit dem Degen zusammenhängt. Der hing beim Adligen oder Beamten links, also kam die Dame auf die andere Seite, an die rechte, damit ihr nicht die Waffe gegen die zarte Hüfte schlug.

In England und Amerika hat sich das Verhalten aus der republikanischen Tradition entwickelt. Dort denkt man stärker an den Schutz der Dame. Also geht der Herr auf der gefährlichen Seite: am Rand des Abgrunds, der Fahrbahn, der drängelnden Menschenmenge oder der durchgehenden Rinderherde.

Linkshänder Unsere Ess- und Verhaltensregeln stammen aus einer Zeit, in der man Linkshändigkeit für eine Unsitte hielt, die man sich angewöhnen, aber auch jemandem austreiben kann. Infolgedessen wurden Linkshänder umgedrillt, und erst in unserer Zeit hat man begriffen, welche verheerenden Folgen das haben kann. Heute weiß man außerdem, dass die Prozentzahl der Linkshänder sehr hoch ist – Schätzungen schwanken zwischen 20 und 40 Prozent, wobei die letzte Zahl auch die Menschen beinhaltet, die mit beiden Händen gleich gut hantieren können.

Linkshändigkeit ist angeboren wie die Haarfarbe, die rechte Hand ist also nicht im Geringsten die »schöne Hand«. Linkshänder können seelenruhig mit links die Suppe löffeln, das Messer führen und, falls es ihnen beliebt, Messer und Gabel so decken, wie es ihnen angenehm ist.

Lippenstift Ein Lippenstift besteht aus viel Fett und etwas Farbe, und je hautschonender er hergestellt wird, desto schmelzender ist dieses Fett, desto rascher ist die Farbe verschwunden. Denn jeder Biss und Schluck, jede Lippenbewegung reduziert sie.

Darf man nachmalen? Ja, und zwar überall, wenn man es dezent macht. Ist einem das nicht gegeben, entsteht mit Lippenstift, Konturenstift, Lippenpinsel, Spiegel etc. eine Art Minikosmetiksalon um Sie herum, so schlagen Sie bitte denselben im Badezimmer (des Gastgebers), im Puderraum (des Restaurants oder Hotels) oder in der Toilette (des Arbeitsplatzes) auf.

Sie wollen aber nicht nach jedem Gang des Menüs im Restaurant entschwinden? Dann entweder einen von den blassfarbenen Lippenstiften verwenden, dessen Verschwinden man im üblichen Dämmerlicht des Lokals ohnehin nicht bemerkt. Oder ganz und gar darauf verzichten oder die Lippen nur einfetten. Das ist besser, als mit abgegessenem, verschmiertem Lippenstift herumzusitzen.

Lippenstift und Wein Lippenstiftspuren an Weingläsern sehen scheußlich aus und gelten als Sünde gegen das Getränk, weil sich der Stift in Fettaugen verwandelt.

Also: Entweder trockenen Lippenstift beim großen festlichen Essen benutzen. Oder lieber nur einen Hauch von Lippenstift auftragen und auf jeden Fall vor jedem Schluck die Lippen mit der Serviette abtupfen.

Das ergäbe aber Spuren in der Serviette? Ja, das ist auch ein Grund, bei großen Essgelegenheiten den Lippenstift zurückhaltend zu verwenden.

Löffel Bei vielen Bestecken ist der Größenunterschied zwischen Suppen- und Dessertlöffel so klein oder gleich null, dass man sich leicht vergreifen kann. Das macht jedoch nichts. Entweder benutzt man dann den Suppenlöffel als Dessertlöffel, oder der aufmerksame Gastgeber legt einem stillschweigend einen frischen Dessertlöffel hin.

Gabelzinken und Löffelspitzen nach unten? Oder umgekehrt? Vollkommen egal. Man legt manchmal Gabeln und Löffel umgekehrt hin, um das Monogramm oder Wappen sichtbar zu machen, das bei altmodischem Silberbesteck auf das graviert ist, was wir heute als Unterseite betrachten.

Man packt den Löffel nicht wie ein Kind, das seine Hand- und Fingerbewegungen noch nicht richtig kontrollieren kann, sondern legt den Löffelstiel in die Beuge zwischen Daumen und Zeigefinger.

Wer etwas löffelt, spreizt den kleinen Finger nicht wie eine Balancierstange von seinen vier Brüdern ab, sondern lässt ihn so eng am Ringfinger liegen wie bei allen anderen Handgriffen auch.

Na, und das ist sicher klar: Löffel nicht bis zum Rand vollschöpfen, sodass die Suppe wieder in den Teller kleckert. Siehe auch: *Suppenlöffel, Bestecke, Gedeck.*

Mail-Adressen Diese, Telefon- und Faxnummern kann jeder auf irgendeine Art und Weise herausbekommen. Trotzdem gilt die Regel: Man sollte die Telefonnummern und die Mail-Adressen anderer niemals weitergeben. Man erbittet sich die Nummer oder die Adresse des Anrufers und leitet sie dann weiter. So kann die begehrte Person selbst entscheiden, ob sie zurückruft oder nicht.

Maiskolben essen Mais wird im Herbst gern frisch gekocht am Kolben angeboten. Dann liegt neben dem Teller ein kleines Gabelpaar mit drei drahtigen Zinken. Je eine Gabel in die Kolbenenden stecken. So kann man den Kolben bequem von allen Seiten abnagen und dabei drehen.

Make-up siehe *Schminken.*

Mandarinen und Orangen essen Mandarinen aus der Dessert-Obstschale darf man, weil sie ein lockeres Fell haben, mit der Hand häuten und Spalte für Spalte mit der Hand essen. Kerne? Siehe: *Weintrauben essen.*

Größere Festigkeit besitzen Orangen. Also geht man sie mit dem Messer an, das in diesem Fall scharf sein muss! Die Haut wird sternförmig eingeritzt und abgezogen, dann löst man die Orange in Spalten. Das Ganze kann eine ziemlich klebrige Schlacht werden. Deshalb ist es eigentlich höflicher, Orangen zum Beispiel in Orangensalat zu verwandeln und so als Dessert zu servieren.

Manieren Die Art und Weise, wie man sich benimmt, hat zwei Seiten: die höfliche und die förmliche.

Die förmliche kann man sich leicht aneignen: Da und da liegen Fischgabel und Tischkarte, so redet man den Rektor der Universität an, so sieht ein Kondolenzbrief aus.

Wer die Form beherrscht, ist jedoch noch kein höflicher Mensch, denn auch Affen und Schurken können eine Serviette und eine Gabel an einen bestimmten Platz legen und sich die richtigen Hosen anziehen.

Vollendete Manieren hat, wer eben diese eine Seite durch die andere ergänzt und vollendet.

Manieren bei Tisch Alles, so eine französische Redensart, ist bei Tisch erlaubt, wenn es gefällt und gut aussieht. Wenn man sich jedoch in konservativer Gesellschaft befindet, sollte man die Regeln kennen, damit man weiß, wie das Gesellschaftsspiel am gedeckten Tisch gespielt wird.

Es beginnt schon, wenn man sich nur in seine Nähe begibt. Der allgemeinen Übereinkunft nach sollte man sauber und appetitlich aussehen, gewaschene Hände haben, nicht niesen und husten (dann bleibt man lieber im Bett) und nicht unangenehm riechen. Für Weinfreunde ist etwas zu viel Parfüm genauso unangenehm wie ein kräftiger Schweißgeruch.

Kommt man ihm noch einen Schritt näher, so stürzt man nicht darauf los und nimmt sofort Platz, sondern man vergewissert sich, ob es eine Tischordnung gibt – mit Tischkarten festgelegt oder von der Hausfrau angesagt –, ob man also am richtigen Platz steht, und wenn man ein Herr ist, vergewissert man sich, ob die dazugehörige Dame ebenfalls ihren Platz gefunden hat. Man hilft ihr dann beim Hinsetzen, rückt ihr also den Stuhl zurecht und schiebt ihn an – wenigstens bei älteren und alten Damen.

Auf seinem Stuhl sitzt man nicht mit krummem Rücken (Kind, sitz gerade!), lehnt sich eigentlich auch nicht an, lehnt sich aber keinesfalls so lässig zurück, als ob man fast wieder vom Stuhl rutschte.

Der aufrechte Sitz hat seine Logik, nur so kann man frei und als Herr über seine Glieder essen und bekleckert sich nicht gleich Schlips und Bluse.

Aus dem gleichen Grund legt man auch nicht die Unterarme auf den Esstisch und isst über sie hinweg. Siehe auch: *Ellenbogen.*

Wer nun aufrecht wie ein Mensch am Tisch sitzt, bekommt die kalte Vorspeise serviert oder findet sie schon vor: auf einem Vorspeisenteller, der auf dem Platz- oder Hauptteller steht.

Wieder greift er nicht unverzüglich und mit ungezügelter Gier zu den Waffen, sondern entfaltet zuerst einmal die Serviette und legt sie sich richtig ausgebreitet auf den Schoß. Und er wartet sittsam, bis die Hausfrau zu essen beginnt oder – falls sie noch mit etwas anderem beschäftigt ist – sagt: »Fangen Sie doch bitte an!«

Unser Mustergast darf also zugreifen, freilich nicht so, als ob er gerade einer Hungersnot entronnen wäre. Kleine Happen nehmen, nicht schlingen, nicht mit offenem Mund kauen, ordentlich runterschlucken, ehe man trinkt, und sich zuvor natürlich mit der Serviette den Mund abtupfen, damit man keine Schmierspuren am Glasrand hinterlässt.

Melone essen Sie wird, bevor sie als Nachtisch serviert wird, in der Küche halbiert und entkernt. Meist wird sie dann noch in Streifen geschnitten und auf eine Platte gelegt. Ist das Melonenfleisch noch nicht weiter zerkleinert, so fährt man mit dem Messer zwischen Schale und Fruchtfleisch hindurch und schneidet dieses Ausgelöste in mundgerechte Stücke.

Handelt es sich um kleine süße Melonen, so werden sie quer halbiert, und jeder Gast bekommt eine entkernte Hälfte, oft mit Portwein oder Sherry getränkt. Dazu wird ein mittelgroßer Löffel serviert, mit dem man das Melonenfleisch auslöffelt.

Messer und Gabel Das Messer, um mit ihm zu beginnen, wird nicht wie ein Bleistift oder Füllhalter angepackt, also nicht in die Beuge zwischen Daumen und Zeigefinger gelegt und von den beiden geführt. Man greift stattdessen von oben zu, sodass der Messergriff unter dem kleinen Finger hervorschaut, der Zeigefinger oben auf dem Griff liegt und Druck ausüben kann, während Daumen und Mittelfinger als Seitenruder dienen. So handhabt man das Messer auch beim Schieben.

Die Gabel wird wie das Messer benutzt, wenn sie etwas festhält, was der Mensch schneidet, oder wenn sie etwas aufspießt, das man von ihr abisst. Dient sie dagegen als Schaufel für Reis oder Bratkartoffeln, Erbsen oder anderes Gemuse, so dreht man sie um, und nun ruht ihr Stiel in der Beuge zwischen Daumen und Zeigefinger.

Die Gabel nicht so voll häufen, dass die Sache entweder runterpoltert oder nur mit Maulsperre bewältigt werden kann.

Dass man das Messer nicht in den Mund steckt und den Löffel nicht von allen Seiten ableckt, muss man wohl kaum erwähnen.

Messer und Gabel zeigen schließlich an, ob man genug gegessen hat oder nicht. Möchte man nichts mehr angeboten bekommen, so legt man Messer und Gabel parallel zueinander auf den leeren Teller. Möchte man beim zweiten Service noch einmal bedient werden, so kreuzt man das Besteck.

Übrigens: Braucht man das Messer im Augenblick nicht, so legt man es keinesfalls auf das Tischtuch zurück. Das ist klar: Die beschmierte Klinge könnte Flecken machen. Früher gab's für solche Fälle Messerbänkchen, die man dann als spießig empfand und die offenbar wieder auftauchen, also abermals gesellschaftsfähig geworden sind.

Ob man nun das benutzte Messer seitlich oben auf den Tellerrand legt oder so, dass der Griff auf dem Tischtuch und die Schneide auf dem Teller ruht, ist Ansichts- und Gewohnheitssache. Wenn man Pech hat, gerät man immer in eine Gesellschaft, in der gerade das andere üblich ist und das verpönt, was man selber macht. Aber: Wenn sich Leute über solche Kleinigkeiten mokieren oder gar Schlüsse auf den Charakter des Messerlegers ziehen, ist ihnen nicht zu helfen, und man sollte entweder lachen oder das nächste Mal bei anderen Leuten essen.

Man deckt zum Hauptgericht gern Messer und Gabel, auch wenn es Dinge gibt, die man nicht mit dem Messer schneidet. Dazu gehört alles, was man auch mit der Gabel zerteilen kann: Kartoffeln, Rührei, Nockerln und Knödel, Frikadellen, die meisten Gemüsesorten, Aufläufe, Soufflés und so weiter.

Wenn man das Messer aber gar nicht braucht, warum kommt es dann auf den Tisch?

Nun, gerade ein Knödel rutscht oft und wups, springt er von der Gabel auf den Damast. Das Messer vollführt also die dienende, aber überaus nützliche Arbeit des Rettens und Schiebens. Man denke nur an Reiskörner oder Erbsen! Ohne Messer eine Zirkusnummer – aber man soll bei Tisch ja keinen Geschicklichkeitstest ablegen, sondern sich dem Tischnachbarn widmen.

Und außerdem: Wer ein so fabelhafter Erbsenfänger ist, kann das Messer ja liegen lassen, wo es liegt. Siehe auch: *Bestecke, Gedeck*.

Militärische Titel Diese haben früher eine große Rolle gespielt, und der »Herr Major« blieb der »Herr Major«, auch wenn er einmal Zivil tragen sollte oder längst a. D., außer Dienst, war.

Bürger in Uniform werden, wenn sie diese nicht tragen, mit ihrem bürgerlichen Namen angesprochen.

Mitbringsel Immer erlaubt und hochbeliebt, auch wenn einem für die Erwachsenen nichts einfällt: die Mitbringsel für die Kinder der Gastgeber. Dabei muss man nur ungefähr wissen, wie alt sie sind und wie viele. Und man muss wissen, ob sie modern ernährt werden oder ob ihnen noch, wie man es aus den eigenen Kindertagen weiß, Süßigkeiten eine Freude machen. Bilderbücher und Kinderbücher sind natürlich ungefährlicher und passen immer. Lustiger aber ist es oft, wenn man Kindern Dinge mitbringt, die Spaß machen. Siehe auch: *Gastgeschenk*.

Mittagsruhe Früher war die Mittagsruhe ein fester Begriff und in vielen Hausordnungen definiert: zwischen 12 und 15 Uhr oder 12 Uhr 30 und 14 Uhr 30 sollten keine Tätigkeiten ausgeübt werden, die die Ruhe eines Menschen störten, der sich nach dem Mittagessen aufs Ohr legt.

Also: keine Handwerksarbeiten, kein Klavierspiel, kein Staubsauger- und anderer Maschinenlärm.

Kann man aber heute noch Mittagsruhe verlangen? Wäre das überhaupt möglich?

Autos und Laster donnern durch die Straßen. Häuser werden mit Getöse innen und außen auf- und umgebaut. Flugzeuge starten. Züge und Straßenbahnen fahren. Straßen werden aufgestemmt – und das alles macht, von den landwirtschaftlichen Arbeiten ganz zu schweigen, von 7 bis 16 Uhr Lärm, und nach 16 Uhr und am Wochenende setzt das Gehämmer der Schwarzarbeiter ein.

Gegen diesen offiziellen und allgemeinen Lärm kann man tatsächlich nichts machen. Man sollte aber trotzdem das Gefühl nicht verlieren, dass wir Menschen, obwohl dieser Lärm mit unserem Wohlstand zusammenhängt, unter seinem ständigen Zuviel leiden, und zwar manchmal so heftig, dass es zu Herzbeschwerden und anderen gesundheitlichen Störungen kommt.

Man sollte also auf seine Umgebung Rücksicht nehmen und Lärm in der Zeit vermeiden, in der andere ihre Ruhe haben wollen: Staubsauger, alte Spül- und Waschmaschine nur in Arbeitszeiten anwerfen. Radio und Fernsehapparat wirklich zimmerleise stellen. Mit Hammer, Stemmeisen oder Schlagbohrer nur arbeiten, wenn es nicht stört.

Wie man das feststellt? Man fragt seine Nachbarn oder Mitmieter, ob es das tut oder nicht. Man mault nicht, wenn ein Nachbar von selbst auf die Mittagsruhe hinweist. Man hält sein Kind an, sich bei jedem Lärm zu fragen: Störe ich jemanden?

Zusammenleben beruht auf Übereinkünften – auch was Lärm und Ruhebedürfnisse anbelangt.

Mobiltelefon Ein Mobiltelefon hat heute fast jeder. Es heißt in Italien *telefonino*, Telefönchen, und im Deutschen Handy, was ein erfundenes Wort ist, aber so unübertrefflich Englisch klingt, dass es die halbe Werbung war. Ein Mobiltelefon ist nützlich, weil man es in der Tasche oder am Leibe mit sich tragen und von überall telefonieren kann und erreichbar ist. Das ist praktisch bei Zugverspätungen, im Stau, auf einsamer Heide oder im wilden Wald. Diese Tatsache darf jedoch nicht dazu verleiten, das Handy auch wirklich überall zu benutzen. Im Lauf seiner Existenz haben sich folgende Regeln herausgebildet: kein Handy in der Kirche, im Restaurant, im Konzert, in der Oper, bei einem Vortrag, in einer Diskussion. Auch kein Handy im öffentlichen Raum, nämlich in der U-Bahn, in Bus oder Tram. Auch an den Haltestationen stört das laute Handygerede viele Mitfahrer.

Kein Handy in Flugzeug und im Krankenhaus. Das Gerät kann die Elektronik stören, könnte im schlimmsten Fall tödliche Unfälle verursachen. Kein Handy auch in der Arztpraxis, im Wartezimmer, keineswegs während der heilgymnastischen Behandlung. Wenn man eingeladen ist: Handy ausstellen. Falls mich wirklich jemand erreichen möchte, kann er bei meinem Gastgeber anrufen. Besonders alte Menschen werden durch dieses neumodische Zeug oft erschreckt und reagieren dann zornig oder irritiert.

Das Handy wird überall ausgestellt, wo jemand darum bittet. Es gibt schon manche Hotels, die Schilder auf die Tische in der Halle oder im Restaurant stellen: »Bitte hier kein Handy benutzen. Es stehen sehr bequeme Telefonzellen für Ihre Gespräche bereit!« Und im ICE kleben auf den Glastüren mancher Abteile Schilder, auf denen man einen Kopf im Profil sieht und einen Zeigefinger, der sich in der Pst-Geste den Lippen nähert. Das bedeutet: Bitte in diesen Abteilen kein Mobiltelefon benutzen!

Nach einer Befragung um die Jahrhundertwende sagten 95 Prozent der Bundesbürger Nein zum Handy auf dem Friedhof und bei Beerdigungen; 92 Prozent Nein im Museum, Theater, Kino und in der Kirche; 75 Prozent Nein bei Partys und festlichen Empfängen; 68 Prozent Nein im Berufsbereich, bei Konferenzen, Seminaren und Vorträgen; 66 Prozent Nein im Restaurant und im Auto (in dem es unterdessen dem Fahrer verboten ist, eines zu benutzen, es sei denn, er hat eine Freisprechanlage). 75 Prozent der Befragten finden es passend, wenn man das Mobiltelefon auf der Straße und an einsamen Stränden benutzt. Gestört fühlen sich aber die meisten Befragten durch angeberisches Benutzen des Mobiltelefons und durch intime Gesprächsinhalte.

Also: normal sprechen, wenn man das Mobiltelefon benutzt. Es ist technisch außerdem so gut, dass man nicht zu schreien braucht.

Modefehler Ein englischer Herrenschneider, der zum ersten Mal in Deutschland war, stellte sofort fest, dass es hier einen offensichtlich besonders weit verbreiteten Modefehler gibt: Die meisten Leute tragen zu enge Jacketts, Kostümjacken, Mäntel, Hosen und Röcke. Sie stecken wie schlecht gestopfte Leberwürste in ihrer Pelle, und alles rutscht nach oben oder unten und kneift und schiebt das Fett an verblüffende Stellen. Hemden spannen sich über Bäuche, Röcke reißen in der Gehfalte aus, und jeder kann die Einschnürungen der Slipsäume unter den Jeanshosen erkennen. Dadurch sehen alle viel dicker und praller aus, als sie eigentlich sind.

Gewiss: Ein Gürtel hat die Taille schön fest zu umschließen, und eine Abendkleidkorsage muss so stramm sitzen wie ein Dirndlmieder, aber das sind die typischen Ausnahmen, die jede Regel bestätigen, und die Moderegel lautet: Alles soll ein wenig Spiel haben, den Körper wie eine lockere Haut umhüllen und nicht wie ein enger Schlauch am Leibe kleben.

Muscheln essen Muscheln sind leichter aus der Schale zu lösen, wenn sie frisch gekocht in ihrem Sud serviert werden. Der Gast bekommt sie in einem Suppenteller serviert und braucht zum Essen Löffel und Gabel. Die Gabel verwendet man eigentlich nur für die erste Muschel: Man nimmt sie in die Hand, zieht mit der Gabel das Muschelfleisch aus dem geöffneten Schalenpaar und benutzt fortan das leere Schalenpaar als eine Art natürliche Muschelzange. Die leeren Schalen kommen in eine Abfallschüssel. Den Sud löffelt man zum Schluss mit dem Suppenlöffel aus dem Teller. Es ist auch üblich, den Sud extra in Suppentassen zu servieren.

Musik als Lärm Weil eine bestimmte Musik tatsächlich nicht nur als unangenehmes Geräusch empfunden wird, sondern so gegen den eigenen Herzschlag klopft, dass sie Herzmuskel und Blutgefäße nachweisbar beeinträchtigt, ist es eigentlich nur logisch, dass der höfliche Mensch den Lärm unterlässt, den man vermeiden kann. Er lässt also sein Autoradio nicht mit voller Lautstärke und vor allem nicht bei offenen Fenstern oder bei offenem Verdeck grölen. Er lässt Radio, Plattenspieler, Bandgerät, Fernsehgerät etc. nicht so laut wie Jahrmarktsmusik und nicht bei offenen Fenstern über Wiese, Garten und Straße schallen, besonders nicht im Sommer, wenn andere Leute selber friedlich im Garten oder auf dem Balkon sitzen und nicht Nachbars Superbeat anhören wollen.

Der höfliche Mensch stellt seine Stereoanlage nicht in den Garten oder auf die Terrasse, auch nicht bei einem Gartenfest. Der Einwand lautet immer: »Aber das mach ich doch nur einmal im Jahr!« Das ist ein typisches Argument von Egoisten, die nicht nachgedacht haben, denn es sind halt viele, die »nur einmal im Jahr« so dröhnen.

Wer selber ohne Musik nicht auszukommen meint, sollte sich höflicherweise einen Walkman kaufen oder seinem Radio ein Paar Kopfhörer anschließen.

Wer dagegen unter Musikberieselung leidet, sollte nicht still und schweigend dulden, sondern schon im Interesse der anderen Geräuschempfindlichen immer darum bitten, dass das Geräusch zumindest so lange abgestellt wird, wie er an diesem Ort sei. Siehe auch: *Geräuschbelästigung, Partys und Feste, laute, Walkman.*

Mut Vordergründig hat Mut nichts mit Manieren zu tun, wohl aber, wenn man an den Kern der Person denkt, die sich in allen Lebenslagen richtig oder höflich verhalten möchte.

Es erfordert manchmal persönlichen Mut, das (moralisch und manierlich) Richtige zu tun, und es kann tödlich sein: Auf einem vollen U- oder S-Bahnsteig in Hamburg griffen zwei Männer ein Mädchen an. Ein einziger Mensch aus der Menge der Wartenden sprang dem Mädchen spontan zu Hilfe und wurde von einem der Männer erstochen. Dass ihm keiner half, die Flüchtenden nicht stellte, ist ein zweites Problem.

Der vernünftige Zeitgenosse sagt zu diesem Fall: »Was mischt sich der auch ein!«

Ein junges Mädchen, das Augenzeuge dieses Mordes war, sagte später: »Es hat mich in meinem ganzen Leben noch nichts so entsetzt wie die Gleichgültigkeit der Leute, die daneben gestanden und zugeschaut und dem Mörder noch Platz gemacht haben. Ich hab plötzlich begriffen, dass ich mich auf keinen Menschen verlassen kann.«

Wie steht es also mit unserem Mut, den alten Gesetzen des Christentums und der Ritterlichkeit zu folgen: den Nächsten nicht unter die Räuber fallen zu lassen, Frauen und Kindern beizustehen, die Schwachen zu stützen und so weiter? Die Antwort auf diese Fragen ist wichtiger als der rechte Umgang mit Austerngabeln.

Nachbarn Im Haus oder auf der Straße werden Nachbarn nicht anders als jedermann behandelt. Doch da immer wieder alte, allein stehende Menschen erst Wochen oder gar Monate nach ihrem Tod in dicht bewohnten Mietshäusern gefunden werden, scheint mir die an und für sich zu vertretende Regel: »Kümmere dich nur um deine eigenen Angelegenheiten! Stecke deine Nase nicht in anderer Leute Angelegenheiten!« etwas zu strikt genommen zu werden. Dieser Rat zur Zurückhaltung enthält gleichzeitig eine starke Verlockung, es sich bequem zu machen, sich nicht kümmern zu müssen, denn wer sich kümmert, wird oft in alle möglichen Verstrickungen hineingezogen. Also hält man sich raus. So, sagt man, gehört es sich ja auch.

Das ist natürlich falsch und erst recht nicht höflich. Der normale Mensch macht sich, wenn er irgendwo hinzieht, mit seinen Nachbarn bekannt. Das muss gar keine feierliche Besuchsrunde sein. Es kann bei einer Begegnung im Treppenhaus oder auf dem gemeinsamen Hof geschehen, sodass nur ein paar Mieter übrig bleiben, bei denen man einmal gegen Abend klingelt und sagt: »Grüß Gott! Ich wohne jetzt schräg über Ihnen, und ich heiße Otto Normalverbraucher. Wenn Ihnen mein Radio zu laut ist oder meine Kinder zu doll trampeln, so sagen Sie mir doch bitte Bescheid.« Und dann grüßt man die Nachbarn, wenn man sie trifft, im Treppenhaus, im Keller, selbstverständlich auch in fremder Umgebung.

Mit Leuten, die man kennt, geht man freundlicher um. Und irgendwann braucht man den Nachbarn vielleicht doch. Zum Blumen gießen, zur Paketübernahme und so weiter. Auch so etwas erledigt sich leichter unter Bekannten.

Andererseits bricht auch niemandem ein Zacken aus der Krone, wenn er sich gelegentlich um Nachbarn kümmert, jemandem hilft, den Kinderwagen aus dem vierten Stock nach unten zu tragen, sich erkundigt, ob er ihm etwas aus der Stadt mitbringen kann, ihn fragt, ob er ihm ein paar Flaschen Mineralwasser mitbestellen soll und so weiter.

Ob man bei diesem losen Gruß- und Hilfskontakt bleibt oder ob man sich vielleicht mal zum Sonntagsfrühstück einlädt oder zur Maibowle auf dem Balkon, das wird sich zeigen.

Auf jeden Fall hält man sich so auch für andere offen, lässt sich im Alter helfen, versinkt nicht in Misstrauen und endet hoffentlich nicht so einsam wie die vergessenen Toten. Siehe auch: *Partys und Feste, laute*.

Nachservieren Wird beim *Souper* oder *Mittagessen* serviert (siehe dort), so gilt die folgende Regel:

Beim Hauptgang wird der ranghöchsten Dame zuerst und der Hausfrau zuletzt serviert. Der Hauptgang wird gewöhnlich ein zweites Mal angeboten. Dann serviert man der Hausfrau als erster Dame, und sie bedient sich auf jeden Fall, wenn auch nur mit einer Kleinigkeit.

Würde man nämlich bei der zweiten Runde dem weiblichen Gast als Erstem servieren, und würde sich dieser zieren, so kann das wie ein Steppenbrand wirken. Keiner wagt mehr zu nehmen, ob er nun noch Appetit hat oder nicht, und wenn die Schüsseln dann endlich bei der Hausfrau landen, ist es zu spät.

Nackt Die Mode ist in jeder Hinsicht nackt geworden. Immer wieder nehmen ganz normale Tagesröcke die Form eines Bauchverbandes an, und oben herum halten Spagettiträger das fest, was vom Top noch übrig bleibt.

Es ist ziemlich sinnlos, sich darüber zu erregen, dass man besonders im Sommer von Nackten und Halbnackten umgeben ist, von Jungen und Alten, Schwerbusigen, Verschrumpelten, kurz: von der Bevölkerung.

Nun handelt es sich dabei nicht nur um ein ästhetisches Problem. Nicht jeder mag es nämlich, wenn sich im Aufzug, im Warenhausgedränge, im Bus und an anderen Orten die nackte Haut fremder Leute an einem reibt. Diese Haut kann verpickelt sein, und sie ist vielleicht verschwitzt (siehe auch: *Körpergeruch*). Ist die nackte Haut obendrein noch ungewaschen, kommt eine weitere Geruchskomponente hinzu.

Der Ausweg? Man kann keinem Fremden sagen: »Bitte bedecken Sie Ihre Blöße!« oder »Verhüllen Sie Ihre Stachelwaden!« Man muss also die Fassung bewahren, Orte sommerlicher Geruchsbelästigung meiden und vielleicht die eigenen Kinder und Kindeskinder darauf hinweisen, dass man diesen Zustand für falsch hält und warum.

Nackte Wahrheit Vertreter derselben sagen: Der so genannte gute Ton verleitet zum Lügen. Sie sind dafür, überall und immer die Wahrheit zu sprechen.

Das klassische Beispiel, das immer wieder zitiert wird: Ich besuche Frau Meier. Frau Meier sieht aus wie Buttermilch und Spucke. »Soll ich nun sagen«, fragt der Vertreter der nackten Wahrheit, »Frau Meier, was sehen Sie fabelhaft aus?«

Der Anhänger der so genannten Ehrlichkeit schaut Frau Meier also lieber erschrocken an und sagt stattdessen: »Mein Gott, Sie Arme, was ist denn mit Ihnen los? Sie sehen ja zum Gotterbarmen aus!«

Was geschieht? Frau Meier sieht wirklich so blass wie ein Leichentuch aus. Hat sie nichts, so denkt sie – zumindest an diesem Nachmittag oder Abend – darüber nach, ob sie nicht doch etwas hätte, und wenn ja, was? Der Abend ist also für sie im Eimer.

Hat sie wirklich etwas, so ist er es ebenfalls. Warum, braucht sicher nicht erklärt zu werden. Oder doch? Sind die Ehrlichen und Wahrheitsliebenden vielleicht noch niemals krank, elend, unglücklich und erbarmungswürdig gewesen? Haben sie keine Ahnung, wie gut einem gerade in einer solchen Situation ein aufmunterndes Wort tut? Oder eben Schweigen, das gleiche Schweigen, die gleiche Haltung, die man selber zeigt?

Diese Art der Wahrheitsliebe ist also ziemlich sinnlos, weil sie der Wahrheit nichts nutzt, in Wirklichkeit grausam ist und die Menschen kränkt. Und mit Aufrichtigkeit hat diese verheerende Wahrheitsliebe schon gar nichts zu tun, dazu steckt zu viel Schadenfreude und Skandallust hinter der scheinheiligen Fassade.

Die Wahrheit und nichts als die Wahrheit hat also ihre Grenze: am negativen Pol ihres Wertes. Wahrheitsfanatiker müssen erst lernen, dass der gute Ton mit Menschlichkeit zusammenhängt und mit Höflichkeit.

Nägelpulen Nägel zu pulen ist eine Unsitte, die leicht zum nervösen Tick werden kann.

Es ist nicht nur unappetitlich, sondern richtig eklig, wenn ein Mensch bei Tisch anfängt, sich die Nagelhaut abzuzupfen, sie fallen lässt, in die Tasche steckt oder neben die Serviette legt.

Der wohl erzogene Mensch verrichtet seine Nagelpflege also weder am Schreibtisch im Büro noch beim Essen oder im Bus – nirgendwo außer im Badezimmer, wo er seine Hautscherben im Handtuch sammeln oder gleich ins Waschbecken fallen lassen kann.

Das gilt auch für Hotelgäste: Wenn man weiß, dass Hotelzimmer nicht nach jedem Gast gründlich gereinigt werden, verkrümelt und verschweinigelt man sie nicht unnötig. Siehe auch: *Hotelzimmer*.

Namen nennen Beim *Vorstellen* (siehe dort) nennt man seinen Namen, üblicherweise Vor- und Nachnamen oder nur den Nachnamen ohne akademische Grade, Titel oder Berufsbezeichnungen. Das kann man alles nachholen, wenn sich der Vorstellung ein Gespräch anschließt.

Früher, als die Menschen sich noch in einer überschaubaren Gesellschaft bewegten und seit zwei oder drei Generationen an einem Ort ansässig waren, erübrigten sich die Erklärungen. Beim Nennen des Nachnamens wusste man: Aha! Aus der Konditorfamilie am Markt! Oder: Das muss der Sohn vom Bürgermeister sein!

Heute werden Nachnamen so freizügig getauscht und geteilt, dass sich die Familientraditionen auflösen werden. Deshalb muss beim Vorstellen besonders deutlich gesprochen werden, damit der Name verständlich ist. Nuscheln oder den Namen halb verschlucken ist unhöflich.

Korrekt ist dagegen nachzufragen, was im Lärm der Party oder zwischen den Zähnen des sich Vorstellenden verloren ging. Das tut man entweder gleich: »Ach, Entschuldigung, bei diesem Getöse kann man ja sein eigenes Wort nicht verstehen – wie war doch der Name?« Oder man fragt erst später, weil man mit jemandem in ein Gespräch kommt oder kommen möchte, nach dem genauen Namen.

Niesen Meist beginnt es mit dem gewissen Kitzeln in der Nasenwurzel. Ist man allein, kann man explodieren, so laut und feucht, wie man will.

Ist man in Gesellschaft anderer, so kann man erstens versuchen, den Nieser zu verhindern, indem man sich sanft die Nasenwurzel massiert. Das vertreibt in den meisten Fällen den Nieskrampf, funktioniert aber nur bei einem Zufallsniesen.

Gehört der Nieser zum Schnupfen: Taschentuch parat halten, beim Niesen vor die Nase halten, damit keine Bazillenschauer auf alle Anwesenden niedergehen.

Wie verhält sich der Mitmensch? Im Süden des Landes sagt man herzlich: »Helf Gott!«

Im Norden gilt in manchen Kreisen selbst »Gesundheit!« als aufdringlich.

Beide Segenswünsche stammen aus dem Mittelalter, aus den Zeiten der Pest, die mit einer Erkältung zu beginnen pflegte. So wünschte man sich schaudernd: »Helf dir Gott, dass es nur ein hundsordinärer Schnupfen ist und nicht die Pest!«

Sie können selbst entscheiden, ob Sie mit dem »Gesundheit« an eine Epoche erinnern wollen, in der es noch selbstverständlich war, sich umeinander zu kümmern.

Offenes Haus Das ist etwas Ähnliches wie der *Jour fix* (siehe dort). Es wird jedoch nicht regelmäßig allen Nachbarn, Freunden und Verwandten geöffnet, sondern meist zu persönlichen oder Jahresfesten, also: Weihnachten, Silvester, Geburtstag.

Wenn also jemand sagt: »Kommen Sie doch am ersten Feiertag vorbei, wir haben ein offenes Haus!«, so fragt man zur Vorsicht: »Ab wann bitte?«, auch wenn das Haus üblicherweise nicht vor elf Uhr geöffnet wird.

Wenn man aufgefordert wird, kann man also von dieser Zeit an hereinschauen und weiß, dass es zu essen und zu trinken geben wird, dass man je nach Familiensitte schwatzen, Gesellschaftsspiele spielen oder im Garten sitzen kann.

Zusage: So mündlich wie die Aufforderung.

Kleidung: So sonntäglich formlos, wie man es selber trägt oder in der betreffenden Gesellschaft üblich ist.

Eigene Freunde, vielleicht Hausgäste oder Verwandtenbesuch kann man mitbringen, sollte aber fragen, ob es genehm ist.

Blumen mitbringen? Nein! Ausnahme: Wenn es Sommer ist, wenn der Hausherr leidenschaftlicher Gärtner ist, wenn es auf dem Markt gerade die jungen Pflanzen gibt, von denen man weiß: Er träumt von ihnen!

Dauer: Für den Gastgeber bis zu der von ihm genannten Zeit.

Für den Gast: Er kann in der betreffenden Zeitspanne kommen und gehen, wie er mag. Weniger als eine halbe Stunde zu bleiben, gilt jedoch als unhöflich.

Orden Einen Orden trägt man, wenn man einen hat, zum Gesellschaftsanzug, also zu Frack, Smoking oder zum Abendkleid. Man trägt ihn jedoch nicht zu privaten Einladungen, sondern nur zu Staats- und Neujahrsempfängen, großen Hochzeiten, zum Wiener Opernball und zum Berliner Presseball, auch zu bestimmten Festessen oder offiziellen Jubiläen.

Auf der schriftlichen Einladung zu diesen Festen ist dann bei der Kleidervorschrift vermerkt, ob »Ordendekoration«, *décoration* gewünscht ist.

»Große Dekoration« bedeutet: Der Herr trägt den Frack und darf darauf den ganzen Staat zur Schau stellen: Orden an Schulterschärpen, Orden in Originalgröße, Halskreuze und Sterne und was man noch so besitzt.

Die »kleine Dekoration« kommt bei den nicht so hochoffiziellen Festen und Feiern an die Reihe. Das sind die Miniaturausgaben der Orden, die an einer Schnalle mit den betreffenden bunten Seidenripsbändern hängen. Der Ort: Frack und Smoking, unter Umständen auch Cut und Stresemann.

Wichtige Ordensregel: Trägt man Orden an der Brust, darf man keine Blume im Knopfloch haben.

Besitzt man mehrere Orden, so tritt die Rangfolge der Orden in Kraft. Sie lehrt, wie man Orden richtig trägt, und das ist eine ziemlich komplizierte Wissenschaft. Doch da man seinen Orden nur in den seltensten Fällen per Post zugeschickt, sondern meistens relativ feierlich verliehen bekommt und davon vorher benachrichtigt wird, kann man sich bei dem betreffenden Protokollbeamten der Landes- oder Bundesregierung über die besonderen Regeln bei der Verleihung und beim Tragen direkt informieren.

Ordnungsformen Der Mensch lebt in der Masse, die uns von Jahr zu Jahr dichter umschließt. Wir brauchen also, um uns nicht gegenseitig wie in der Steinzeit zu erschlagen, Ordnungsformen für den Alltag, die unsere Handlungen, also unser Benehmen, regeln. Diese Formen sind Hilfsmittel, beruhen auf Freiwilligkeit und funktionieren nur, wenn sie trotzdem anerkannt und befolgt werden.

Das gesamte Benehmen in der Öffentlichkeit unterliegt diesen Spielregeln, ebenso das gesellschaftliche Benehmen. Das *Placement* (siehe dort) gehört ebenso dazu wie bestimmte Kleidervorschriften.

Der Unterschied zu früher besteht darin: Noch in der Generation unserer Eltern und Großeltern waren Ordnungsformen allgemein anerkannt, wurden streng befolgt, und der Einzelne wurde danach gemessen und bewertet, ob und wie er diesen Formen folgte.

Heute gegen Ordnungen, gegen *law and order*, zu wettern, hieße offene Türen einrennen. Denn es gibt zwar immer noch Gesellschaftskreise, die der alten Ordnung verpflichtet sind, doch der größte Teil unserer Gesellschaft hat sich längst neue Ordnungen gegeben.

Pantoffel Pantoffel und ähnlich bequeme Fußbekleidung sollte der Mensch eigentlich nur zum Nachthemd, Pyjama und Morgenrock oder Bademantel tragen, im Schlafzimmer, im Bad, im Krankenhaus, im Schlafwagen. Das Wort Puschenkino fürs Fernsehen zeigt schon des Volkes Spott über Menschen, die sich zu Hause gehen lassen und den ganzen Abend in Schlappen herumlatschen – was übrigens auch für die Füße längst nicht so gesund ist, wie die Leute meinen. Es macht Plattfüße.

Auf jeden Fall gehören Pantoffeln in den Kasten, wenn der Mensch das Haus verlässt oder wenn Besuch kommt.

Den Besuch zu veranlassen, seine Schuhe aus- und Pantoffeln anzuziehen, damit die neue Auslegware in der guten Stube geschont wird, gilt als spießig und so kleinkariert, wie solide Kamelhaarpuschen oft sind.

Herrscht Matsch- und Schneewetter, so kommen wohl erzogene Gäste ohnehin in Gummigaloschen oder Stiefeln oder Ähnlichem und wechseln diese in der Garderobe gegen normale Tagesschuhe, die sie sich im Beutel mitgebracht haben. Siehe auch: *Schuhe, Strümpfe.*

Pappteller Bei großen und vor allem ländlichen Gesellschaften sind Pappteller üblich, doch sie machen viel Müll.

Ausverkaufsteller aus Porzellan und Steingut sind nicht wesentlich teurer, können aber zigmal häufiger verwendet werden, sind also umweltfreundlicher und sparsamer.

Außerdem schneidet man Fleisch und Käse und anderes besser auf festem Porzellan, kann diese Teller besser auf dem Schoß balancieren, sodass sie auch gästefreundlicher sind.

Parfüm Männer parfümieren sich zum Kummer der betreffenden Industrie fast gar nicht, sie greifen – in den letzten Jahren verstärkt – zu Eau de Toilette oder Eau de Cologne. Infolgedessen ist die Frage: Parfüm oder nicht? Parfüm wie stark und wo? nach wie vor Frauensache. Doch selbst die weibliche Welt lebt noch im Schatten einer gewissen Prüderie. Immer wieder kann man lesen: »Parfüms sollten grundsätzlich nur dem Abend vorbehalten sein.« Warum?

Der Arbeitsplatz einer Frau muss ja nicht gerade von Schwaden betäubender Parfümwolken belagert sein, denen man seit alters her aufreizende Wirkungen zuschreibt und die selbst den erotisch gelassenen Mitarbeitern und Besuchern ganz einfach den Atem rauben. Es wäre zudem ziemlich teuer, den ganzen Tag so stark zu duften, denn das Aroma der meisten modernen Parfüms hält nicht sehr lange vor – vor allem dann nicht, wenn in dem betreffenden Raum gleichzeitig geraucht wird.

Angenehm dagegen ist ein leichter, frischer oder gehaltvoller Duft, der auf die ja schließlich ganz erfreuliche Tatsache hinweist, dass sich hier eine Frau bewegt.

Wie stark sich eine Frau abends, wenn sie ausgeht, mit Parfüm bestäubt, liegt ganz und gar in ihrem Belieben.

Kein Parfüm wird erwartet bei Lebensmittelverkäufern, Krankenpflegern und bei Tee- oder Weinproben.

Parfüm nennt man übrigens die stärkste Konzentration der Duftstoffe. Es enthält zehn bis zwanzig Prozent Essenzen, die tierischen, pflanzlichen oder synthetischen Ursprungs sein können.

Eau de Parfum heißt eine etwas schwächere Konzentration aus acht bis zehn Prozent Duftstoffgemischen in reinem Alkohol.

Eau de Toilette besteht aus acht bis fünf Prozent Essenzen in reinem Alkohol, und Eau de Cologne ist die schwächste Lösung, zwei bis drei Prozent ätherische Öle, die in achtzig bis neunzig, mindestens siebzig Prozent Alkohol gelöst sind.

Schon aus den verschiedenen Konzentrationen ergeben sich fast logisch die verschiedenen Verwendungsmöglichkeiten.

Party Die privateste und üblichste Art der größeren Abendeinladung ist die Party, die sich in den Nachkriegsjahren entwickelt hat: eine Mischform, die sich von allen klassischen Einladungstypen das entliehen hat, was sich am besten mit dem Alltag in Einklang bringen lässt.

Das bedeutet vor allem: Es gelten keine offiziellen und damit allgemein verbindlichen Regeln, wohl aber Ordnungsformen, die den reibungslosen und harmonischen Ablauf garantieren.

Die Urform der Party war die *Cocktailparty* (siehe dort), die unverbindliche Gesellschaft vieler Gäste bei belebenden Getränken. Dazu gekommen ist ein kulinarisches Angebot, meist in Form eines warmen oder kalten Büfetts.

Partys beginnen ab 20 oder 21 Uhr; es wird schriftlich oder mündlich eingeladen, worauf telefonisch oder mündlich geantwortet werden sollte. Werden viele Gäste eingeladen, so macht sich der Gastgeber am besten eine Gästeliste, auf der er abhakt oder durchstreicht, wer zu- oder absagt.

Pünktlichkeit ist bei den meisten Partys keine Bedingung. Man muss jedoch wissen, ob Unpünktlichkeit in der betreffenden Gesellschaft gebilligt wird oder ob es immer noch als unhöflich gilt, wenn man erst über eine Stunde nach der Einladungszeit erscheint.

Man zieht an, was einem gefällt. Soll die Kleidung festlich sein, so muss die Art und Weise auf der Einladung angegeben werden.

Bei Partys gibt es keine zeitliche Begrenzung, was für den Gastgeber manchmal ein Problem darstellen kann. Er oder sie muss aber wissen, dass er das Recht besitzt, Gästen, die kein Ende finden, unmissverständlich zu sagen, dass diese Party nun beendet ist.

Zu einer Party braucht man nichts mitzubringen, wer jedoch mit Blumen oder einem kleinen Mitbringsel, auch für die Kinder der Gastgeber, auftaucht, ist willkommen.

Man kommt, trinkt, isst und unterhält sich. Die meisten Partys sind Stehpartys, was rascher Gruppenbildung, Auflösung und neuer Gruppierung entgegenkommt. Wer lieber sitzt, kann sich auch auf dem Fußboden niederlassen.

Am nächsten oder übernächsten Tag sollte man sich mündlich oder telefonisch bedanken. Man kann auch Blumen schicken lassen.

Partys und Feste, laute Nachbarn leben meist in Hörweite, sodass sie an den meisten unserer Feste teilhaben. Da nicht jedermanns Nachbar eine nette alte taube Dame ist, sollte man bei großen und besonders geräuschvollen Festen zumindest eines tun: die Nachbarn gleich mit einladen oder sie warnen, damit sie sich entweder am betreffenden Abend selbst etwas vornehmen und nicht zu Hause sind oder rechtzeitig Ohropax kaufen.

Ob die Warnung mündlich oder schriftlich erfolgt, hängt davon ab, wie gut man mit den Nachbarn steht. Einen Brief sollte man von einem Blumenstrauß oder einer Flasche Wein begleiten lassen, die mündliche Warnung kann man durch eine Schachtel Pralinen, eine Schallplatte oder einen spannenden Roman erträglicher machen.

Findet das Fest im Garten oder auf dem Balkon statt, so muss man auch an die Nachbarn in der Umgebung denken und sollte sich insgesamt daran halten, die Tanzmusik nicht gerade aus allen Stereoboxen straßenzuglaut erschallen zu lassen. Je dezenter sie klingt, desto weniger fühlen sich die Nachbarn belästigt und desto mehr ungestörte Sommerfeste kann man feiern. Siehe auch: *Musik als Lärm.*

Patengeschenke Die Paten bringen zur Taufe Geschenke mit; in manchen Familien und Landschaften ist es auch üblich, dass die Großeltern dem Kind etwas schenken. Die übrigen Gäste können nach Belieben ebenfalls eine Kleinigkeit mitbringen, müssen aber nichts schenken. Blumen für die Mutter reichen als Zeichen der Höflichkeit aus. Taufgeschenke sind entweder für die Zukunft gedacht (Silberbecher, Silberbesteck, Sparbuch, Schmuck) oder für die nächsten Monate (ein Staatsjäckchen oder besonders hübsche Anzüge, die ersten Spieltiere).

Sehr empfehlenswert ist – wie bei allen anderen großen Familienfesten und Jubiläen – die Geschenkliste. Es wird eine Liste der Dinge zusammengestellt, die sich die Eltern des Täuflings wünschen. Diese Liste sollte rechtzeitig entstehen, da sie eventuell die Reise durch die Familien, von Stadt zu Stadt, antreten muss. Wer ein passendes Geschenk findet, streicht es dick in der Liste durch und schreibt es sich selber auf einen Besorgungszettel. Taufkinder und junge Ehepaare brauchen vielerlei Dinge. Für kostspielige Gegenstände dieser Art können sich dann mehrere Verwandte oder Freunde zusammentun, bei der Taufe zum Beispiel alle Geschwister oder alle Patentanten.

Die Geschenkliste hilft den Gästen, das Schenken nicht nur als höfliche Pflichtübung zu betrachten, sondern ihm einen Sinn zu geben. Die Beschenkten müssen nicht umzutauschen versuchen oder ihr ganzes Leben mit Schauerstücken verbringen.

In den USA ist es Sitte, so genannte Showers zu veranstalten, Tee- oder Kaffee-Einladungen, bei denen jeder sein Geschenk – auch Schecks! – anonym in einen großen Korb legt.

Zum Brauchtum rund um die Taufe gehört in manchen Familien auch heute noch das Einsteckgeld fürs Patenkind: eine Goldmünze, die dem Säugling in die Windel gesteckt wurde, damit ihm das Geld niemals ausgehe. In manchen Gegenden wurde dieser Tauftaler in ein extra hübsch gesticktes Täschchen gesteckt.

Früher gab's ein Erinnerungsgeschenk zur Taufe, eine Münze; sie wurde mindestens den Paten, manchmal aber auch allen Gästen mitgegeben.

Der Geburtsbaum: Nicht nur bei uns, auch in Afrika und Asien war es Sitte, zur Geburt eines Kindes einen Baum zu pflanzen. In den Märchen kann man noch verfolgen, wie der Mensch sein Leben lang mit diesem Baum auf magische Weise verbunden blieb. Eine Erinnerung daran, dass der Mensch ein Stück Natur ist und bleibt und sich ihr auch sein ganzes Leben lang verpflichtet fühlen sollte.

Patient im Krankenhaus Wer sich im Krankenhaus aufhalten muss, sollte nicht nur Fürsorge und Höflichkeit erwarten, sondern bereit sein, mit anderen Patienten und mit dem Pflegepersonal so freundlich und höflich umzugehen, wie es ihm in seiner Lage nur möglich ist.

Die Mitbewohner des Krankenzimmers werden dem Kranken dankbar sein, wenn er:

- nicht raucht (heimlich);
- seinen Fernsehapparat nur anstellt, wenn es allen recht ist;
- den anderen so weit hilft, wie es in seinen Kräften steht;
- erst fragt, bevor er das Fenster oder die Klappe öffnen lässt;
- falls er sehr viel Besuch bekommt und schon aufstehen kann, mit diesen Personen ins Besuchszimmer geht.

Die Schwestern und Pfleger werden ihm dankbar sein, wenn er sie nicht grundlos durch die Gegend scheucht (weil's die Kasse ja bezahlt!) und sie nicht als persönliches Dienstpersonal behandelt.

An beides sollte jeder denken, der das Spital hoffentlich gesund wieder verlassen kann. Der Dank wird mündlich beim Abschied abgestattet.

Es gibt außerdem meist eine Kasse, in die man für die Schwesternschaft eine beliebige Summe stiften kann. Damit können die Schwestern nach eigenem Wunsch etwas Vernünftiges anfangen.

Wer sichergehen will, dass er es richtig macht, fragt die Oberschwester oder die Oberin, wie es in ihrer Station oder Abteilung üblich ist.

Pfeife rauchen Pfeife rauchen darf man heute grundsätzlich bei allen privaten Festen, sofern der Gastgeber einverstanden ist. Pfeife rauchen ist immer noch nicht bei allen offiziellen Anlässen gestattet. Im Flugzeug raucht man keine Pfeife. Man sollte sich also immer erkundigen, ob das Ganze auch richtig und genehm ist. Auf jeden Fall verboten ist die Pfeife beim Essen und bei Krankenbesuchen.

Pfirsiche und Pflaumen als Dessert Pfirsichen und Aprikosen zieht man zuerst mit Messer und Gabel die Pelle ab und schneidet das Fruchtfleisch vom Kern. Das funktioniert jedoch nur bei reifen Früchten. Wenn es also funktioniert, ist alles gut, wenn nicht: Ausweg Banane.

Pflaumen, Zwetschgen, frische Datteln und andere Steinfrüchte halbiert man theoretisch dito mit Messer und Gabel, hebt den Stein heraus und isst eine Hälfte nach der anderen. Wenn sich unreife Früchte zu sehr wehren: liegen lassen und eine Banane oder ein paar Weintrauben nehmen.

Pflichteinladung Wer eingeladen wird, hat eigentlich die Pflicht, diese Einladung zu erwidern.

Junggesellen waren früher von dieser Pflicht ausgenommen, weil ein Junggeselle nur als ein Übergang zum Ehemann betrachtet wurde, als halber Mensch, noch ohne Tisch, Geschirr und Kochherd.

Heute können Junggesellen beiderlei Geschlechts alle Einladungen erwidern, aber es muss kein Junggeselle, keine Junggesellin und auch kein Ehepaar eine Essenseinladung mit einer Essenseinladung erwidern, weil für gewöhnlich nicht mehr die Köchin in der Küche, sondern die Gastgeber selber kochen.

Wer also nicht kochen mag und nicht kochen kann, entledigt sich seiner geselligen Pflicht mit einer anderen Einladung, er gibt ein Sonntagsfrühstück oder einen Cocktail, er lädt zum Dämmerschoppen in ein gemütliches Weinlokal oder zum Essen in ein angenehmes Restaurant.

Bleibt man auf der halb offiziellen Ebene des Berufs, so kommt es darauf an, ob man nach den alten Regeln geht, nach der ein Vorgesetzter zuerst einlädt und damit zu verstehen gibt, dass er mit seinem Angestellten zu verkehren geruht. In vielen Städten und Berufskreisen ist das noch in etwa üblich, sodass für die Untergebenen die Pflicht erwächst, den Chef zurück einzuladen. Er sollte sich praktischerweise bei einem älteren Kollegen erkundigen, wie es in der Firma üblich ist.

Falls einem nichts Besseres einfällt, kann man sich immer mit einem so genannten großen Abwasch revanchieren, also einer üppigen Büfetteinladung.

Pflichteinladung, familiäre Das bedeutet: »Wir dürfen Tante Minchen nicht vergessen, sonst ist sie beleidigt!« Oder: »Thomas muss alle Kinder aus seiner Klasse zum Geburtstag einladen, die ihn auch eingeladen haben.«

So lautet die Regel, und sie macht aus dieser Pflichteinladung oft etwas, das einen stöhnen lässt, wenn man nur daran denkt. Also gar nicht darum kümmern? Tante Minchen lassen, wo sie ist? Zum Kindergeburtstagsfest nur diejenigen einladen, die den Eltern genehm sind?

Im Prinzip natürlich nein. Man sollte, um beim ersten Fall zu bleiben, alte Verwandte und Bekannte ganz gewiss niemals vergessen und so oft wie möglich zu offiziellen und familiären Festen einladen. Nicht nur als Lückenfüller oder zu so genannten 2-B-Festen.

Es gibt freilich alte Menschen, die keine Geselligkeit ausstehen können und froh sind, dass sie das ganze Theater hinter sich haben. Das ist wieder ein psychologisches und kein gesellschaftliches Problem, aber ich finde: einladen auf jeden Fall. Auch einen alten Brummbär von Großonkel freut es, wenn man an ihn denkt, und man lässt ihm die Chance, vielleicht doch einmal zuzusagen. Mag sein, dass ihn ein Großkind zu interessieren beginnt oder dass er dem etwas älteren Vetter vorfühlen will, wie gut er selber noch auf den Füßen ist, vom Koppe ganz zu schweigen.

Viele alte Menschen blühen außerdem auf, wenn sie mit jüngeren, ihnen noch Unbekannten zusammen eingeladen werden, denen sie all ihre Geschichten wieder zum ersten Mal erzählen können. Diesen Versuch muss man auf jeden Fall einmal unternehmen, ehe man eine alte Patentante oder eine fast vergessene Cousine als möglichen Gast ganz und gar aus dem Gedächtnis streicht.

Der Geburtstagsfall: Kinder sollten nicht ausgerechnet an ihrem Ehrentag aus Pflicht einladen müssen. Für ein Kind ist der Geburtstag oft wichtiger als Weihnachten. Geburtstag bedeutet: ein Tag, der dem Kind ganz allein gehört und nicht der übrigen Welt. An diesem Tag sollte es wirklich nur Freunde um sich haben dürfen.

Das bedeutet nun nicht, dass man einem Kind nicht genau erklären könnte und sollte, was Höflichkeit und was gesellschaftliche Pflichten bedeuten. Aber das übt man besser an einem anderen Sonntag oder einem anderen Festtag. Das Jahr ist lang genug.

Auch ein Kind kann sich mit einer anderen Form der Einladung revanchieren. Es muss nicht Geburtstagseinladung mit Geburtstagseinladung vergelten. Der Erwachsene kann also vorschlagen, dass das Kind seinen so genannten gesellschaftlichen Pflichten mit einem Besuch im Kindertheater nachkommt oder mit einem Picknick oder mit einer Spieleinladung an seine Freunde und Spielkameraden. Im Übrigen sollte das Kind an ebendiesem Erwachsenen und seinem Beispiel lernen, dass man von vornherein eine Einladung ablehnen muss, wenn man mit den betreffenden Gastgebern nichts zu tun haben möchte.

Placement Der französische Ausdruck für Tischordnung ist Placement. Außerdem ist es die Bezeichnung für einen sinnreichen Gegenstand, mit dessen Hilfe man die *Tischordnung* (siehe dort) auf einen Blick überschauen kann: Es ist eine Leder- oder Papp-Platte, sie kann auch mit Samt bezogen sein, in Tischform, in die Kärtchen mit den Namen der Gäste gesteckt werden können.

Mithilfe eines Placements fällt es einem Gastgeber leicht, eine schwierige Tischordnung immer wieder hin und her zu stecken, bis die Sache sitzt und stimmt.

Ein Placement liegt aber vor allem in der Diele, Halle oder in den Vorräumen aus, wenn man zu einem großen Essen eingeladen ist, damit sich die Herren orientieren können, wer ihre Dame ist und wohin sie sich mit ihr zu begeben haben.

Findet das Essen an mehreren Tischen statt, liegen dementsprechend viele Placements aus, wobei auf einem großen Plan alle Tische verzeichnet und durchnummeriert sind, sodass man wiederum weiß, an welchem Tisch im Esszimmer man seinen Platz hat.

Will man sich ein Placement selber machen, so malt man auf ein Stück weißen Karton das Rechteck, das Rund oder das Oval des Esstischs auf und schreibt die Namen der Gäste strahlenförmig darum herum.

Das Hilfsmittel, mit dem man angibt, wo rechts und links auf diesem Plan sind: Man zeichnet die Tür mit ein, durch die die Gäste das Esszimmer betreten.

Das Placement kann bei großen Essen durch so genannte Führungskarten ergänzt werden. Das sind Visitenkarten, große Klappkarten, die wie kleine Zelte neben dem Placement stehen. Auf der Vorderseite der Karte steht der Name des Herrn, innen: »… wird gebeten, Frau Sowieso zu Tisch zu führen.«

Einzelne Herren, die niemanden zu führen haben, bekommen keine Führungskarte und müssen sich ihren Platz auf dem Placement suchen. Siehe auch: *Tisch führen, Zu.*

Platz Einen Platz braucht jeder Gast zum gemütlichen Essen. Man rechnet pro Person sechzig bis siebzig Zentimeter Essen- und Ellenbogenfreiheit. Vergessen Sie auch nicht die Bewegungsfreiheit beim Platznehmen und beim Aufstehen, damit man sich nicht zwischen Tisch und Wand mühsam hindurchschlängeln muss.

Platz machen Wenn zwei Personen auf einem schmalen Bürgersteig einer dritten entgegenkommen, gehen die beiden nicht nebeneinander, sondern hintereinander an dieser dritten Person vorbei: Sie machen ihr höflich Platz.

Wenn eine Person einer anderen auf einem schmalen Weg oder in einem engen Durchgang entgegenkommt, machen sie sich gegenseitig Platz.

Denn keiner hat das Recht auf den Weg, und selbst wenn er es hätte, wenn es sein eigener Weg wäre, sollte er sich höflich verhalten, indem er dem Fremden Platz macht.

Keine Manieren hat, wer sich breitbräsig und mit womöglich abgewinkelten Ellenbogen in der Mitte dieses angenommenen Weges vorwärts bewegte, sodass der andere zur Seite gedrängt wird.

Platzteller Er ist der Fels in der Brandung eines Menüs, flach und groß. Auf dem Platzteller steht zu Beginn des Essens schon die Vorspeise oder die gefüllte Suppentasse. Wenn es ganz vollkommen sein soll, liegt ein Spitzendeckchen auf dem Platzteller, damit das andere Geschirr auf ihm nicht klirrt und klappert.

Der Platzteller hält sich bis zum Hauptgang. Dann wird er entweder samt dem Deckchen mit abgeräumt und durch den vorgewärmten Hauptgangteller ersetzt, oder man serviert den Hauptgang auf dem Platzteller.

Zum Dessert kann er wieder erscheinen. Dann wird zum Beispiel der Eisbecher gleich auf ihm serviert.

Wer es besonders dekorativ mag, kann silberne, vergoldete oder Platzteller aus Zinn benutzen.

Polterabend Der Polterabend ist ein Fest der Freunde und Nachbarn, das unter Aufwand aller verfügbaren Fantasie gefeiert wird. Der Polterabend ist außerdem älter als unsere christlichen Hochzeitszeremonien: Schon vor der Zeitwende glaubte man, mit Geklirr zerschellender Töpfe und Krüge die bösen Geister vom Hochzeitshaus fortzuscheuchen.

Wie heute gepoltert wird, richtet sich nach den Sitten und Gebräuchen der betreffenden Familie und Gegend. Manchmal ist es noch üblich, dass die Kinder der Nachbarschaft am Vorabend der Hochzeit unter großem Geschrei Tassen und Teller vor der Haustür zerschmettern und dann von den jungen Leuten ein Stück Kuchen oder Süßigkeiten angeboten bekommen. Meistens sind es jedoch Geschwister, Kollegen und Freunde, die zum Polterabend eingeladen worden sind und ein fröhliches Scherbengeklirr veranstalten, bevor sie das Haus oder die Wohnung betreten.

Die Scherben müssen auf jeden Fall aus Porzellan oder Steingut sein, denn Scherben von Glas, dem Symbol des vollkommenen, aber so zerbrechlichen Glücks, würden Unglück bringen.

Der Polterabend wird meist im Haus der Braut gefeiert. Sie lädt ihre und seine Freunde und Kollegen ein, Geschwister und andere Verwandte, auch Bekannte und Nachbarn, die nicht zur Hochzeit selber eingeladen werden, weil man im kleinen Kreis feiern möchte oder weil der zur Verfügung stehende Raum für die große Hochzeitsfeier nicht ausreicht.

Es genügt die mündliche Einladung. Die Braut sollte sich jedoch auf jeden Fall auf Überraschungsgäste gefasst machen, denn wenn man zum Polterabend auch zum Essen oder nach dem Essen einlädt, so wird er in vielen Gegenden als offenes Fest betrachtet, zu dem man schnell mal auf einen Becher Wein oder einen Schnaps hereinschaut, ohne dass man durch enge Familien- oder Freundschaftsbande dazu verpflichtet wäre.

Für diesen Anlass kleidet man sich einfach und bequem. Sollte der Polterabend in einem bestimmten Rahmen gefeiert werden, besonders ländlich, besonders festlich, so gibt die Braut mit der Einladung einen diesbezüglichen Hinweis. Die einzige Regel betrifft Damen: Sie sollten kein Weiß tragen.

Die Bewirtung entspricht einem schlichten Büfett. Es wird nicht viel gegessen, weil es am nächsten Tag ein Festessen gibt. Es wird auch nicht viel getrunken, weil das Brautpaar am kommenden Tag ausgeschlafen und munter aussehen soll. Ein Geschenketisch sollte auf jeden Fall vorbereitet werden, denn sehr oft bringen die Gäste schon am Polterabend die Hochzeitsgeschenke mit.

Es kann ein normales geselliges Beisammensein werden. Meistens haben jedoch die Geschwister und die besten Freunde der Braut und des Bräutigams etwas vorbereitet, eine klassische Hochzeitszeitung gedichtet oder ein Singspiel oder Moritatenverse gereimt, in denen heitere und wichtige Ereignisse aus dem bisherigen Leben des jungen Paares dargestellt werden. Zum Schluss dieser Darbietungen, die eine Stunde insgesamt nicht überschreiten sollten, werden der Braut vielerorts der Brautschleier und der Myrtenkranz von den besten Freundinnen überreicht, und der Bräutigam erhält ebenso feierlich den Myrtenzweig. Danach wird meist getanzt, und gegen 23 Uhr sollte das Fest zu Ende sein. An diesem Tag hat die Braut, die Gastgeberin, das einzige Mal im Leben das Recht, die Gäste aus dem Haus zu werfen.

Wenn man nur zum Polterabend eingeladen wurde, bedankt man sich mündlich. Falls man auch zu Empfang und Hochzeitsessen eingeladen wurde, bedankt man sich schriftlich mit oder ohne Blumen für alle Einladungen zusammen.

Privatleben Es gilt in unserer Kultur als Tabu, und unsere Häuser sind ein Symbol dafür. Die geschlossene Haustür sagt: »Ich lasse nur den herein, den ich bei mir haben will!«

Ergo sollte das Privatleben respektiert werden. Jeder hat das Recht, das zu fordern und den Neugierigen die Tür vor der Nase zuzuschlagen.

Keinem Reporter, keinem Fernsehteam, keinem Meinungsbefrager muss man Zutritt gestatten, und wenn in einem öffentlichen Interview die Fragen zu privat (intim, aufdringlich) werden, so besitzt jeder das Recht zu sagen: »Darauf möchte ich nicht antworten.«

Wird er unhöflich und rücksichtslos bedrängt, so ist er nicht im Geringsten unhöflich, wenn er aufsteht und davongeht, selbst in einer Talkshow.

In Österreich wurden Psychotests für Führerscheinkandidaten eingeführt. Eine Fahrschülerin aus Salzburg schrieb einen Brief an ihre Tageszeitung und fragte: »Als ich beim Psychotest die Frage, ob ich je meinen Mann betrogen hätte, verneinte, meinte die Ärztin, ich sei nicht normal. Wen geht mein Geschlechtsleben etwas an?«

Es geht in der Tat niemanden etwas an. Deshalb sind auch in den meisten Familien Badezimmer und Klos tabu, wenn besetzt. Das lernen Kinder wahrscheinlich sehr bald kennen und nachahmen.

Privat sind auch das Schlafzimmer und der Schreibtisch. Wenn eine Tür oder eine Schublade geschlossen ist, so gilt das als Bitte oder als Befehl: Hier möchte ich nicht gestört werden. Siehe auch: *Offenes Haus*.

Professor Dabei handelt es sich um einen akademischen Grad (siehe auch: *Doktor*). Es ist kein Beruf, obgleich manche Professoren das zu glauben scheinen und auch schreiben. Ihr Beruf ist zum Beispiel: Hochschullehrer oder Fachhochschullehrer oder Journalist oder Arzt oder dergleichen, wenn das auch weniger erhaben klingt.

Anrede: »Herr Professor« oder: »Herr Professor Meier«.

Protokoll Die Regelung des gesellschaftlichen Lebens auf offizieller Ebene ist das Protokoll. Das bedeutet: Es gilt nicht für das Benehmen und Verhalten im privaten Bereich.

Das Protokoll ist so alt wie der Wiener Kongress, der zwischen 1814 und 1815 stattfand, wo es nach der europäischen Katastrophe der napoleonischen Kriege von Fürsten, Königen, Exkönigen, Kaisern und ihrem Gefolge samt Generälen und Diplomaten nur so wimmelte, sodass eine reibungslose Arbeit bei der Verhandlung und ein allgemeiner gesellschaftlicher Umgang ohne Peinlichkeiten und Beleidigungen nur dadurch möglich war, dass man »per Protokoll« genau ausrechnete und für alle Zeiten festlegte, wer welche Rechte und damit welchen Platz im internationalen Miteinander besaß. Das Protokoll ist also ein ausgezeichnetes sachliches und vollkommen neutrales Hilfsmittel. Es ist kein Wunder, dass sich Privatleute in Zweifelsfällen lieber an den Regeln des Protokolls orientieren als an einer x-beliebigen Meinung.

Es ist jedoch unvernünftig und lächerlich, Protokoll und Benimm, wie es im Jargon heißt, zu verwechseln. Und es ist auch sinnlos, dem Protokoll das vorzuwerfen, was man gegen gewisse Zöpfe im privaten gesellschaftlichen Umgang hat oder gegen den weit verbreiteten Irrtum, Protokollvorschriften ins Privatleben zu übernehmen.

Das Protokoll gilt seit fast zweihundert Jahren, und es hat sich für die Politiker und Diplomaten als so praktisch erwiesen, dass es mit sachlich bedingten Veränderungen sicher noch ein paar hundert Jahre gelten kann.

Das gute Benehmen ist jedoch ständigen Änderungen und Wandlungen unterworfen. Wenn man nur daran denkt, was sich seit 1815 – als es noch keine Ständefreiheit gab, als der Walzer fast noch verboten und die Maschinen erst in der Jugendblüte waren – bis heute auf dem Gebiet der Moral, der Mode, der Medizin, der Berufstätigkeit und der Freiheit des Individuums alles geändert hat, welche Konsequenzen das für den guten Ton und das allgemeine Benehmen hat, so wird einem vollkommen klar, wie wenig Protokoll und private Benehmensregeln miteinander zu tun haben. Siehe auch: *Etikette, Zeremoniell.*

Pünktlichkeit Wann muss man pünktlich sein? Immer auf die Sekunde, wenn man zum warmen Essen eingeladen ist.

Ungefähr, wenn es sich um eine Einladung nach Tisch handelt.

Kaum, wenn es ein großer Abwasch ist, bei dem der Gastgeber ohnehin kaum wahrnimmt, ob man gekommen ist.

Im Übrigen: Sind Sie zum Essen eingeladen und werden sich verspäten (Verkehrsstau, letzter Kunde, dringender Anruf, plötzlich erkranktes Kind), so rufen Sie beim Gastgeber an. Er kann dann entscheiden, ob er auf Sie warten oder schon servieren will.

Für unpünktliche Gäste wird nachserviert: Der Gastgeber lässt also das Essen beginnen, und wenn der späte Gast auftaucht, wird ihm nachserviert, was noch servierbar ist. Mit irgendetwas kann er in jedem Fall im wahrsten Sinn des Wortes abgespeist werden.

Im Übrigen ist Pünktlichkeit im Berufsleben nützlich und im privaten Leben eine der gesellschaftlichen Tugenden.

Es ist beklagenswert unhöflich, eine ganze Reisegesellschaft des Morgens im Bus warten zu lassen, nur weil man sich über die Masse erhaben fühlt. Es ist unhöflich und nicht im Geringsten elegant, zu Verabredungen zu spät zu kommen. Es ist unangenehm unhöflich, einen anderen warten zu lassen, »weil ich ihn ja bezahle«, denn auch ein Arzt, ein Handwerker oder eine Friseurin haben noch andere Kunden und Termine. Es ist unpädagogisch, Kinder warten zu lassen, »weil sie ja noch nichts zu tun haben!«, denn ein Kind lernt nur am Beispiel seiner Erwachsenen – auch den Sinn der Höflichkeit! Es ist herzlos und unhöflich, alte Menschen warten zu lassen, weil sie sich dann vergessen vorkommen.

Überpünktlich? Ein korrekter Mensch geht lieber einmal um den Block, selbst bei Regen, ehe er sich auch nur eine Minute vor der Zeit meldet.

Die schlechteste und faulste Ausrede der Unpünktlichkeit: »Der Verkehr!« Jeder weiß, wie der Verkehr ist, deshalb rechnen Pünktliche die berühmte Viertelstunde dazu (oder noch mehr, je nach Ort und Lage). Sie haben es ja im Auto gemütlich trocken und warm und können bequem warten, falls sie wundersamerweise ohne Stau ans Ziel gekommen sind.

Radfahrer Ihre Anzahl hat in den letzten Jahren zugenommen, jedoch nicht im gleichen Maß wie die Radfahrwege. Viele Radfahrer haben von der allgemeinen Straßenverkehrsordnung keinen Hauch einer Ahnung: Sie fahren bei Rot über die Kreuzung, überholen Autos auf der Fahrbahn und Menschen auf den Gehwegen wie die Heuschrecken von allen Seiten, benutzen die Fahrradwege nicht, auch wenn es welche gibt, oder – was schlimmer ist – dort, wo ihr Radfahrweg dadurch entstanden ist, dass der Gehweg halbiert und selbst für Fußgänger mit Kinderwagen, geschweige denn für einen Alten mit unterstützender Begleitung zu schmal wurde, fahren sie rücksichtslos schnell. Und ohne Licht. Dadurch verursachen sie Zusammenstöße, bei denen sich der Fußgänger, wenn er Pech hat, die Knochen bricht.

Solange also Radfahrer noch kein Nummernschild und keinen Verkehrsunterricht bekommen, müssen Eltern und Schule von Anfang an verschärfte Höflichkeitsregeln einüben. In diesem Fall kann der so oft verpönte Drill zum richtigen Benehmen lebenswichtig sein. Dass ein Fahrrad besser für die Umwelt ist als ein Auto, scheint manchen Radlern wie ein missionarischer Wahn zu Kopf gestiegen zu sein. Fanatiker sind aber noch nie gut für den Rest der Welt gewesen – im Gegenteil.

In Wirklichkeit müssen sich Radler besonders vor Rücksichtslosigkeiten hüten und Vernunft und Verkehrsregeln ganz besonders berücksichtigen. Für sie gilt also: Dass Autos und Arbeitsbuden der Stadt besonders gern auf Radfahrwegen abgestellt werden, gibt Radfahrern nicht das Recht, ihre Wut an Fußgängern auszulassen.

Wenn sie auf dem Fußgängerbereich fahren (müssen), so sollten schon die Kinder lernen, dass sie dort nur Gast sind. Auf dem Gehweg haben Fußgänger Vorrecht. Also: langsam fahren. Auf jeden Fall bei Dunkelheit mit Licht fahren, und zwar so viel Licht, wie vorgeschrieben ist.

Wenn man einen Fußgänger von hinten überholt, ihn weder durch lautes Klingeln noch durch Drängelei erschrecken, denn dann weichen besonders alte, etwas schwerhörige Menschen oft gerade zur falschen Seite aus. Lieber absteigen und das Rad an den Fußgängern vorbeischieben.

An engen Stellen des Fußwegs immer absteigen, statt Fußgänger an Hauswände oder Autokühler zu drücken.

Immer absteigen oder ganz langsam fahren, wenn Kinder auf dem Gehsteig spielen oder sich als Verkehrsteilnehmer auf dem Gehweg tummeln.

Rangfolge der Titel Erwirbt ein Adeliger einen hohen offiziellen Rang, so redet man ihn – von Bischof, Staatssekretär, Bundesminister oder General an aufwärts – mit dieser Amtsbezeichnung an. Der »Herr Minister« schlägt also den »Grafen Lambsdorff«. In der Anrede der Ehefrauen bleibt der Adelstitel jedoch erhalten. Sie wird selbstverständlich nicht »Frau Minister«, sondern bleibt die Gräfin Lambsdorff.

Amtstitel und Adelstitel ergeben manchmal einen wahren Namensbandwurm. Deshalb teilt man ihn gern, nennt zuerst akademischen und Adelstitel und dann – auf Adresse und Einladung – die Amtsbezeichnung. Wenn man so auch beim Vorstellen verfährt, weiß jeder, über was er sich mit dem anderen unterhalten kann. Siehe auch: *Professor*.

Rasenmähen Kaum sind Sie am Samstag erschöpft nach Hause gekommen und wollen sich vielleicht ein Viertelstündchen hinlegen und schlafen, kaum ist am Sonntagmorgen der letzte Teller vom friedlichen Frühstück auf dem Balkon abgeräumt, schon rattert und schnattert es in allen Gärten los, und wer den Rasen noch nicht mähen wollte, der wird durch die Nachbarn darauf gebracht, dass er eigentlich auch könnte oder sollte. Und schon geht's los – genau dann, wenn der andere gerade fertig ist. Kettenreaktionen des Lärms, pausenlose Ruhestörung.

Höflichkeit erforderte eigentlich, an andere zu denken. Manche lauten Geräusche können nicht verändert oder abgestellt werden. Das verleitet viele dazu zu denken: Da kommt's auf meinen Rasenmäher auch nicht mehr an. Falsch! Was man zum Guten verändern kann, das sollte man sich nicht entgehen lassen.

Eine andere Möglichkeit der Höflichkeit: Man fragt seinen direkten Nachbarn: »Stört es Sie, wenn ich jetzt eine halbe Stunde Krach mache?« Dann muss man sich freilich auch nach der Antwort richten, denn wenn man trotzdem mäht, begeht man wissentlich eine Unhöflichkeit, die nun schon Rücksichtslosigkeit geworden ist.

Die geringste Höflichkeit: Man kauft sich eine geräuschlose Mähmaschine, wenn der Knattermax seine laute Seele aushaucht. Je dichter die kleinen Gärten nebeneinander liegen, je dichter Menschen zusammenwohnen, desto reizbarer werden sie auch, und desto höflicher und auch notwendiger wäre es, das laute Gerät gleich durch ein leises zu ersetzen.

Rauchen Raucher werden heute ziemlich in die Enge getrieben, und je missionarischer sie verfolgt werden, desto trotziger reagieren sie.

Höflichkeit ist also auf beiden Seiten nötig. Höflich ist der Raucher, der vor dem Anzünden fragt, ob es stört, und der seine Zigarette ohne unterdrückten Grimm zurücksteckt, wenn die Antwort lautet: »Ja, es stört.«

Höflich ist der Raucher, der Rauchverbote achtet, der freiwillig das Rauchen unterlässt, wenn Kinder, Kranke, Schwangere oder Augenempfindliche im Raum sind. Höflich ist er weiterhin, wenn er dafür sorgt, dass nicht alles nach Rauch riecht, der also sein Zimmer oder sein Büro lüftet, nachdem er geraucht hat, der überquellende Aschenbecher nicht herumstehen lässt, sondern rechtzeitig ausleert.

Raucher – nehmt Rücksicht!

Nichtraucher dagegen müssen nicht stumm leiden, dürfen aber auch nicht aggressiv werden und einem Raucher zum Beispiel die Zigarre aus dem Mund reißen, weil er nicht gleich gemerkt hat, dass im Flugzeug Zigarren und Zigaretten überhaupt nicht erlaubt sind.

Nichtraucher sollten vielmehr höflich darauf hinweisen, dass sie Rauch nicht vertragen, und darum bitten, nicht zu rauchen.

Nichtraucher sollten also Toleranz zeigen.

In Krankenhäusern sollte man überhaupt nicht rauchen, weder auf den Gängen noch in den Krankenzimmern. Auch bei privaten Krankenbesuchen raucht man nicht.

Früher hatten die Herren ihren Rauchsalon. Heute gibt es wieder Gastgeber, die freundlich sagen: »Bitte, setzt euch zum Rauchen nur in dieses Zimmer, da kann ich die Tür hinter euch zumachen. Wir sind nämlich Nichtraucher.«

Es gibt manche Büros, in denen die Kollegen übereingekommen sind, nicht zu rauchen, und andere, in denen nur Nichtraucher eingestellt werden.

Bei Einladungen ist es üblich geworden, dass Raucher ihre eigenen Zigaretten mitbringen, da der Gastgeber nur die richtige Sorte in Vorrat haben kann, wenn er seine Raucherfreunde und ihre momentane Vorliebe kennt und Gästezigaretten trotz Originalverpackungen und bester Aufbewahrung im Lauf der Zeit zu Stroh vertrocknen.

Gastgeber haben in jedem Fall Aschenbecher parat, eventuell auch Streichhölzer, falls Raucher ihr Feuerzeug vergessen haben oder Zigarre oder Pfeife rauchen.

Rauchen bei Tisch Früher wäre es unmöglich gewesen, vor dem Essen oder nach dem Essen zu rauchen, ohne die Damen um Erlaubnis zu fragen. Früher wäre es erst recht unmöglich gewesen, während des Essens zu rauchen.

In Feinschmeckerkreisen ist es üblich, das Rauchen während des Essens zu unterlassen.

In Raucherkreisen ist es jedoch üblich, den Tisch für Raucher zu decken, das heißt, zwischen Brotteller und Glasparade einen kleinen Aschenbecher mit einer Zigarette und einem Zigarettenbriefchen hinzustellen.

•

Raucherregeln und -verbote Kein guter Raucher lässt eine brennende Zigarette im Aschenbecher verglimmen, sodass sie alle anderen alten Kippen ins Glühen bringt und einen bestialischen Gestank entwickelt. Kein wohl erzogener Raucher lässt die Asche auf Teppich, Parkett oder andere zivilisierte Böden fallen. Keiner tritt die Kippe auf Teppich, Parkett etc. mit dem Absatz aus.

Keiner – ach, wenn das stimmte! – wirft seine Kippe, vor allem die Filter, ins Klo, auf den Sandstrand, auf Fußwege, auf die Fahrbahn, in fremde Vorgärten. Kurz: nirgendwohin. Es gibt überall Abfallkörbe, und zur Not steckt man die Kippe in die leere Zigarettenschachtel.

Kein Raucher reinigt seine Autoaschenbecher auf dem Parkplatz und vor fremden Häusern, indem er denen den gesamten Dreck einfach in die Gosse kippt.

In Bibliotheken und Buchläden wird der Feuergefahr wegen nicht geraucht. Im Theater und Konzert gelten die gleichen Regeln.

Kein Raucher sollte abends im Bett gegen die Müdigkeit anrauchen – das ist mehr als ein Gebot des guten Tons.

Auf manchen Tagungen und bei Vorträgen wird gebeten, nicht zu rauchen, oder wenn, dann nur während der Kaffeepause. Der Grund ist die oft schlechte Ventilation, ebenso oft die Rauchempfindlichkeit des Vortragenden oder die Rauchaversion der Mehrzahl der Tagungsteilnehmer. In diesen Fällen sollten die Raucher zeigen, dass sie sich entgegen der allgemeinen Meinung sehr wohl beherrschen und das Rauchen eine Zeit lang bleiben lassen können.

Die kulinarischen Fachjournalisten Deutschlands haben die Forderung aufgestellt: Während des Essens bis nach dem Hauptgang nicht rauchen! Das ist ein Kompromiss zwischen dem Gar-nicht-Rauchen und den Zigaretten zwischen den Gängen, der akzeptabel ist.

Reisebenehmen: an Bord Der Gast an Bord eines Luxusliners: Ein Kreuzfahrtschiff wird wie ein Luxushotel geführt und setzt deshalb gewisse Erwartungen an die Gäste, die sich am sichtbarsten an den ungeschriebenen Kleiderregeln ablesen lassen.

Tagsüber geht es auf diesen Schiffen so ungezwungen wie an allen Urlaubsorten zu. Abends ziehen sich die meisten Passagiere jedoch wie in guten alten Zeiten um, Damen tauchen in etwas Festlichem oder einem langen Rock auf, und die Herren zeigen *dunklen Anzug, Smoking* oder *Dinnerjacket* (siehe dort). Bei besonderen Anlässen wird Abendkleidung getragen.

Nach diesem ungeschriebenen Gesetz trägt keiner im Speisesaal Shorts, auch tagsüber und in den Tropen nicht, und Männer erscheinen stets im Jackett zum Essen.

Ob Kreuzfahrtschiff, Bus oder fliegende Reisegruppe, für ein bis vier Wochen entsteht eine Gemeinschaft. Meist sorgen Reiseleiter oder Animateure dafür, dass man sich gegenseitig kennen lernt, doch das nimmt dem Einzelnen nicht die ganze Verantwortung für sein Benehmen ab.

Es ist unmöglich, sich mit den zweihundert oder dreihundert Teilnehmern einer Kreuzfahrt wirklich bekannt zu machen. Es ist aber höflich, selbst Mitglieder dieser Hundertschaften immer dann freundlich zu behandeln, wenn man mit ihnen zusammentrifft.

Es ist erst recht höflich, sich denen vorzustellen, mit denen man einen Tisch teilt, sich immer am Schwimmbad trifft, Zimmer oder Kabinen auf demselben Flur hat und so weiter. Siehe auch: *Trinkgeld auf Reisen.*

Reisebenehmen: Fotografieren Bei Reisen ins ferne Ausland muss man nichts zusätzlich lernen und beherzigen, als dass es die meisten Menschen als eine Verletzung und eine spirituelle Gefährdung ihrer Person betrachten, wenn ein Bild von ihnen gemacht wird. Und dass sie die Nacktheit der Touristen erst recht nicht nur ästhetisch abstößt, sondern beleidigt und deshalb zu Aggressionen reizt.

Zum ersten Fall, zum Fotografieren, steht im Touristenkompass für Reisen in die Dritte Welt, herausgegeben vom Bundesministerium für wirtschaftliche Zusammenarbeit, Folgendes: »Wir schießen mit der Kamera, wann immer wir es für richtig halten, in Gesichter, in Situationen, die oft genug für den Fotografierten privatester Bereich sind. Wir tun es trotzdem. Weil wir uns im permanenten, selbst auferlegten Wettbewerb üben, den Schnappschuss mit nach Hause zu bringen. Häufig genug bleibt dabei die Achtung vor dem anderen auf der Strecke. Auch der Ärmste verdient seine Würde, die wir immer dann verletzen, wenn wir ihn ablichten, um ihn – sozusagen als Trophäe – zu Hause ins Fotoalbum zu klemmen. Bedenken Sie dies, wenn Sie in fremden Ländern die Kamera zücken. Respektieren Sie die Selbstachtung des Menschen. Das bringt Ihnen mehr als ein flüchtiges Klick mit einer sechzigstel Sekunde bei Blende 16. Oder würden Sie sich gern ablichten lassen – beim Gebet, in Trauer, in privaten Situationen? Und überhaupt: Fotografieren Sie erst einmal mit Augen und Hirn, dann brauchen Sie manchmal gar nicht mehr auf den Auslöser zu drücken.«

Um zu verdeutlichen, was das rücksichtslose Fotografieren bedeutet, wird folgendes »Gegenbeispiel« zitiert: »Großer Bus voller dunkelhäutiger Menschen kommt in kleines oberbayerisches Bergdorf. Sie umringen die verdatterten Einwohner, um sie in Lederhosen abzulichten. Ein paar besonders Aufdringliche versuchen, einer eingeschüchterten Oma in unverständlichen Lauten und wild gestikulierend klar zu machen, dass sie ihre alte Tracht aus der Truhe holen und sich vor den Kachelofen setzen soll. Lächeln bitte – du verstehen?«

Das ist ein drastisches Bild. Es sollte sich jedem Reisenden vors innere Auge schieben, wenn er oder sie nach der Kamera greift, und sollte ihn daran erinnern, dass Höflichkeit etwas mit Menschenwürde zu tun hat.

Je ferner das Reiseziel, desto strikter sollte man sich an dieses Gebot der Höflichkeit halten. In der Mongolei herrscht eine noch größere Fotoscheu als auf den Seychellen, aber überall in der so genannten Dritten Welt wächst täglich die Aversion gegen Touristen, die genauso bedenkenlos wie einst die Kolonisatoren die Länder überschwemmen. Kolumbus und Vasco da Gama suchten Abenteuer, Gold und andere Schätze. Die Touristen von heute suchen den Garten Eden und andere Schätze der Ursprünglichkeit, siehe auch: *Touristensünden.*

Reisebenehmen: Hotelpersonal Was nun die Menschen anbelangt: Kellner und Zimmermädchen, Portier und Empfangschef stehen auf derselben Stufe wie die Gäste, denn sie sind berufstätig wie diese (oder wie die überwiegende Zahl der Reisenden). Sie tun je nach Etablissement ihr Bestes in altmodisch devoter oder in modern sachlicher Form. Aber auch die traditionelle Haltung des gebeugten Rückens und der ausgestreckten Hand darf nicht darüber hinwegtäuschen, dass gerade hinter der Maske des Dienenden ein sehr scharfer und prüfender Blick verborgen ist.

Wer sich aufspielt, wer ganz offensichtlich übertriebene Ansprüche stellt und so tut, als sei er nicht mit silbernen, sondern mit diamantenen Löffeln im Munde geboren, wird eh auf den ersten Blick erkannt und dementsprechend behandelt.

Das hat auch nichts mit der Höhe des Trinkgeldes zu tun. Es ist vielmehr das »Danke!« und »Bitte!«, es ist die Höflichkeit und Rücksichtnahme denen gegenüber, die für die Reisenden arbeiten, vom Schaffner in der Bahn über den Mann an der Autobahntankstelle, über die Klofrau im Hotel, den Diener, der die Koffer schleppt, und die Mädchen, die hinter einem her putzen.

Goldene Reiseregel: sich so benehmen, wie man es beim Besuch bei Freunden täte. Siehe auch: *Übernachtungsgäste.*

Reisebenehmen: im Hotel Wie das richtige Benehmen auf Reisen aussehen sollte, muss man nicht im Fernen Osten üben. Der Aufenthalt in der Jugendherberge oder dem Hotel im Nachbarort reicht schon aus.

Denn es kommt nur darauf an, dass man sich nicht schlechter benimmt als zu Hause und nicht meint, »weil ich zahle, kann ich die Puppen tanzen lassen«.

Man denkt also nicht: »Sollen die doch froh sein, dass ich kommen werde!«, sondern man meldet sich korrekt bei einem Reiseunternehmen an, hält die Stornierungszeiten ein, bleibt keinesfalls einfach weg, macht sich bei individuellen Anmeldungen in einem Hotel einen Durchschlag oder bestätigt eine telefonische Anmeldung mit einem Brief. Alles andere wäre unhöflich, weil es den Gastgebern Mühe und Scherereien verursacht, vom Finanziellen ganz zu schweigen.

Man gibt eine spätere Ankunft als 17 oder 18 Uhr an, damit das

Zimmer nicht weiter vermietet wird. Man benimmt sich im Hotelzimmer wie daheim, tritt also die Zigaretten nicht auf dem Auslegeteppich aus; macht keine Brandflecken auf die Tischplatte; lässt das Radio nicht stockwerklaut erschallen; gibt nach 22 Uhr keine Trinkgelage im eigenen Zimmer mehr; putzt sich die Schuhe weder an Gardine noch Bettdecke noch Handtuch; packt weder Handtücher noch Aschenbecher in den eigenen Koffer; räumt darüber hinaus nicht alles ab, was nicht niet- und nagelfest ist, von der Schreibmappe bis zum Bild an der Wand; wischt die Schminke nicht ins Handtuch; und wenn man speien muss: wie daheim im Klo!

Reisegesellschaft Wenn man den gemeinsamen Reisebus erklettert, muss man nun nicht gleich inmitten noch nicht verstauter Tüten und Taschen Verbeugungen machen und »Gestatten, Normalverbraucher!« schmettern, sondern man sollte sich erst einmal etablieren und sich dann nach und nach durch die Gruppe arbeiten. So behält man auch besser, wem man sich gerade vorgestellt hat und umgekehrt. Im Übrigen sollte man nicht damit rechnen, dass man gleich alle anderen Namen behält (den andern wird's nicht besser gehen!) und sollte deshalb frank und frei noch einmal nachfragen. Meist gibt es eine »Liste der Reiseteilnehmer«, die als Gedächtnisstütze recht hilfreich ist.

Der Mensch in der Reisegesellschaft muss folgende Regeln beachten:

– Er oder sie nimmt Rücksicht auf seine Reisegefährten.

– Er/sie lässt es die Mitreisenden nicht entgehen, dass sie sein einmaliges Reiseerlebnis teilen. Wenn er unter der gemeinen Menge leidet, sollte er lieber allein reisen.

– Er/sie gibt auf seine/ihre Reiseunterlagen, Pass, Hotelschlüssel und so weiter genauso gut Acht wie auf einer Privatreise und hält nicht die ganze Gesellschaft dadurch auf, dass sein/ihr Kram gesucht oder neu beschafft werden muss.

– Er/sie nimmt nicht so viel Gepäck mit, dass er/sie es nicht bewältigen kann.

– Er gibt nicht mit seinen anderen, viel erlebnisreicheren, weiteren, interessanteren etc. Reisen an.

– Er belegt im Bus nicht mehr Platz mit Beschlag, als ihm zukommt, und er zetert nicht los, wenn sich ein anderer mal auf »seinen Platz« setzt.

– Er erträgt es mit Gelassenheit, wenn er nicht das Einzelzimmer bekommt, das er bestellt hat, sondern den Raum mit einem anderen teilen muss.

– Er zankt sich nicht gleich am ersten Tag mit einem oder einem Dutzend Mitreisenden und benimmt sich insgesamt wie ein Erwachsener und nicht wie ein Kind in der ersten Grundschulklasse, das erst lernen muss, mit anderen Kindern zurechtzukommen.

– Er ist pünktlich. Pünktlich beim Start. Pünktlich bei den Mahlzeiten. Pünktlich bei Verabredungen, pünktlich bei jeder Abfahrt, besonders morgens früh. Bummelanten stehlen allen anderen kostbare Ferienzeit.

– Er/sie flirtet meinetwegen mit dem Reiseleiter oder der Animateurin, benutzt sie aber nicht als alleinigen Besitz, Kammermädchen, Seelentröster oder Gigolo. Das wäre nicht nur den Reisegefährten gegenüber rücksichtslos, sondern auch den betreffenden Menschen gegenüber ziemlich beleidigend. Sie gehören zum Dienstleistungsgewerbe, aber sie sind keine leibeigenen Knechte.

Reisen in den Süden In den romanischen und hellenischen Ländern sollten Reisende aus dem Norden daran denken, dass die Menschen dort ein anderes ästhetisches Empfinden besitzen und zum Beispiel auch genau unterscheiden zwischen Stadtkleidung und Ferienkleidung. Besonders beim Besuch in Kirchen und Klöstern sollten Touristen das religiöse Empfinden des Gastlandes respektieren und darauf achten, dass Frauen keine Hosen oder Shorts oder noch Kürzeres tragen; dass Damen keinen nackten oder halb nackten Oberkörper zeigen; dass es in manchen Kirchen üblich ist, den Kopf mit einem Tuch zu bedecken.

Heiße Höschen und Oberteile mit Spagettiträgern bringen Italiener und Griechen dazu, leidenschaftliche Stielaugen zu machen und ihr Gefieder zu plustern, was heißt: Sie missverstehen das Angebot, falls es nicht doch eins ist.

Die Bewohner der Mittelmeerregion haben sich freilich daran gewöhnt, dass vor allem Touristen aus Deutschland, Schweden und den USA eine Lust an der Entblößung befällt, die an die Grenze der Selbstverbrennung reicht. Es gibt auch immer wieder Einheimische, die diese Zurschaustellung alten und jungen Fleisches beleidigt. Das gilt erst recht für Mädchen und Frauen, die unbekümmert und ohne Rücksicht auf Ort und Zuschauer nackt baden, sich sonnen, campen und so weiter. Dass eine solche gedankenlose Haltung Feindseligkeit bis Mord verursacht, kann man in jedem Sommer in den Tageszeitungen lesen.

In Deutschland dagegen ist es heute üblich, sich nackt nicht nur ans Fluss- und Meeresufer, auf Schwimmbadwiesen und an FKK-Strände, sondern auch auf Brunnenstufen und in öffentliche Parks zu legen. Wenn jemand daran Anstoß nimmt, wird er lauthals der vermufften unterdrückerischen Prüderie bezichtigt. Das lässt den Protest meist sofort verstummen und ruft in der Allgemeinheit den falschen Eindruck hervor, dass erstens alle auf der Seite der Nackten und der Verteidiger der allgegenwärtigen Nacktheit stünden und dass zweitens diese Nacktheit eine überall und öffentlich anerkannte Sitte sei.

Das aber ist nicht der Fall. Man muss also wissen: You may do that in Deutschland, aber nicht überall.

Es ist deshalb ratsam, Extreme zu meiden und auch ein wenig Selbstkritik zu üben. Hitze ist zum Beispiel die letzte Ausrede für bikiniähnliche Straßenkleidung, gleichgültig wie alt und wie dick oder schlank man ist. Gerade am Beispiel der Italienerin kann man lernen, was es auch unter den verschärften Hitzebedingungen bedeutet, »sich der Gelegenheit entsprechend zu kleiden«.

Reisen nach Afrika und Asien In Asien und Afrika, in den Ländern des Islam, sollte der Reisende vor allem die Ratschläge des Reiseleiters oder der zeitgemäßen Reiseliteratur annehmen und daran denken, dass ihn nur eine verständnisvolle Einstellung zu den Einheimischen und ihrer oft fanatischen Frömmigkeit vor Angriffen und anderen Misshelligkeiten schützen kann.

Prostitutionstourismus, Rassismus und Massentourismus haben auf Sri Lanka und den Seychellen, in Trinidad und Manila, Peru und Senegal Hass und Rachegefühle verursacht, die umso heftiger sind, als die Betroffenen genau wissen, dass sie sich beherrschen müssen, weil ihre Länder von eben diesem Tourismus leben. Wie, ist erst mal die zweite Frage.

Auf jeden Fall ist es für Gäste und Gastgeber ein Leben auf dem Vulkan, und da »es keinen guten, unschuldigen Touristen mehr gibt«, wie ein Betroffener in Hawaii sagte, muss der Reisende äußerste Höflichkeit beachten. Die meisten Regeln entdeckt er, wenn er schweigt und sich zurückhält und die Bewohner seines Gastlandes aufmerksam und ohne Vorurteile beobachtet. So wird er merken, dass man in Asien sein Gesicht verliert, wenn man laut herumschreit. Dass man sich überall schnell danebenbenimmt, wenn man westliches Denken und westliches Verhalten als den alleinigen Schlüssel zur ewigen Glückseligkeit betrachtet.

In Kuala Lumpur gilt es zum Beispiel als »unzüchtiges Verhalten«, wenn sich ein Liebespaar in der Öffentlichkeit, selbst in einem öffentlichen Park, umarmt und küsst. Da im islamischen Malaysia unzüchtiges Verhalten mit Geldstrafen oder Gefängnis bestraft wird, sollte man nur in Hotels küssen.

In streng islamischen Ländern erwartet man nicht nur angemessenes Verhalten, sondern auch angemessene Bekleidung, und der Reisende sollte wissen, dass auch für Touristen das islamische Recht verbindlich ist. Lange Hosen sind also auch für Touristinnen zu empfehlen. Im Iran fühlen sich Männer durch Frauen ohne Schleier brüskiert; bei Shiva- und Vishnu-Festen in Südindien wären nacktarmige und nacktbeinige Frauen in Shorts eine Herausforderung; Buddhisten und Moslems empfinden Scheu vor zu freizügigem Benehmen, kurzen Hosen und durchsichtigen Blusen. Manche Tempel und Pagoden in Jerusalem oder Indien dürfen nicht mit Schuhen betreten werden, und wer in China einen Mönch gegen seinen Willen fotografiert, muss sich nicht wundern, wenn dieser den Fremden anspuckt. In manchen Gegenden Indiens stößt man auf streng vegetarische Nahrung, selbst Eier gibt's nicht, und vor dem Besuch von Klöstern muss man Ledersachen ablegen. Besteht in katholischen Männerklöstern die Klausur, die Frauen den Zutritt verbietet, gelten im Orient die Regeln des Harems, in den die Männer keinen Fuß setzen dürfen, so gibt es auch englische Clubs, in denen Frauen nichts zu suchen haben. Will sagen: Jedes Land, jede Religion hat Eigenheiten, die man achten muss.

Es nützt nichts, triumphierend zu sagen: »Ha, ich kenn aber geistliche Herren, die kümmern sich den Teufel um Fastengebote, Enthaltsamkeit und Demut!« Oder: »Also, als ich neulich geschäftlich in Arabien war, da haben die Scheichs aber ganz schön gebechert!«

Wenn man aus dieser singulären Erfahrung das Recht ableitet, selber zu bechern, so kann man erleben, dass sich gerade die Gesetzesbrecher bei sich daheim sofort auf die Seite der Sittentreuen stellen und den Zechbruder von neulich verleugnen und verraten.

Restaurant, Im Wer allein ins Lokal geht, wartet meist darauf, dass ein Kellner oder ein Ober auftaucht, um ihn an einen Tisch zu führen. Das gilt für Frauen wie für Männer. Der Ober führt die Gäste zum Tisch, hilft der Dame oder der älteren Dame beim Platznehmen und bringt, hoffentlich gleich, die Wein- und Speisekarte.

Er oder sie muss sich nicht einweisen lassen. Wer lieber am Fenster oder in einer gemütlichen Ecke, nicht direkt neben der Küchentür etc. sitzen will oder wer noch die Wahl zwischen anderen leeren Tischen hat, fragt höflich, ob er sich nicht dort hinsetzen kann.

Wenn jemand an einen Tisch geführt wird, an dem schon andere sitzen, so stellt er die rhetorische Frage: »Es ist doch erlaubt« oder »Es stört doch hoffentlich nicht, wenn ich …«

Wenn Herr und Dame das Lokal betreten, geht der Herr vor. Er

»bahnt der Dame den Weg«, vergewissert sich, dass dieses Lokal wirklich das richtige für sie ist und ob er ihr diese Gesellschaft zumuten kann – das weiß er vermutlich längst, aber die alte Sitte hat sich gehalten. Das muss eine Dame wissen, weil es auch umgekehrt üblich geworden ist – die Dame hat also den Vortritt – und weil sie sonst meinen könnte, da drängelt sich wer vor, dieser ungehobelte Bursche.

In der Garderobe hilft der Herr der Dame oder der Gastgeber dem würdigsten Gast etc. in den Mantel, falls ihm die Garderobiere dies nicht schon abgenommen hat. Sie ist das einzige weibliche Wesen, das einem Mann unter allen Umständen aus dem Mantel und in den Mantel helfen kann.

Beschwert man sich im Lokal? Aber sicher! Man gibt im Lokal das Geld aus, das man sich selber für gute Leistung verdient hat. Auch der Koch und der Gastwirt müssen für ihr Geld etwas tun.

Allerdings: Kritik bedeutet, dass man etwas von der Sache versteht. Meckern ist nicht Kritisieren, und wer meckert, muss damit rechnen, dass er mit gleicher Münze zurückgezahlt bekommt. Siehe auch: *Beschwerde*.

Dass man nicht mit »Herr Ober!« oder »Fräulein, wo bleiben Sie denn?« für Aufruhr sorgt, ist selbstverständlich. Frisch bereitete Speisen brauchen Zeit. Wer gut essen will, muss Geduld mitbringen.

Es ist korrekt, die Rechnung zu überprüfen und nachzufragen, wenn etwas nicht zu stimmen scheint. Wird einem die Rechnung in den Falten einer Serviette auf einem Teller präsentiert, so schiebt man Geld und Rechnung wieder hinein und wartet auf das Wechselgeld.

Zum Trinkgeldzahlen ist keiner verpflichtet, aber wenn man zufrieden war, sollte man sieben bis zehn Prozent der Rechnungssumme dazulegen. Unterzeichnet man als Hausgast des Hotels nur die Rechnung, so schreibt man »plus ... Euro« unter die Rechnungssumme. Siehe auch: *Zahlen*.

Rolltreppen Viele Rolltreppen haben elektronische Laufrichtungsänderung. Das erfordert eine gesteigerte Rücksichtnahme, wenn zum Beispiel ältere oder gebrechliche Leute auf ihre Richtung warten oder wenn jemand einen Kinderwagen oder ein schweres Gepäckstück zu bewältigen hat. In diesem Fall ist es nur höflich, wenn andere oder jüngere Menschen den Betreffenden helfen und dafür sorgen, dass die Benutzung in einer Richtung für einen Augenblick unterbrochen wird.

Rucksack Wer einen trägt, muss vor allem berücksichtigen, wie ausladend er dadurch wird. Wenn also hinter ihm jemand aufschreit, sollte er sich nicht umdrehen und »Is was?« fragen, sondern dem aufhelfen, den er mit seinem Rucksack umgestoßen hat und – auch wenn's keine so schlimmen Folgen hatte – sich höflich entschuldigen.

Das Ganze sollte dem Rucksackträger eine Lehre für die Zukunft sein: Höflich ist, wer die Folgen seines Rucksacks bedenkt.

Rücksicht Das ist der Kern und das ganze Geheimnis unserer Manieren. Rücksicht heißt ja: Schau dich um! Denk nicht nur an dich! Achte auf die, die nach dir kommen, weil sie nicht so schnell sind wie du! Sei barmherzig! Schau, was du für sie tun kannst! Hilf ihnen weiter. Übe Rücksicht!

Das passt auf alles: Wer Rücksicht nimmt, hilft jemandem über die Fahrbahn. Trägt einem etwas Schweres. Überholt nicht rücksichtslos. Überschüttet nicht die Fußgänger mit einem Schlammschauer. Stellt sein Radio leise. Sagt jemandem ein vollkommen überflüssiges, aber liebevolles Wort. Behandelt einen ehemaligen Kollegen, der als Rentner keinerlei Funktion mehr hat, so respektvoll und rücksichtsvoll wie früher. Und so weiter. Siehe auch: *Aufs Recht pochen*.

Rülpsen Rülpsen und andere windige Erleichterungen hat schon Hans Sachs den Menschen im Mittelalter abempfohlen – zumindest bei Tisch, und das bedeutet übertragen: in Gesellschaft anderer, die solche Verdauungsgeräusche und vor allem Gerüche nicht schätzen, weil sie sie als widerwärtig empfinden.

Wer zum Rülpsen neigt, sollte unter Umständen den Arzt fragen. Er oder sie kann ein Luftschlucker sein, der mit jedem Happen und mit jedem Schluck, den er nimmt, eben auch eine gehörige Portion Luft schluckt. Und diese sucht sich wieder den Weg nach oben und außen.

Das Luftschlucken kann man sich abgewöhnen, und schon ist die Ursache des Rülpsens aus der Welt.

Auch das Schmatzen gehört zu den Geräuschen, die bei Tisch und in der Öffentlichkeit nicht gerade beliebt sind. Da es sich dabei wirklich nur um eine Angewohnheit handelt, kann man sich auch das abtrainieren.

Salat essen Wenn es dann zum Hauptgang Salat gibt, so kann man nur hoffen, dass die Köchin vernünftig war und die Salatblätter nicht in ihrer natürlichen Größe gelassen hat. Im Prinzip soll man sich den Salatteller so elegant schwach auffüllen, dass man ohne großes Gekleckere essen kann. Wenn jedoch niemand bei der Salatzubereitung ein Einsehen gehabt hat, gibt es nur einen einzigen Ausweg: sich nur mit zwei oder drei kleinen Blättern zu bedienen. Denn es gilt erst recht als nicht sehr wohl erzogen, wenn man anfängt, das sperrige Salatgrün mit Messer und Gabel zu zerkleinern.

Salatteller Zum betreffenden Gang (Fisch oder Fleisch) wird links neben den Platzteller der Salatteller gestellt, er löst also den Brotteller ab. Dieser ist spätestens nach der Vorspeise überflüssig, weil es zum Hauptgericht meistens kein Brot, sondern warme Beilagen gibt.

Sammelgeschenk Für diejenigen, die fünfzig oder sechzig werden und »alles haben«, gilt die sehr praktische Sitte des Sammelgeschenks, die man zu Hochzeiten und Verlobungen übt: Ein Familienangehöriger benachrichtigt die Gäste, dass sich der Jubilar zum Beispiel das zwölfbändige Lexikon, eine Reise an die Loire oder einen übergroßen Sonnenschirm für seine Terrasse wünscht, und gibt gleichzeitig eine Kontonummer an, auf die jeder so viel oder so wenig zahlen kann, wie er mag. Der Einzelbetrag bleibt anonym, der Jubilar bekommt – mit Gedicht oder einer anderen humorigen Zutat – einen Scheck über die Gesamtsumme überreicht. Was für Rückschlüsse er dann auf die einzelnen Gäste und Familienangehörigen zieht, ist seine Sache und kann niemanden stören.

Saucenlöffel Was macht man mit der manchmal köstlichen Sauce, die mit Fleisch oder Fisch serviert wurde? Vor Jahren wurde von französischen Köchen der flache Saucenlöffel entwickelt, der fester Bestandteil des Essbestecks werden sollte.

Er hat sich jedoch nur zögernd durchgesetzt. Man findet ihn eigentlich nur in Feinschmeckerlokalen, und er hat den Nachteil, dass er nur Rechtshändern dient.

Falls man so oder so die Sauce verspeisen möchte, kann man den Dessertlöffel benutzen und sich vom Kellner einen neuen erbitten. Ist keiner aufgedeckt, so bittet man um einen Löffel für die Sauce.

Schinken essen Der rohe Schinken verdient ein scharfes Messer, denn selbst wenn er zart ist, besteht er aus verschiedenen und mit allen Häutchen quer geschnittenen Muskelpartien und setzt normalen Messern auf Porzellantellern einen hartnäckigen Widerstand entgegen. Deshalb wartet zum Beispiel beim Spargelessen ein

Holzbrett links neben dem Teller auf die Schinkenscheibe. Auf ihm schneidet man den Schinken. Das geht dort fabelhaft, weil das Holz das Wegrutschen verhindert. Ob man die Schinkenwürfel direkt vom Brett isst, hängt nur davon ab, wie es dem Esser lieber ist.

Schlange stehen Diese Sitte hat sich während des Krieges ausgebildet und im England der Nachkriegsjahre klassische Formen angenommen. Sie war der Sieg der Selbstbeherrschung über die Not; keiner hat sich durch Hunger oder Mangel so weit erniedrigen lassen, dass er seine Würde aufgegeben hätte. Hatte also ein Laden eine Sonderzuteilung ohne (Lebensmittel-)Marken anzubieten, so stürzten sich die Menschen nicht wie die Bluthunde an die Theke und drängten und schubsten alle anderen zurück, sondern einer stellte sich gesittet hinter den anderen und wartete, bis er an die Reihe kam. War dann die Sonderzuteilung schon ausgeteilt, so verließ man die Stätte zwar mit knurrendem Magen, aber als würdevoller Mensch.

Diese Schlangen-Sitte samt Selbstbeherrschung wäre auch heute nicht schlecht, wenn es irgendwo drängelig wird.

Schleppe Kaum hat das britische Fernsehen die Schleppe der Thronfolgerbraut von unten, oben und allen Seiten gezeigt, fragen sich auch deutsche Normalverbraucherinnen: Hochzeitskleid mit Schleppe? Ja oder nein?

Ein Kleid mit Schleppe verlangt nach dem Rahmen, und dazu gehört nicht nur mindestens ein Dom mit langem Mittelgang zum Altar, sondern ein geräumiges Fahrzeug, mit dem Schleppe und Schleppenträgerin angemessen zur Kirche transportiert werden können. Zweitens mindestens einen Pagen, der die Schleppe trägt.

Wer die Schleppe wie einen Haufen Schmutzwäsche selber auf dem Arm tragen muss, macht sich lächerlich.

Schminken Die Kosmetikindustrie macht zig Milliarden Umsätze und ist damit ein volkswirtschaftlich bedeutsamer Faktor. Wie man sich in der gerade herrschenden Saison schminkt, lesen Interessierte in Frauenzeitschriften. Ob man sich schminkt, ist eine private Entscheidung.

Wo man sich schminkt, hat in manchen Fällen etwas mit dem Benehmen zu tun.

Die Regel lautet: Man schminkt sich zu Hause.

Im höchsten Maß ärgerlich wird es jedoch von Mitmenschen empfunden, wenn sich Langschläferinnen in Bus oder U-Bahn schminken, bürsten, pudern und dabei die Sitznachbarn an ausgekämmten

Haaren, Schuppen, Puderwolken und Haarspray großzügig teilnehmen lassen.

Als unerzogen gilt es auch, wenn man sich am Esstisch im Restaurant schminkt. Ausnahme: siehe *Lippenstift*.

Umstritten ist der Arbeitsplatz. Im Prinzip ist ein Amts- und Büroschreibtisch kein Kosmetiklabor. Da kommt es also auf die Gepflogenheiten der Firma und der Kollegenschaft an. In einem Büro oder einer Amtsstube mit Publikumsverkehr ist es natürlich misslich, einen Besucher mit halb aufgefrischtem Gesicht empfangen zu müssen.

Das Wie des Schminkens unterliegt eigentlich nur den Regeln der Ästhetik. Vielleicht sollte man aber die dekorative Kosmetik nicht ohne Selbstkritik anwenden, denn gerade diejenigen, die ein altes Gesicht durch reichlich Schminke verjüngen wollen, erreichen oft nur, dass die bunten Falten erst recht auffallen.

Und wer sich lächerlich macht, führt andere in Versuchung, sich schlecht zu benehmen, in Spott und Häme zu verfallen.

Auch für Politiker gilt als Regel, dass man sich in der Öffentlichkeit nicht kämmt und schminkt. Gehetzten Politikerinnen und Politikern zwischen zwei Terminen und immer vor dem Fernsehauge bleibt freilich gar nichts anderes übrig, als sich gelegentlich vor allen Blicken schnell die Haare zu glätten, die ihnen der Hubschrauberwind zerzaust hat.

Eine festliche Aufmachung erfordert auch ein Fest-Make-up. Auf jeden Fall: vorher ausprobieren und daran denken, dass viele Gäste den Festsaal aufheizen werden und die Schminke verlaufen lassen. Also Make-up oder Puder wählen, die diesen Hitze- und Härtetest überstehen und Wangen und Nase nicht wie mit einer Speckschwarte eingerieben glänzen lassen. Außerdem: bei stark geschminktem Gesicht daran denken, dem Dekoleté auch etwas Farbe zu gönnen, sonst wirkt man maskenhaft. Siehe auch: *Lippenstift*.

Schmuck Zum Schmuck gab es früher eine ganze Latte von »Du-darfst«- und »Du-darfst-nicht«-Regeln: Diamanten nicht am Tag und nicht für unverheiratete Frauen; Gold und Silber nicht zusammen; Ringe nur am Ringfinger; Ketten nicht für Herren und so weiter.

Heute haben die Mode und die Gold- und Platinwerbung all das längst auf den Kopf gestellt, und es sind nur noch Rahmenvorschläge übrig geblieben. Selbst ein Satz wie: »Man donnert sich nicht auf!«, trägt also nicht zu viel Schmuck auf einmal, ist fragwürdig bei einer Mode, die immer wieder in neuen Variationen vorschlägt, sich zahllose Halsketten in ganzen Kollektionen von Klunkern umzuhängen.

Fazit: Erlaubt ist, was gefällt und was man noch ohne Angst vor Raub und Diebstahl zu tragen wagt.

Schnecken essen Ebenso wie die Austern isst man auch Schnecken nicht einzeln, sondern in halben oder ganzen Dutzenden. Das Schneckenfleisch wird zu diesem Zweck in gesäuberten Schneckenhäusern serviert und schwimmt meist in flüssiger Butter. Man hat für das Schneckenessen zwei Spezialgeräte zur Verfügung: eine Schneckenzange, mit der man das Schneckenhaus einklemmt und so gut und sicher halten kann. Dazu gehört die Schneckengabel, klein und mit zwei Zinken, mit der man das Fleisch wiederum aus dem Haus spießt, sticht oder polkt und sofort in den Mund steckt. Die flüssige Butter träufelt man auf ein Stückchen Brot oder Toast.

Schnee- oder Eismeerkrabben essen Die nordische Eismeer- oder Schneekrabbe kommt ebenso wie die amerikanische Steinkrabbe nur in Teilen und tiefgekühlt in den Handel und damit auf den Tisch. Die Scheren werden also lediglich aufgetaut, der Gast nimmt sie an den Greifern in die Hand, stippt die fleischige, vom Panzer befreite Hälfte in Sauce und beißt oder saugt das Fleisch ab. Das ist so appetitlich, dass man weder Fingerschalen noch Extraservietten braucht.

Schnupfen »… und hat ihn drauf bis Sonntagfrüh!«, heißt es bei Morgenstern. Jeder weiß: Drei Tage kommt er, drei Tage steht er, drei Tage geht er, und wenn man etwas dagegen unternimmt, dauert er eine gute Woche. Auf jeden Fall steckt er an. Deshalb ist es rücksichtslos, wenn man den Helden spielt und trotz Schnupfen durch die Gegend läuft, arbeitet, reist, Kundschaft, Feinde, Firma und Familie verseucht.

Besser: Bei heftigem Schnupfen ins Bett, schwitzen und schlafen. Bettwärme beschleunigt den Heilungsprozess, und wen das schlechte Gewissen plagt, wegen eines lächerlichen Schnupfens nicht zum Arbeiten zu kommen, der kann erfrischt und gesund mit doppelter Geschwindigkeit draufloswirken.

Schuhe, Strümpfe Seit die Grünen weiße Turnschuhe zur offiziellen Fußuniform erhoben haben, gelten neue Regeln. Immerhin hat dieser Schuhschock deutlich gemacht, dass die korrekte Fußbekleidung sehr ernst genommen wird und die Bewohner unseres Landes nur ungern von alten Gewohnheiten Abschied nehmen: bei ihren Volksvertretern. Denn sie selber laufen längst schon in Freizeitlatschen herum.

Wichtig ist: Schuhe müssen stets gut geputzt sein.

Klug ist es, sich Schuhe zu kaufen, die so zeitlos und gut gearbeitet sind, dass sie lange halten.

Rücksichtsvoll und wohl erzogen ist es, in Schuhen herumzulaufen, die unserem Klima angepasst und nicht für Polarexpeditionen entworfen zu sein scheinen, denn der Geruch von Schweißfüßen ist besonders unangenehm und durchdringend. Die einzige Rettung für die Umwelt: Schuhe oder Stiefel auf der Stelle wegschmeißen.

Schuhregeln für korrekte Herren: Zur dunklen Hose streng genommen nur schwarze Schuhe. Zur hellen Hose dagegen braune Schuhe.

Zum Stresemann glatte schwarze Straßenschuhe mit grauen oder schwarzen Strümpfen.

Zum Cut wie zum Stresemann glatte, schwarze Schuhe und einfarbige, graue Strümpfe.

Zum Smoking kann man Lackschuhe tragen. Üblich sind glatte, schwarze Straßenschuhe.

Zum Frack gehören glatte Lackschuhe und schwarze Seidenstrümpfe oder feine, schwarze Strümpfe.

Schuhe, geputzte Alte Regel: Geflickte Schuhe kann man ruhig tragen, aber geputzt müssen sie sein.

Der korrekte Schuhputzer vergisst auch nicht die Innenseite des Schuhabsatzes. Siehe auch: *Schuhe, Strümpfe*.

Schuhe auf den Tisch Aus alten amerikanischen Kinofilmen haben wir gelernt: Schurken und starke Männer knallen ihre Stiefel auf den Tisch, dass die Sporen klirren. Wer den starken Mann markieren will, tut es auch heute. Und wer vom langen Stehen Quellfüße bekommen hat, wer einen so schlecht geschnittenen Schreibtischstuhl besitzt, dass ihm die Füße immer wehtun, oder wer vom vielen Rauchen schon Durchblutungsstörungen in den unteren Extremitäten hat, tut es auch. Hochgelegte Füße dienen schließlich der allgemeinen Entspannung!

Im Prinzip: Zu Hause kann man machen, was man will. Wenn man allein in seinem Büro am Schreibtisch sitzt, kann man auch machen, was man will. Füße gehören jedoch nicht auf den Tisch, weder auf den Schreibtisch noch auf den Teetisch, und wenn man sie schon auf einen gelegt hat, so nimmt man sie herunter, wenn ein anderer den Raum betritt, und nimmt sie auf jeden Fall herunter, wenn eine Dame den Raum betritt. In diesem Fall ist selbstverständlich auch die Haushaltshilfe eine Dame.

Schweiß siehe *Körpergeruch.*

Schwimmbad siehe *Swimmingpool.*

Sektempfang Ein *Empfang am Vormittag* (siehe dort), bei dem es nur Champagner und Sekt gibt, freilich ergänzt durch Orangensaft und ein oder zwei alkoholfreie Getränke, dazu besonders luxuriös belegte Canapés.

Der Sektempfang verläuft wie jeder normale Empfang, der Anlass ist meist besonders festlich, es dreht sich also um einen Geburtstag, ein Jubiläum, eine Hauseinweihung, lauter Anlässe, bei denen man den Sekt zum Anstoßen braucht.

Sektfrühstück Ein Sektfrühstück ist ein Frühstück im formellen Sinn, also eine Einladung zum *Mittagessen* (siehe dort), nur mit einem einzigen Unterschied: Man kann fest darauf bauen, dass es nur das Beste vom Besten geben wird. Denn Sektfrühstück bedeutet: Champagner oder Sekt als Tischgetränk von der Begrüßung bis zum Dessert, und zu diesem Getränk passen nach allgemeiner Ansicht nur Gerichte zwischen Hummer und Kalbssteaks.

Zum Sektfrühstück wird also bei besonders festlichen, aber nicht sehr großen Anlässen eingeladen. Zum Sektfrühstück lädt zum Beispiel das frisch gebackene Paar die Trauzeugen ein; die Eltern die Taufpaten ihres Kindes; ein hoch geehrter und besonders lieber Besuch wird mit einem Sektfrühstück gefeiert; und wenn ein Autor ein erfolgreiches Buch geschrieben hat, so lädt er manchmal selber seinen Verleger zum Sektfrühstück ein.

Rahmen, Zeitpunkt, Details und Verlauf wie beim Mittagessen.

Selbstbeherrschung Sie hat sich im Krieg mitten zwischen Trümmern und Verlusten bewährt. Sie hilft einem Kind, das Gesicht zu bewahren, wenn es nämlich nicht wegen irgendeiner Kleinigkeit vor allen anderen angeschrien wird; und sie rettet auch die Mutter, die sich durch hemmungsloses Schimpfen nur in die Ecke manövriert, aus der man so leicht nicht mehr herausfindet. Selbstbeherrschung und Contenance verhindern Streit und Krach in der Familie, zwischen Liebenden, zwischen Nachbarn, Kollegen und so weiter.

Contenance würde den meisten unserer Politiker auch sehr viel besser dienen als das unflätige Gefluche, mit dem sie – in Bezug auf das gute Benehmen – nur Beispiele abgeben, wie man es nie und nimmermehr machen sollte.

Zur Selbstbeherrschung gehört auch dies: Wenn einen etwas stört, so überlegt man sich: Kann ich's ändern? Kann man das, so tut man es auch, statt darüber zu jammern.

Kann man es nicht ändern, so erträgt man es schweigend. Gejammere ist überflüssig, weil sich dadurch nichts ändert: zum Beispiel das Wetter, der Charakter der zweiten Frau des eigenen Exmannes, der Mottenfraß im Winterpelz oder die Qualität des heurigen Weins.

Service Es ist noch gar nicht so lange her, dass wir so essen, wie wir es heute gewohnt sind, am gedeckten Tisch mit Tellern bestimmter Größe.

Erst im Barock haben sich die Gesetze unserer Tafel herausgebildet, erst damals wurde aus dem oft wüsten Gelage ein Menü, bei dem nicht alle Speisen auf einmal auf den Tisch gestellt, sondern in genau berechneter Form nacheinander angeboten wurden, wobei zu den verfeinerten Tischsitten eine entsprechende Konversation gehörte.

Selbstverständlich hing diese Entwicklung mit der gesamten kulturgeschichtlichen Wendung zur Form zusammen, auch damit, dass Armut und Plagen des Dreißigjährigen Krieges vergessen werden konnten, dass man also wieder Silber für die Tafel besaß, dass der überseeische Handel zu blühen begann und das Porzellan seinen Siegeszug antrat. Der König speiste auch nicht mehr allein am Tisch wie der französische Sonnenkönig, umgeben und bewundert von seinem Gefolge, sondern es entstanden Tafelrunden, und das Zeitalter der großen Köche und der Erfindung großer Saucen und Gerichte begann. Mit Tafelservice, Damast und Servietten wurde geprunkt, und für jeden Wein wurde damals die bestimmte Glasform entwickelt, die wir heute noch kennen.

Aus dem Zeitalter des Barock stammt nicht nur unsere heutige Art, den Tisch zu decken, sondern auch der Brauch des Blumenschmucks, ja sogar der Korkenzieher und das besondere Interesse am Essen und Trinken.

An den verschiedenen Königshöfen haben sich dann, in Nachahmung des französischen Vorbilds, im Lauf der nächsten Jahrhunderte verschiedene Formen des Service entwickelt, und Mitte des vorigen Jahrhunderts kannte man die folgenden drei Methoden, die von den Hofmarschällen entwickelt und beschrieben wurden. Die Aufgabe eines Hofmarschalls bestand nämlich darin, den Fürsten und Königen das Haus zu führen, bei Empfängen und Hofdiners so gut wie im Alltag.

Der *altenglische Service* bestand aus drei Gängen. Sämtliche Speisen eines Ganges befinden sich zugleich auf der Tafel, der erste bereits bei Beginn derselben. Die Speisen werden nicht durch die Dienerschaft gereicht, sondern von Gästen bei demjenigen erbeten, vor dessen Platz die gewünschte Speise aufgestellt ist. Außerdem gibt es Büfetts, von denen die Dienerschaft nach Aufforderung serviert.

Der *französische Service* teilt das Diner gleichfalls in drei Hauptgänge, stellt aber nur die Vorspeisen und Zwischengerichte auf die Tafel, die Hauptgerichte dagegen auf den Nebentisch. Die Speisen werden, im Gegensatz zur englischen Methode, durch die Dienerschaft gereicht.

Beim *russischen Service* stehet nur das Dessert auf der Tafel, und zwar schon bei Beginn derselben. Die Speisen werden ausnahmslos durch die Dienerschaft gereicht.

Man kann sich leicht ausrechnen: Beim altenglischen Service herrschte ein ständiges Hin und Her von Schüsseln und Platten, beim französischen Service war die Aussicht gering, etwas Warmes auf den Teller zu bekommen. So hat sich die russische Methode durchgesetzt, und nach der russischen Methode wird noch heute in großen Hotels und bei Diners serviert.

Die englische Methode hat jedoch in unserem dienerlosen Jahrhundert eine neue Bedeutung gewonnen. Sie hilft dem privaten Gastgeber, seinen Gästen auch ohne Personal das Essen zu servieren.

Servieren Bei den meisten Essen war es früher selbstverständlich zu servieren, und es wird auch heute geübt, wenn man bei sich zu Hause ein großes Festessen für mehr als zehn Personen gibt.

Normalerweise rechnet man so: Bei einem Diner braucht man pro sechs bis acht Personen eine Servierhilfe. Die Hausfrau oder die Gastgeberin selbst serviert ihre eigenen Gerichte beim offiziellen Essen nie.

Die strenge Regel beim formvollendeten Servieren: Die ranghöchste Dame darf zuerst nehmen, dann geht es die Damenrangfolge abwärts. Dann kommt der ranghöchste Herr an die Reihe und so weiter.

Moderner und praktischer: Man serviert zuerst dem Ehren- oder würdigsten Gast und geht dann einmal um den Tisch.

Feste Regel: Man serviert von links. Das ist für Linkshänder unbequem, aber daran müssen sie sich in einer Rechtshändergesellschaft gewöhnen.

Das Vorlegebesteck muss dem Gast zugewandt sein, und wer serviert, darf den Rand einer Platte nicht mit den Fingern berühren. Es ist meist hilfreich, wenn man wie ein Kellner eine Serviette benutzt, auf der die Platte ruht, damit sie nicht rutscht.

Die Vorspeise und die Suppe werden einmal angeboten, der Hauptgang mit seinen Beilagen zweimal.

Beim Hauptgang werden zuerst Fleisch und Sauce serviert, dann folgen Gemüse, Kartoffeln und Salat.

Benutzte Teller werden von rechts fortgenommen, und eingeschenkt wird auch von rechts. Dabei bleibt das Glas auf dem Tisch stehen. Bevor das Dessert angeboten wird, werden leere Gläser, Salz und überzählige Bestecke abgeräumt. Siehe *Nachservieren.*

Servierhilfe Wenn man Glück hat, gehört sie schon zur Familie: Tochter, Söhne, Hausangestellte können beim Servieren helfen.

Wenn man keine Servierhilfe hat und sie braucht, muss man sie mieten. In vielen Städten gibt es Servierfrauen, deren Adressen man meist von Freunden oder im Branchenteil des Telefonbuchs erfährt. Fast jeder Partyservice verleiht Servierpersonal. Studenten und Schüler verdienen sich manchmal auch gern mit Küchendienst, Servieren und Aufräumen Geld.

Servietten Für die Hauptmahlzeiten zu Mittag und zu Abend waren sie früher immer aus dem gleichen Stoff wie das Tischtuch und riesengroß, fünfzig mal fünfzig Zentimeter.

Das hat sich geändert. Der Niedergang der Servietten begann im Zweiten Weltkrieg, als Strom und Seife rationiert wurden, was den Serviettengebrauch drastisch einschränkte. Und durch die Berufstätigkeit der Frauen, die nun aus anderen Gründen Hausarbeit und Hauswäsche reduzieren.

Trotzdem gehört eine Serviette zu jedem Essen, kalt oder warm. Der Zweck und Sinn der Serviette: Sie schützt die Kleidung vor Fettspritzern und Flecken. Sie dient dazu, den Mund abzuwischen, was besonders wichtig ist, wenn man zum Essen etwas trinkt. Wer sich vor jedem Schluck den Mund abtupft, hinterlässt am Glasrand keine Spuren. Denn das sieht nicht nur verschmiert und unappetitlich aus, es beeinträchtigt auch den Geschmack des Getränks, was bei Wein eine ganz besondere Rolle spielt. Siehe auch: *Weinglas.*

Serviettenmoden und Serviettenarten haben sich ohnehin geändert und sind praktisch geworden. Man kann zum weißen Tischtuch gemusterte Servietten decken, zum Blumentischtuch farblich abgestimmte blaue, grüne oder rosa. Man kann buntes Bauernleinen mit karierten Tüchern kombinieren, und man kann das Format nach Belieben wählen. Wichtig ist nur, dass man Servietten kochen kann, damit die Lippenstift- und Fettflecken herausgehen und dass sie ihrem Zweck entsprechen, gut auf dem Schoß zu liegen, um Kleid und Anzug zu schützen, zudem groß genug sind, dass man sich den Mund damit abwischen kann.

Das tut man übrigens nicht nur, bevor man aus dem Glas trinkt, sondern auch zwischen den Gängen und nach dem Essen.

Praktische Serviettenformate: zwanzig mal fünfzig, also ein Längstuch, das gut auf dem Schoß liegt und als kleine Essserviette besser zu benutzen ist als die so genannte Teeserviette mit ihren etwa dreißig mal dreißig Zentimetern.

Papierservietten kann jeder, der sich die Arbeit oder die Kosten von Waschen und Bügeln sparen will, statt Stoffservietten benutzen. Beim offiziellen oder festlichen Essen verwendet man jedoch Stoffservietten.

Papierservietten sind als Zusatzserviette der Flecken wegen besonders praktisch, und zwar beim Krebs- oder beim Obstessen.

Krebsservietten sind rot, Obstservietten können jede Farbe haben und auch gemustert sein. Sie werden in die Stoffserviette gelegt und zusammen einmal gefaltet.

Wenn man darüber hinaus aus Servietten Fächer, Schwäne oder andere interessante Figuren herstellen will, spricht man nicht von falten, sondern von brechen. Ob man Servietten also brechen und zu Pyramiden verwandeln möchte oder nicht, liegt einzig und allein im gestalterischen Geschick der Gastgeber.

Der Platz der Serviette: links vom Teller oder auf dem Teller.

Serviettenringe Sie werden logischerweise nur für Servietten benutzt, die man mehr als einmal verwendet. Das bezieht sich also auf die Familienservietten.

Serviettenringe bekommt außerdem nur ein lieber und häufig zum Essen erscheinender Gast. Andere Gästeservietten werden sowieso nur für eine Mahlzeit verwendet. Will man die Gästeservietten aus Dekorationsgründen zusammenbinden, so macht man das mit Seidenschleifen, biegsamen Plastikbändern oder – im Advent – mit Goldbändern.

Serviette um den Hals Im Prinzip legt man sich die Serviette auf den Schoß. Gibt es jedoch Gerichte, bei denen man sich mit größter Wahrscheinlichkeit Schlips oder Bluse bekleckert, so kann man nach alter Sitte die Serviette ausschlagen und an zwei nebeneinander liegenden Zipfeln um den Hals binden. Das ist nicht elegant, aber vernünftig und praktisch.

In Italien isst man auf diese Art und Weise Spagetti mit Tomatensauce, in Schweden die *Krebse* (siehe dort).

Aber Achtung: Serviette um den Hals ist keine offizielle, sondern eine familiäre Sitte. Wird also bestimmt nicht bei großen Essenseinladungen geübt, wo man solche Kleckergerichte ohnehin nicht serviert. Kann aber zu Hause und im Kreis guter Freunde trainiert werden.

Und kann auf Reisen in jedem Restaurant in Italien oder Frankreich nachgeahmt werden, wo man schon einen würdigen Familienvater mit der weiß verhängten Brust zum Beispiel Kutteln in Sauce verspeisen sieht.

Servus Das ist Latein und heißt auf Deutsch: *Sklave*.

»Ihr Diener!«, lautete der alte devote Gruß, mit dem sich der Untergebene beim Herrn Chef empfahl.

Heute ist das österreichische Servus so bekannt wie die Sachertorte und wird ebenso unbefangen exportiert und nach eigenem Gutdünken verwendet. In Österreich gilt noch immer die Regel, dass »Servus« ein Gruß unter Gleichen ist, also unter Schülern, unter Sportsfreunden, Kollegen etc. Siehe auch: *Tschüs*.

Silber Auf dem gedeckten Tisch kann Silber in drei Formen auftauchen:

Echtes Silber. Auch wenn dieses Besteck seit Generationen wie der Kronschatz gehütet und überliefert sein sollte: Das echtsilberne Besteck ist nicht aus purem Edelmetall. Wie das Gold der Eheringe wird auch das Silber mit anderen Metallen legiert, weil es in seiner reinen Form zu weich für den Gebrauch wäre.

Das Silber mit dem höchsten Feingehalt ist das so genannte Sterlingsilber, das den Stempel 925 trägt. Das bedeutet: Es besteht aus 925 Teilen Silber und 75 Teilen Kupfer.

Die gängigste Legierung, besonders für Bestecke, ist die 800er.

Für Serviettenringe und Aschenbecher, Fingerschalen und Salzfässchen, also für alles, was der Juwelier als Hohlware bezeichnet, nimmt man auch gern die etwas feinere 830er- oder 835er-Legierung.

Neben diesen Legierungsstempeln, die sich im Allgemeinen an der Unterseite des Silbergeräts befinden, kann man auf echtsilbernen Sachen noch das Firmenzeichen entdecken und das Silberzeichen – ein Halbmond und eine Krone –, das wie ein mittelalterlicher Zunftstempel für die Qualität bürgt.

So schön das auch schimmert und glänzt, so teuer ist echtes Silber, und wer je zwölf Esslöffel, Gabel und Messer, Teelöffel und Dessertbestecke kaufen will, muss ziemlich viel Geld ausgeben. Der übliche Ausweg: Man kauft

Versilbertes Tafelgerät und versilberte Bestecke. Sie bestehen aus einem Alpakakern. Das ist eine Legierung aus Nickel, Zink und

Kupfer, auch als Neusilber bekannt, der im galvanischen Tauchbad mit Silber überzogen wird.

Bei den so genannten

Patentbestecken ist die Versilberung nicht gleichmäßig, sondern an den besonders beanspruchten Stellen durch eine Auflage verstärkt, sodass sie sich nicht so schnell abnutzen kann.

Am häufigsten kommen einem Bestecke in die Hand, die auf der Rückseite die Zahl 90 eingeprägt tragen, das heißt: Sie haben eine 90er Auflage oder sind 90-Gramm-versilbert. Und das wiederum bedeutet, dass sich auf je zwei Esslöffeln und Gabeln im Tauchbad 90 Gramm reines Silber niedergeschlagen haben.

Früher gab es auch sehr viel schwächere Versilberungen zu kaufen, es gab 30er- oder 50er-, aber auch 100er- und 120er-Auflagen, doch heute hat sich die 90er-Versilberung als Standard durchgesetzt.

Eine gute Versilberung hält eine ganze Generation, wenn die Silbersachen ebenso sorgfältig wie echtes Silber behandelt werden. Im Allgemeinen sind versilberte Bestecke unempfindlicher als silberne, weil sie unter der Edelmetallschicht einen härteren Kern haben. Sollte dieser nun doch durch starke Benutzung oder nachlässige Pflege durchkommen, kann man die betreffenden Stücke frisch versilbern lassen. Das kostet verhältnismäßig wenig und verleiht dem gedeckten Tisch wieder neuen Glanz.

Plated ist der englische Ausdruck für versilbert. Wer sich also in London oder in einem Antiquitätengeschäft englische Plated-Stücke gekauft hat, besitzt weder etwas Besseres noch etwas Schlechteres als das, was er vermutlich ohnehin schon besitzt. Plated-Stücke werden ebenso wie echt silberne oder versilberte Ware gepflegt.

Unechtes Silber: Das ist je nach Land und Hersteller eine Metalllegierung, die silbern aussieht, manchmal Hotelsilber genannt wird und manchmal nur die Herkunftsbezeichnung trägt, zum Beispiel »Made in England«. Solche Stücke sind meist sehr dekorativ, sollten jedoch auch nur als schiere Dekoration gekauft und benutzt werden.

Benutzen sollte man vor allem das echte Silber, denn Silberbesteck hält umso leichter den Glanz, je öfter es benutzt wird.

Wer alte Stücke geerbt oder gekauft hat, kann das Besteck oft ergänzen, denn es gibt ein paar klassische Besteckformen, die sich über die Jahrhunderte erhalten haben. Es lohnt sich also auf jeden Fall, einen Juwelier oder Silberschmied um Rat zu fragen, es ist aber auch korrekt, schönes und reich dekoriertes altes Besteck durch modernes, ganz schlichtes Silber zu ergänzen.

Sitzen Wie sitzt man? Für den Möbeldesigner ist das eine Frage des menschlichen Skeletts und für die Flugzeughersteller eine des Prestiges. Wer mehr zahlt, kann besser und breiter sitzen.

Das sittsame Sitzen spielte früher eine große Rolle, denn man erkannte den wohl erzogenen Menschen auch und vor allem an der Art und Weise, wie er Platz nahm.

Keine Frau, die als Dame gelten wollte, hätte sich breitbeinig wie ein Mann hingesetzt. Als Frauen noch keine Hosen trugen, die Röcke gerade erst kurz geworden und die Unterhosen noch aus Stoff waren, also ziemlich locker ums Gebein hingen, hätte die Breitbeinigkeit tatsächlich Einblicke erlaubt, die als unanständig galten.

Die Beine überzuschlagen war ebenfalls nicht gestattet, vielleicht weil bei dicken Damen zu viel Oberschenkel und bei modischen Damen zu viel Strumpfansatz enthüllt worden wären.

Frauen durften also nur den Unterschenkel falten, so elegant wie es ging, und das war die einzige Freiheit, außer natürlich, rechtes und linkes Bein ordentlich nebeneinander zu stellen.

Heute hat keiner etwas gegen übereinander geschlagene Beine, und in Hosen bewegen und setzen sich die meisten Menschen gleich, Frauen wie Männer.

Wenn Frauen Kleider oder Röcke tragen, sehen freilich gespreizte Beine und so übereinander gelegte Beine, dass der Fuß des einen Beins auf dem Knie des anderen ruht, etwas missverständlich aus. Man erkennt das oft erst, wenn man in dieser Haltung fotografiert worden ist, und wer etwas eitel ist, korrigiert dieselbe.

Die alte Mahnung der Mütter gilt heute noch und ist eigentlich erschöpfend: »Sitz gerade, Kind!« Denn das Sitzen verrät nicht nur die Haltung, sondern auch viel über die Befindlichkeit des Sitzenden.

Wer sich in einen Stuhl oder Sessel plumpsen lässt, wer sich setzt, ehe die anderen, besonders die Älteren, Platz gefunden haben, verrät Ichbezogenheit.

Wer sich nicht fest und gemütlich auf seine vier Buchstaben niederlässt, sondern nur auf der Stuhlkante schwebt, wirkt ebenso unsicher wie diejenigen, die ihre Beine um die des Stuhles schlingen.

Im höchsten Maße unsicher bis trotzig wirken Leute, die mehr liegen als sitzen, und wenn sie dann noch Fuß auf Knie lagern, fragen sich die anderen: »Hat dem denn niemand gesagt, wie ein anständiger Mensch sitzt?«

Smoking Der Smoking ist der klassische festliche Abendanzug und besteht aus einer schwarzen oder dunkelblauen Jacke. Im Lauf der Mode tauchen immer wieder Schottenjacken, Samtjacken oder dunkelrote Smokingjacken auf, was die meisten Herren jedoch als Schnickschnack ablehnen. So oder so, die Jacke hat Seidenrevers oder Schalkragen zu einer langen schwarzen Hose ohne Aufschlag und mit Seidengalons und seidener Weste, falls der Smoking einreihig ist. Zur zweireihigen Jacke braucht man keine Weste zu tragen. Wenn, dann ist sie schwarz oder modisch bunt und seiden, hat hübsche Knöpfe und kann auch durch einen Kummerbund ersetzt werden. Da der Smoking trotz aller Versuche, ihn modisch aufzumuntern, superschlicht bleibt, erlauben die Schneider den Herren, mit Smokinghemden alles zu treiben, was ihnen einfällt. Da sind Rüschen, Biesen, Spitze und was weiß ich erlaubt. Viele Männer ziehen dennoch ein bescheidenes Smokinghemd mit Perlen- oder Silberknöpfen vor. Auch die schwarze Masche (Schleife) lässt viele Variationen in Seidenmuster und Schleifenbreite zu.

Wann wird der Smoking getragen? Bei allen Abendfesten, bei denen er vom Gastgeber erwünscht wird, was stets auf der Einladung steht, denn zu Festen mit Smoking wird stets schriftlich eingeladen. Dann steht links unten »Gesellschaftsanzug« oder »kleiner Gesellschaftsanzug« oder »cravate noir« oder schlicht »Smoking«. Damen wissen dann, dass sie das lange Abendkleid anziehen können, um passend gekleidet zu sein.

Im Übrigen: Theater, Oper, Bälle, Festkonzerte, Feste auf Schiffen oder in großen Hotels, große abendliche Familienfeste oder Empfänge – lauter Gelegenheiten, den Smoking zu tragen.

Niemals wird der Smoking getragen am Tag und zur eigenen Hochzeit, sei es standesamtlich oder in der Kirche. Der Bräutigam zieht den Smoking höchstens zum abendlichen Hochzeitsessen oder zum Hochzeitsball an, wobei er die Jacke mit einem Myrtensträußchen schmücken sollte.

Mantel zum Smoking: Korrekt ist ein dunkler. Beliebt ist der Burberry. In Paris ist es schick, auch zum Smoking den Parka zu tragen.

Die amerikanische Bezeichnung für Smoking ist Tuxedo und bedeutet wie bei uns: dunkler Anzug mit Satinaufschlägen, Jacke und Hose aus demselben Stoff, den man mit schwarzer Krawatte und »Fancy«-Hemden trägt, Fantasiehemden jeglicher Art.

Socken Ob nun Sportsocken oder Kniestrümpfe – die so bekleideten Füße sollten in den Schuhen stecken bleiben. Es ist nicht sehr rücksichtsvoll, wenn sich Leute im Zug oder im Flugzeug die lang getragenen Turnschuhe ausziehen und einem ihre Wollsocken unter die Nase legen. Das hängt nicht mit eventuellen Löchern oder dem Sauberkeitsgrad der Socken zusammen, sondern einzig und allein mit dem Geruch. Solange die Socken in den Stiefeln bleiben, ist es nicht so schlimm.

In manchen Familien ist es üblich geworden, die Schuhe vor der Wohnungstür auszuziehen und drinnen in Wollsocken herumzulaufen.

Das ist eine Sitte, die eigentlich aus dem Kindergarten oder aus Wintertagen in der Kinderstube stammt: Gummistiefelchen ausziehen und auf den Rosshaarsöckchen wie in Hüttenschuhen herumlaufen.

Wenn man jedoch kein Kind mehr ist, trägt man Schuhe an den Füßen. Siehe also: *Schuhe und Pantoffel.*

Wenn man auch als Erwachsener gern in Socken läuft, so kann man das durchaus tun, sollte aber nie vergessen, dass das nur eine private Angelegenheit ist, die man in seinen vier Wänden üben kann.

Besucht man Fremde, so sollte man sich der allgemein üblichen Fußbekleidung bedienen. Und bekommt man Besuch, so sollte man nicht darauf bestehen, dass er sich die Füße entblößt, sondern es dulden, dass er seine eigenen Schuhe anbehält.

Sonntagsruhe Wer arbeitet, arbeitet meistens hart, muss früh aus dem Haus und kommt werktäglich spät heim. Also freut er sich auf das Wochenende, freilich jeder auf seine Weise. Der eine möchte seine Ruhe haben, der andere braucht die Zeit, um im Garten und Haus zu arbeiten (siehe auch: *Rasenmähen*). Und der Dritte will am Wochenende seine Freunde sehen, stellt seine Hifi-Anlage auf Touren und reißt das Fenster auf, damit man den Rock auch hinten im Gartenhäuschen hören kann.

Ruhe ist nicht nur ein Bedürfnis, am Thema Ruhe kann man auch beweisen, ob man Manieren hat, ob man willens ist, Rücksicht zu nehmen. Denn Sonntagsruhe kann man nur gewähren, wenn man an andere denkt, die andere Bedürfnisse haben als man selbst. Und indem man zumindest am Sonntag nicht nur tut, was einem passt.

Souper Das heißt auf Englisch: *supper*, auf Deutsch: *Abendessen.* »Bei den Vorbereitungen hierzu kommt es natürlich darauf an, ob man eine größere oder kleinere Anzahl von Gästen geladen hat und ob dieselben fremd oder verwandt oder nahe befreundet sind. Will man ein Abendessen im größeren Stil geben, das meist um neun Uhr, oft aber auch um zehn oder noch spater beginnt, so wird die Tafel auf ähnliche Weise wie zu einem Mittagessen gedeckt. In die Mitte kommt ein Tafelaufsatz mit Obst, ein Blumenkorb oder eine große mit Blumen gefüllte Schale, zu deren beiden Seiten Fruchtkörbe,

Aufsätze oder Schalen mit Dessertgebäck und Konfekt aufgestellt werden; ebenso kommen die Salate und Kompotte gleich mit auf den Tisch. Suppe ist bei Abendessen nicht üblich, dagegen reicht man starke Bouillon in Tassen, wozu warme Fleischpastetchen und Sardellen- oder Kaviarbrötchen gegeben werden. Hierauf folgt meist ein Fischgericht wie blau gesottener Karpfen, Hecht, Lachs, Forelle oder Zander in einer Sauce; nur Aal vermeidet man seiner Schwerverdaulichkeit halber zum Abendessen zu servieren. In Ermangelung von Fisch gibt man nach der Bouillon auch Krebse, eine Hummermayonnaise, ein Frikassee von Geflügel oder ein feines Ragout in Muscheln. Dann folgt ein leichtes Gemüse mit Beilage von Lammkoteletts, Kalbsmilchkroketten, Zunge und dergleichen, eine warme Pastete, ein Braten von Wild oder Geflügel mit den Salaten und Kompotten. Dann vielleicht noch eine warme oder kalte Mehlspeise, Eis, Butter und Käse sowie Obst und Dessert. Die Speisen wechseln je nach Jahreszeit, auch wird bei einem Abendbrot nicht so streng nach der hergebrachten Reihenfolge verfahren. Bei kleineren Gesellschaften lässt man einen Gang oder mehrere Gänge weg und gibt zum Beispiel bloß Tee oder Bouillon, dann etwa einen Kalbsrücken oder Fricandeau mit Gemüse, oder Schotengemüse mit Krebsen und Mürbteig, Spargel mit Koteletts, Leipziger Allerlei mit Zunge und dergleichen, hierauf gebratene Hühner oder Kapaunen, eine Rehkeule etc. mit Salat und Kompott, dann Eis, Butter, Brot und Käse. Im Winter serviert man häufig nach der Bouillon statt des Fisches einen Fisch-, Hummer- oder Fleischsalat. Die Rot- und Weißweine, welche man beim Abendessen vorsetzt, dürfen nicht zu schwer sein; nach der Bouillon reicht man häufig Madeira in kleinen Gläsern herum, wie es beim Mittagessen nach der Suppe Brauch ist; statt des Champagners gibt man zum Dessert gewöhnlich eine Bowle. Bei kalten Abendessen stellt man meistenteils sämtliche Gerichte zugleich auf den Tisch, wenn man Platz dazu hat, sonst muss eins nach dem anderen herumgereicht werden. Auch hierzu kommen vornweg Bouillon oder Tee, Kaviar- oder Sardellenbutterschnittchen, außerdem eine Fisch- oder Hummermayonnaise, ein Fleischsalat oder verschiedene andere fein bereitete Salate, eine kalte große Pastete, Geflügel oder Fische in Gelee, kalte Braten, Pökelzunge, feine Wurst, marinierter Fisch, eine fein bereitete Sülze mit Remouladensauce, ferner kalter Pudding, Cremes, Gelees, Kompotte, Backwerk und Früchte, Butter und verschiedenartiger Käse. Das Mehr oder Weniger richtet sich selbstverständlich nach Geschmack und Bedürfnissen.« Das verstand man in der guten alten Zeit, um die Wende zum 20. Jahrhundert, unter einem Souper. Kein Wunder, dass etwa zur gleichen Zeit den Familienzeitschriften zum ersten Mal Ratschläge zur gesunden Ernährung und zum Abnehmen gegeben wurden. Heute versteht man unter einem Souper ein festliches Abendessen. Siehe auch: *Ballsouper*.

Spagetti und Nudeln essen Nudeln oder Teigwaren haben etwas mit dem Fisch gemein. Sie dürfen nicht mit dem Messer geschnitten werden – außer sie sind Bestandteil eines Auflaufs oder Gratins, wie zum Beispiel Schinkenfleckerln. Dieses strenge Verbot hat nun zu Folgendem geführt:

Spagetti haben den Sprung auf die offizielle Tafel nicht geschafft, was sicher damit zusammenhängt, dass es immer wieder Leute gibt, die nicht mit ihnen fertig werden – und auf so etwas nimmt ein höflicher Gastgeber Rücksicht. Dabei ist die Sache einfach, wenn die Spagetti auf Deutsch: dünne Bindfäden so lang belassen werden, wie sie sind. Dann kann man nämlich leicht ein oder zwei Fäden zwischen die Gabelzinken spießen oder klemmen und sie um dieselben wickeln und wickeln und wickeln. Das ergibt nach einer Weile ein nettes rundes Nudelknäuel, das man in den Mund steckt. Kinder lernen dieses Nudeln nudeln mit Gabel und Löffel, der erwachsene Nudelesser sollte mit einer Gabel auskommen.

Spargel essen Der Spargel ist die Gemüseart, die man auf dreierlei verschiedene Art und Weise essen kann. Die älteste, die immer wieder mit leichtem Schaudern zitiert wird: Man hebt eine Stange nach der anderen mit der Gabel leicht am geschnittenen Ende an, damit man sie zierlich und an diesem unteren Ende in die Hand nehmen kann. Droht die Stange durchzuknicken, weil sie ein wenig zu lange gekocht wurde? Dann rasch mit der Gabel zur Unterstützung unter den Spargelkopf. Spargelkopf in Sauce, Butter oder was es eben dazu gibt stippen und den Kopf abbeißen. Ehedem war damit der Spargel genossen, und den Rest legte man an den Tellerrand. Heutzutage gibt es bessere Spargelsorten, die nicht schon kurz unter dem Kopf anfangen, holzig zu sein. Man stippt die kopflose Stange also ein zweites Mal in die Sauce, beißt wieder ab und wiederholt das so lange, bis man das letzte Fitzelchen in den Mund geschoben hat.

Spargel mit Fingern essen: Das tut man nur bei einem ausgesprochenen Spargelessen, und es wird dadurch signalisiert, dass Fingerschalen auf dem Tisch stehen. In diesem Fall kann man sich auch die Serviette so um den Hals binden, wie es Wilhelm Busch immer wieder gezeichnet hat, denn so eine Mahlzeit ist saftig. Siehe auch: *Serviette um den Hals*.

Zweitens: Wer es eklig findet, warmes Gemüse in die Hand zu nehmen, kann selbstverständlich auch inmitten holländischer Spargelesser nach Messer und Gabel greifen.

Spargel mit Messer und Gabel: So isst man das Gemüse, wenn es mit den üblichen Beilagen drei- bis fünfstangenweise serviert wird.

Drittens: Dünne und kleine Stangen knickt man mithilfe dieser beiden Esswerkzeuge einmal in der Mitte, spießt das Spargel-U auf die Gabel und isst es.

Speisekarten Sie sind die letzten Erinnerungen an die großen Menüs der Jahrhundertwende. Sie bestanden aus acht, neun oder mehr Gängen, für die es verschiedene Systeme und Reihenfolgen gab.

Heute steht zum Beispiel die (kalte) Vorspeise an erster Stelle, dann folgt die Suppe. Beim klassischen Service beginnt die Suppe, dann folgen Vorspeisen, ein Fischgericht, ein Fleischgericht, ein warmes Zwischengericht, ein kaltes Zwischengericht, der Braten, das Gemüse, das süße Zwischengericht, dann manchmal Käse und Butter und zum Schluss Eis, Dessert und Früchte.

In etwa tauchen diese Gänge auch auf den Speisekarten der großen Restaurants auf. Es wird jedoch nicht erwartet, dass man sich von jedem Gang bestellt. Meist wählt man zwischen Vorspeise und Suppe, zwischen Fleisch und Fisch, zwischen einem süßen Dessert und Käse.

Es ist das Beste, wenn man sich bei einem Drink auf das Hauptgericht einigt und von ihm ausgeht und Vorgericht und Nachspeise wählt. Ist das Hauptgericht sättigend, passt eine klare Suppe besser dazu als eine gewichtige Vorspeise. Handelt es sich um Fisch, möchte man am Anfang des Essens vielleicht lieber ein warmes Vorgericht oder einen Salatteller als eine leichte geräucherte Forelle essen.

Den Nachtisch muss man ohnehin nicht sofort bestellen. Man kann erst in Ruhe Vor- und Hauptgericht verzehren und dann entscheiden, ob es weitergeht oder ob man nur noch einen Kaffee oder Mokka haben möchte.

In einem gut geführten Restaurant wird einem mit der Speisekarte die Weinkarte gereicht, denn da auch der Wein mit Bedacht serviert werden sollte, braucht es seine Zeit, bis er geöffnet oder dekantiert worden ist. Man sucht sich also gleichzeitig mit den Speisen das dazugehörige Getränk aus und kann erwarten, dass Getränk und Gericht gleichzeitig serviert werden.

Eine hübsche Sitte: Bei Familienfesten oder Jubiläen eine spezielle Speisekarte zu schreiben oder schreiben zu lassen, die jeder Gast auf seinem Platz vorfindet und zur Erinnerung mitnehmen kann.

Spielcasino, Kleidervorschrift In Spielcasinos und in manchen Restaurants gilt die Regel: Herren dürfen das Etablissement nur mit Krawatte und Jackett betreten. Das ist eine Regel, die stilbildend wirken soll, aber vor allem Werbewirkung besitzt. Das betreffende Restaurant signalisiert seine Vornehmheit und Traditionstreue, und wer dort aus und ein geht, kann sich leicht etwas darauf einbilden.

In Casinos blüht aus dem Zwang zur korrekten Gesellschaftskleidung manchmal eine nette Nebeneinnahme. Denn der Herr im Hemd kann sich an der Garderobe gegen ein geringes Entgelt Schlips und Jacke leihen. Manche Männer kehren lieber um, und andere kommen das nächste Mal in der eigenen Jacke. Und sind dann, laut Veranstalter, ganz froh, dass sie nicht zwischen Smokings und dunklen Anzügen in Niethosen und Polohemd herumsitzen müssen.

Stäbchen Wer zu einem chinesischen Essen eingeladen wird, in ein China-Restaurant geht oder nach Fernost reist, findet Stäbchen neben Schüssel oder Teller. Muss er sie benutzen?

Nein, er muss nicht. Wenn er nicht gewohnt ist, so zu essen, kann er bei Freunden wie im Restaurant um sein gewohntes Besteck bitten und friedlich damit essen, ohne sich groß entschuldigen zu müssen.

Falls er aber schon immer mit Stäbchen hat essen wollen, sich aber noch nie getraut hat, findet er nun die beste Gelegenheit, es zu versuchen. Er lässt es sich von seinen Freunden oder den Einheimischen zeigen. Eigentlich ist es ganz einfach: Beide Stäbchen wie zwei Bleistifte zwischen Daumen und Zeigefinger klemmen, die Spitzen einmal auf den Tisch stoßen, sodass sie parallel liegen und wie eine Zange arbeiten können. Nun das untere Stäbchen fest zwischen Daumenwurzel und Mittelhandknochen eingeklemmt lassen. Es muss fest aufliegen. Bewegt wird nur das zweite Stäbchen: Es wird zwischen Daumen und Zeigefinger locker auf- und abgeführt. So könnte man jedes Reiskorn greifen, aber Sie werden verfolgen können, dass Chinesen und Japaner die Reisschüssel in die Hand nehmen, fast bis an die Unterlippe heben und dann den ohnehin klebrigen Reis mit dem Stäbchen in den Mund schaufeln.

Falls Ihnen die Stäbchen nach dem ersten Versuch zuwider sind, so handeln Sie nicht unhöflich, wenn Sie sich freundlich für die Nachhilfe bedanken und sagen: »Messer und Gabel sind mir lieber!« Dann greifen Sie nach dem abendländischen Besteck.

In keinem Fall gibt man sich eine Blöße, weder beim vielleicht noch ungeschickten Versuch, etwas dazuzulernen, noch im Beharren auf dem Gewohnten.

Standesamtliche Trauung Wer standesamtlich heiratet, muss sich auf sehr viel Papier, Ausweise und Bescheinigungen gefasst machen. Liegt dieser Papierkrieg hinter dem jungen Paar, sind die Trauzeugen ernannt, haben die Trauzeugen daran gedacht, dass nicht nur das Brautpaar, sondern auch sie die Personalausweise auf dem Standesamt vorlegen müssen und dass einer von ihnen der Braut einen kleinen Strauß oder ein Blumengesteck besorgen muss, so kann man beruhigt zum Standesamt fahren.

Der Zeitpunkt hängt in der Hauptsache vom Standesamt und den übrigen Anmeldungen zur Trauung ab, sodass man keine Vorschriften machen, sondern nur Wünsche äußern kann. Auf jeden Fall richtet sich die übrige Festfolge des Tages nach der Zeit der Trauung.

An der standesamtlichen Trauung nehmen nur die Trauzeugen und die engste Familie teil. So muss man nicht schriftlich oder mit einer Einladungskarte einladen, sondern man sollte die Beteiligten nur rechtzeitig benachrichtigen.

Die Vorbereitungen beziehen sich auf die anschließende Festfolge. Es müssen jedoch die Papiere griffbereit sein, Trauzeugen und Familie müssen wissen, wo das Standesamt liegt und wo man dort parken kann.

Die meisten Bräute tragen ein Kostüm, und wenn es ihnen Spaß macht, setzen sie sich einen Hut auf. Der Bräutigam trägt einen dunklen Anzug mit weißem Hemd. Das ist der Standard, an den man sich ungefähr angleichen sollte. Wenn es sich um eine formelle Hochzeit handelt, trägt der Bräutigam Stresemann oder Cut.

Die Trauzeugen passen sich der Kleidung des Brautpaares an, versuchen jedoch auf jeden Fall, sich nicht festlicher als die Hauptpersonen zu kleiden. Deshalb ist es gut, über die Kleidung zur standesamtlichen Trauung miteinander zu sprechen.

Auch über die Namensgebung sollte rechtzeitig gesprochen werden, denn die Ehefrau übernimmt heute nicht automatisch den Nachnamen ihres Mannes. Man muss also vor dem Besuch beim Standesamt wissen, wer nach der Hochzeit wie heißen soll.

Wenn sich ein Paar nur standesamtlich trauen lässt, wird es meist nicht nur von Trauzeugen, sondern auch von Eltern und Geschwistern zum Standesamt begleitet. Jedes Standesamt hat einen so genannten Festsaal, der auf solche Hochzeitsgesellschaften vorbereitet ist und mit Blumen geschmückt werden kann, wenn man darauf Wert legt. Die Standesbeamten freuen sich jedenfalls, wenn die Familie in Aussehen und Haltung etwas für die Feierlichkeit der Amtshandlung sorgt.

Der Standesbeamte fordert das Paar und die Hochzeitsgäste zum

Sitzen auf, er vergleicht die Personalien noch einmal, dann spricht er den Trautext. Ob diese kleine Ansprache kurz oder lang ist, richtet sich danach, ob es die einzige Traurede ist oder ob noch eine kirchliche folgt. Es ist gut, den Standesbeamten vorher zu unterrichten.

Nach dieser Ansprache erhebt sich das Brautpaar, antwortet zum ersten Mal das entscheidende Ja auf die Frage des Standesbeamten und ist damit von einem Brautpaar zum Ehepaar geworden. Dann werden die Ringe gewechselt, der Kuss getauscht, das Protokoll noch einmal verlesen, und schließlich bittet der Beamte die jungen Eheleute, es zu unterzeichnen. Nach ihnen setzen die Trauzeugen ihren Namen unter das Protokoll, der Standesbeamte gratuliert, und die Amtshandlung ist erledigt.

Die Hochzeitsgesellschaft begibt sich nun entweder zum Haus der Braut zum festlichen Mittag- oder Abendessen mit der Familie, den Trauzeugen und Freunden oder, wenn die kirchliche Hochzeit an einem der nächsten Tage folgt, lädt das Ehepaar die Trauzeugen zu einem kleinen Mittagessen ein. Dieses Essen kann im Brauthaus stattfinden oder in einem Lokal.

Dieses Essen wird mit Rücksicht auf das junge Paar nicht allzu lange ausgedehnt, falls die kirchliche Trauung am gleichen Tag stattfindet. Die Trauzeugen verabschieden sich dann bald nach dem Dessert, damit das frisch gebackene Ehepaar vor der kirchlichen Trauung noch ein oder zwei Stunden Ruhe hat und sich umziehen kann.

Falls keine kirchliche Trauung folgt, wird der Tag der standesamtlichen Trauung mit Empfang und Festessen am Abend ebenso feierlich gestaltet, wie es für die *kirchliche Trauung* (siehe dort) beschrieben wird.

Steaks essen Normalerweise bestehen Steaks aus dem zartesten Fleisch aller Schlacht- und Wildtiere. Trotzdem ist gerade zum Steakessen ein Steakmesser, schmal und scharf wie ein Skalpell, erfunden worden. Das täte manchem zähen Schnitzel und Braten wesentlich besser, und im Prinzip sollte der Gastgeber seinen Gästen nur ein Fleisch servieren, an dem man nicht herumzusäbeln braucht. Aber da es nun einmal Steakmesser gibt, werden sie in vielen Familien zu Steaks serviert, und der Gast hat sie zu benutzen.

Stottern Wer stottert, kann es in den meisten Fällen nicht ändern. Also verhält sich der höfliche Mensch wie bei allen anderen körperlichen Fehlern: Er starrt dem Stotterer nicht neugierig auf den Mund. Er trommelt nicht ungeduldig auf den Tisch und fragt: »Na, wird's bald?« Er hänselt den Stotterer nicht und gibt ihm keinen – noch so liebevollen – Spitznamen, der seinen takt- oder gedankenlosen Witz aus dem Stottern bezieht. Siehe auch: *Behinderte*.

Straßenanzug Steht »Straßenanzug« als Kleiderangabe auf einer Einladung, so bedeutet das: Komm, wie du bist! Du brauchst dich nicht extra umzuziehen oder fein zu machen. Manchmal lautet die Bezeichnung auch »Kombination«, also: Hose und andersartiges Jackett. Das ist schon fast eine Vorschrift, denn vielleicht trägt der Herr, so wie er ist, gerade keine Kombination, sondern einen Anzug. Muss er sich dann trotzdem umziehen? Freilich: Jeans und T-Shirt sind eine Kombination, aber kein Straßenanzug. Oder doch?

Man sieht: Kaum verlässt man die Gefilde der festgelegten Förmlichkeit von Frack und dunklem Anzug, so wird die Sache rutschig. Und die Versuche, mit neuen, anscheinend permissiven Vorschriften eine neue, freie (Kleider-)Ordnung zu entwerfen, enden in der Vieldeutigkeit und bei Missverständnissen.

Früher hätte das Wort »Straßenanzug« nie auf gedruckten Einladungen stehen können, weil man es für höflich gehalten hat, sich seines verstaubten, verräucherten, verschwitzten Tages- und Arbeitsanzugs zu entledigen und beim Gastgeber gar nicht anders aufgetaucht wäre als frisch gewaschen und umgezogen. Heute sieht man diesen Punkt anders; außerdem wohnen viele Leute so weit außerhalb oder sitzen so lange im Betrieb oder Büro, dass man dazu übergegangen ist, gute Bekannte und Freunde aus der Mühe zu entlassen, extra noch einmal nach Hause zu fahren und sich umzuziehen.

So ist der »Straßenanzug« eine halb offizielle Kleidervorschrift geworden, oder besser: Kleidererlaubnis. Und bei diesem Ausdruck zu bleiben, scheint mir vernünftig und hilfreich zu sein. Siehe auch: *Geschäftsanzug*.

Stresemann Der Stresemann ist der so genannte kleine Gesellschaftsanzug des Herrn. Vom Außenminister der Weimarer Republik, Gustav Stresemann, erfunden, der damit einer der Ersten gewesen ist, der die Zeit raubenden Kleidervorschriften des Protokolls einfach brach und so neue politische Mode machte.

Es ging bei ihm um den *Cut*: Er besteht, wie Sie unter diesem Stichwort nachlesen können, aus grau-schwarz gestreiften Hosen und dem beschnittenen Gehrock, der seit dem Barock das Oberteil der Herrenanzüge gewesen ist. Diesen Anzug hätte Stresemann nun bei jedem offiziellen Empfang an- und danach wieder ausziehen müssen, weil er selbst für den Büroalltag eines Weimarer Außenministers zu feierlich war. Deshalb ließ er sich eine einfache schwarze, einreihige Jacke nähen und regelte die Sache so:

Bei Empfängen: Cut-Jacke zur Streifenhose.

Im Büro: schwarze Jacke zur Streifenhose.

In beiden Fällen trug er das Übliche darunter: weißes Hemd, graue Weste, graue Krawatte mit Perle.

Wann zieht man den Stresemann an? Er ist ein Gesellschaftsanzug, der nicht nur abends getragen werden kann wie der Smoking, sondern den ganzen Tag über zu Jubiläen, Silberhochzeiten, Festsitzungen, Einweihungen, Empfängen im Rahmen des Protokolls, Konzert und Theater, Promotion oder anderen Examina der Kinder, festlichen Mittagessen und so weiter. Mit schwarzer oder mit gestreifter Hose, schwarzer Weste und Krawatte wäre der Stresemann der rechte Anzug für Beerdigungen und Besuche im Trauerhaus. Die korrekte Kopfbedeckung dazu: der Bowler, auch Melone oder runder Hut genannt. Man kann aber auch einen schwarzen Homburg tragen.

Stricken Das ist eine schöne Handarbeit, die wieder so in Mode gekommen ist, dass mitunter selbst bei Vorträgen, Vorlesungen, Gesellschaften gestrickt wird.

Ist das dem Gastgeber, dem Vortragenden gegenüber unhöflich?

Da scheiden sich die Geister. Manche finden es unmöglich. Andere sagen: Beim Stricken, Häkeln oder Sticken konzentriert man die Hände und Augen zu Gunsten der Ohren und des Verstandes, kann also hervorragend zuhören.

Ich finde: Wen das Stricken stört, der sollte erklären, dass es ihn nervös macht, worunter nun seine eigene Konzentration und die Qualität seines Vortrags leiden. Ich bin sicher, dass dann die Nadeln schweigen.

Suppe Für das Servieren der Suppe gibt es gewisse Regeln, die sich aus der Beschaffenheit der Suppe und ihrem Essgeschirr entwickelt haben.

Suppenlöffel Er liegt (siehe auch: *Gedeck*) rechts von Messer und Teller, da die Rechtshänder als Maß der Normalität angenommen werden. In manchen Gegenden und Familien ist es auch üblich, den Suppenlöffel über das Dessertbesteck oberhalb des Tellers zu legen.

Hierzulande führt man ihn mit der Spitze zum Mund, in England dagegen mit der Breitseite. Auf jeden Fall füllt man ihn nicht bis zum Überschwappen, denn der wohl erzogene Esser sitzt gerade am Tisch, sodass der gefüllte Löffel einen langen Weg vom Teller zum Mund hat.

Den könnte man verkürzen, und man sieht in Restaurants und Kantinen genug Leute, die das tun, die also das Rückgrat zusammenfallen lassen und sich so über Tisch und Teller krümmen, dass sie den Löffel fast gar nicht mehr brauchen. Aber das Schlabbern aus dem Napf gehört in die Welt der Hunde und Katzen. Der Mensch erhebt sich über diese Kreaturen und muss deshalb auch das Ungemach des Gradesitzens elegant zu bewältigen versuchen.

Suppenlöffel also nicht bis zum Rand füllen, Ellenbogen nicht auf den Tisch stemmen, und beim Löffeln nicht wild gestikulieren – dann klappt's, wie es soll.

Ist die Suppe zu heiß?

Nein, man darf nun nicht wie wild in der Suppe rühren, dass der Gastgeber denkt: Das nächste Mal lege ich ein Wachstuch auf! und die Nachbarn rechts und links in Rücksicht auf die guten Blusen so weit abrücken, wie es geht.

Ja, man darf pusten, aber nicht mit solcher Macht, dass es spritzt. Eine leise, kleine, leicht gehauchte Brise – die reicht auch für das bisschen Suppe im Löffel aus.

Suppentassen sind nur für klare Suppen gemacht, also Bouillon oder Consommé, die man aus ihnen löffeln oder trinken darf. Suppentassen warten gefüllt auf die Gäste, und wenn man sie leer getrunken hat, werden sie nicht nachgefüllt.

Früher hieß es: Klare Suppe gibt es nur mittags, also gehören Suppentassen nur auf die Mittagstafel. Heute spielt das keine Rolle mehr. Geblieben ist nur die Regel: legierte Suppen füllt man in

Suppenteller und trinkt sie niemals, auch nicht, wenn Sie sie im Restaurant in einer Suppentasse serviert bekommen. Legierte Suppen werden stets mit dem Löffel gegessen.

Andere Serviermöglichkeit für Suppen:

Die Terrine steht vor der Hausfrau, links von ihr der Suppentellerstapel (sofern sie Rechtshänderin ist). Sie füllt die Teller und lässt sie herumreichen. Suppenteller werden auf Wunsch noch einmal gefüllt.

Zur Suppe reicht man entweder Käsestangen, extra klein gebackene Brötchen oder Graubrot.

Swimmingpool Jedes bessere Hotel hat heute ein Schwimmbad, drinnen oder draußen, das modern und werbewirksam Swimmingpool genannt wird und allen Gästen und zahlenden Kunden offen steht.

Je öfter aber ein Schwimmbad besucht wird, desto größer ist die Infektionsgefahr. Deshalb gelten für diese öffentlichen Wasserwelten die allgemeinen Regeln der vernünftigen Rücksichtnahme. Der Swimmingpool-Besucher benimmt sich also so, wie er wünschte, dass sich alle anderen benähmen.

Vor dem Schwimmen: duschen und abseifen, und zwar nackt und nicht schon im Badeanzug, und die Seife voll und ganz vom Körper spülen.

Beim Sonnenbaden: sich auf ein Frottiertuch oder eine Badedecke legen, die Körperschweiß und Reste des Sonnenschutzmittels aufsaugt. So bleiben Polsterliegen, Rasen oder Sand auch für die nächsten Besucher hygienisch.

Beim Schwimmen: lange Haare unter eine Bademütze stecken. Kindern klar machen, dass es am Rande jedes Schwimmbeckens ein WC gibt und man es vor dem Schwimmen und Duschen aufsuchen soll.

Nur in sauberen Badeanzügen ins Wasser steigen. Untersuchungen haben ergeben, dass die Verschmutzung der Freibäder durch die Urin- und Kotreste aus der Badekleidung größer ist als durch frische menschliche Abfallprodukte.

Tagebücher Schreibtische, Kommodenschubladen, Tagebücher, die anderen gehören, lässt man in Ruhe. Dabei spielt es eigentlich keine Rolle, ob abgeschlossen ist oder nicht. Man achtet die Privatsphäre des anderen. Das sollte stählerner gelten, als es Schlösser sind.

Tagung Der Mensch auf einer Tagung ist auf Reisen und doch im Dienst, sodass eigentlich alles für ihn gilt, was zu diesen beiden Lebenslagen zu sagen wäre.

Besonders bei einer kurzen Tagung ist es empfehlenswert, zu Beginn, also vor dem Vortrag, die Teilnehmer vorzustellen und ihnen eventuell Namensschilder auf den Platz am Konferenztisch zu stellen oder Namenskärtchen zum Anstecken oder Ankleben zu verteilen. So kann sich jeder am ehesten den Namen der anderen Teilnehmer einprägen.

Wenn die Seminarleitung nicht daran gedacht hat, so ist es nur höflich, wenn sich die Teilnehmer von selbst miteinander bekannt machen. Höflich ist es ebenfalls, wenn sie sich nicht nur an diejenigen halten, die sie schon kennen und mit denen sie stets zusammenglucken, sondern sich beim Frühstück, bei den Vorträgen, in den Kaffeepausen etc. immer neben andere stellen oder setzen und dabei sagen, wer sie sind. So hat die Zusammenkunft Sinn.

Beim abendlichen Essen dito dafür sorgen, dass zum Beispiel die Gastgeber nicht an einem einzigen Tisch zusammensitzen, sondern an alle Tische verteilt werden.

Die Teilnehmer gelten als Gruppe, auch wenn sie einander nicht vorgestellt werden. So ist es erlaubt, erwünscht und jedenfalls nicht unhöflich, Fremde anzusprechen, auch wenn sie älter und ganz offensichtlich Vorgesetzte sind.

Wer während einer solchen ein- oder mehrtägigen Zusammenkunft mit anderen an einem Tisch gesessen hat, steht nach dem Essen nicht einfach auf und geht weg, sondern er verabschiedet sich von seinen Tischgenossen. Das bedeutet nicht Herumgehen und Hände schütteln, sondern freundliches Nicken und ebenso freundlichen Abschiedsgruß.

Das Gleiche gilt für das gesamte Unternehmen. Man grüßt auch unbekannte Tagungsteilnehmer mit einem stummen Nicken und verabschiedet sich am Ende der Tagung auf die gleiche Weise.

Auf Tagungen werden gern *Visitenkarten* getauscht (siehe dort).

Meistens werden einem schon die ersten Karten gereicht, ehe man noch selber nach der eigenen gegriffen hat. Sind sie einem ausgegangen, hat man sie schlicht vergessen oder findet man dieses Visitenkartengetausche eigentlich überflüssig, möchte diesem speziellen Tagungsteilnehmer nun aber doch Adresse und Telefonnummer geben, so schreibt man es ihm halt auf einen Zettel: deutlich und lesbar, sonst lieber in Druckbuchstaben.

Takt Ein Begriff, der aus der Welt der Musik und des Tanzes stammt. Im Takt singen, im Takt schreiten und springen, im Takt bleiben – das bedeutet gleichzeitig Freiheit und Ordnung, Unterordnung.

Freiheit: weil sich der Takt aus den natürlichen Bewegungen der Menschen ergeben hat, bei der Arbeit, beim Laufen, im Triumph.

Ordnung: weil man in den verschiedenen Geschwindigkeiten und Arten dieser Bewegungen immer wiederkehrende Elemente erkannt und sie benannt hat.

Takt gehört zu den *Konventionen* (siehe dort), mit denen wir leben, und er bezeichnet im übertragenen Sinn die Erkenntnis dieser Ordnung und die Bereitschaft, sie nicht nur anzuerkennen, sondern sie auch zu achten. Wir alle bewegen uns im Rhythmus des Lebens, stecken in der Gemeinschaft der anderen. Wer im Takt bleibt, richtet sich nach den Bewegungen der anderen, nimmt Rücksicht auf sie.

Wenn ich mit jemandem taktvoll umgehe, kenne ich seine Schwächen und Fehler und Narben und Empfindlichkeiten – und ich spiele sie trotzdem nicht gegen ihn aus.

Für diesen Verzicht gibt es zwei Gründe. Der erste ist vordergründig und egoistisch, aber aller Ehren wert: Jeder Mensch hat Schwächen und wunde Punkte. Wer sich taktvoll benimmt, hofft, dass ihn auch die anderen schonen und auf die billige böse Befriedigung der bewussten Taktlosigkeit verzichten.

Der zweite Grund liegt tiefer. Wer findet, dass unser Leben kein gigantischer Wettlauf um Geld und Vormacht ist, der sieht im Nachbarn nicht den Konkurrenten, den man fertig machen muss, sondern den Mitmenschen, den Nächsten, den wir lieben sollen wie uns selbst – und wenn wir das schon nicht schaffen, wenigstens taktvoll behandeln.

Taktlosigkeit, unbewusste Das heißt in der Umgangssprache: ins Fettnäpfchen treten. Von welchem Fettnäpfchen ist die Rede?

Früher, im Mittelalter, briet man den Hammel oder das Schwein am Spieß vor der offenen Glut, sodass das Fett im Lauf des Bratens herausschwitzte und herabtropfte: in das Fettnäpfchen, das die kostbare Ware auffing.

Trat nun ein Tollpatsch in dasselbe, so richtete er einen beträchtlichen Schaden an. Das Fett war futsch, der Küchenboden musste aufgewischt werden, damit keiner ausrutschte. Vielleicht hatte sich jemand am heißen spritzenden Fett verbrannt – Aufruhr der Gefühle also, und das alles nur durch ein Ungeschick, unbedacht und ohne Absicht.

Sieht man aber die übertragenen Fettnäpfchen so gut wie die echten aus dem Mittelalter?

Man sieht zumindest die Wirkungen einer Taktlosigkeit und sollte sich merken, was den anderen kränkt. Gewiss, es gibt den Begriff *Herzenstakt* (siehe dort), aber er ist trügerisch. Denn Takt kann man lernen. Man muss nur von sich absehen, ehrlich und wirklich, und muss die geduldige Aufmerksamkeit auf den anderen richten. Kein Mensch ist wie der andere, und trotzdem müssen wir zusammenleben. Wie könnten wir das ohne Takt?

Freilich, ins Fett kann jeder tappen, ahnungslos, und wer kennt nicht das Gefühl danach? Aber wer sich im Takt übt, der weiß, was auf eine unbeabsichtigte Taktlosigkeit zu folgen hat: erstens die Entschuldigung, und zwar sofort und aufrichtig, und zweitens der Vermerk im Gedächtnis: da, an dieser Stelle stand ein Fettnapf. Pass beim nächsten Mal besser auf, damit du nicht wieder hineingerätst!

Tanzfest Die Lust zum Tanzen kann ein Anlass für eine Party sein, und unter diesem Schlagwort finden Sie alles, was Sie wissen müssen. Fürs Tanzfest braucht man aber nicht nur Essen und Trinken und den notwendigen Raum, genug CDs oder eine echte Kapelle, sondern man sollte auch an die nähere oder weitere Nachbarschaft denken. Wenn man weiß, dass die Musik so wummern wird, dass das ganze Haus bebt, so sollte man wie früher beim Kindergeburtstag vorher die Nachbarn warnen. Siehe auch: *Party, laute*.

Und wer eine Tanzparty im Sommer veranstaltet und sie über die Terrasse in den Garten rauschen lässt, sollte die Musik trotzdem nicht gartenlaut stellen. Meist lautet die Ausrede: Ach, das eine Mal im Jahr können Sie uns doch ein bisschen Krach gönnen!

Gewiss würde jeder zustimmen, nur: wie viele Nachbarn gibt es, die auch einmal im Jahr eine Party dieser Art veranstalten möchten? Das würde dann bedeuten: den ganzen Sommer lang an allen Wochenenden Krach.

Tanzlokal, im Nach Vorschlag der deutschen Tanzlehrer gilt im Tanzlokal: Der Herr braucht im Gegensatz zur Privatgesellschaft nicht mit der Dame bekannt gemacht zu werden. Er muss sich auch nicht vorstellen; er fordert auf, und wenn die Dame, mit der er tanzen möchte, in männlicher oder anderer Begleitung ist, so sagt er wie eh und je mit der gewissen knappen Verbeugung: »Gestatten Sie?«, und die Begleitung gestattet. Denn wer zu einer öffentlichen Tanzveranstaltung geht, gibt damit zu verstehen, dass er auch gern mit Fremden tanzen möchte.

Will die Dame aber nicht mit diesem Tänzer tanzen, so besitzt sie das Recht abzulehnen. Es wird freilich erwartet, dass sie das höflich und taktvoll tut und nicht gleich mit dem nächsten davontanzt.

Damen können bei der Damenwahl die Herren auffordern. Dann stehen sie wie er auf und fragen ihn: »Darf ich bitten?«

Damen können in der geschlossenen Gesellschaft oder im Privatkreis auch ganz locker auffordern, ohne aufzustehen. Eine schlichte Frage: »Woll'n wir?« reicht, und wenn man der Nachbarin den Ehemann zum Tango entführen will, sagt man ihr was Nettes.

Taschentuch Das Taschentuch ist eine segensreiche Erfindung und ein praktischer Gegenstand, den man stets bei sich haben sollte. Seit es Papiertaschentücher gibt, sind die Stofftaschentücher anscheinend verdrängt worden.

Deshalb muss man darauf hinweisen: Ein Papiertaschentuch ist funktionell ein Taschentuch, nicht aber im wortwörtlichen Sinn. Ein Papiertaschentuch ist zudem eine Umweltsünde, und wenn jeder wüsste, wie viele Bäume, Energie und Transportwege vom Regenwald nach Europa ein einziges Paket Papiertaschentücher kostet, das nach einer Benutzung zu Müll wird, würde er es sich bestimmt zweimal überlegen, in was er sich schnäuzt. Es ist also vernünftig und vertretbar, sich in Papiertaschentücher zu schneuzen, wenn man einen blühenden Schnupfen hat, und sie tatsächlich nur zu diesem und ähnlichen Zwecken zu benutzen.

Es ist absolut ungehörig, benutzte Papiertaschentücher sofort dort aus der Hand fallen zu lassen, wo man sie benutzt hat. Erstens ist es unhygienisch, seine Bazillen in der Stadt zu verstreuen, und zweitens vermüllt man Straßen, Parks und Wanderwege, Feld und Natur mit diesen Knuddelresten menschlicher Faulheit und Gedankenlosigkeit.

Papiertaschentücher sind also unerhört praktisch, keine Mutter mit kleinen Kindern meint, ohne sie auskommen zu können, aber wenn sich der Mensch in Gesellschaft befindet und umweltbewusst ist, sollte er – sollten auch Kinder – Taschentücher aus Stoff aus der Tasche ziehen, wenn sie niesen oder sich Lachtränen aus den Augen tupfen müssen.

Das bedeutet, dass man unter Umständen mit beidem ausgerüstet sein muss. Jedes für seinen Zweck.

Was für eine Tasche für das Taschentuch? Männer haben es besser – in Bezug auf Taschen. Ihre Hosen, Westen, Jacketts und Mäntel wimmeln nur so von sinnreich eingebauten Taschen, und selbst die Hemden haben Taschen auf der Brust. Das ist zugegebenermaßen bei Frauen oft der falsche, weil bereits gewölbte Ort, aber auch an richtigeren Stellen weigern sich Damenschneider und Konfektionäre, weiblichen Menschen praktische Taschen einzubauen. Mir scheint diese Taschenknappheit der Damenoberbekleidung mit ein Grund für den Siegeszug der Hosen zu sein.

Ein sauberes Taschentuch gehört nun beim Herrn in die innere Rock- und niemals in die Hosentasche. In die Handtasche, in die Kollegmappe und so weiter. Die Farbe für den Alltag ist gleichgültig.

Zur Abendkleidung des Herrn gehört das weiße Taschentuch.

Die Größe schreiben uns die Hersteller vor, und dass sie bei Damentaschentüchern oft an Zwergennasen denken, ist eine Sitte, die man hinnehmen muss. Es sei denn, man will sich selber Taschentücher säumen: handgerollte stehen ohnehin an der obersten Stelle gesellschaftlicher Taschentuchwertung.

Da das Taschentuch eine dienende Reinigungsfunktion auszuüben hat, soll es nicht auffallen. Soll sich also nicht als dicker Stoffprummel unter Jacke oder Hose abzeichnen. Das ist übrigens die historische Erklärung der taschenlosen Damenroben: Man steckte sein Taschentüchelchen in den Pompadour, den man immer bei sich trug.

Taschentücher haben auch eine Schmuckfunktion: Damen stecken sich solche mit Spitze am Saum oder mit schönem Blütendruck dekorativ in den langen Ärmel oder in den Bund der Dirndlschürze, und Herren stecken sich das Taschentuch an die äußere Brusttasche. Am Wie dieses Steckens kann man nun ablesen, ob der Betreffende in Bezug auf Taschentücher weiß, was Lebensart ist oder nicht.

Der Ahnungslose geht zum Herrenausstatter und kauft einen praktischen Gegenstand, der überhaupt kein Taschentuch ist, aber oben drei wie auf dem Reißbrett entworfene taschentuchähnliche Stockzacken zeigt. Diesen Gegenstand gibt man so in die äußere Anzugtasche, dass die Zacken steil nach oben ragen. So, denkt sich der Ahnungslose, das ist aus und erledigt, darauf brauche ich keinen Gedanken mehr zu verschwenden.

Für Taschentuchkenner ist jedoch ein Mann mit einem »Bescheißerle«, wie man früher alle Ersatzteile unbequemer Kleidungsstücke nannte, deklassiert. Denn: Ein korrektes Taschentuch ist ein echtes Taschentuch. Das wird aus seinen Bügelfalten geschüttelt, leicht und locker zusammengelegt und leicht und locker in diese bewusste Tasche gesteckt. Fertig.

Da diese lockere Lässigkeit wie jede Eleganz nicht so leicht zu erreichen ist, gibt es zwar den Dreizack, aber an ihm sollte man nur ablesen: das weiße Batisttuch nie und nimmer so fein säuberlich falten, seine Zipfel nie und nimmer so mathematisch ausrichten, sondern ein wenig üben und üben, bis man die zwanglose Eleganz beherrscht.

Herrentaschentücher passend zur Krawatte? Eine Taschentuchregel für die Herren lautet: Ein Taschentuch darf nicht aus Seide sein. Diese Schlipsgeschwister sind jedoch meist aus Seide. Wem sie gefallen, der wird sie ohnehin benutzen, aber streng genommen sind solche Dekorationen ebenso »unmöglich« wie Herrentaschentücher mit handgehäkelter Mäusezähnchenspitze.

Tassen für Tee und Kaffee Wenn es Tee oder Kaffee gibt: Die Tee- oder Kaffeetasse bleibt im Prinzip auf dem Tisch und auf ihrer Untertasse stehen.

Will man jedoch beim zwanglosen Essen dem Gastgeber das Einschenken etwas erleichtern, so hebt man ihm die Tasse samt der Untertasse entgegen. Nur die Tasse hochzuheben, gilt als bäurisch. Da macht jemand aus der Tasse wieder das Häfele.

Der Tassenhenkel ist übrigens eigens erfunden und entwickelt worden, damit sich der Mensch nicht an der heißen Schale die Finger verbrennt. Deshalb ist es üblich und korrekt geworden, die Tasse stets am Henkel anzufassen. Wer irgendwie von oben oder seitlich mit der ganzen Pfote zupackt – siehe oben.

Zum Fingerverbrennen sind lediglich die japanischen Teeschalen gedacht.

Und wenn jemand aus Versehen eine Tasse so voll geschenkt hat, dass sie überzuschwappen droht, wenn man sie zum Trinken erhebt, so beugt man sich trotzdem nicht vor und schlürft aus der Tasse am Tisch, sondern man hebt sie hoch und hält die Untertasse drunter – das ist eine der wenigen Gelegenheiten, bei denen man die Untertasse vom Tisch hebt. Dort hat sie im Prinzip zu stehen und zu bleiben. Außer man sitzt beim Tee auf einem Sofa oder einem Fauteuil, die nicht richtig am Tisch stehen oder nur neben einem Beisetztisch. Oder man steht mit dem Mokka nach dem Essen oder der Kaffeetasse bei einem Kaffee-Empfang in der Hand – logischerweise tischlos – im Raum.

Die Kaffeetasse hat noch gar nicht so lange ihre Untertasse, und ihre Vergangenheit als Becher oder Hafen hängt ihr noch an. Damals, als sie noch gut drei Achtel Liter fasste und im Süden wirklich eine Schale war, ließ man den Löffel darin stecken. Wohin auch sonst?

Die neumodische Achtellitertasse ist elegant geworden und nicht mehr für Milchkaffee gedacht, in den man sich sein altbackenes Brötchen brockte. Sie dient nur dem Tee oder Kaffee mit einem Schwupp Milch oder Sahne.

Der Löffel liegt nach dem Umrühren auf der Untertasse. Auch ein an die Untertasse gelehnter Löffel ist nicht gestattet.

Taufe Das erste Fest im Leben eines Kindes ist die Taufe, oft ein Familienfest, bei dem sich die in alle Welt zerstreute Verwandtschaft wieder einmal trifft.

Der Termin richtet sich nach dem Taufakt selbst. Meist findet die Taufe mit Rücksicht auf Mutter und Kind am späten Vormittag und mit Rücksicht auf die übrige Verwandtschaft am Wochenende statt. Man lädt alle Gäste schriftlich oder mündlich vierzehn Tage vorher ein.

Die Taufe sollte zwei bis drei Wochen vorher in der Kirche angemeldet werden. Beim ersten Gespräch mit dem Pfarrer erfahren die Eltern, wie die Taufe verläuft und welche Urkunden und Bescheinigungen sie mitbringen müssen. Falls eine Haustaufe erwünscht ist, werden die Vorbereitungen dafür ebenfalls besprochen.

Ist der Zeitpunkt der Taufe festgelegt worden, so kann man Gäste einladen, unter ihnen auf jeden Fall den Pfarrer und die Paten, meist auch die Großeltern. Man lädt gern zum Mittagessen ein, wenn die Taufe vormittags stattfindet. Oder zum Mittagessen im Restaurant oder Hotel, falls sich die Mutter noch nicht kräftig genug fühlt, um selber Gäste bewirten zu können, oder wenn sie niemanden hat, der ihr diese Arbeit abnehmen könnte.

Man kann auch zum festlichen Kaffeebüfett oder zum kalten oder warmen Büfett einladen, das mittags oder abends stattfindet. Das ist besonders günstig, wenn man über die engste Familie hinaus Schwestern, Brüder und andere Verwandte mit einladen möchte.

Die Vorbereitungen in Wohnung und Küche richten sich nach der Festform, die man für die Taufe auswählt. Der Platz neben der Mutter ist bei der Taufe der Ehrenplatz, und er steht dem Pfarrer oder dem Paten zu, was davon abhängt, wer kommt. Der Geistliche hat auf jeden Fall den Vorrang.

Zur Kleidung ist zu sagen: Im Prinzip ziehen Herren den *dunklen Anzug* (siehe dort) an, Damen festliche Tageskleidung.

Die wichtigste Person ist der Täufling, und für ihn gelten noch Kleidervorschriften: Er bekommt ein extra Taufkittelchen, das man in vielen Familien mit der Hand näht und bestickt, aufhebt und von Kind zu Kind, auch von Generation zu Generation, vererbt.

In welcher Form das Fest auch stattfindet, es ist wichtig, dass die Gäste mit Rücksicht auf die Mutter und das Baby nicht endlos sitzen bleiben, sondern sich eine halbe oder eine Stunde nach dem Essen empfehlen. Wenn die Familie noch zusammenbleiben möchte, so sollte ein anderer Verwandter, der am gleichen Ort lebt, alle zum Kaffee oder zum Drink zu sich einladen. Dann kann sich die Mutter ausruhen – falls es noch ein abendliches Familienfest geben sollte – und nach ein paar Stunden wieder zu ihnen stoßen.

Die Mutter bedankt sich bei allen, die dem Kind oder ihr etwas geschenkt haben. Die Gäste bedanken sich schriftlich bei der Mutter, oder sie schicken Blumen mit einer Karte, die möglichst vorher oder nachher ankommen sollten, damit die Mutter nicht während des Tauffestes auch noch Blumensträuße versorgen muss.

Die Taufkerze wird von vielen Familien aufgehoben und in Krankheits- oder anderen schweren Tagen angezündet.

Taufe – Tischdekoration Gleichgültig, ob zum Mittagessen, zum Kaffee oder zum Abendessen eingeladen wird oder ob man ein Büfett dekoriert: Die traditionellen Farben der Taufe sind Rosa und Hellblau. Wem das zu süßlich ist, der deckt den Tisch offiziell mit Weiß, Silber und Pastellfarben. Abgesehen davon kann man den Tisch so kunterbunt und kitschig oder fröhlich dekorieren, wie es einem gefällt; mit Störchen aus Marzipan, mit hölzernem Kinderspielzeug, mit Rüschen und Schleifen, bäuerlichem Strohschmuck oder Illustrationen aus Kinderbüchern. Der Fantasie sind keine Grenzen gesetzt.

Taufpaten Das Taufkind braucht mindestens zwei Paten, man muss also Verwandte oder Freunde bitten, diese Patenschaft zu übernehmen. Der erste Pate muss der gleichen Konfession wie das künftige Patenkind angehören, der zweite kann frei gewählt werden. Die Paten müssen sich vorher erkundigen, welche Formalitäten sie zu erledigen haben, und diese richten sich nach der betreffenden Konfession. Man sollte die Paten deshalb ruhig etwas eher von ihrer Ehre benachrichtigen, als man die übrigen Gäste einlädt.

Als Paten wählt man gute Freunde oder nahe Verwandte, denn von ihnen wird nicht nur erwartet, dass sie den Eltern helfen, das Kind im christlichen Sinne zu erziehen, sie sollen ihm auch später im Leben mit Rat und Tat zur Seite stehen können. Deshalb bittet man nicht nur Freunde oder Verwandte mit hohem Lebensalter, sondern jüngere Geschwister und Freunde, die das Kind ins Erwachsenenleben hineinbegleiten können und die nicht schon sechs oder sieben Patenkinder außerdem zu betreuen haben. Siehe auch: *Patengeschenke.*

Telefonierzeiten Gibt es bestimmte Zeiten, zu denen ein höflicher Mensch seine Mitmenschen anruft?

Im Büro decken sie sich logischerweise mit den Bürozeiten.

Bei Privatgesprächen ergeben sie sich aus der ganz normalen Überlegung: Störe ich jetzt oder nicht?

Meist gilt die Regel: nicht vor 9 Uhr und nicht später als 21 oder 22 Uhr.

Bei Freunden weiß man, wie ihr Tagesplan verläuft und ob sie schon um 8 Uhr am Schreibtisch sitzen oder erst um Mitternacht ins Bett gehen, ob sie Mittagsschlaf halten und deshalb möglichst nicht zwischen 13 und 15 Uhr angerufen werden wollen und so weiter. Danach richtet man sich normaler- und vernünftigerweise, es sei denn, es hat jemand das große Los gezogen, sich das Bein gebrochen, sieht, wie's beim Nachbarn zu brennen beginnt, und so weiter.

Ruft man bei ferneren Bekannten und Fremden an, so sollte man ebenfalls die frühen Morgenstunden, den späten Abend und die Mittagszeit aussparen.

Stört der Anruf aus irgendeinem Grund, steht der Angerufene eigentlich schon mit einem Bein im Taxi zum Flughafen, so sollte er nicht nervös herumzappeln, sondern sofort klipp und klar sagen: »Bitte verzeihen Sie – ich muss zum Flughafen / mein Kind weint grade / ich hab was auf dem Herd / mein Zug fährt ab – können Sie bitte nächste Woche / morgen / in einer halben Stunde noch einmal anrufen?« Oder: »Unter welcher Nummer kann ich Sie wann zurückrufen?«

Der höfliche Telefonierer hat deshalb immer einen Notizblock samt einem Stift, der auch wirklich schreibt, neben dem Telefonapparat liegen.

Telefon und Gäste Was tun, wenn im Lauf eines Abends, der der Geselligkeit gewidmet ist, das Telefon läutet und schrillt und die Gastgeber schwer abkömmlich sind? In Fernsehserien, die in ganz feinen Kreisen spielen, begibt sich der Butler zu demselben, notiert den Namen des Anrufers und bittet gemessen um Rückruf.

In der normalen Wohnung nimmt einer der Gastgeber den Hörer ab (siehe auch: *Anrufe*) und tut dasselbe: Er erklärt, dass der Anrufer gerade zwischen Suppe und Fisch, auf jeden Fall in eine Gesellschaft geraten sei, und fragt, wann er/sie ihn morgen wieder zurückrufen könne.

Als unhöflich gilt es, wenn sich der Gastgeber in ein langes, aber unwichtiges Gespräch einlässt, weil er nicht wagt, dem Anrufer zu erklären, dass er stört.

Nicht unhöflich ist dagegen natürlich, wenn sich der Gastgeber entschuldigt und seine Gäste bittet, ruhig weiter zu essen, und dann ein wichtiges Gespräch schnell erledigt. Siehe auch: *Fernsehen, Anrufe*.

Teller ablecken Welches Kind täte das nicht gerne! Und welcher Erwachsene lächelt nicht darüber – in Erinnerung an das eigene Ablecken und an die Familiensprüche, die sich um diese Kindersitte ranken.

Nein, man tut's natürlich nicht, aber es ist kein Malheur, wenn ein Kind der Versuchung nicht widerstehen kann. Eine echte rechte Köchin-Mutter betrachtet diese Geste als Kompliment für ihre Kochkunst. Vater-Köche selbstverständlich auch!

Teller kippen Suppen- und andere Teller kippen, um auch den letzten Rest auskratzen zu können, wird als unnötig gierig verpönt. Man kann sich schließlich nachreichen lassen.

Teller klappern Wenn man Teller aufeinander stellt, klappern sie. Deshalb findet man auf dem Platzteller oft ein Deckchen aus Leinen oder Baumwolle, das dieses Geräusch dämpft. Auch die Dessertteller werden gern auf mit Deckchen versehenen Untertellern gereicht.

Teller wärmen Das versäumt kein guter Koch und Gastgeber, der seinen warmen Speisen Ehre antun möchte. Denn viele Feinschmecker hassen es, wenn die Gerichte zu schnell auf dem Teller abkühlen.

Tischdekoration Das sind streng genommen Blumen, Kerzen, Silber oder Kristall, Geräte und Gefäße, die keine andere Funktion haben, als zu schmücken.

Tatsächlich ist es aber alles, was auf dem Tisch zu sehen ist: Ein besticktes Tischtuch, das aus der Erbschaft einer Großtante stammt, schmückt die Tafel genauso wie kuriose Salzfässer, schöne Weingläser oder ein Suppentopf, der wie ein Kohlkopf aussieht.

Womit Sie Ihren Tisch dekorieren, ist gleichgültig. Zeitschriften und Einrichtungshäuser machen von Zeit zu Zeit die besten und einfallsreichsten Vorschläge. Sammeln Sie sie.

Im Übrigen gibt es nur eine Regel, die aber wichtig ist: Die Tischdekoration soll den Gast nicht beim Essen belästigen oder beengen, wozu auch gehört: Sie soll ihm nicht den Blick aufs Gegenüber und damit das Tischgespräch unmöglich machen.

Tisch führen, Zu Zu festlichen Diners führen die Herren ihre Damen, also die Tischnachbarinnen, zu Tisch. Das ist eine altehrwürdige Regel, und strenge Etikette-Anhänger sagen: »Wenn nicht geführt wird, handelt es sich auch nicht um ein Diner!« Aber umgekehrt kann man auch zum simplen Butterbrot führen und geführt werden – das hängt nur davon ab, wie sehr ein Gastgeber gerade an dieser geselligen Form hängt.

Warum wird geführt? Erstens weil nach der alten Gesellschaftsordnung eine Frau sich um nichts zu kümmern brauchte. Sie hatte also keine Ahnung, wo sie sitzen würde. Zweitens: Es entsteht kein Gedränge und überflüssiges Herumgesuche.

Wer führt wen? Wenn es richtig und formvollendet verläuft, so hat sich zuerst jeder Herr anhand des *Placements* (siehe dort) vergewissert, wo er sitzt und wen er führt, hat sich unter Umständen seiner Tischdame vorgestellt oder den Gastgeber gebeten, ihn vorzustellen.

Ist es ein nicht so festliches Abendessen und ist die Zahl der Gäste nicht unübersehbar, so sagt der Gastgeber, wer wen zu führen hat, und wenn angerichtet ist, reicht der Hausherr der würdigsten Dame oder dem weiblichen Ehrengast den Arm und schreitet mit ihr zur Tafel.

Streng genommen folgen nun die Paare nach Rangfolge – aber ob man sich nun an diese hält oder nicht: Sie folgen auf jeden Fall, und die Hausfrau bildet mit ihrem Tischherrn das Ende des Zuges. Vor ihr: Herren ohne Damen. Hinter ihr: die Kinder des Hauses.

Nach dem Essen rollt die Sache umgekehrt in den Salon zurück: Die Hausfrau hebt die Tafel auf und geht mit ihrem Herrn zuerst hinaus, während der Hausherr und seine Dame diesmal die Letzten sind. Siehe auch: *Ordnungsformen.*

Tischgebet Wer in eine Gesellschaft kommt, bei der vor Tisch gebetet wird, kann sich entweder auf längst vergessene Gesten wiederbesinnen und mit den anderen die Hände falten oder das Kreuz schlagen. Will er das nicht oder hat er das nie getan, so sollte er die religiöse Einstellung der Gastgeber achten und einfach die Hände übereinander legen oder abwarten, bis das Gebet gesprochen ist.

Tischgespräch Fast nirgendwo redet es sich so leicht und unbeschwert wie beim Essen. Jeder Gast hat etwas vor sich, mit dem er sich beschäftigen kann. Das hilft die Scheu zu überwinden, und das entschuldigt gelegentliches Schweigen. Fällt einem gar nichts ein, so kann man über das Essen reden, was früher streng verpönt war. Da heutzutage aber vom Gastgeber das Essen selber gekocht (oder mit manchmal ebenso viel Kopfzerbrechen ausgesucht und gekauft) worden ist, verdienen diese gelungenen Anstrengungen wahrhaftig Lob und Anerkennung.

Im Übrigen lautete die Vorkriegsregel: Man spricht bei Tisch nicht über Krankheit, Geld und Politik.

Auf jeden Fall sollte man zu Beginn keine persönlichen Fragen stellen, sollte nicht nur von sich selber reden und sollte nicht nur Monologe halten, sondern auf seinen Tischnachbarn achten und hinhören, was er oder was sie sagt. Manchmal besteht der beste Beitrag auch nur darin, ein guter Zuhörer zu sein und nur von Zeit zu Zeit mit einer Frage das Gespräch in Gang zu halten. Siehe auch: *Gesprächsthemen, Gespräche, Konversation.*

Tischkarten Sie erleichtern es den Gästen, ihren Platz an der Tafel zu finden. Deckt man einen einzigen Tisch, so reichen Tischkarten zur Orientierung aus.

Hat man bei großen Festen zwei oder drei Tische oder eine Hufeisentafel gedeckt, sollte man vor dem Esszimmer oder in der Halle die Tischordnung auslegen. Siehe auch: *Placement.*

Korrekterweise stehen auf Tischkarten nur Vor- und Nachname der Gäste ohne Titel und Ehrenzeichen. Bei offiziellen Essen höchstens die akademischen Grade.

Außer bei Familienfesten steht da auch nicht »Onkel Peter« oder »Luischen«.

Auf den Plätzen der Gastgeber steht »Hausfrau« und »Hausherr«.

Es wirkt höflicher, wenn die Tischkarten mit der Hand statt mit der Maschine geschrieben worden sind.

Für Diners und offizielle Familienfeste benutzt man weißen Karton im Visitenkartenformat und legt oder lehnt die Tischkarte auf den obersten Teller, an ein Glas, oder man steckt sie in einen Tischkartenhalter. Sie kann auch auf der Serviette oder vor der Suppentasse liegen, aber sie muss immer so platziert sein, dass der Gast nicht im Zweifel ist, ob sie für das rechte oder linke Gedeck gilt.

Bei privaten Festen kann man die Tischkarten so fantasievoll und witzig gestalten, wie man mag und wie es einem einfällt, kann sie von den eigenen Kindern malen oder drucken lassen, kann auch zum Beispiel zu Ostern oder am Nikolaustag kleine Geschenke damit verbinden, indem man auf ein eingewickeltes Geschenkchen oder eine Marzipanfigur ein Etikett mit dem Namen des Gastes legt.

Tischmanieren Der Mensch, der vom Frühstück bis zur Mitternachtssuppe sein Besteck korrekt durch alles führt, was ihm vorgesetzt wird, ist leicht nachzumachen, weil es eigentlich nur um ein paar Tatsachen geht, die man sich einzuprägen braucht.

Der wahrhaft wohl erzogene Mensch hat sich all diese Kleinigkeiten jedoch nicht nur angeeignet, weil er vor der Welt fehlerlos dastehen und dafür geschätzt und gelobt werden will, sondern weil es ihm einfach angenehm ist, sich appetitlich und mit einem gewissen Stil zu verhalten. Auch vor einem Stück Schwarzbrot mit Harzer Käse.

Und gerade das ist die Probe aufs Exempel. Den Menschen mit einem guten Benehmen bei Tisch erkennt man nicht beim Bankett, sondern dann, wenn keiner guckt. Das erst macht ihn zum Vorbild, zum Beispiel für seine Kinder.

Dazu gehört auch, dass man seine Begierden beherrscht, sich nicht den Teller – zu Hause oder an der Tafel eines Freundes – so voll häuft, dass sich die anderen überlegen müssen, wie sie sich den Rest noch teilen können; dass man den längst leeren Teller nicht immer noch mit der Gabel oder dem Löffel abschabt, als ob man die Glasur abkratzen wollte; dass man die letzten Speisereste nicht mit einem Stück Brot vom Teller abwischt und dass man weiß, wie man Alkohol verträgt.

Bei manchen reicht der Drink vor dem Essen, um die Selbstbeherrschung zu lockern, bei manchen gibt es nach dem x-ten Glas Wein den Moment, in dem sie spüren: Holla! Jetzt muss ich Schluss machen!

Höfliche Gäste, erwachsene Menschen mit einem einigermaßen ausgeglichenen Seelenleben müssen es eigentlich gar nicht so weit kommen lassen, denn es ist eine Zumutung, einen heftig Angeheiterten als Tischherrn zu haben, und es ist grob unhöflich, seinen Gastgebern den Trunkenbold zu machen. Siehe auch: *Manieren bei Tisch*.

Tischordnung Sie bestimmt, schlicht gesagt, wo die Gäste sitzen. Nun hatten früher in der Zeit der Stände und der alten höfischen Gesellschaftsordnung alle Menschen ihren gesellschaftlichen Wert, der von ihrer Herkunft oder von ihrer Stellung bestimmt wurde. Das hat sich in allem ausgewirkt, auch beim Platz an der Tafel.

Am *Rittertisch*, an dem nach gut altdeutscher Sitte keine Frau, nicht einmal die Rittersfrau zu sitzen hatte, gab es ein klares Oben. Da saß der Vater, der Herr, der Patriarch, oft auf einem erhöhten Platz, neben ihm saßen die nächstwichtigen Männer und unten, ganz am Ende, fern vom Kamin, vom Weineimer und von den vollen Schüsseln, drängten sich die Kinder, die Knechte, die Spielleute und die Hunde.

Die *»englische Tischordnung«* war da schon ein Fortschritt. Hausvater und Hausfrau saßen an den beiden Enden der langen Tafel einander gegenüber, und zwischen ihnen fand ein gemäßigtes Auf und Ab der gesellschaftlichen Wertigkeit statt.

Der runde Tisch kennt gar kein Oben und Unten, ist für ein Tischgespräch, an dem die ganze Tafelrunde gleichberechtigt teilnehmen möchte, besonders geeignet, auch deshalb, weil runde Tische nie sehr groß sein können. Selbst in der Politik spielt der runde Tisch seine ganz besondere demokratische Rolle.

Am runden Tisch kann man auch am besten demonstrieren, dass es bei privaten Einladungen gescheiter ist, die Tischordnung nach den Vorlieben und Eigenschaften der Gäste einzuteilen. Das heißt: Man setzt Leute auseinander, die sich ohnehin kennen, und mischt und benachbart sie mit den Gästen, für die sie sich am meisten interessieren könnten. Man setzt einen schüchternen Neuling in der Tafelrunde neben zwei Gäste, von denen man weiß, dass sie die Gabe haben, leicht ein Gespräch zu beginnen. Man setzt den Schwerhörigen mit seinem tauben Ohr neben jemanden, dessen Geduld und Takt man kennt – und so weiter.

Nur bei offiziellen und besonders festlichen Einladungen greift man auf die Regeln der zeremoniellen Tischordnung zurück, wonach sich die gesellschaftliche Qualität eines Platzes durch seine Nähe zu den Gastgebern definiert.

Der ranghöchste Herr ist der Tischherr der Hausfrau und sitzt bei uns links von ihr, nach internationalem Gebrauch rechts.

Die ranghöchste Dame hat logischerweise den Hausherrn als Tischnachbarn, dann kommt der dem Rang nach zweithöchste Herr, der rechts von der Hausfrau sitzt, und die zweite Dame, die auf der linken Seite des Hausherrn ihren Platz findet.

So fädelt sich die Tischordnung von allein weiter auf. Ehefrauen erhalten dabei den Rang ihrer Männer, Gäste gehen vor Verwandte, ältere Gäste vor jüngere Gäste, Ausländer gleichen Ranges vor Inländer, Angehörige einer fremden Firma, Institution oder Behörde vor die der eigenen, und Töchter und Söhne haben nach dem Protokoll gar keinen Rang, sondern ergänzen partnerlose Junggesellen oder schließen das Karussell.

Nun erhebt sich natürlich die Frage: Bei Durchlauchten, Exkönigen, Botschaftern und Staatspräsidenten lässt sich ziemlich eindeutig und mithilfe des Protokolls ausrechnen, wer welchen Rang einnimmt und welchen Platz beanspruchen kann, aber was mache ich mit Tante Minchen, meinem Chef und der künftigen Schwiegermutter?

Diese Frage zeigt mehr als alles andere, wo das Protokoll und die streng befolgte Tischordnung ihren Platz habe. Es zeigt aber auch, dass wir, trotz Demokratie, uns noch nicht ganz zu neuen Formen entschlossen haben. Es gibt genug Gastgeber, die bierernst und nach den Regeln des Protokolls auseinander zu klamüsern beginnen, ob Tante Minchen, da über siebzig, nicht vielleicht höher als der erst vierzigjährige Chef einzuordnen sei. Oder ob die Schwiegermutter, weil Ärztin und Leiterin einer Krankenhausabteilung, obwohl erst sechzig, vielleicht doch mehr Gesellschaftswert besitzt als Tante Minchen.

Und es gibt genauso viele Gastgeber, die friedlich sagen: »Setzt euch, wo ihr Platz findet!«

Es ist am gescheitesten, wenn man nur nach dieser Regel verfährt: Ehrengäste bekommen die besten Plätze, und die sind nach wie vor neben den Gastgebern. Im Übrigen werden die Gäste so platziert, dass sich das beste Tischgespräch ergeben kann.

Bei Verlobungs- und Hochzeitsdiners, bei offiziellen Essen und Banketten gelten nach allgemeiner Übereinkunft noch die alten Regeln. In etwa und nur dort (siehe dort).

Tischreden Tischreden können ein Festessen ganz besonders zieren, wenn sie kurz und witzig sind.

Sie werden nach dem Hauptgang, also zum Dessert gehalten, damit in der Küche durch das ja schwer einzuschätzende Warten keine Katastrophen mehr passieren können.

Gibt es mehrere Reden, muss man also schon zwischen Suppe und Fisch die erste einschieben, weil man sonst nicht durchkommt, so hat man das vorher mit der Küche abgesprochen, die sich in der Wahl der Speisen und in der Zeitplanung darauf einstellt.

Das Dessert sollte man auch so aussuchen, dass Champagner oder Sekt dazu passen, damit die Gäste mit dem richtigen Getränk anstoßen.

Bei Jubiläen, Konfirmationen oder Hochzeiten empfiehlt es sich, dass der Gastgeber weiß oder bestimmt, wer redet, damit er die richtige Reihenfolge entwirft oder die einzelnen Redner einführen kann. Es ist auch gut, wenn sich die Redner in etwa aufeinander abgestimmt haben, damit sie nicht alle das Gleiche sagen.

Wer eine Rede hält, klopft ans Glas und erhebt sich. Alle anderen Gäste hören dann höflicherweise auf zu reden, zu lachen und zu essen.

Eine hübsche Sitte: Zum Schluss aller Reden erhebt sich derjenige, dem alle Reden gegolten haben, und bedankt sich mit ein paar Worten.

Titel Das Wort kommt vom lateinischen Substantiv *titulus* und stammt aus der Zeit vor Erfindung von Buchdruck und Büchern und Bücherregalen. Ein Titulus war der Zettel, den der Schreiber an eine Schriftrolle hängte, damit der Benutzer wusste, was auf der Pergamentrolle stand. Ein Titel bezeichnet also einen Menschen. Es kann ein Standestitel sein: Grafentitel, Herzogstitel und so weiter. Es kann ein für Verdienste verliehener Titel sein: Dr. h. c. (siehe auch: *Doktor*).

Im weiteren Sinn wird auch ein durch eine Prüfung erworbener Grad (Doktor oder Professor) als Titel verstanden. Das ist nicht korrekt, aber üblich geworden.

Todesanzeige Eine Todesanzeige, die Parte, wie man in Österreich sagt, mit schwarzem Rand und schwarz gerändertem Briefumschlag, zeigt Familienangehörigen und Freunden, Kollegen und Bekannten den Todesfall an. Diese Anzeige kann auch die Beerdigung im Nachhinein anzeigen. Das geschieht immer dann, wenn der Verstorbene oder die Familie eine stille Beerdigung gewünscht haben.

Sind auf der gedruckten Anzeige Datum, Uhrzeit und Ort der Beerdigung angegeben, so kann der Empfänger dieser Anzeige selbst zur Beerdigung gehen oder wie oben Blumen oder einen Kranz schicken lassen oder nur einen Kondolenzbrief schreiben.

In der Zeitungsanzeige und auf der Parte wird oft gebeten, auf Kranzspenden zu Gunsten einer karitativen Organisation zu verzichten. Dann kann man ein paar Blumen mit zur Beerdigung nehmen, die man mit der Hand voll Erde auf den Sarg wirft.

Wer eine gedruckte Todesanzeige erhält, braucht darauf nicht zu antworten, ob er zusagt oder absagt. Beerdingungen sind offizielle Veranstaltungen.

Todesanzeige in der Zeitung Eine Anzeige in der Tageszeitung benachrichtigt die Leser einer Stadt und darüber hinaus die Öffentlichkeit aller Leser. Sie sollte sachlich formuliert werden und folgende Punkte erwähnen: Namen und Alter des / der Verstorbenen; bei Frauen mit Mädchennamen und eventuell mit Witwennamen; in beiden Fällen und nach Wunsch von Familie und Verstorbenen Titel und Ehrenzeichen; Datum des Todes; Datum, Uhrzeit und Ort (mit Angabe der Kapelle) der Bestattung; Anschrift des Trauerhauses und Namen der nächsten Familienmitglieder.

In einer großen Familie zeigt nur der nächste Angehörige »im Namen aller anderen Angehörigen« an. Man zeigt entweder an, dass die Beerdigung stattgefunden hat oder dass sie noch stattfinden wird.

Sind Ort und Zeit der Beerdigung in der Zeitung angegeben, so kann jeder zur Beerdigung gehen, der dem Verstorbenen nahe gestanden hat. Es reicht jedoch auch, wenn er einen Beileidsbrief schreibt oder ein Blumengeschäft beauftragt, Blumen oder Kranz zur Beerdigung zu schicken. Beides wird immer mit einer Karte begleitet, damit die Hinterbliebenen wissen, von wem der Gruß stammt. Kränze werden nicht ins Trauerhaus, sondern an die genaue Adresse der Friedhofskapelle geschickt. Auf dem Umschlag der Karte müssen auf jeden Fall Name des Verstorbenen und Zeit seiner Beerdigung angegeben werden, damit keine Verwechslung erfolgt.

Touristen Sie sind, ob sie's mögen oder nicht, auch Repräsentanten ihres Landes. Wenn der Reisende als Einzelner sich also korrekt und höflich benimmt, so steigert er das Ansehen seines Landes und hängt »dem Deutschen« nicht neue negative Eigenschaften an.

Es dient auch diesem Ansehen des eigenen Landes, wenn man nicht ungeniert im fremden Bus auf Deutsch über das betreffende Land schimpft und sich über »ulkige Typen« lustig macht. Damit kann man voll im Fettnapf landen, denn auch Inder, Türken und andere »ulkige Typen« sprechen und verstehen Deutsch. Insgesamt also ist es ratsam, sich besonders auf Reisen in die so genannte Dritte Welt über Sitten und Gebräuche der jeweiligen Fremde zu informieren: vor Antritt der Reise. Das vermeidet diese Tritte ins Fettnäpfchen. Es steigert zudem die eigene Sicherheit des Auftretens. Es steigert das Verständnis und die Offenheit für das betreffende Land und macht aus der Reise erst das Erlebnis, das man sich vielleicht ersehnt hat, siehe auch: *Reisebenehmen* und *Reisen*.

Touristensünden Das Entwicklungsministerium hat aufgrund jahrelanger Erfahrung die Punkte zusammengefasst, die unerfreuliche Probleme auslösen können: Das ist vor allem das wilde Fotografieren, ohne gefragt zu haben, ob die betreffenden Personen damit einverstanden sind, in ihrem Elend, bei ihren religiösen Verrichtungen und in anderen Situationen fotografiert zu werden.

Als Nächstes kommt die Massa-Haltung, die in den Bewohnern des Reiselandes »wilde« und »einheimische Horden« sieht, die man herumkommandiert und wie Zwischendinge zwischen Kind und Tier behandelt; die man auf Schritt und Tritt meint belehren zu müssen und die man durch ein verächtlich gegebenes Trinkgeld glaubt, zu entwürdigenden Dienstleistungen oder Zurschaustellung bringen zu können.

Die zu leichte Kleidung ist der letzte, aber wichtigste Punkt. Denn wenn die schwitzenden Gäste den Einheimischen auch leid tun, so sind sie betroffen, wenn man ihre Tempel und Kirchen halb nackt betritt.

Tränen siehe *Gefühle in der Öffentlichkeit*.

Transpirieren siehe *Körpergeruch*.

Trauerbriefe / Trauerrand Briefe, die soeben verwaiste oder verwitwete Partner schreiben, haben üblicherweise einen schwarzen Rand, auch Briefkarten und Briefumschläge.

Trauerjahr Früher war es üblich, dass die engsten Angehörigen eines Verstorbenen ein Jahr lang Trauer trugen und zeigten: Sie gingen nicht auf öffentliche Lustbarkeiten und luden selber nicht zu großen Festen ein. Siehe auch: *Trauerkleidung*.

Seit dem Zweiten Weltkrieg ist diese Sitte im Verschwinden begriffen, doch gibt es immer noch Familien, die sie pflegen.

In einem solchen Fall akzeptiert man ohne Theater zum Beispiel eine Absage und zeigt durch das eigene gedämpfte (aber nicht geheuchelte!) Betragen, dass man diese Haltung respektiert.

Trauerkleidung Heute wird entweder gar keine Trauerkleidung mehr oder nur für kurze Zeit getragen. Früher war es üblich, dass Witwen oder Witwer mindestens ein halbes Jahr in Volltrauer blieben und das Schwarz in der Zeit der Halbtrauer nur zögernd mit weißen Manschetten und Kragen, mit Grau, die Männer mit dunklen Anzügen und gedeckten Krawattenfarben etwas aufhellten. Bei offiziellen Beerdigungen, Staatsbegräbnissen und feierlichen Beisetzungen offizieller Persönlichkeiten tragen die betreffenden offiziellen Trauergäste den Cut mit schwarzer Hose oder den Stresemann mit schwarzer Hose. Dazu trug man früher den Zylinder, den man zur Trauerfeier mit einem Trauerflor umschlang. Siehe auch: *Beerdigung*.

Trinken Die wichtigste Regel: Erst das Essen hinunterschlucken, das man im Munde zerkaut hat, dann das Glas ansetzen und trinken. Außerdem: Die Getränke nicht hinunterkippen und ein ganzes Glas auf einen Zug leeren. Das wirkt gierig (siehe auch: *Geiz und Gier*), ist schlecht für den Magen und lässt Haltung vermissen.

Trinkgeld Im Prinzip ist das Trinkgeld eine freiwillige Honorierung einer Dienstleistung. Ist man miserabel versorgt worden, so zahlt man nichts. War's mittel, so gibt man eine Durchschnittssumme; hat man eine außergewöhnliche Bedienung genossen, so kann man auch außergewöhnlich danken.

Mit zehn Prozent der Rechnungssumme liegt man bei gutem Service jedenfalls nicht falsch.

Trinkgeld auf Reisen Gepäckträger haben längst kräftige Festpreise, und manche Flughäfen sind dreist genug, sich sogar den Gepäckwagen zahlen zu lassen. Kein zusätzliches Trinkgeld.

Beim Schlafwagenschaffner bestellt man sich meist noch einen kleinen Schlaftrunk oder das Frühstück für den nächsten Morgen, und wenn er einem ansonsten behilflich ist, rundet man diese Rechnung gehörig auf.

Die Zugbegleiter tun mehr als ein Schaffner. Sie helfen beim Ein- und Aussteigen, bringen Kaffee, Tee oder eine kleine Mahlzeit aus der Zugküche, räumen wieder ab und jeglichen Abfall fort. Wenn man ihre Hilfe als Kellner beansprucht, rundet man die Essensrechnung um etwa zehn Prozent auf. Stewardess oder Steward im Flugzeug erwarten kein Trinkgeld.

Im Hotel bekommt man im günstigsten Fall von einem Diener das Gepäck aufs Zimmer gebracht. Er sollte nicht ganz so viel wie der Gepäckträger bekommen, auf jeden Fall je nach Gepäckmenge.

Dem Stubenmädchen kann man etwas auf dem Nachttisch hinterlassen oder in die Hand drücken. Die Höhe dieses Trinkgelds richtet sich nach der Länge des Aufenthalts und nach der zusätzlichen Arbeit, die Sie der Bedienung gemacht haben.

Die Hotelrechnung bezahlt man üblicherweise so, wie sie ist. Wer in einem besonders schönen Ferien- oder einem Messehotel im nächsten Jahr wieder unterkommen möchte, kann dem Geschäftsführer einen Schein in die Hand drücken. Ob's was nützt, wird man ja sehen.

Manchen Gästen fällt es schwer, einem Dienstleistenden den Geldschein unverhohlen und nackt zu überreichen. Wer das vermeiden will, schiebt ihn in einen Briefumschlag, und wenn man ihn nicht selber übergibt, schreibt man auf den Umschlag, für wen er gedacht ist, und ein paar freundliche Worte, etwa: »Mit dem besten Dank für Ihre Mühe. Sophie Sowieso«.

Die Besatzung Ihres Schiffes betrachtet Sie als Gast. Sie wiederum sind von ihr für die Dauer der Reise abhängig. Manche halten ein hohes Trinkgeld für ausreichend, um ein erfreuliches Verhältnis herzustellen. Ein wohl zurückhaltendes, aber freundliches Benehmen ist dazu jedoch mindestens ebenso notwendig.

Der Kabinensteward wird sich Ihnen als Erster vorstellen. Mit ihm hat man es im Laufe der Reise am meisten zu tun. Er ist in jedem Notfall die Hilfe des Passagiers. Trinkgelder sind nicht im Preis für die Passage inbegriffen und richten sich nach der Schiffsklasse, Dauer der Fahrt und Art des Schiffes. Es ist üblich, pro Tag und Passagier drei US-Dollar für Kabinen- und Restaurantsteward zu zahlen. Nehmen Sie die Dienste des Personals außergewöhnlich stark in Anspruch, so ist es auch üblich, das Trinkgeld nach diesen Diensten zu bemessen.

Man muss die Trinkgelder auch nicht erst am Ende der Reise geben, sondern kann schon bei Beginn der Seereise eine »Anzahlung« leisten.

Wenn man eine Gesellschaftsreise im Bus unternimmt, wird meistens kurz vor Abschluss der Reise für den Busfahrer gesammelt. Man sollte untereinander ausmachen, welche Mindestsumme jeder geben könnte.

Für den ausländischen Reiseführer gilt im Prinzip dasselbe, außer es ist der amtlich zugeteilte, der vielleicht nichts nimmt. Der Reisende sollte sich von seinem eigenen Reiseleiter beraten lassen.

Und wie steht's mit dem? Falls man das Gefühl haben sollte, ein Trinkgeld sei nicht angebracht, kann man trotzdem bei allen Reiseteilnehmern sammeln und dem Reiseleiter, dem man sich (fast) freundschaftlich verbunden fühlt, ein Dankesgeschenk besorgen. Das kann ein wissenschaftliches oder ein Kunstbuch über die Gegend sein, die man gemeinsam bereist hat, oder eine Keramikschale, die er auf dem Markt eines einheimischen Dorfes bewundert hat – in diesem Sinne entdeckt man sicher eins von den Dingen, die man sich selber nicht kaufen, aber gern haben würde.

Wenn nach einer Führung der Schloss- oder Museumsführer ostentativ neben dem Ausgang stehen bleibt, so heißt das: man nimmt. Es ist deshalb bei Reisen mit zahlreichen Besichtigungen ratsam, immer Kleingeld in der Tasche griffbereit bei sich zu tragen.

Wenn der Taxifahrer ohne zu fragen weiterraucht oder einer von der groben Sorte ist oder ein vollkommen verludertes Auto fährt, zahle ich kein Trinkgeld. In allen übrigen Fällen sind sieben bis zehn Prozent des Fahrpreises normal.

In den Toiletten mancher Flugplätze oder Bahnhöfe sitzt noch die Klofrau oder der Klomann. Meist sagt irgendwo ein Schildchen, was erwartet wird. Das ist – außer an den Autobahnen – keine Muss-, sondern eine Kannvorschrift.

Garderobenfrauen haben aus dem Trinkgeld längst eine solide Bezahlung gemacht. Ist die Summe bescheiden, sollte man zumindest auf den vollen Euro aufrunden.

Gab es beim privaten Gastgeber eine Haushaltshilfe, die dem Gast das Zimmer aufräumt, auch manchmal Hemden oder Blusen wäscht und bügelt und so weiter, so zeugt es von Wohlerzogenheit, wenn man ihr beim Abschied ein Trinkgeld überreicht. Das kann in ein Taschenbuch oder Taschentuch oder in eine andere Kleinigkeit verpackt sein, und seine Höhe richtet sich nach der Arbeit, nach der Dauer des Aufenthalts und nach der persönlichen Wertschätzung.

Friseure bekommen meist ein Gehalt, das aufs Trinkgeld zugeschnitten ist. In manchen Salons gibt es Sparschweine oder Ähnliches, deren Inhalt täglich oder wöchentlich unter den Angestellten verteilt wird. Das ist gerecht, aber nicht beliebt. Deshalb bleibt es den Kunden überlassen, seiner Stammbedienung zwischen fünf und zehn Prozent des vermutlichen Preises auf das Arbeitswägelchen zu legen. Wenn man es vergisst, kann man seiner Friseuse auch zwischendurch einen größeren Betrag in ein Kuvert stecken und in die Hand drücken.

In manchen Salons kann man sich etwas zu trinken oder eine Kleinigkeit zu essen bestellen. Es ist höflich und nett, wenn man seine Stammbedienung fragt, ob man sie zu einem Glas Tee oder etwas Ähnlichem einladen darf.

Postbote und Briefträger gehören zu denen, die unter Umständen täglich für uns laufen und schleppen. Man sollte ihnen zumindest einmal im Jahr, vor Weihnachten, einen Briefumschlag mit einem Geldschein geben und ihnen dabei herzlich für ihre Arbeit danken.

Bekommt man viele und schwere Pakete, so sollte man von Zeit zu Zeit die Paketgebühr so aufrunden, wie man es für angemessen hielte, wenn man selber mit solchen Lasten treppauf und treppab schnaufen müsste. Das ist besser, als dem Postboten ein Bier anzubieten (er muss schließlich Auto fahren) oder eine Tasse Kaffee: Nähme er die überall an, kriegte er ganz schön Herzklopfen und käme außerdem mit seinem Zeitplan ins Schleudern.

Der Bote eines Geschäftes, der bei Ihnen eine Kiste Sprudel oder das neue Fernsehgerät abgibt, freut sich gewiss über ein Trinkgeld, und der Zeitungsbote erst recht. Manche klingeln trotz Zeitungskasten von Zeit zu Zeit, um einem Gelegenheit dazu zu geben, und manche Tageszeitungen weisen eigens darauf hin, wie man das Trinkgeld an den Zeitungsboten bringen kann.

Die Müllmänner klingeln in manchen Gegenden, um einem ein gutes neues Jahr zu wünschen, und wenn man die entgegengestreckte Hand nur leicht verstört ergreift und schüttelt, verrät einem der Gesichtsausdruck der Männer, dass die Geste anders gedacht war.

Um solchen und ähnlichen Missverständnissen aus dem Weg zu gehen, sollte sich jeder in dieser traditionellen Trinkgeldzeit vor Weihnachten überlegen, wem er danken müsste und wie viel er geben kann. Dann macht man sich praktischerweise die Trinkgelder zurecht, steckt sie, mit oder ohne Weihnachtskarte, in Umschläge, schreibt nach Belieben ein paar freundliche Worte darauf und legt sie griffbereit neben die Wohnungstür. Oder man trägt sie aus: zum Tankwart, zur Apotheke und so weiter.

Der Hausarzt bekommt natürlich kein Trinkgeld. Aber wenn er im Lauf des Jahres viel mit einem zu schaffen hat, so ist es nur höflich, ihm mit einer Kleinigkeit Dankeschön zu sagen. Ein langjähriger Patient weiß, was ihm Freude macht – oder hat sich einstens bei der Praxishilfe danach erkundigt. Diese Damen freuen sich übrigens auch über eine kleine Aufmerksamkeit.

Auch die Nachbarin, die immer Pakete annimmt und die Blumen gießt, wenn man verreist ist, würde sich durch ein Trinkgeld zu Recht beleidigt fühlen. Eine kleine, schön verpackte Aufmerksamkeit sollte man ihr jedoch als Zeichen der Dankbarkeit bei irgendeiner Gelegenheit überreichen, ob das nun Geburtstag, Ferienende oder Weihnachten ist. Das ist gleichgültig. Es kommt nur auf die Geste an – und deshalb dürfen es auch Blumen sein!

Trinkgeld nach Privatfest Trinkgeld wird auch im Privathaus von den Gästen erwartet, wenn sie zu einer größeren Gesellschaft eingeladen sind, die mithilfe von Hausangestellten oder gemietetem Personal durchgeführt worden ist: Köchin, Zugehfrau, Mädchen, Diener etc.

Die Gäste finden meist in der Garderobe einen Silberteller oder eine andere Schale, in die man sein Trinkgeld hineingeben kann. Weibliche Gäste, Ehefrauen ebenso wie Junggesellinnen besitzen übrigens die gleiche Freiheit dazu wie Männer. Der Gastgeber überreicht nach dem Fest der Bedienung das, was zusammengekommen ist.

Trinkgeld vom Hausgast Wer ein paar Tage in einem Haus übernachtet, in dem es eine Zugehfrau oder eine Hausangestellte gibt, die ihm vielleicht die Hemden gewaschen oder ein Extrafrühstück bereitet hat, der sollte auf jeden Fall einen Geldschein in ein Kuvert stecken und der Betreffenden mit einem herzlichen Dankeschön zum Abschied geben.

Ein Gast, der regelmäßig Hausgast ist, der die Hausangestellte also allmählich kennt, so gut, dass er weiß, was ihr Freude macht, sollte seinem Trinkgeld eine persönliche Emballage geben und den Briefumschlag in das Mitbringsel stecken. Wieder spielt der Geldeswert keine Rolle, nur der Gedanke.

Tschüs! Dieser Gruß (schwäbisch: tschüsle) hat sich aus *Adieu*, mit Gott, entwickelt. Unsere Großeltern sagten Adschüs! Wir verwenden das noch weiter zerschlissene Tschüs.

Kein korrekter Gruß, aber eine beliebte Umgangsform. Freunde und Kollegen rufen sich zum Abschied zu: »Tschüs bis morgen!«, aber zum Bundespräsidenten sagt man nicht unbedingt: »Tschüs, Herr Bundespräsident!« Konservative Großmütter zucken selbst zusammen, wenn die Enkel sagen: »Tschüs denn, Omi!«, und werfen ihren Töchtern oder Schwiegertöchtern vor, dass sie den Enkeln nicht einmal richtige Grußformen beibringen.

Also: »Leb wohl, auf Wiedersehen, Großmütterchen!« Siehe auch: *Hallo* und *Servus*.

Türen knallen Das macht allen Kindern Spaß und ist ein kaum zu übertreffendes Mittel, einem Gefühl wie Zorn oder Ungeduld wirklich mit Donnergetöse Ausdruck zu verleihen.

Ein Kind sollte jedoch im Lauf der Jahre lernen, die eigenen Gefühle zu beherrschen. Das hat nichts mit Unterdrückung von Lebenskraft und Eigenart zu tun, ganz im Gegenteil. Wer ein Spielball seiner eigenen Gefühle bleibt, kann nie merken, wer er wirklich ist. Er reagiert nur, statt selber zu agieren. Türen knallen ist also erstens ein Zeichen von noch infantiler Unbeherrschtheit und zweitens von Rücksichtslosigkeit gegenüber den Nachbarn und Mitbewohnern des Hauses.

Türen öffnen Tut man das? Tut man das noch im Zeitalter der automatischen Türen, der Gleichberechtigung und so weiter?

Wenn der höfliche Mensch durch eine Türe geht, vergewissert er sich auf jeden Fall, wer ihm folgt, und lässt dem-/derselben nicht gerade die Tür oder den Türflügel auf die Nase knallen.

Er hält sie vielmehr offen, besonders wenn der andere schwer beladen, alt und natürlich auch so hübsch ist, dass einen das Herz zu freiwilligen Nettigkeiten verlockt. Siehe auch: *Vortritt lassen.*

Tuxedo So nennen die Amerikaner den Smoking, und das bedeutet wie bei uns: dunkler Anzug mit Satinaufschlägen, Jacke und Hose aus demselben Stoff, den man mit schwarzer Krawatte und »Fancy«-Hemden trägt, Fantasiehemden jeglicher Art. Siehe auch: *Smoking, Dinnerjacket.*

Übernachtungsgäste Wer gern Übernachtungsgäste hat, wird sicher selbst erfahren, dass man am besten miteinander auskommt, wenn sich Gastgeber und Gast an gewisse Regeln halten.

Das beginnt mit den Äußerlichkeiten. Jugendliche und junge Leute sind mit einem Stückchen Fußboden für den Schlafsack zufrieden, und sie haben oft Freunde, bei denen sie jederzeit unangemeldet vor der Tür stehen und übernachten können.

Schlafsack-Gäste sollten jedoch berücksichtigen, dass ältere Verwandte oder Großeltern nicht oder nicht mehr so flexibel sind. Sie erwarten vielmehr, dass sich der Gast erkundigt, ob er dort überhaupt übernachten kann; dass diese Frage rechtzeitig gestellt wird, sagen wir mindestens acht bis vierzehn Tage vorher, dass der Gast nicht unangemeldet »noch 'nen Freund und seinen Hund« mitbringt und dass er nicht die Wohnung des Gastgebers ungefragt so mit Beschlag belegt, wie er es zu Hause kaum wagen würde.

Ob nun Gast mit Schlafsack oder Gast im Fremdenzimmer – sie machen Mühe, Aufwand, Arbeit. Ergo sollte man den Gastgeber nicht so behandeln, wie man früher nicht einmal ein Dienstmädchen behandelt hätte.

Wohl erzogene Gäste rollen also den Schlafsack zusammen oder machen ihr Bett. Sie hinterlassen das Waschbecken und die Badewanne des Gastgebers so säuberlich, wie sie vermutlich waren, vom Klo ganz zu schweigen. Sie gehen nicht an den Kühlschrank, sondern fragen vorher: »Darf ich mir ein Mineralwasser holen?« Sie stürzen sich nicht ans Telefon und turteln mit der Freundin in einem fernen Ausland, sondern fragen: »Darf ich …«, lassen das Internationale und fassen sich national kurz. Oder sie fragen nach einem unvermeidlich langen Gespräch: »Darf ich dir dafür so und so viel Euro hinlegen?« (Und tun es auch, falls der Gastgeber nicht energisch protestiert!)

Wohl erzogene Gäste rauchen nicht, ohne gefragt zu haben, ob es stört (und lassen es ohne Schmollen, wenn es wirklich stört).

Sie gehen nicht ungefragt an die Bar und trinken dem Gastgeber die besten Tropfen weg; sie stellen auch im Gästezimmer ihr Radio etc. nicht auf Straßenlautstärke und hocken sich nicht vor die Glotze (warum haben sie dann die eigene verlassen?), erst recht nicht bis in die Nacht hinein, wenn die Gastgeber vielleicht gern schlafen wollen.

Die idealen Gäste bieten an, beim Abwasch oder Einkaufen oder Tischdecken zu helfen. Sie lassen nicht den ganzen Tag des Gastgebers eigenes Radio dröhnen. Sie verknittern dem Gastgeber nicht die neue Zeitung, und wenn sie sie lesen, so lassen sie die Blätter nicht in der Gegend verstreut herumliegen. Sie erwarten nicht, dass der Gastgeber alles stehen und liegen lässt und sich nur um sie kümmert; sie richten sich nach den Essenszeiten des Gastgebers oder sprechen diese mit ihm ab und laden ihm nicht einen Tisch voller Fremder zum Abfüttern auf, außer es handelt sich um einen Gastgeber, den gerade so etwas freut, weil es Leben in seine stille Bude bringt.

Dafür bringt der wohl erzogene Gast dem Gastgeber eine Kleinigkeit mit. Er trägt bei längerem Aufenthalt etwas zum Haushalt bei, bezahlt also einmal beim Fleischer oder im Lebensmittelgeschäft, oder besorgt einen besonders leckeren Kuchen oder ein paar Flaschen Champagner. Oder er bringt zwischendurch mal Blumen mit.

Früher reisten die Familien mit der eigenen Bettwäsche zu Onkel und Tante auf dem Lande. Das ist heute nicht mehr nötig, aber man kann einem Gastgeber ohne Haushaltshilfe anbieten, die benutzte Bettwäsche wenigstens zur Wäscherei zu bringen, oder ihm zwischendurch helfen, die Wäsche in der Maschine zu waschen und aufzuhängen.

Wenn der Gastgeber während der Besuchszeit selber eingeladen wird, so erwartet der Hausgast nicht, dass er aufgefordert wird, mitzukommen. Und wenn der Gastgeber selbst andere zum Abendessen einlädt, so fragt der Hausgast höflich, ob er stört oder nicht.

So schön der Besuch auch sein mag – ein Privatmensch ist kein Hotel. Der Gast sollte also nicht zur Landplage werden und lieber fragen, ob er wirklich vierzehn Tage bleiben darf oder ob das dem Gastgeber nicht zu viel wird.

Unhöflichkeit Unhöflichkeit ist leichter als Höflichkeit. Denn Unhöfliche brauchen nur an sich zu denken und kommen mit ihrer Rücksichtslosigkeit angenehmer und meist auch erfolgreicher durchs Leben.

Das macht es wiederum den Erfolglosen leicht, die Höflichkeit misszuverstehen und zu verfluchen, denn Rücksichtslosigkeit kann sehr wohl mit äußerster, penibler Höflichkeit verbunden sein – allerdings nur mit Höflichkeit als äußerer Form, also als Mittel zum Zweck, als nützliche Maske.

Das ändert nichts am Wert und an der sozialen Notwendigkeit der Höflichkeit.

Es wäre jedoch blauäugig, wenn man hoffte, die hinterlistige Höflichkeit allen denen auszutreiben, die von und durch sie herrlich und in Freuden leben. Der Mensch geht gern den leichteren Weg, überall, und betrügt den Mitmenschen nach allen Regeln des korrekten Benehmens, immer wieder.

Die Frage lautet also ebenfalls immer wieder: Wie will ich mich selbst verhalten? Was kann und will ich von mir selbst fordern und verantworten? Wie sollen mich meine Kinder und Kollegen sehen? Was für ein Beispiel kann ich ihnen vorleben? Sehe ich darin, in dieser Beispielhaftigkeit überhaupt einen Sinn? Und: Warum?

Die Frage der Manieren, die Frage nach der Höflichkeit stößt oft an die Grenze der Moral.

Unterhemd Wie der Name sagt, wird es unter dem Hemd getragen. Es besteht aus Baumwolle, soll den Schweiß aufsaugen und kann weiß oder bunt sein. Im Unterhemd aber sitzen die Bundesbürger am Steuer und im Café, gehen durch Einkaufszentren und Kirchen. Sie werden sich von dieser lieb gewordenen Gewohnheit nicht dadurch abbringen lassen, dass jemand sagt: »Das gehört sich nicht!«

Es gehört sich aber natürlich wirklich nicht, denn der Mann im Unterhemd beleidigt in der Kirche die Würde des Ortes, im Kloster oder im orthodoxen Viertel in Jerusalem oder im islamischen Basar das religiöse Gefühl und im Allgemeinen das ästhetische Empfinden.

Wer unter der Hitze leidet, sollte zumindest im Auto oder in der Reisetasche ein Hemd parat haben, mit dem er sich in der Öffentlichkeit bedeckt. Das Hemd sollte aber zugeknöpft werden und nicht frei um Bauch und Unterhemd flattern. Siehe auch: *Boxershorts, Freizeitkleidung*.

Vandalismus Dies öffentliche Problem nennt man nach den Vandalen, dem Stamm der Germanen, die auf der Völkerwanderung mordend und sengend nach Süden zogen und alles kurz und klein knüppelten, was sie störte oder ängstigte.

Jede Bibliothek kann Horrorgeschichten über Bücher erzählen, in denen die Leberwurststulle als Lesezeichen liegen geblieben ist und so weiter. Sie wird auch bestätigen: Je höher die Leihgebühr, desto pfleglicher werden die Bücher behandelt, die der Stadt, also der Allgemeinheit, gehören.

Jeder Lehrer könnte stundenlang von Zerstörungen in Klassenzimmern, Schülerklos und Duschräumen berichten und vor allem von den Reaktionen der Eltern solcher Vandalen: »Wieso regen Sie sich auf? Ist die Schule denn nicht versichert?«

Jeder Fußgänger kennt die verdreckten Citypassagen, S-Bahnstationen und U-Bahngrotten, und die *Salzburger Nachrichten* zeigten nach einem Streik des Reinigungspersonals in Frankreich ein Bild vom Pariser Flughafen De Gaulle mit überquellenden Abfallkörben und Müllbergen um diese herum. Der Kommentar: »Dieses Bild dokumentiert nicht nur die Folgen eines Arbeitskampfes, sondern auch die Bereitschaft des Menschen, sich außer Haus so zu verhalten, wie er es daheim nie täte.«

An all diesen Erscheinungen wird sich ja nichts ändern, wenn in diesem Buch der Satz steht: »Ja, das gehört sich nicht!«

Trotzdem: Man lässt weder Bonbonpapiere, Bananenschalen noch leere Zigarettenschachteln auf den öffentlichen Boden fallen. Auf den Bananenschalen könnte nämlich sogar jemand ausrutschen.

Man trampelt nicht durch Parkbeete. Man stellt sein Auto nicht vom Fußweg her auf Rasenstücken ab, die zur Fahrbahn hin sichtbar abgezäunt sind.

Man lässt Telefonzellen heil, reißt sich nicht die Seiten aus dem Telefonbuch, auf denen die gesuchte Nummer steht und so weiter und so fort, und das alles nicht, weil »der Deutsche« vom Putz- und Ordnungsfimmel besessen ist, sondern weil auf diese Weise unser hart verdientes Steuergeld von Leuten verschleudert und vergeudet wird, die der Egoismus so beschränkt gemacht hat, dass sie diese Zusammenhänge nicht mehr kapieren.

Verkäufer und Verkäuferinnen Das sind Menschen, die angestellt sind, um bestimmte Waren zu verkaufen.

Wer sich nun mit ihnen ins Geschäft begibt, beendet dies gewöhnlich dadurch, dass er die betreffende Ware zahlt. Das kommt manchen Käufern so vor, als bezahlten sie nicht nur diese Ware, sondern auch den Verkäufer. Sie behandeln diesen, als ob sie ihn »für mein gutes Geld« nach ihrer Nase tanzen und springen lassen könnten. Denn: Wer Geld hat, verfügt über die Macht.

Mag sein. Manieren jedoch sollten gerade diese rohe Macht mäßigen.

Es ist also im höchsten Maß unerzogen, Abhängige, Untergebene etc. schlechter als seinesgleichen zu behandeln. Also sagt man, auch wenn man einen Kaschmirmantel für fünftausend Euro kauft, »bitte« und »danke« und nicht: »Bringen Sie mal! Tun Sie mal, aber ein bisschen hopphopp!«

Verlobung Die Verlobung ist heute nicht mehr üblicherweise der erste Schritt zur Hochzeit, wird aber in manchen Familien noch sehr ernst genommen. Sie wird als Symbol dafür betrachtet, dass man sich entschieden hat, Verantwortung für einen anderen Menschen mit zu tragen. Wer so denkt, der wird auch verstehen, dass die Eltern der Braut wissen möchten, wem sie ihre Tochter anvertrauen; er wird also das machen, was man früher einen *Antrag* nannte.

Ob ein Antrag ausgesprochen wird, und wie formell das vonstatten geht, richtet sich nach der Familie der Braut und nach der Einstellung des Bräutigams. Jeder muss für sich entscheiden, ob er dieser Sitte folgen will oder nicht. Ist die Braut noch sehr jung, steht sie noch nicht selbstständig im Beruf und verläuft bei ihr daheim das Leben in sehr korrekten und konventionellen Formen, so sollte diese erste offizielle Begegnung mit dem künftigen Schwiegersohn höflicherweise der Neigung zur Förmlichkeit angepasst werden. Also: feierlicher Besuch zur sonntäglichen Empfangsstunde zwischen 11 Uhr 30 und 12 Uhr 30, ordentlicher Anzug, keine Blumen, seelische Einstellung auf Ausgefragtwerden. Dabei spielt es keine Rolle, dass Jugendliche über achtzehn Jahren heiraten können, ohne jemanden um Erlaubnis zu fragen. Dieser erste Besuch ist nichts als ein Akt der Höflichkeit.

Geht es bei den Eltern der Braut weniger zeremoniell zu, oder lebt die Braut so selbstständig, dass sie ihre Eltern nur von einer bereits getroffenen Entscheidung unterrichtet, so wird der erste Besuch ihres künftigen Mannes wahrscheinlich zum ersten herzlichen Familienereignis, zu dem sich das Brautpaar selbst an einem passenden Abend oder Wochenende ansagt. Beide Generationen besprechen dann, wann das öffentliche Verlöbnis stattfinden soll, wer eingeladen wird, ob man Karten verschicken oder eine Anzeige aufgeben will.

Kennen die Eltern des Bräutigams ihre künftige Schwiegertochter noch nicht, so sollte dort ebenfalls ein Besuch stattfinden, möglichst kurz nach dem Besuch bei den Brauteltern.

Im Allgemeinen ist es üblich, dass sich die Familien der Braut und des Bräutigams nicht erst bei und nach der offiziellen Verlobungsfeier, sondern schon nach dem effektiven Verlöbnis kennen lernen. Leben die Eltern des Bräutigams am gleichen Ort wie die Braut, so wird sich der Bräutigam relativ bald mit ihnen bei den Schwiegereltern ankündigen, um diese mit seinen Eltern bekannt zu machen.

Praktischerweise lädt man beide Familien lieber zwanglos gemeinsam ein, damit jeder jeden kennen lernen kann.

Ob diese Einladungen von der Familie des Bräutigams oder von der Familie der Braut ausgehen oder ob die jungen Leute selber einladen, wird sich stets nach den privaten Umständen der jeweiligen Familie richten, also danach, wer den meisten Platz hat.

Verlobungsanzeigen Anzeigen können, aber müssen nicht verschickt werden. Man lässt es, wenn die Hochzeit ohnehin relativ bald folgt; wenn die Verlobung nicht groß gefeiert wird; wenn die Verlobten so wenige Verwandte und Freunde besitzen, dass sie ihnen auch schreiben können.

Man verschickt dagegen Anzeigen, wenn die Verlobung wichtig genommen wird; wenn man viele Freunde auch außerhalb der Stadt hat, in der man lebt; wenn man auf gesellschaftliche Formen Wert legt.

Eltern und Kinder können die Verlobung gemeinsam auf einer Faltkarte anzeigen. Diese Form wird gewählt, wenn die Tochter noch bei ihren Eltern lebt und wenn diese Eltern, zumindest hauptsächlich, die Verlobung ausrichten.

Die Eltern und die Kinder können die Verlobung jeweils allein anzeigen, jeder auf seiner eigenen Karte. Das geschieht, wenn die beiden Verlobten im Beruf stehen und deshalb einen vollkommen anderen Bekanntenkreis als die Eltern haben.

Die jungen Leute zeigen ihre Verlobung allein an, wenn sie schon erwachsen und selbstständig sind, wenn sie keine Eltern mehr haben oder auf jeden Fall selbstständig handeln und auch diese Entscheidung allein anzeigen wollen. Sie können einen Text faxen oder per E-Mail an Freunde schicken, wie's gefällt.

Auf eine Verlobungsanzeige antwortet man mit einer schriftlichen Gratulation.

Verlobungsessen Das Essen kann mittags oder abends stattfinden, jeweils nach dem Empfang, und es gelten die gleichen

Regeln wie für ein Mittagessen oder für ein festliches Abendessen, selbstverständlich kann es im Hotel oder Restaurant stattfinden.

Traditionellerweise wird der Tisch weiß gedeckt, dazu gibt es die passenden Servietten, das schönste weiße Porzellan oder Steingut, farblose Gläser und Tischschmuck aus Blumen mit zarter Farbe und schwachem Duft. Wem das zu konventionell und langweilig erscheint, der kann dem Tisch auch ein Thema geben, das auf besondere Vorlieben der Brautleute anspielt, auf ihren Beruf, auf etwas Familiäres.

Das junge Paar hat den Ehrenplatz in der Mitte der Tafel. Beide Elternpaare umrahmen es, wobei der Vater des Bräutigams neben seiner künftigen Schwiegertochter und die Brautmutter neben dem Bräutigam sitzt.

Das Essen umfasst drei oder vier Gänge, und nach dem Braten erhebt sich der Brautvater und heißt den Schwiegersohn und dessen Eltern im Kreise der neuen Familie willkommen. Nach diesem ersten Toast bedankt sich der Bräutigam, und falls er es noch nicht gemacht hat, steckt er jetzt der Braut den Ring an den linken Ringfinger.

Nach dem Dessert bei Champagner oder Sekt hat der Rest der Familie Gelegenheit, sich das Du anzubieten, wobei nach den allgemeinen Regeln die Dame dem Herrn, der Ältere dem Jüngeren, der Würdige dem nicht so Würdigen dieses Recht anbietet, ihn beim Vornamen zu nennen. Es ist jedoch keine Verpflichtung, einen ja noch ziemlich fremden Menschen zu duzen, nur weil jemand aus der eigenen Familie in seine Familie hineingeheiratet hat. Es ist also weder taktlos noch unhöflich, wenn sich die Mitglieder der beiden Familien weiter mit Sie ansprechen.

Für alle Einladungen zur Verlobung bedanken sich die Gäste beim Gastgeber mündlich oder schriftlich oder mit Blumen.

Verlobungsfeier Wenn die Verlobung nicht nur im kleinsten Familienkreis mit einem gemütlichen Essen bei den Eltern oder bei dem Brautpaar oder in einem Restaurant gefeiert wird, so wählt man meistens die Form des Verlobungsempfangs oder des Verlobungsessens.

Diese Art der offiziellen Feier bietet viele Vorteile. Das Brautpaar kann alle seine Freunde und Kollegen, bekannte und noch unbekannte Verwandte dazu einladen und muss nicht lange hin und her überlegen, ob für einen Gast mehr die Stühle reichen.

Ein Empfang braucht längst nicht so viel zu kosten, wie man im Allgemeinen denkt, und da er üblicherweise von den Brauteltern ausgerichtet wird, ist es höflicher, ihnen diese Form der Gastlichkeit vorzuschlagen als ein eindrucksvolles, aber teures, großes Verlobungsessen.

Der Verlobungsempfang findet möglichst am Wochenende statt, sodass alle Verwandten, Kollegen und Freunde Zeit haben. Die Stunde: zwischen 11 und 13 Uhr.

Die Gäste werden zum Empfang durch gedruckte Verlobungskarten gebeten, auf denen Zeit und Ort des Empfangs notiert sind. Wer eine solche Karte erhält, gilt als eingeladen, braucht jedoch nicht ausdrücklich zuzusagen.

Selbstverständlich kann die Braut auch ihre besten Freundinnen und Kollegen mündlich einladen und überhaupt statt gedruckter Karten handgeschriebene Einladungen verschicken.

Auf jeden Fall verschickt man die Einladungen ungefähr zwei Wochen vor dem Empfang. An diesem Empfang nehmen auch Kinder und jüngere Geschwister teil, sodass man in der Getränkeauswahl Rücksicht auf sie nehmen muss.

In diesem Fall braucht man keinen gedeckten Tisch, wohl aber einen für die Geschenke.

Die Herren kommen im dunklen Anzug oder einer Kleidung, die dem dunklen Anzug entspricht, die Damen festlich oder im Kostüm.

Da es sich um einen Stehempfang handelt, muss also für das Hin- und Hergehen genug Platz freigeräumt werden. Ein paar gemütliche Sessel sind jedoch auf jeden Fall für die älteren Gäste vorhanden, möglichst in einer friedlichen Ecke oder in einem angrenzenden Zimmer, sodass sie sich in Ruhe unterhalten können.

Ist die Feier klein, so öffnet das Brautpaar selbst den Gästen. Ist deren Kreis größer, so bittet man einen jungen Verwandten, dieses Amt zu übernehmen. Er fragt die ihm Unbekannten nach ihrem Namen, damit er sie mit den anderen Gästen bekannt machen kann.

Auf jeden Fall wird zuerst das Brautpaar begrüßt, das stehend Glückwünsche, Geschenke und Blumen entgegennimmt. Dann kommen die Brauteltern an die Reihe, danach die Eltern des Bräutigams. Darauf wird dem Gast ein Glas vom Tablett kredenzt und dazu ein Häppchen zum Essen angeboten.

Die Gäste bleiben etwa eine halbe Stunde, verabschieden sich auf jeden Fall kurz vor der auf der Einladung angegebenen Zeit.

Verlobungsgeschenke Wenn das Brautpaar genügend lange vor dem Fest eine *Geschenkliste* (siehe dort) zusammengestellt und bei den Gästen hat kreisen lassen, so kann es sicher sein, dass es das bekommt, was in dem künftigen Hausstand noch fehlt. Die Gäste können ebenso sicher sein, dass ihre Gabe tatsächlich Freude bereitet und nicht in einer Schrankecke traurig verstaubt. Auf jeden Fall sollte jeder Gast sein Geschenk mit einem Kärtchen versehen, damit das Brautpaar weiß, welches Geschenk von wem gekommen ist, denn üblicherweise werden die Geschenke in ihrer Verpackung auf den dafür vorgesehenen Tisch gestellt, und das Brautpaar packt sie erst später aus.

Das Brautpaar bedankt sich innerhalb von vier Wochen nach der Verlobung für Geschenke, Blumen und Glückwünsche. Man kann sich Karten mit einem Dankestext drucken lassen, freundlicher und persönlicher wirkt es jedoch, wenn man sich schriftlich bedankt. Man kann auch beides kombinieren: gedruckte Karten, auf die man für vertraute Freunde und Familienangehörige ein paar persönliche Worte mit der Hand schreibt.

Vermählungsanzeigen Mit der Vermählungsanzeige gibt man die bevorstehende oder die vollzogene Heirat bekannt. Wie bei der Verlobung kann das Paar allein bekannt geben, dass seine Vermählung stattgefunden hat. Das tun die beiden, wenn sie keine Eltern mehr haben; wenn sie nicht mehr ganz jung und bereits zu Amt und Würden gekommen sind; das tun sie auch, wenn sie die Hochzeit ohne Aufwand, Gesellschaft und Gäste feiern wollen.

Die Eltern der Braut zeigen die Hochzeit der Tochter an, wenn die Braut bisher bei den Eltern gewohnt hat; die Familie auf gesellschaftliche Formen großen Wert legt; die Braut noch sehr jung ist.

Normalerweise zeigen Eltern und Kinder gemeinsam auf den Innenseiten eines Faltblattes das bevorstehende Ereignis an.

Schließlich können auch die Eltern oder die Kinder für sich allein anzeigen, was man bei sehr verschiedenen und sich nicht überschneidenden Bekannten- und Kollegenkreisen machen kann.

Wer eine Anzeige bekommt, der gratuliert demjenigen, der die Heirat anzeigt. Und wenn man will, kann man an die angegebene Adresse am Hochzeitstag Blumen oder ein Geschenk senden lassen.

Mit der Anzeige kann schon eine Einladung ausgesprochen werden. Ist unter dem Anzeigentext Zeit und Ort der kirchlichen Trauung angegeben, so bedeutet das: Jeder, der die Anzeige bekommen hat, ist auch gern in der Kirche als Gast gesehen. Dieser Gast braucht nicht zu antworten, bringt weder Blumen noch Geschenke in die Kirche mit, und in manchen Gegenden ist es üblich, dass er dem Brautpaar nach der Trauung auf dem Vorplatz der Kirche gratuliert.

Steht unter diesen Angaben außerdem: »Empfang …« mit Zeitpunkt, Dauer und Ort, so bedeutet das eine Einladung zum Hochzeitsempfang, für den die Regeln eines normalen Empfangs gelten.

Versicherung Man kann sich heute gegen fast alles versichern, und wer in einem Rundumzuschlag die Versicherungen in Lohn und Brot gesetzt hat, verfällt gern in das Anspruchsdenken und sagt: »Das Geld muss sich lohnen!«

Wird einem Kind in der Schule also das Fahrrad geklaut: »Nicht schlimm! Die Versicherung zahlt's ja!« Zetert der Lehrer, weil der hoffnungsvolle Versichertensohn die Tür aus Sicherheitsglas zerschmettert oder im Jungenklo die Rohrleitung aus der Wand getreten hat, natürlich »aus Versehen«, so heißt es: »Aber Herr Lehrer, was regen Sie sich auf, mein Vater hat gesagt, die Versicherung zahlt's doch!«

Diese Liste ließe sich endlos verlängern, doch die beiden Beispiele sollen nur zeigen, wie wir unseren Kindern heute die Verantwortung aberziehen. Die Verantwortung für die eigenen Taten und Untaten. Das Verantwortungsgefühl für unser Gemeinwesen.

Zu einem korrekten Verhalten gehört auch, dass man das klaglos auslöffelt, was man sich eingebrockt hat, und das hat nichts mit Versicherungen zu tun.

Wer sich aber die eigene Faulheit und Nachlässigkeit von der Versicherung zahlen lässt, schädigt nicht nur das Vermögen aller Versicherungsträger, sondern auch sich selbst.

Visitenkarte Ins Deutsche übersetzt ist die Visitenkarte eine Besuchskarte. Heute benutzt man sie kaum noch, um sie bei Besuchen, Antrittsbesuchen und Gegenbesuchen abzugeben, sondern man nimmt sie als Begleitkarte zu Blumen und anderen Sendungen oder als Geschäftskarte.

Es ist also auch für Frauen üblich, in die Mitte der Visitenkarte Vor- und Nachnamen mit akademischem Titel setzen zu lassen.

Verheiratete Frauen, die den Namen des Mannes angenommen haben, können die Mädchennamen darunter schreiben, Berufstätige auch eine wichtige Amtsbezeichnung.

Die Visitenkarte der Verheirateten musste früher lauten: »Frau Ottilie Normalverbraucher« oder »Frau Otto Normalverbraucher«, ohne Anschrift und Telefonnummer. Das trifft man heute nur noch selten, denn da es üblich geworden ist, alle erwachsenen weiblichen Wesen mit »Frau Sowieso« anzureden, ist dieser Titel ohnehin allen zu Eigen und braucht nicht mehr extra auf der Karte erwähnt zu werden.

Unter dem Namen steht rechts die Anschrift mit Postleitzahl, links die Telefonnummer mit nationaler Vorwahlnummer. Das wird nicht im Geringsten als unsittliche Aufforderung missverstanden, sondern gehört genauso zur Anschrift einer Berufstätigen wie Ort und Straße.

Ehepaare und allein Stehende können zusätzlich Visitenkarten nur mit dem Namen verwenden, für alle Fälle, in denen man die übrigen Angaben nicht mitzuteilen braucht.

Benutzt eine Frau die Karte mit Anschrift und allem Drum und Dran, so streicht sie den akademischen Titel leicht durch.

Auf einer Karte ohne Adresse findet man auch keine Titel. Für Männer gelten die gleichen Regeln.

Über das korrekte Format der Visitenkarten streiten sich die Experten. Es liegt zwischen 10 × 6 cm und 7,5 × 4,5 cm. Gut und praktisch sind extra kleine Umschläge, auch in diesem Format, für die Visitenkarten.

Die korrekte Farbe: weißer Karton, glatt geschnitten.

Die korrekte Schrift bei privaten Karten: lateinische Schreibschrift.

Visitenkarten benutzt man, um kurze Nachrichten zu übermitteln, um sich zu bedanken. Auf Visitenkarten schreibt man eine Einladung an Freunde, ganz knapp: nur Anlass, Datum und Uhrzeit.

Visitenkarten als Geschäftskarte Geschäftskarten werden meist nach der Gewohnheit des betreffenden Unternehmens gedruckt, sodass man da höchstens den Vorschlag machen könnte, einmal eine etwas modernere Schrift oder ein besseres Layout zu verwenden.

Visitenkarten-Sprache Die offizielle Visitenkarten-Sprache ist Französisch, besteht aus Abkürzungen, weil auf dem Kärtchen ohnehin nicht viel Platz ist, und hat diesen Kurz-Grußverkehr in ein System gebracht.

Die Abkürzungen kommen in die linke untere freie Ecke der privaten Karte oder über den Namen. Dorthin setzt man zum Beispiel:

p. c. *pour condoler*, um Beileid auszudrücken

p. p. p. *pour prendre part*, ebenfalls: um Beileid auszudrücken

p. f. *pour féliciter*, um Glück zu wünschen

Bekommt man eins dieser drei Kärtchen, so greift man sofort zu eigenen Visitenkarten und schreibt darauf:

p. r. *pour remercier*, um zu danken

Auf diese Karte wird nicht geantwortet.

Bekommt man am Neujahrstag eine Karte mit

p. f. n. a. *pour féliciter nouvel an*, um zum neuen Jahr Glück zu wünschen, so antwortet man entweder mit der gleichen Abkürzung oder man schreibt als Antwort:

p. f. oder eine Kombination aus **p. r.** und **p. f.: p. r. p. f.**, also: Dank und Glückwunsch

p. p. *pour présenter*, um vorzustellen

Das gilt nicht der eigenen Vorstellung, sondern der eines oder einer anderen. Möchte man also einen Kollegen, einen Freund oder das Kind eines Freundes einem anderen in einer anderen Stadt oder einer anderen Firma ans Herz legen und empfehlen, so nimmt man seine eigene Visitenkarte, schreibt diese Buchstaben darauf und gibt die Visitenkarte der Person mit, die man vorstellen möchte. Das gilt auch für die Visitenkarte mit der letzten Abkürzung:

p. p. c. *pour prendre congé*, um Abschied zu nehmen

Bei dieser Sitte geht es aber nun wie bei allen anderen gesellschaftlichen Übereinkünften oder Konventionen: Sie funktionieren nur, wenn jeder damit einverstanden ist und darüber Bescheid weiß. Das ist aber nicht mehr überwiegend der Fall.

Doch da die Abkürzungssitte noch nicht so gänzlich ausgestorben ist wie jene, mit allerlei Visitenkarten bei Vorgesetzten, Nachbarn und Geschäftspartnern »Besuch zu machen«, muss man in diesem Buch die Auflösung der verschiedenen Abkürzungen finden können.

Vorbeilassen Ja, man lässt auf Gehweg, Korridoren, Kaufhausfluren usw. andere Personen vorbei: die älter sind als Sie. Die es offensichtlich eilig haben. Die hoch bepackt mit Kindern und Einkaufstüten sind. Man schubst sich jedenfalls nicht an ihnen vorbei. Man saust nicht als Erster durch die – vielleicht schwere – Tür, die sich ein anderer mühsam aufgestoßen hat, sondern hält sie für ihn fest. Man quert nicht direkt vor der Nase eines anderen seinen Weg, sondern wartet wahrscheinlich eine Hundertstelsekunde und geht dann hinter ihm vorbei. Man rückt einem anderen auf Rolltreppen und in Lifts nicht zu dicht auf die Pelle, das irritiert, weil es zu einem Taschendieb-Trick gehört, und das kann deshalb zu unerwarteten Missverständnissen und Reaktionen führen.

Vordrängeln Das ist unhöflich, ob nun an einer Kasse, einem Bahnschalter oder vor einer unordentlich sich verschiebenden Taxenschlange.

Wer es eilig hat, besitzt die Möglichkeit, seinen Vormenschen in der Schlange höflich zu fragen, ob er vorgelassen werden könne, und wenn er diese Frage nicht im aggressiven Ton stellt, so müsste er schon an den sprichwörtlich groben Klotz geraten, wenn es nicht klappte.

Vorstellen Der Ranghöhere, Ältere und eine Dame bekommen den Rangniederen, den Jüngeren und den Herrn vorgestellt.

»Sehr verehrte gnädige Frau«, sagt also der formvollendete Gastgeber, »darf ich Ihnen Herrn Frühling vorstellen – Frau Sommer ...«, und dann bekommt jeder die Stichworterklärung für den anderen.

Sich selbst können nach alter Sitte nur Herren vorstellen, immer nur mit Familienname ohne Adelstitel oder akademischen Grad oder Stellung. Dann sagt der eine oder die andere niemals »Angenehm!«, sondern nennt auch seinen Namen und sagt, wer er/sie ist.

Selbstverständlich können sich heute auch Damen vorstellen (siehe auch: *Vorstellen, sich, Bekannt machen*). In diesem Fall stellt sich eine Dame bei einem Ehepaar zuerst der Ehefrau vor.

In früheren Zeiten konnte man aus der Art der Vorstellung auf die Lebensumstände oder auf den gesellschaftlichen Standort eines weiblichen Wesens schließen: Unverheiratete nannten Vor- und Zunamen, aber weder Titel noch akademische Grade. Verheiratete sagten: »Frau Anna Sommer«.

Nach dieser Art der Vorstellung wusste jeder, woran er war. Heute aber können die Unverheirateten längst zu Rang und Würden gekommen sein, während der Status der Ehefrau nur noch in einem kleinen Kreis unserer Gesellschaft als Status eine Rolle spielt.

Es ist also üblich, dass sich zwar Kinder mit Vor- und Nachnamen vorstellen, im Übrigen für Frauen die gleichen Regeln wie für Männer gelten.

Vorstellen, sich Wann erhebt sich die Notwendigkeit? Wenn sich ein Einzelner in die Gesellschaft von mehreren oder vielen begibt.

Denn: Wer ich bin, das weiß ich selber. Die andern aber wissen es nicht (es sei denn, ich bin Heino oder Dagmar Berghoff). Wenn ich nun mit den anderen reden möchte (und warum sonst begibt man sich in die Gesellschaft Fremder?), so müssen sie zumindest erfahren, wie ich heiße.

Meist erledigt der Gastgeber diese Aufgabe. Er stellt den Neuankömmling vor oder stellt ihm die anderen vor (siehe auch: *Vorstellen*). Es gibt aber immer wieder Situationen, in denen man sich plötzlich mutterseelenallein zwischen Unbekannten findet: Der Gastgeber musste wieder an die Haustür. Der Gastgeber ist mit dem Vorstellen nicht herumgekommen. Die Gesellschaft ist eine große Party, und der Gastgeber nimmt an, dass man sich selber hilft. Wie tut man das?

Man geht auf den Nächsten oder auf einen, der einem auf den ersten Blick gefällt, freundlich zu und sagt: »Guten Tag (oder Abend), ich bin Hans Wurst, ein Arbeitskollege des Gastgebers.« Dann sagt der andere vermutlich: »Aha! Ich bin Otto Klein, ich wohne nebenan, und unsere Kinder gehen zusammen in die Schule.« So. Nun weiß jeder ungefähr, wer der andere ist und worüber er sich mit seinem Visavis unterhalten kann.

Will der Neue weiter herumkommen, wiederholt er seine Vorstellung vor einem anderen oder bittet den Ersten, dem er sich vorgestellt hat: »Könnten Sie mich bitte dieser Dame vorstellen?« Dann führt ihn der Nachbar zu der betreffenden Person, sagt: »Liebe Frau Holle, Sie kennen wohl Herrn Wurst noch nicht, das ist ein Kollege von … Herr Wurst: Dies ist Frau Dr. Holle, die Ärztin, die unsere Kinder heil durch den gemeinsamen Scharlach gebracht hat.«

Auf diese Weise kommt man herum. Siehe auch: *Titel, Bekannt machen.*

Vortritt lassen Man sollte prinzipiell dazu bereit sein, einem andern den Vortritt zu lassen und nicht als Erstes denken (oder sagen): »Wie komm ich denn dazu? Der weiß wohl nicht, wen er vor sich hat!«

Eben. Darum kann man von einem wildfremden Menschen auf der Straße oder auf dem Bahnsteig auch nicht erwarten, dass er zum großen Kotau ansetzt, falls einer fällig gewesen wäre.

Streng genommen lässt man der üblichen ehrenwerten und hilfsbedürftigen Gruppe den Vortritt: den Alten und Behinderten, den Würdigen und Vorgesetzten und den Frauen.

Da wir in einer Hetze- und Drängelgesellschaft leben, sollte man jedem den Vortritt lassen, der es ganz offensichtlich eilig hat oder schon so lange in der Schlange steht, dass er fast in Ohnmacht fällt.

Und wir sollten es freundlich gestatten, wenn jemand darum bittet, den Vortritt zu bekommen. Siehe auch: *Vordrängeln* und *Schlange stehen.*

Walkman Er stört viele. Eine Leserin schrieb mir: »Was mich im Augenblick am meisten aufregt, da ich fast täglich mit öffentlichen Verkehrsmitteln unterwegs bin, sind diese Ohrwürmer. Man sieht ja kaum noch einen jungen Menschen ohne den Knopf im Ohr, und das ständige Gezirpe stört mich beim Lesen und Lernen. Die Egozentrik der Menschen nimmt in beängstigender Weise zu.«

Die Schreiberin hat wohl Recht. Wer viel Bus und U-Bahn benutzt, stößt bei jeder Fahrt auf Menschen, die den schwarzen Bügel über dem Schädel tragen, und das Dumme ist: Die Kopfhörer sind nie richtig dicht. Die Geräusche sickern durch, rinnen den Walkleuten aus den Ohren. Zirpen geht noch. Unangenehm wird es, wenn plötzlich der Beat hinter einem losdröhnt, bumm bumm, als ob Stahlzwerge hinter einem angestapft kämen. In Hannover haben die Verkehrsbetriebe die Konsequenz gezogen: keine Walkmänner mehr in Bus und Bahn! Die freundliche Aufforderung hatte jedoch wenig Erfolg. Darauf wurden Handzettel verteilt, auf denen zu lesen stand, dass diese Geräte in öffentlichen Verkehrsmitteln einfach verboten sind. Widrigenfalls ...

Und das ist das Problem. Was will eine öffentliche Beförderungsgesellschaft widrigenfalls unternehmen? Die akustische Umweltverschmutzung, wie das manche Leute schon nennen, ist ja nur das letzte Glied in einer Kette. Am Anfang steht, dass sich die Benutzer der Walkmänner nicht klar machen, dass andere andere Bedürfnisse haben und dass man in einer Gemeinschaft gar nicht darum herumkommt, *Rücksicht* walten zu lassen.

Wegwerfen In meiner Kindheit zupften noch die alten Frauen zum Beispiel den jungen Mann, der die leere Zigarettenschachtel aus der Hand fallen ließ, am Jackenärmel und sagten freundlich: »Sie haben etwas verloren!«

Das war in einer Kleinstadt, in der diese alten Frauen jeden kannten und beim nächsten Kaffeekränzchen der Großmutter brühwarm vom schlechten Benehmen des Enkels erzählten: erstens Rauchen auf der Straße und zweitens die Schachtel einfach wegwerfen. »So was gehört sich nicht!«

Diese alten Tanten haben viele Neffen und Enkelinnen dazu gebracht, gegen *law and order* zu protestieren und so bald wie möglich die Kleinstadt zu verlassen – und nun sehen die Großstädte so aus, wie wir sie kennen. Aber auch die Wälder und die Berge um die Wanderwege herum. Die Alster nach dem Eisvergnügen. Die Parkwiesen nach Demonstrationsversammlungen. Die Zuschauertribünen nach dem Fußballspiel.

Je anonymer sich der Mensch in der Masse fühlt, desto weniger Rücksicht meint er nehmen zu müssen. Und hinterlässt auch mit anderen hundert Tonnen Müll, wenn es sich um eine Protestversammlung gegen das umweltschädliche Müllverbrennungskonzept seines Bundeslandes dreht.

Die Moral von der Geschicht? Der gute Ton hat mehr Sinn, als manche meinen.

Weinflasche auf dem Tisch Weinflasche in den Korb legen? Das sollte man den Restaurants überlassen. Über Sinn und Unsinn dieser Sitte kann man streiten, vor allem bei vollkommen normalen und gesunden Weinen, die noch nicht so uralt sind, dass sie nicht mehr gerade stehen können.

Bordeaux wohnt eh in einer Flasche mit hochgezogenem Zylinderleib, in deren 90-Grad-Wölbung sich alle Ablagerungen fangen und gar nicht ins Glas geraten – außer man stellt die Flasche auf den Kopf und klopft kräftig dagegen. Aber wer tut das schon bei Tisch.

Die Flasche auf den Tisch stellen? Das kommt vielen Gastgebern irgendwie falsch oder protzig vor, und deshalb stellen sie Wein-, Bier- und Mineralwasserflaschen neben ihrem Stuhl am Esstisch auf die Erde. Das ist eine Verlegenheitslösung, und man sollte sie nicht nachahmen. Erstens ist es nicht appetitlich, etwas vom Fußboden zu lüften, daraus einzuschenken und es dann vielleicht doch auf das Tischtuch zu stellen.

Besser: Wenn man im kleinen Kreis am Esstisch sitzt und wenn Platz auf ihm ist, stellt der Gastgeber die Flasche griffbereit neben sich, sodass er immer nachschenken kann. Wenn man will, kann man alle Flaschen zusammen auf ein Tablett stellen. Dann gibt es garantiert keine Kringel auf der Tischplatte und keine Flecken auf der Tischdecke.

Dreht sich's nur um eine Weinflasche, so kann man sie auch in einen Flaschenbehälter stellen, der ein Untersetzer mit hochgezogenem Rand ist. So kann auch im Pechfall der Rotwein nicht vom flachen Untersetzer aufs weiße Tischtuch laufen, sondern alles Feuchte und Flüssige wird aufgefangen.

Hat man viele Gäste am Tisch oder ist dieser insgesamt nicht allzu groß, so stellt sich der Hausherr einen Beistelltisch neben den Stuhl, auf den die ganze Flaschenparade aufgebaut ist, praktischerweise gleich samt Korkenzieher, Flaschenöffner und Ersatzgläsern für Gäste, die eigentlich nur Wasser trinken wollten und sich nun doch für ein Schlückchen Rotwein zum Schmorbraten entschieden haben. Siehe auch: *Dekantieren*.

Weinflecken auf dem Tischtuch Es kann schon beim Einschenken etwas Rotwein abtropfen oder am Glas entlangrinnen. Da kann man erstens das Einschenken üben, sodass man mit einer leichten Drehung des Flaschenhalses den Kleckertropfen überlistet. Gehört man jedoch nicht zu den Fingerfertigen oder hasst man dieses Theater, so bindet man der Flasche eine elegante Krawatte aus einer zusammengefalteten kleinen Serviette um. Gummischaum- und Plastikkragen gelten als spießig, mögen sie mit noch so vielen Trockenblumen beklebt sein – vielleicht gerade deshalb.

Im Übrigen: Kein Theater machen, wenn jemand einen Flecken macht. Tüchtig Salz darauf schütten und so lassen, bis der Tisch abgeräumt wird. Das zieht das Schlimmste raus, und den Rest erledigen unsere Waschpulver, die so viel besser sind als Großmutters Schmierseife, dass wirklich niemand wegen eines Fleckens die Haltung zu verlieren braucht.

Weinglas Jeder Wein hat sein eigenes Glas, das seinem Charakter entsprechend so geformt ist, dass es sein Aroma möglichst noch steigert, auf jeden Fall aber bewahrt.

Weißwein zum Beispiel wird kühl getrunken. Sein Glas hat deshalb einen langen Stiel, damit man es daran anfassen kann.

Rotwein dagegen darf in der Hand erwärmt werden, denn sein Aroma entfaltet sich erst bei höherer Temperatur.

Alle Gläser sind korrekterweise rein weiß und durchsichtig, damit man die Farbe des Weins gut erkennen kann.

Weingläser niemals bis zum Rand voll schenken, denn erstens könnte das schwappen und zweitens will der Wein atmen können.

In Österreich schenkt man meistens nach und nennt es »steigendes Glück«. In Deutschland wartet man, bis jemand ganz ausgetrunken hat. Aber in allen deutschen Restaurants wird nachgegossen, sowie der Gast zwei oder drei Schluck getrunken hat. Das soll wohl den Umsatz steigern.

Weinglas anfassen Ein Glas besteht aus dem Stiel und der Cuppa, die den Wein enthält.

Dieser wird vor dem Genuss desselben mit List und Tücke auf die für ihn typische und richtige Temperatur gebracht. Damit er sie behalten kann, ist aus dem Weinbecher des Mittelalters ein Glas mit Stiel geworden. Man fasst es also an diesem Stiel an und schließt nicht die Hand, die womöglich bei Partys verschwitzte, um die Cuppa, sodass man den armen Wein oder Champagner mit seiner Körperwärme zum schalen Getränk macht.

Ausnahme siehe *Weinglas*: Falls einem ein Rotwein zu kellerkühl serviert wird, darf man ihn zwischen beiden Händen leicht erwärmen.

Insgesamt achtet der wohl erzogene Weintrinker darauf, dass sein Glas so klar und schön bleibt, wie es sein sollte, damit man die Farbe des Weins in voller Pracht genießen kann.

Also: Auch deshalb Stielbenutzung und keine fettigen feuchten Finger- und Daumenabdrücke auf dem Glas der Cuppa.

Deshalb vor jedem Schluck die Essensspuren von den Lippen mit der Serviette abtupfen, damit das Glas keinen Schmierrand bekommt. Siehe auch: *Lippenstift und Wein.*

Weintrauben essen Werden Weintrauben als Dessert angeboten, so schneidet man sich mit der Weintraubenschere eine kleine Traube von der großen ab und legt sie auf den eigenen Teller. Beere um Beere mit der Hand abzupfen, in den Mund stecken und? Nun, wenn Sie keine Kerne und die manchmal etwas ledrige Pelle runterkriegen, so müssen Sie sie diskret vom Mund über die Hand auf den Teller expedieren. Nicht spucken! Elegant bleiben!

Witze Meist sind es die Herren, denen gute Laune, gutes Getränk und der Anblick angenehmer Damen die Zunge löst. Es ertönt die schallende Frage: »Kennen Sie den schon?«, und dann weiß man nicht, was schlimmer ist: der Witz, mit dem der Erzähler nicht zurechtkommt, der Witz, um dessen Pointe sich Mann und Ehefrau erbittert streiten, oder der unanständige Witz.

Was tun? Amy Vanderbilt, die USA-Manieren-Hüterin, meint nicht ohne Strenge, erwachsene Frauen sollten sich nicht anstellen und über einen guten, wenn auch pikanten Witz leise schmunzeln. Sei jedoch die Grenze so überschritten, dass der Witz nicht nur den guten Ton, sondern auch die Dame beleidige, so solle dieselbe auf keinen Fall lachen, auch nicht aus Verlegenheit, sondern kühl bis eisig erwidern: »Den kenn ich schon!«, aufstehen und die Witzeecke verlassen.

Das scheint mir ein guter Rat für die Behandlung Fremder zu sein. Bei Bekannten und Freunden kann man sicher etwas mehr Humor walten lassen.

Das Allerbeste ist natürlich, den Witzeerzähler samt seiner Ehefrau gar nicht erst starten zu lassen, sondern ihn vorher zu anderen Themen zu verlocken.

Zahlen Wer zahlt im Restaurant? Meist sind die Kellner der Meinung: der Herr. Sie legen ihm stillschweigend die Rechnung unter die Serviette. Sind jedoch getrennte Kassen vereinbart worden, so stehen mehrere Möglichkeiten zur Wahl.

Alte gute Bekannte fragen: »Wie viel war's denn?« und schieben die Hälfte der Summe über den Tisch. Das liegt nicht jedem, vor allem dann nicht, wenn er zum ersten Mal mit noch nicht so recht Bekannten ausgegangen ist. Deshalb sollte man den Kellner lieber von vornherein um getrennte Rechnungen bitten.

Wenn der Herr nun ein Herr mit Prinzipien ist und ihm das getrennte Zahlen etwas gegen den Strich geht, so drückt man ihm vor dem Essen einen gefalteten Geldschein in die Hand »für die gemeinsame Kasse«.

Auf keinen Fall sollte die Dame dem Herrn das Portemonnaie unter dem Tisch zuschieben. Erstens landet es dabei meistens auf dem Fußboden. Zweitens fällt diese turnerische Anstrengung den anderen Leuten im Lokal erst recht auf. Und drittens ist es einfach albern. Und wenn der Herr die Dame unbedingt einladen möchte, obwohl eigentlich das getrennte Zahlen vereinbart worden ist, so soll sich die Dame friedlich einladen lassen und keinen Streit um ihren Teil beginnen. Denn das ist eine ungeschriebene, aber unerschütterlich gültige Regel: Die Höhe der Rechnung verpflichtet die Dame zu gar nichts.

Heutzutage ist es ohnehin normal, worüber unsere Großmütter noch in Ohnmacht gesunken wären: dass auch die Dame für den Herrn bezahlt. Meist zahlt in Wirklichkeit die eine Firma für die andere, aber das ändert nichts an der Tatsache, dass es die Dame ist, die den Kellner um die gemeinsame Rechnung bittet. In England wird sie ihr dann mit einem respektvollen »Sir!« überreicht, wodurch für den Kellner die Welt wieder in Ordnung ist. Bei uns ist manchmal noch etwas Genanz im Spiel, und zwar auf Seiten der Gastgeberin und des Gastes. Da hilft nur sachliche Ruhe ohne jede kleinkarierte Heimlichtuerei.

Der Kellner erwartet übrigens in jedem Fall ein Trinkgeld.

Zahnstocher Man findet sie in manchen Lokalen oder in den Bestecktüten der Fluggesellschaft. Sie sind eigentlich nur zum Anschauen da, denn gut zubereitetes Fleisch und anständig gekochter Fisch müssen sich einem nicht zwischen die Zähne klemmen.

Und wenn sich regelmäßig etwas im Gebiss verhakt, sollte man nicht mehr zum Zahnstocher, sondern zum Telefonhörer greifen und sich schleunigst beim Zahnarzt anmelden.

Hat sich trotzdem etwas verfangen und peinigt einen unablässig?

Bitte nicht bei Tisch in den Zähnen herumstochern, erst recht niemals hinter vorgehaltener Hand. Das Erste ekelt die Mitmenschen, das Zweite gilt als spießig.

Sondern: sich mit einem oder zwei Zahnstochern ausrüsten, die Putzarbeiten vorm Spiegel im Badezimmer oder der Toilette erledigen.

Zeitung lesen Es am Frühstückstisch zu tun, ist ein beliebtes Sujet für Karikaturisten: Hausfrau spricht beim Frühstück gegen die Zeitung, die sich der Eheliebste an die Kaffeekanne gelehnt hat und beim Brötchenkauen studiert.

Das ist erstens ungesund, wie alles Essen, das man gedankenlos verschlingt.

Es ist zweitens doppelt unhöflich: der Eheliebsten gegenüber, denn die Geste sagt: »Die Zeitung ist interessanter als du, mein Schatz!«, und dem Essen gegenüber, denn die Geste sagt auch: Das Zeugs schmeckt so, dass es ganz wurscht ist, ob ich hingucke oder nicht.

Zeitung beim Frühstück ist übrigens im Hotel ebenso unhöflich. Denn wer beim Essen liest oder beim Lesen isst, verrät Mangel an Esskultur. Und kleckert leichter.

Zeitung lesen nach dem Frühstück, bei einer letzten Tasse Kaffee oder Tee – das ist dagegen richtig und erfreulich.

Zeitung okkupieren In manchen Hotels liegen auf einem Tisch vorm Eingang zum Frühstücksraum die Tageszeitungen für die Hotelgäste aus.

Wenn diese Zeitungen in einen Halter geklemmt sind oder wenn ihre Zahl relativ gering ist, so kann man daraus schließen, dass diese Exemplare nicht zum Mitnehmen gedacht sind. Wer sich also so eine Zeitung mit zum Frühstückstisch nimmt, sollte sie lesen und wieder zurücklegen, möglichst nicht zerknittert, ohne Leberwurstflecken und in etwa in der richtigen Reihenfolge der einzelnen Produkte.

Unhöflich und selbstsüchtig ist es jedoch, sich eine dieser Zeitungen zu nehmen, neben sich zu legen, in Ruhe zu frühstücken und dann erst nach der Zeitung zu greifen.

In diesem Fall ist es nicht unhöflich, wenn ein anderer Gast, der auch gerne einen Blick in die Zeitung tun möchte, zu dem Zeitungsokkupanten geht und bittet, die Zeitung lesen zu dürfen, solange der andere noch mit seinem Frühstück beschäftigt ist.

Zeremoniell Als Zeremoniell noch mit einem C geschrieben wurde, weil es von dem lateinischen Wort *ceremonia* abstammt, wurde es im Konversationslexikon um die Jahrhundertwende so definiert: »Der Inbegriff von Gebräuchen, die bei feierlichen Gelegenheiten des öffentlichen Lebens beobachtet werden. Verwandt damit ist die Etikette. Das Ceremoniell wird eingeteilt in Hof- und Staatsceremoniell. Das Erstere hängt von jedem Hofe selbst ab; das Letztere, so weit es sich um Beziehungen innerhalb des Staates handelt, vom einzelnen Staate; handelt es sich aber um Beziehungen zwischen verschiedenen Staaten, so beruht das Ceremoniell auf dem Herkommen, auf gegenseitiger Vereinbarung, zum Beispiel über den Vorrang, die Titel in der Anrede …

An den europäischen Höfen wurde das Ceremoniell nach dem Beispiele des byzantinischen Hofs schon durch Karl den Großen üblich, allgemeiner durch die Vermählung Kaiser Ottos II. mit der griechischen Prinzessin Theophano, und immer höher gesteigert durch Kaiser Karl V. Seinen Gipfel erreichte es am Hofe Ludwigs XIV. von Frankreich. Erst in neuerer und neuester Zeit hat das alte steife Ceremoniell gemilderte und einfachere Formen eingeführt …«

Seitdem dieses so beschriebene Zeremoniell sich an den Höfen etabliert hatte, hielten sich die Herrscher und Fürsten von einst Fachleute für die genaue Beobachtung ebendieses Zeremoniells. Ernst v. Malortie, Oberhofmarschall und Geheimrat, ist einer der letzten und gescheitesten Hüter des Zeremoniells am hannoverischen Hof gewesen. Er hat das Zeremoniell immer als das betrachtet, was es war: Dienstbenehmen für Durchlauchten. Und er hat vor einem Menschenalter geschrieben: »Es ist schwierig, feste Regeln für die Privathäuser – analog den Vorschriften der Höfe – in Beziehung des Zeremoniells zu geben«; daher wies er es weit von sich, dass seine Ratschläge »die Privatansichten der Gastgeber präjudizieren sollten«.

Obwohl also das Zeremoniell schon zur Hochblüte der Fürstenherrlichkeit auf seinen Platz verwiesen wurde, geistert es bis heute durch die Köpfe von Privatpersonen, die beim Besuch von Chef oder Schwiegermutter nach dem Strohhalm greifen, der sie vor Katastrophen oder Peinlichkeiten retten könnte.

Doch der Oberhofmarschall von einst würde ihnen genauso raten, wie er unseren Urgroßeltern geraten hat: »Fragen Sie nicht: Was kann ich falsch machen? Überlegen Sie lieber: Wie mache ich es vernünftig?«

Zucker Zucker gehört zum Tee oder Kaffee, ergo die Zuckerschale zum betreffenden Service. Der perfekte Gastgeber ergänzt dieses traditionelle Angebot durch Kandis, eine Karaffe mit braunem Rum und Ähnlichem zum Tee und mit einem Döschen mit Süßstoff: Diesen bitte nicht wie in der Familienpension in der großen Sparpackung auf den Tisch stellen! Das ist Stilbruch!

Und außerdem: Mancher mag es nicht gern, wenn es so deutlich wird, dass er Süßstoff verwendet. Aus einem kleinen schönen Gefäß bedient man sich diskreter.

Zuckerzange An ihr (wie am Buttermesser) scheiden sich die Geister. Für manche ist sie der Inbegriff der Vornehmheit. Andere finden sie einfach affig und mögen mit diesem sperrigen Ding nicht in den Zuckerwürfeln herumwühlen, wo man doch das Stück Zucker, das man anfasst, in den eigenen Tee wirft. Also: Mach was du willst, die Leute reden doch!

Wer jedoch eine von diesen prachtvollen silbernen Zuckerzangen mit Löwenköpfen und Greifkrallen besitzt, kann sie herrlich als Dekoration auf den Teetisch legen. Ob sie jemand benutzt, ist ja die zweite Frage.

Zuschauer und Benehmen Wer oft in Konzerte, ins Theater oder Kino geht, also lange und in immer wärmer werdender Luft dicht neben Fremden sitzt, achtet besonders darauf, dass er nicht riecht.

Im Kino und im Theater ist man übrigens pünktlich. Sitzt man in der Mitte der Reihe, so arbeitet man sich höflich durch und mit dem Gesicht zu denen, die bereits Platz genommen haben.

Man kauft sich keine Knistertüten, stellt sein Handy ab und wickelt das Hustenbonbon nicht gerade während einer atemlosen Stille der Spannung aus. Man kaut keinen Kaugummi und schmatzt beim Bonbonlutschen nicht.

Husten: Hand vor den Mund; es nicht beim Pianissimo oder einer anderen atemlosen Stille tun – wobei einem kein Benimmbuch verrät, was man stattdessen tun soll. Ersticken? Selbstverständlich sollte es allerdings sein, dass man mit einem blühenden Bronchialkatarrh nicht gerade ins Konzert geht.

Gähnen: Nicht mit offenem Mund; nicht, wenn der Vortragende oder Solist gerade guckt.

Naseputzen: Nur mit dem Taschentuch; keine großen Ausräumungsarbeiten in der Öffentlichkeit veranstalten; Papiertaschentücher niemals achtlos unter den Sitz werfen. Das ist unhygienisch, gedankenlos und verschandelt die Gegend.

Man setzt sich auf seine eigenen Sitzplätze oder in die Reihe, die die Eintrittskarte angibt, und nicht auf fremde Plätze. Hat man das aus Versehen getan oder in der Hoffnung, es käme keiner mehr, so macht man den wahren Platzbesitzern mit einer Entschuldigung und bereitwillig Platz.

Man legt sein Opernglas und andere feste Gegenstände nicht auf die Logenbrüstung, sondern aufs Ablagebrett darunter, damit es keinem auf den Kopf fallen kann. Klatschen allerdings muss man nur, wenn es einem wirklich gefallen hat.

Zutrinken Nach dem strengen deutschen Tafelprotokoll hat auch das Trinken seine Reihenfolge, wobei es genauso wie beim Vorstellen oder wie bei der Tischordnung zugeht: Es wird von oben nach unten getrunken. Es greift also kein Gast nach seinem Glas, bevor nicht der Hausherr zu demselben gegriffen hat (warum eigentlich nicht die Hausfrau?), es nimmt keiner einen Schluck, ehe einem nicht der rechte Nachbar, also der Tischherr, ins Auge geblickt und zugeprostet hat – und wer sich von diesem Spiel einfangen lässt, kommt kaum zum Genuss des Essens, weil er ständig rechnen und nicken und mit seinen Augen die eines anderen suchen und nicken muss.

Kein Wunder, dass an diesem Punkt zu Recht so viele ausländische Satiren an den Teutonensitten ansetzen.

Ich finde es nur wichtig, dass man weiß, wie ernst manche Menschen noch das Zuprosten nehmen und dass man dann ruhig darauf eingehen sollte, wenn man die Leute ansonsten mag.

Andererseits sollte man auch weiblichen Wesen gestatten, erstens zu trinken, wann es ihnen passt, meinetwegen als Erste, und zweitens selbst einen anderen Gast, männlich oder weiblich, mit dem Glas zu grüßen.

Zwar gilt es nicht als fein, beim Zutrinken laut »Prosit!« zu rufen, doch ist der Sinn dieses Segenswunsches – »Möge es nutzen!« – so unsterblich, dass man ihn ruhig beim Anstoßen aussprechen sollte, deutsch oder lateinisch, das spielt dann keine Rolle.

Zuvorkommen Das wahre gute Benehmen, das der Mühe wert ist, setzt sich auch aus Handlungen zusammen, die überflüssig sind, wenn man sie nur am direkten Nutzen, Sinn und Zweck messen will. Ein zuvorkommender Mensch lässt den Mitmenschen gar nicht erst so weit kommen, dass er um etwas bittet: sei es praktische Hilfe oder bei Tisch das Salz. Er denkt nämlich nicht nur an sich, sondern auch an und mit und für den/die anderen. Das führt dazu, dass er in vielen Fällen dem Wunsch, dem Bedürfnis, der Not seiner Mitmenschen mit seiner Reaktion zuvorkommt.

So merkt er/sie, dass jemand beim Aussteigen aus Bus oder Bahnwaggon mit den steilen Stufen Schwierigkeiten hat und fragt: »Darf ich helfen?« Er sieht, dass jemand, mit Einkaufstaschen beladen, diese Tür nicht aufkriegt. Fragt gar nicht erst, sondern hält sie ihm auf. Er/sie nimmt wahr, dass eine Serviette vom Schoß rutscht, dass eine Schere liegen geblieben ist, dass ein Papierkorb überquillt – und kommt demjenigen zuvor, der sich bücken, etwas wegräumen oder ausleeren müsste.

Es ist heute üblich geworden, mit spitzen Füßen über alles hinwegzugehen und zu fragen: »Wie komm ich denn dazu? Bin ich dazu da, für die anderen den Johann zu spielen?«

Niemand erwartet, dass wir hinter aller Welt herräumen. Aber wenn man möchte, dass alle Welt in Ordnung kommt, muss man bei sich selber beginnen. Dann muss man Verantwortung übernehmen und für die eigenen Kinder und Mitmenschen als Beispiel zu wirken versuchen.

Das ist in diesem Fall besonders wichtig, weil es eine Zuvorkommenheit gibt, die man auch als Speichelleckerei oder Ärgeres bezeichnen könnte. Sie ist natürlich nicht erstrebenswert, und die Grenze zwischen der positiven und der negativen Zuvorkommenheit zu finden ist die wahre Kunst. Siehe auch: *Takt*.